Platon
Die großen Dialoge

Platon

Die großen Dialoge

Aus dem Griechischen von
Friedrich Schleiermacher

Anaconda

Die Texte dieses Bandes folgen der Ausgabe: *Platons sämtliche Werke in zwei Bänden*. Erster Band. Deutsch von Friedrich Schleiermacher. Wien 1925.

Die Deutsche Nationalbibliothek verzeichnet diese Publikation in der Deutschen Nationalbibliographie; detaillierte bibliographische Daten sind im Internet unter http://dnb.d-nb.de abrufbar.

Umschlagmotiv: Gustav Adolph Spangenberg (1828–1891),
»Die Philosophie: Sokrates und seine Schüler« (1883/88),
Photo: akg-images / Schütze / Rodemann
Umschlaggestaltung: pecher und soiron, Köln
Satz und Layout: GEM mbH, Ratingen
Printed in Czech Republic 2010
ISBN 978-3-86647-535-9
www.anacondaverlag.de
info@anaconda-verlag.de

Inhalt

Apologie des Sokrates

Erste Rede

Was euch, ihr Athener, meine Ankläger wohl angetan haben, weiß ich nicht: ich meinesteils aber hätte ja selbst beinahe über sie meiner selbst vergessen; so überredend haben sie gesprochen. Wiewohl Wahres, daß ich das Wort heraussage, haben sie gar nichts gesagt. Am meisten aber habe ich eins von ihnen bewundert unter dem Vielen, was sie gelogen, dieses, wo sie sagten, ihr müßtet euch wohl hüten, daß ihr nicht von mir getäuscht würdet, als der ich gar gewaltig wäre im Reden. Denn daß sie sich nicht schämen, sogleich von mir widerlegt zu werden durch die Tat, wenn ich mich nun auch im geringsten nicht gewaltig zeige im Reden, dieses dünkte mich ihr Unverschämtestes zu sein; wofern diese nicht etwa den gewaltig im Reden nennen, der die Wahrheit redet. Denn wenn sie dies meinen, möchte ich mich wohl dazu bekennen, ein Redner zu sein, der sich nicht mit ihnen vergleicht. Diese nämlich, wie ich behaupte, haben gar nichts Wahres geredet; ihr aber sollt von mir die ganze Wahrheit hören. Jedoch, ihr Athener, beim Zeus, Reden aus zierlich erlesenen Worten gefällig zusammengeschmückt und aufgeputzt, wie dieser ihre waren, keineswegs, sondern ganz schlicht werdet ihr mich reden hören in ungewählten Worten. Denn ich glaube, was ich sage, ist gerecht, und niemand unter euch erwarte noch sonst etwas. Auch würde es sich ja schlecht ziemen, ihr Männer, in solchem Alter gleich einem Knaben, der Reden ausarbeitet, vor euch hinzutreten. Indes bitte ich euch darum auch recht sehr, ihr Athener, und bedinge es mir aus, wenn ihr mich hört mit ähnlichen Reden meine Verteidigung führen, wie ich gewohnt bin, auch auf dem Markt zu reden bei den Wechslertischen, wo die meisten unter euch mich gehört haben, und anderwärts, daß ihr euch nicht verwundert, noch mir Getümmel erregt deshalb. Denn so verhält sich die Sache. Jetzt zum erstenmal trete ich vor Gericht, da ich über siebzig Jahr alt bin; ganz ordentlich also bin ich ein Fremdling in der hier üblichen Art zu reden. So wie ihr nun, wenn ich wirklich ein Fremder wäre, mir es nachsehen würdet, daß ich in jener

Mundart und Weise redete, worin ich erzogen worden: ebenso erbitte ich mir nun auch dieses billige, wie mich dünkt, von euch, daß ihr nämlich die Art zu reden übersehet, vielleicht ist sie schlechter, vielleicht auch wohl gar besser, und nur dies erwägt und Acht darauf habt, ob das recht ist oder nicht, was ich sage. Denn dies ist des Richters Sache, des Redners aber, die Wahrheit zu reden.

Zuerst nun, ihr Athener, muß ich mich wohl verteidigen gegen das, dessen ich zuerst fälschlich angeklagt bin, und gegen meine ersten Ankläger, und hernach gegen der späteren Späteres. Denn viele Ankläger habe ich längst bei euch gehabt und schon vor vielen Jahren, und die nichts Wahres sagten, welche ich mehr fürchte als den Anytos, obgleich auch der furchtbar ist. Allein jene sind furchtbarer, ihr Männer, welche viele von euch schon als Kinder an sich gelockt und überredet, mich aber beschuldigt haben ohne Grund, als gäbe es einen Sokrates, einen weisen Mann, der den Dingen am Himmel nachgrüble und auch das Unterirdische alles erforscht habe und Unrecht zu Recht mache. Diese, ihr Athener, welche solche Gerüchte verbreitet haben, sind meine furchtbaren Ankläger. Denn die Hörer meinen gar leicht, wer solche Dinge untersuche, glaube auch nicht einmal Götter. Ferner sind auch dieser Ankläger viele, und viele Zeit hindurch haben sie mich verklagt und in dem Alter zu euch geredet, wo ihr wohl sehr leicht glauben mußtet, weil ihr Kinder waret, einige von euch wohl auch Knaben, und offenbar an leerer Stätte klagten sie, wo sich keiner verteidigte. Das Übelste aber ist, daß man nicht einmal ihren Namen wissen und angeben kann, außer etwa, wenn ein Komödienschreiber darunter ist. Die übrigen aber, welche euch gehässig und verleumderisch aufgeredet, und auch die selbst nur überredet Andre Überredenden, in Absicht dieser aller bin ich ganz ratlos. Denn weder hierher zur Stelle bringen, noch ausfragen kann ich irgendeinen von ihnen: sondern muß ordentlich wie mit Schatten kämpfen in meiner Verteidigung und ausfragen, ohne daß einer antwortet. Nehmet also auch ihr an, wie ich sage, daß ich zweierlei Ankläger gehabt habe, die einen, die mich eben erst verklagt haben, die andern, die von ehedem; und glaubet, daß ich mich gegen diese zuerst verteidigen muß. Denn auch ihr habt jenen, als sie klagten, zuerst Gehör gegeben, und weit mehr als diesen späteren.

Wohl! Verteidigen muß ich mich also, ihr Athener, und den Versuch machen, eine angeschuldigte Meinung, die ihr seit langer Zeit hegt, euch in so sehr kurzer Zeit zu benehmen. Ich wünschte nun zwar wohl, daß dieses so erfolgte, wenn es so besser ist für euch sowohl als für mich, und daß ich etwas gewönne durch meine Verteidigung. Ich glaube aber, dieses ist schwer, und keineswegs entgeht mir, wie es damit steht. Doch dieses gehe nun, wie es Gott genehm ist, mir gebührt, dem Gesetz zu gehorchen und mich zu verteidigen.

Rufen wir uns also zurück von Anfang her, was für eine Anschuldigung es doch ist, aus welcher mein übler Ruf entstanden ist, worauf auch Melitos bauend diese Klage gegen mich eingegeben hat. Wohl! Mit was für Reden also verleumdeten mich meine Verleumder? Als wären sie ordentliche Kläger, so muß ich ihre beschworene Klage ablesen: »Sokrates frevelt und treibt Torheit, indem er unterirdische und himmlische Dinge untersucht und Unrecht zu Recht macht, und dies auch andere lehrt.« Solcherlei ist sie etwa: denn solcherlei habt ihr selbst gesehen in des Aristophanes Komödie, wo ein Sokrates vorgestellt wird, der sich rühmt, in der Luft zu gehen, und viel andere Albernheiten vorbringt, wovon ich weder viel noch wenig verstehe. Und nicht sage ich dies, um eine solche Wissenschaft zu schmähen, dafern jemand in diesen Dingen weise ist – möchte ich mich doch nicht solcher Anklagen von Melitos zu erwehren haben! –, sondern nur, ihr Athener, weil ich eben an diesen Dingen keinen Teil habe. Und zu Zeugen rufe ich einen großen Teil von euch selbst, und fordere euch auf. einander zu berichten und zu erzählen, so viele eurer jemals mich reden gehört haben. Deren aber gibt es viele unter euch. So erzählt ich nun, ob jemals einer unter euch mich viel oder wenig über dergleichen Dinge hat reden gehört. Und hieraus könnt ihr ersehen, daß es ebenso auch mit allem übrigen steht, was die Leute von mir sagen. Aber es ist eben weder hieran etwas, noch auch, wenn ihr etwa von einem gehört habt, ich gäbe mich dafür aus, Menschen zu erziehen und verdiente Geld damit; auch das ist nicht wahr. Denn auch das scheint mir meinesteils wohl etwas Schönes zu sein, wenn jemand imstande wäre, Menschen zu erziehen, wie Gorgias der Leontiner und Prodikos der Keier und auch Hippias von Elis. Denn diese alle, ihr Männer, verstehen das, in allen Städten umherziehend die Jünglinge, die dort unter ihren Mitbürgern, zu wem sie wollten, sich unentgeltlich halten könnten, diese überreden sie mit Hintansetzung jenes Umganges, den ihrigen mit Geld zu erkaufen und ihnen noch Dank dazu zu wissen. Ja, es gibt auch hier noch einen andern Mann, einen Parier, von dessen Aufenthalt ich erfuhr. Ich traf nämlich auf einen Mann, der den Sophisten mehr Geld gezahlt hat als alle übrigen zusammen, Kallias, den Sohn des Hipponikos. Diesen fragte ich also, denn er hat zwei Söhne: Wenn deine Söhne, Kallias, sprach ich, Füllen oder Kälber wären, wüßten wir wohl einen Aufseher für sie zu finden oder zu dingen, der sie gut und tüchtig machen würde in der ihnen angemessenen Tugend, es würde nämlich ein Bereiter sein oder ein Landmann: nun sie aber Menschen sind, was für einen Aufseher bist du gesonnen ihnen zu geben? Wer ist wohl in dieser menschlichen und bürgerlichen Tugend ein Sachverständiger? Denn ich glaube doch, du hast darüber nachgedacht, da du Söhne hast. Gibt es einen, sprach ich, oder nicht? O freilich, sagte er. Wer doch, sprach ich, und von wannen? Und um welchen Preis lehrt er? Euenos der Parier, antwortete er, für fünf Minen. Da pries ich den Euenos glücklich, wenn er wirklich diese Kunst besäße und so vortrefflich lehrte. Ich also würde gewiß mich recht damit rühmen und groß tun, wenn ich dies verstände: aber ich verstehe es eben nicht, ihr Athener. Vielleicht nun möchte jemand von euch einwenden: Aber Sokrates, was ist denn also dein Geschäft? Woher sind diese Verleumdungen dir entstanden? Denn gewiß, wenn du nichts besonderes betriebst vor andern, es würde nicht solcher Ruf und Gerede entstanden sein, wenn du nicht etwas ganz anderes tätest als andere Leute. So sage uns doch, was es ist, damit wir uns nicht auf Geratewohl unsere eignen Gedanken machen über dich. Dies dünkt mich, mit Recht zu sagen, wer es sagt, und ich will versuchen, euch zu zeigen, was dasjenige ist, was mir den Namen und den üblen Ruf gemacht hat. Höret also, und vielleicht wird manchen von euch bedünken, ich scherzte: glaubt indes sicher, daß ich die reine Wahrheit rede. Ich habe nämlich, ihr Athener, durch nichts anderes als durch eine gewisse Weisheit diesen Namen erlangt. Durch was für eine Weisheit aber? Die eben vielleicht die menschliche Weisheit ist. Denn ich mag in der Tat wohl in dieser weise sein; jene aber, deren ich eben erwähnt, sind vielleicht weise in einer Weisheit, die nicht dem Menschen angemessen ist;

oder ich weiß nicht, was ich sagen soll, denn ich verstehe sie nicht, sondern wer das sagt, der lügt es und sagt es mir zur Verleumdung. Und ich bitte euch, ihr Athener, erregt mir kein Getümmel, selbst wenn ich euch etwas vorlaut zu reden dünken sollte. Denn nicht meine Rede ist es, die ich vorbringe; sondern auf einen ganz glaubwürdigen Urheber will ich sie euch zurückführen. Über meine Weisheit nämlich, ob sie wohl eine ist und was für eine, will ich euch zum Zeugen stellen den Gott in Delphoi. Den Chairephon kennt ihr doch. Dieser war mein Freund von Jugend auf, und auch euer, des Volkes Freund war er und ist bei dieser letzten Flucht mit geflohen, und mit euch auch zurückgekehrt. Und ihr wißt doch, wie Chairephon war, wie heftig in allem, was er auch beginnen mochte. So auch, als er einst nach Delphoi gegangen war, erkühnte er sich hierüber ein Orakel zu begehren; nur, wie ich sage, kein Getümmel ihr Männer. Er fragte also, ob wohl jemand weiser wäre als ich. Da leugnete nun die Pythia, daß jemand weiser wäre. Und hierüber kann euch dieser sein Bruder hier Zeugnis ablegen, da jener bereits verstorben ist. Bedenkt nun, weshalb ich dieses sage; ich will euch nämlich erklären, woher doch die Verleumdung gegen mich entstanden ist. Denn nachdem ich dieses gehört, gedachte ich bei mir also: Was meint doch wohl der Gott? Und was will er etwa andeuten? Denn das bin ich mir doch bewußt, daß ich weder viel noch wenig weise bin. Was meint er also mit der Behauptung, ich sei der Weiseste? Denn lügen wird er doch wohl nicht; das ist ihm ja nicht verstattet. Und lange Zeit konnte ich nicht begreifen, was er meinte; endlich wendete ich mich gar ungern zur Untersuchung der Sache auf folgende Art. Ich ging zu einem von den für weise Gehaltenen, um dort, wenn irgendwo, das Orakel zu überführen und den Spruch zu zeigen: Dieser ist doch wohl weiser als ich, du aber hast auf mich ausgesagt. Indem ich nun diesen beschaute, denn ihn mit Namen zu nennen ist nicht nötig, es war aber einer von den Staatsmännern, auf welchen schauend es mir folgendergestalt erging, ihr Athener. Im Gespräch mit ihm schien mir dieser Mann zwar vielen andern Menschen auch, am meisten aber sich selbst sehr weise vorzukommen, es zu sein aber gar nicht. Darauf nun versuchte ich ihm zu zeigen, er glaubte zwar weise zu sein, wäre es aber nicht; wodurch ich dann ihm selbst verhaßt ward und vielen der Anwesenden. Indem ich also fortging, gedachte ich bei mir selbst, als dieser Mann bin ich nun freilich weiser. Denn es mag wohl eben keiner von uns beiden etwas Tüchtiges oder Sonderliches wissen; allein dieser doch meint zu wissen, da er nicht weiß, ich aber, wie ich eben nicht weiß, so meine ich es auch nicht. Ich scheine also um dieses wenige doch weiser zu sein als er, daß ich, was ich nicht weiß, auch nicht glaube zu wissen. Hierauf ging ich dann zu einem andern von den für noch weiser als jener Geltenden, und es dünkte mich eben dasselbe, und ich wurde dadurch ihm selbst sowohl als vielen andern verhaßt. Nach diesen nun ging ich schon nach der Reihe, bemerkend freilich und bedauernd und auch in Furcht darüber, daß ich mich verhaßt machte; doch aber dünkte es mich notwendig, des Gottes Sache über alles andere zu setzen; und so mußte ich denn gehen immer dem Orakel nachdenkend, was es wohl meine, zu allen, welche dafür galten, etwas zu wissen. Und beim Hunde, ihr Athener, denn ich muß die Wahrheit zu euch reden, wahrlich es erging mir so. Die Berühmtesten dünkten mich beinahe die Armseligsten zu sein, wenn ich es dem Gott zufolge untersuchte, andere minder Geachtete aber noch eher für vernünftig gelten zu können. Ich muß euch wohl mein ganzes Abenteuer berichten, mit was für Arbeiten gleichsam ich mich gequält habe, damit das Orakel mir ja ungetadelt bliebe. Nach den Staatsmännern nämlich ging ich zu den Dichtern, den tragischen sowohl als den dithyrambischen und den übrigen, um dort mich selbst auf der Tat zu ergreifen als unwissender denn sie. Von ihren Gedichten also diejenigen vornehmend, welche sie mir am vorzüglichsten schienen ausgearbeitet zu haben, fragte ich sie aus, was sie wohl damit meinten, auf daß ich auch zugleich etwas lernte von ihnen. Schämen muß ich mich nun freilich, ihr Männer, euch die Wahrheit zu sagen: dennoch soll sie gesagt werden. Um es nämlich gerade herauszusagen, fast sprachen alle Anwesenden besser als sie selbst über das, was sie gedichtet hatten. Ich erfuhr also auch von den Dichtern in kurzem dieses, daß sie nicht durch Weisheit dichteten, was sie dichten, sondern durch eine Naturgabe in der Begeisterung, eben wie die Wahrsager und Orakelsänger. Denn auch diese sagen viel Schönes, wissen aber nichts von dem, was sie sagen; ebenso nun ward mir deutlich, daß es auch den Dichtern erginge. Und zugleich merkte ich, daß sie glaubten, um ihrer Dichtung willen auch in allem übrigen sehr weise Männer zu sein, worin sie es nicht waren. Fort ging ich also auch von ihnen mit dem Glauben, sie um das Nämliche zu übertreffen wie auch die Staatsmänner. Zum Schluß nun ging ich auch zu den Handarbeitern. Denn von mir selbst wußte ich, daß ich gar nichts weiß, um es gerade herauszusagen, von diesen aber wußte ich doch, daß ich sie vielerlei Schönes wissend finden würde. Und darin betrog ich mich nun auch nicht; sondern sie wußten wirklich was ich nicht wußte, und waren insofern weiser. Aber, ihr Athener, denselben Fehler wie die Dichter, dünkte mich, hatten auch diese trefflichen Meister. Weil er seine Kunst gründlich erlernt hatte, wollte jeder auch in den andern wichtigsten Dingen sehr weise sein; und diese ihre Torheit verdeckte jene ihre Weisheit. So daß ich mich selbst auch befragte im Namen des Orakels, welches ich wohl lieber möchte, so sein, wie ich war, gar nichts verstehend von ihrer Weisheit, aber auch nicht behaftet mit ihrem Unverstande, oder aber in beiden Stücken so sein wie sie. Da antwortete ich denn mir selbst und dem Orakel, es wäre mir besser so zu sein wie ich war. Aus dieser Nachforschung also, ihr Athener, sind mir viele Feindschaften entstanden, und zwar die beschwerlichsten und lästigsten, so daß viel Verleumdung daraus entstand, und auch der Name, daß es hieß, ich wäre ein Weiser. Es glaubten nämlich jedesmal die Anwesenden, ich verstände mich selbst darauf, worin ich einen andern zuschanden mache. Es scheint aber, ihr Athener, in der Tat der Gott weise zu sein, und mit diesem Orakel dies zu sagen, daß die menschliche Weisheit sehr weniges nur wert ist oder gar nichts, und offenbar nicht dies vom Sokrates zu sagen, sondern nur mich zum Beispiel erwählend, sich meines Namens zu bedienen, wie wenn er sagte: Unter euch, ihr Menschen, ist der der Weiseste, der wie Sokrates einsieht, daß er in der Tat nichts wert ist, was die Weisheit anbelangt. Dieses nun, gehe ich auch jetzt noch umher, nach des Gottes Anweisung zu untersuchen und zu erforschen, wo ich nur einen für weise halte von Bürgern und Fremden; und wenn er es mir nicht zu sein scheint, so helfe ich dem Gotte und zeige ihm, daß er nicht weise ist. Und über diesem Geschäft habe ich nicht Muße gehabt, weder in den Angelegenheiten der Stadt etwas der Rede wertes zu leisten, noch auch in meinen häuslichen; sondern in tausendfältiger Armut lebe ich wegen dieses dem Gotte geleisteten Dienstes. Über dieses aber folgen mir die

Jünglinge, welche die meiste Muße haben, der reichsten Bürger Söhne also, freiwillig, und freuen sich, zu hören, wie die Menschen untersucht werden; oft auch tun sie es mir nach und versuchen selbst andere zu untersuchen, und finden dann, glaube ich, eine große Menge solcher Menschen, welche zwar glauben, etwas zu wissen, wirklich aber wenig wissen oder nichts. Deshalb nun zürnen die von ihnen Untersuchten mir und nicht ihnen und sagen, Sokrates ist doch ein ganz ruchloser Mensch und verderbt die Jünglinge. Und wenn sie jemand fragt, was doch treibt er und was lehrt er sie: so haben sie freilich nichts zu sagen, weil sie nichts wissen; um aber nicht verlegen zu erscheinen, sagen sie dies was gegen alle Freunde der Wissenschaft bei der Hand ist, er untersucht die Dinge am Himmel und unter der Erde, und glaubt keine Götter und macht Unrecht zu Recht. Denn die Wahrheit, denke ich, möchten sie nicht sagen wollen, daß sie nämlich offenbar werden als solche, die zwar vorgeben, etwas zu wissen, wissen aber nichts. Weil sie nun, denke ich, ehrgeizig sind und heftig und ihrer viele, welche einverstanden miteinander und sehr scheinbar von mir reden: so haben sie schon lange und gewaltig mit Verleumdungen euch die Ohren angefüllt. Aus diesen sind Melitos gegen mich aufgestanden und Anytos und Lykon; Melitos der Dichter wegen mir aufsässig, Anytos wegen der Handarbeiter und Staatsmänner, Lykon aber wegen der Redner. So daß, wie ich auch gleich anfangs sagte, ich mich wundern müßte, wenn ich imstande wäre, in so kurzer Zeit diese so sehr oft wiederholte Verleumdung euch auszureden. Dieses, ihr Athener, ist euch die Wahrheit, ohne weder Kleines noch Großes verhehlt oder entrückt zu haben, sage ich sie euch. Wiewohl ich fast weiß, daß ich eben deshalb verhaßt bin. Welches eben ein Beweis ist, daß ich die Wahrheit rede, und daß dieses mein übler Ruf ist und dies die Ursachen davon sind. Und wenn ihr, sei es nun jetzt oder in der Folge, die Sache untersucht, werdet ihr es so finden.

Gegen das nun, was meine ersten Ankläger geklagt haben, sei diese Verteidigung hinlänglich vor euch. Gegen Melitos aber, den guten und vaterlandsliebenden, wie er ja sagt, und gegen die späteren will ich nun versuchen mich zu verteidigen. Wiederum also laßt uns, wie sie denn andere Ankläger sind, nun auch ihre beschworene Klage vornehmen. Sie lautet aber etwa so: Sokrates, sagt er, frevle, indem er die Jugend verderbe und die Götter, welche der Staat annimmt, nicht annehme, sondern Anderes, Neues, Daimonisches. Das ist die Beschuldigung, und von dieser Beschuldigung wollen wir nun jedes einzelne untersuchen. Er sagt also, ich frevle durch Verderb der Jugend. Ich aber, ihr Athener, sage, Melitos frevelt, indem er mit ernsthaften Dingen Scherz treibt und leichtsinnig Menschen aufs Leben anklagt, und sich eifrig und besorgt anstellt für Gegenstände, um die doch dieser Mann sich nie im geringsten bekümmert hat. Daß sich aber dies so verhalte, will ich versuchen auch euch zu zeigen. Her also zu mir, Melitos, und sprich! Nicht wahr, dir ist das sehr wichtig, daß die Jugend aufs beste gedeihe? – Mir freilich. – So komm also und sage diesen, wer sie denn besser macht? Denn offenbar weißt du es doch, da es dir so angelegen ist. Denn den Verderber hast du wohl aufgefunden, mich, wie du behauptest, und vor diese hergeführt und verklagt: so komm denn und nenne ihnen auch den Besserer und zeige an, wer es ist! Siehst du, o Melitos, wie du schweigst und nichts zu sagen weißt? Dünkt dich denn das nicht schändlich zu sein und Beweis genug für das, was ich sage, daß du dich hierum nie bekümmert hast? So sage doch, du Guter, wer macht sie besser? – Die Gesetze. – Aber danach frage ich nicht, Bester, sondern welcher Mensch, der freilich diese zuvor auch kennt, die Gesetze. – Diese hier, o Sokrates, die Richter. – Was sagst du, o Melitos? Diese hier sind imstande, die Jugend zu bilden und besser zu machen? – Ganz gewiß. – Etwa alle? Oder einige nur von ihnen, andere aber nicht? – Alle. – Herrlich, bei der Hera gesprochen! und ein großer Reichtum von solchen, die uns im Guten fördern! Wie aber, machen auch diese Zuhörer sie besser oder nicht? – Auch diese. – Und wie die Ratmänner? – Auch die Ratmänner. – Aber, o Melitos, verderben nicht etwa die in der Gemeinde, die Gemeindemänner, die Jugend? Oder machen auch diese alle sie besser? – Auch diese. – Alle Athener also machen sie, wie es scheint, gut und edel, mich ausgenommen; ich allein verderbe sie. Meinst du es so? – Allerdings, gar sehr meine ich es so. – In eine große Unseligkeit verdammst du mich also! Antworte mir aber, dünkt es dich mit den Pferden auch so zu stehen, daß alle Menschen sie bessern und nur einer sie verderbt? Oder ist nicht ganz im Gegenteil nur einer geschickt, sie zu bessern, oder wenige, die Bereiter, die meisten aber, wenn sie mit Pferden umgehen und sie gebrauchen, verderben sie?

Verhält es sich nicht so, Melitos, bei Pferden und allen andern Tieren? Allerdings so, du und Anytos mögen es nun leugnen oder zugeben. Gar glückselig stände es freilich um die Jugend, wenn einer allein sie verderbte, die andern aber alle sie zum Guten förderten. Aber, Melitos, du zeigst eben hinlänglich, daß du niemals an die Jugend gedacht hast, und offenbarst deutlich deine Gleichgültigkeit, daß du dich nie um das bekümmert hast, weshalb du mich hierher forderst. Weiter sage uns doch beim Zeus, Melitos, ob es besser ist unter guten Bürgern wohnen oder unter schlechten? Freund, lieber, antworte doch! Ich frage dich ja nichts Schweres. Tun die Schlechten nicht allemal denen etwas Übles, die ihnen jedesmal am nächsten sind, die Guten aber etwas Gutes? – Allerdings. – Ist wohl jemand, der von denen, mit welchen er umgeht, lieber will beschädigt sein als geholfen? Antworte mir, du Guter. Denn das Gesetz befiehlt dir zu antworten. Will wohl jemand beschädigt werden? – Wohl nicht. – Wohlan denn, forderst du mich hierher als Verderber und Verschlimmerer der Jugend, so daß ich es vorsätzlich sein soll oder unvorsätzlich? – Vorsätzlich, meine ich. – Wie doch, o Melitos, soviel bist du weiser in deinem Alter, als ich in dem meinigen, daß du zwar einsiehst, wie die Schlechten allemal denen Übels zufügen, die ihnen am nächsten sind, die Guten aber Gutes; ich aber es so weit gebracht habe im Unverstande, daß ich auch das nicht einmal weiß, wie ich, wenn ich einen von meinen Nächsten schlecht mache, selbst Gefahr laufe, Übles von ihm zu erdulden? so daß ich mir dieses große Übel vorsätzlich anrichte, wie du sagst? Das glaube ich dir nicht, Melitos, ich meine aber auch, kein anderer Mensch glaubt es dir; sondern entweder ich verderbe sie gar nicht, oder ich verderbe sie unvorsätzlich, so daß du doch in beiden Fällen lügst. Verderbe ich sie aber unvorsätzlich, so ist solches, und zwar unvorsätzlicher Vergehungen wegen, nicht gesetzlich, jemand hierher zu fordern, sondern ihn für sich allein zu nehmen und so zu belehren und zu ermahnen. Denn offenbar ist, daß, wenn ich belehrt bin, ich aufhören werde mit dem, was ich unvorsätzlich tue. Dich aber mit mir einzulassen und mich zu belehren, das hast du vermieden und nicht gewollt, sondern hierher forderst du mich, wohin gesetzlich ist, nur die zu fordern, welche der Züchtigung bedürfen und nicht der Belehrung. Doch, ihr Athener, das ist wohl schon offenbar, was ich sagte, daß sich Melitos um diese

Sache nie weder viel noch wenig bekümmert hat! Indes aber sage uns, Melitos, auf welche Art du denn behauptest, daß ich die Jugend verderbe? Oder offenbar nach deiner Klage, die du eingegeben, indem ich lehre, die Götter nicht zu glauben, welche der Staat glaubt, sondern allerlei Neues, Daimonisches. Ist das nicht deine Meinung, daß ich sie durch solche Lehre verderbe? – Freilich, gar sehr ist das meine Meinung. – Nun dann, bei eben diesen Göttern, o Melitos, von denen jetzt die Rede ist, sprich noch deutlicher mit mir und mit diesen Männern hier. Denn ich kann nicht verstehen, ob du meinst, ich lehre zu glauben, daß es gewisse Götter gäbe, so daß ich also doch selbst Götter glaube und nicht ganz und gar gottlos bin, noch also hierdurch frevle, nur jedoch die nicht, welche der Staat, und ob du mich deshalb verklagst, daß ich andere glaube; oder ob du meinst, ich selbst glaube überall gar keine Götter und lehre dies auch andere? – Dieses meine ich, daß du überall gar keine Götter glaubst. – O wunderlicher Melitos! Wie kommst du doch darauf, dies zu meinen? Halte ich also auch weder Sonne noch Mond für Götter, wie die übrigen Menschen? – Nein, beim Zeus, ihr Richter! Denn die Sonne, behauptet er, sei ein Stein, und der Mond sei Erde. – Du glaubst wohl den Anaxagoras anzuklagen, lieber Melitos? und denkst so geringe von diesen, und hältst sie für so unerfahren in Schriften, daß sie nicht wüßten, wie des Klazomeniers Anaxagoras Schriften voll sind von dergleichen Sätzen? Und also auch die jungen Leute lernen wohl das von mir, was sie sich manchmal für höchstens eine Drachme in der Orchestra kaufen, und dann den Sokrates auslachen können, wenn er für sein ausgibt, was überdies noch so sehr ungereimt ist? Also, beim Zeus, so ganz dünke ich dich gar keinen Gott zu glauben? – Nein, eben beim Zeus, auch nicht im mindesten. – Du glaubst wenig genug, o Melitos, jedoch, wie mich dünkt, auch dir selbst. Denn mich dünkt dieser Mann, ihr Athener, ungemein übermütig und ausgelassen, und ordentlich aus Übermut und Ausgelassenheit diese Klage wie einen Jugendstreich angestellt zu haben. Denn es sieht aus, als habe er ein Rätsel ausgesonnen und wollte nun versuchen, ob wohl der weise Sokrates mich merken wird, wie ich Scherz treibe und mir selbst widerspreche in meinen Reden, oder ob ich ihn und die andern, welche zuhören, hintergehen werde. Denn dieser scheint mir ganz offenbar sich selbst zu widersprechen in seiner Anklage, als ob er sagte, Sokrates frevelt, indem er keine Götter glaubt, sondern Götter glaubt, wiewohl einer das doch nur im Scherz sagen kann! Erwägt aber mit mir, ihr Männer, warum ich finde, daß er dies sagt. Du aber antworte uns, o Melitos. Ihr aber, was ich euch von Anfang an gebeten habe, denkt wohl daran, mir kein Getümmel zu erregen, wenn ich auf meine gewohnte Weise die Sache führe. Gibt es wohl einen Menschen, o Melitos, welcher, daß es menschliche Dinge gebe, zwar glaubt, Menschen aber nicht glaubt? Er soll antworten, ihr Männer, und nicht anderes und anderes Getümmel treiben! Gibt es einen, der zwar keine Pferde glaubt, aber doch Dinge von Pferden? Oder zwar keine Flötenspieler glaubt, aber doch Dinge von Flötenspielern? Nein, es gibt keinen, bester Mann; wenn du doch nicht antworten willst, will ich es dir und den übrigen hier sagen. Aber das nächste beantworte: Gibt es einen, welcher zwar, daß es daimonische Dinge gebe, glaubt, Daimonen aber nicht glaubt? – Es gibt keinen. – Wie bin ich dir verbunden, daß du endlich, von diesen gezwungen, geantwortet hast. Daimonisches nun behauptest du, daß ich glaube und lehre, sei es nun neues oder altes, also Daimonisches glaube ich doch immer nach deiner Rede? Und das hast du ja selbst beschworen in der Anklageschrift. Wenn ich aber Daimonisches glaube, so muß ich doch ganz notwendig auch Daimonen glauben. Ist es nicht so? Wohl ist es so! Denn ich nehme an, daß du einstimmst, da du ja nicht antwortest. Und die Daimonen, halten wir die nicht für Götter entweder, oder doch für Söhne von Göttern? Sagst du ja oder nein? – Ja, freilich. – Wenn ich also Daimonen glaube, wie du sagst, und die Daimonen sind selbst Götter, das wäre ja ganz das, was ich sage, daß du Rätsel vorbringst und scherzest, wenn du mich, der ich keine Götter glauben soll, hernach doch wieder Götter glauben läßt, da ich ja Daimonen glaube. Wenn aber wiederum die Daimonen Kinder der Götter sind, unechte von Nymphen oder andern, denen sie ja auch zugeschrieben werden: welcher Mensch könnte dann wohl glauben, daß es Kinder der Götter gäbe, Götter aber nicht? Ebenso ungereimt wäre das ja, als wenn jemand glauben wollte, Kinder gebe es wohl von Pferden und Eseln, Maulesel nämlich, Esel aber und Pferde wollte er nicht glauben, daß es gäbe. Also, Melitos, es kann nicht anders sein, als daß du entweder, um uns zu versuchen, diese Klage angestellt hast, oder in gänzlicher Verlegenheit, was für ein wahres Verbrechen du mir wohl anschuldigen könntest. Wie du aber irgendeinen Menschen, der auch nur ganz wenig Verstand hat, überreden willst, daß ein und derselbe Mensch Daimonisches und Göttliches glaubt, und wiederum derselbe doch auch weder Daimonen, noch Götter, noch Heroen, das ist doch auf keine Weise zu ersinnen.

Jedoch, ihr Athener, daß ich nicht strafbar bin in Beziehung auf die Anklage des Melitos, darüber scheint mir keine große Verteidigung nötig zu sein, sondern schon dieses ist genug. Was ich aber bereits im vorigen sagte, daß ich bei vielen gar viel verhaßt bin, wißt nur, das ist wahr. Und das ist es auch, dem ich unterliegen werde, wenn ich unterliege, nicht dem Melitos, nicht dem Anytos, sondern dem üblen Ruf und dem Haß der Menge, dem auch schon viele andere treffliche Männer unterliegen mußten und, glaube ich, noch ferner unterliegen werden, und ist wohl nicht zu besorgen, daß er bei mir sollte stehenbleiben. Vielleicht aber möchte einer sagen: Aber schämst du dich denn nicht, Sokrates, daß du dich mit solchen Dingen befaßt hast, die dich nun in Gefahr bringen zu sterben? Ich nun würde diesem die billige Rede entgegnen: Nicht gut sprichst du, lieber Mensch, wenn du glaubst, Gefahr um Leben und Tod müsse in Anschlag bringen, wer auch nur ein weniges nutz ist, und müsse nicht vielmehr allein darauf sehn, wenn er etwas tut, ob es recht getan ist oder unrecht, ob eines rechtschaffenen Mannes Tat oder eines schlechten. Denn Elende wären ja nach deiner Rede die Halbgötter gewesen, welche vor Troja geendet haben, und vorzüglich vor andern der Sohn der Thetis, welcher, ehe er etwas Schändliches ertragen wollte, die Gefahr so sehr verachtete, daß, obgleich seine Mutter, die Göttin, als er sich aufmachte, den Hektor zu töten, ihm so ungefähr, wie ich glaube, zuredete: Wenn du, Sohn, den Tod deines Freundes Patroklos rächst und den Hektor tötest, so mußt du selbst sterben, denn, sagt sie, alsbald nach Hektor ist dir dein Ende geordnet, er dennoch, dieses hörend, den Tod und die Gefahr gering achtete, und weit mehr das fürchtend, als ein schlechter Mann zu leben und die Freunde nicht zu rächen, ihr antwortete: Möcht ich sogleich hinsterben, nachdem ich den Beleidiger gestraft, und nicht verlacht hier sitzen an den Schiffen, umsonst die Erde belastend. Meinst du etwa, der habe sich um Tod und Gefahr bekümmert? Denn so, ihr Athener, verhält es sich in der Tat. Wohin jemand sich selbst stellt, in der

Meinung, es sei da am besten, oder wohin einer von seinen Obern gestellt wird, da muß er, wie mich dünkt, jede Gefahr aushalten und weder den Tod noch sonst irgend etwas in Anschlag bringen gegen die Schande. Ich also hätte Arges getan, ihr Athener, wenn ich, als die Befehlshaber mir einen Platz anwiesen, die ihr gewählt hattet, um über mich zu befehlen bei Potidaia, bei Amphipolis und Delion, damals also, wo jene mich hinstellen, gestanden hätte wie irgendein anderer und es auf den Tod gewagt; wo aber der Gott mich hinstellt, wie ich es doch glaubte und annahm, damit ich in Aufsuchung der Weisheit mein Leben hinbrächte und in Prüfung meiner selbst und anderer, wenn ich da, den Tod oder irgend etwas fürchtend, aus der Ordnung gewichen wäre. Arg wäre das, und dann in Wahrheit könnte mich einer mit Recht hierherführen vor Gericht, weil ich nicht an die Götter glaubte, wenn ich dem Orakel unfolgsam wäre und den Tod fürchtete, und mich weise dünkte, ohne es zu sein. Denn den Tod fürchten, ihr Männer, das ist nichts anderes, als sich dünken, man wäre weise, und es doch nicht sein. Denn es ist ein Dünkel, etwas zu wissen, was man nicht weiß. Denn niemand weiß, was der Tod ist, nicht einmal ob er nicht für den Menschen das größte ist unter allen Gütern. Sie fürchten ihn aber, als wüßten sie gewiß, daß er das größte Übel ist. Und wie wäre dies nicht eben derselbe verrufene Unverstand, die Einbildung, etwas zu wissen, was man nicht weiß. Ich nun, ihr Athener, übertreffe vielleicht um dasselbe auch hierin die meisten Menschen. Und wollte ich behaupten, daß ich um irgend etwas weiser wäre: so wäre es um dieses, daß da ich nichts ordentlich weiß von den Dingen in der Unterwelt, ich es auch nicht glaube zu wissen; gesetzwidrig handeln aber und dem Besseren, Gott oder Mensch, ungehorsam sein, davon weiß ich, daß es übel und schändlich ist. Im Vergleich also mit den Übeln, die ich als Übel kenne, werde ich niemals das, wovon ich nicht weiß ob es nicht ein Gut ist, fürchten oder fliehen. So daß, wenn ihr mich jetzt lossprechet ohne dem Anytos zu folgen, welcher sagt, entweder sollte ich gar nicht hierher gekommen sein, oder nachdem ich einmal hier wäre, sei es ganz unmöglich, mich nicht hinzurichten, indem er euch vorstellt, wenn ich nun durchkäme, dann erst würden eure Söhne sich dessen recht befleißigen, was Sokrates lehrt und alle ganz und gar verderbt werden; wenn ihr mir hierauf sagtet: Jetzt Sokrates wollen wir zwar dem Anytos nicht folgen, sondern lassen dich los unter der Bedingung jedoch, daß du diese Nachforschung nicht mehr betreibst und nicht mehr nach Weisheit suchst; wirst du aber noch einmal betroffen, daß du dies tust, so mußt du sterben; wenn ihr mich also wie gesagt auf diese Bedingung losgeben wolltet, so würde ich zu euch sprechen: Ich bin euch, ihr Athener, zwar zugetan und Freund, gehorchen aber werde ich dem Gotte mehr als euch, und so lange ich noch atme und es vermag, werde ich nicht aufhören, nach Weisheit zu suchen und euch zu ermahnen und zu beweisen, wen von euch ich antreffe, mit meinen gewohnten Reden, wie, bester Mann, als ein Athener aus der größten und für Weisheit und Macht berühmtesten Stadt, schämst du dich nicht, für Geld zwar zu sorgen, wie du dessen aufs meiste erlangest, und für Ruhm und Ehre, für Einsicht aber und Wahrheit und für deine Seele, daß sie sich aufs beste befinde, sorgst du nicht und hierauf willst du nicht denken? Und wenn jemand unter euch dies leugnet, und behauptet, er denke wohl darauf, werde ich ihn nicht gleich loslassen und fortgehen, sondern ihn fragen und prüfen und ausforschen. Und wenn mich dünkt, er besitze keine Tugend, behaupte es aber: so werde ich es ihm verweisen, daß er das Wichtigste geringer achtet und das Schlechtere höher. So werde ich mit Jungen und Alten, wie ich sie eben treffe, verfahren und mit Fremden und Bürgern, um soviel mehr aber mit euch Bürgern, die ihr mir näher verwandt seid. Denn so, wißt nur, befiehlt es der Gott. Und ich meinesteils glaube, daß noch nie größeres Gut dem Staate widerfahren ist als dieser Dienst, den ich dem Gott leiste. Denn nichts anderes tue ich, als daß ich umhergehe, um Jung und Alt unter euch zu überreden, ja nicht für den Leib und für das Vermögen zuvor noch überall so sehr zu sorgen als für die Seele, daß diese aufs beste gedeihe, zeigend wie nicht aus dem Reichtum die Tugend entsteht, sondern aus der Tugend der Reichtum, und alle andern menschlichen Güter insgesamt, eigentümliche und gemeinschaftliche. Wenn ich nun durch solche Reden die Jugend verderbe, so müßten sie ja schädlich sein; wenn aber jemand sagt, ich rede etwas anderes als dies, der sagt nichts. Demgemäß nun, würde ich sagen, ihr athenischen Männer, gehorcht nun dem Anytos oder nicht, sprecht mich los oder nicht, daß ich auf keinen Fall anders handeln werde, und müßte ich noch so oft sterben. Kein Getümmel, ihr Athener, sondern harret mir aus bei dem, was ich euch gebeten, mir nicht zu toben, über das, was ich sage, sondern zu hören. Auch wird es euch, glaube ich, heilsam sein, wenn ihr es hört. Denn ich bin im Begriff, euch noch manches andere zu sagen, worüber ihr vielleicht schreien möchtet; aber keineswegs tut das. Denn wißt nur, wenn ihr mich tötet, einen solchen Mann wie ich sage, so werdet ihr mir nicht größer Leid zufügen als euch selbst. Denn Leid zufügen wird mir weder Melitos noch Antyos im mindesten. Sie könnten es auch nicht; denn es ist, glaube ich, nicht in der Ordnung, daß dem besseren Manne von dem schlechteren Leides geschehe. Töten freilich kann mich einer, oder vertreiben oder des Bürgerrechtes berauben. Allein dies hält dieser vielleicht und sonst mancher für große Übel, ich aber gar nicht; sondern weit mehr so etwas wie dieser jetzt tut, einen andern widerrechtlich suchen hinzurichten. Daher auch jetzt, ihr Athener, ich weit entfernt bin, um meiner selbst willen mich zu verteidigen, wie einer wohl denken könnte, sondern um euretwillen, damit ihr euch nicht gegen des Gottes Gabe an euch versündigt durch meine Verurteilung. Denn wenn ihr mich hinrichtet, werdet ihr nicht leicht einen andern solchen finden, der ordentlich, sollte es auch lächerlich gesagt scheinen, von dem Gotte der Stadt beigegeben ist, wie einem großen und edlen Rosse, das aber eben seiner Größe wegen sich zur Trägheit neigt, und der Anreizung durch den Sporn bedarf, wie mich scheint der Gott dem Staate als einen solchen zugelegt zu haben, der ich auch euch einzeln anzuregen, zu überreden und zu verweisen den ganzen Tag nicht aufhöre, überall euch anliegend. Ein anderer solcher nun wird euch nicht leicht wieder werden, ihr Männer. Wenn ihr also mir folgen wollt, werdet ihr meiner schonen. Ihr aber werdet vielleicht verdrießlich, wie die Schlummernden, wenn man sie aufweckt, um euch stoßen, und mich, dem Anytos folgend, leichtsinnig hinrichten, dann aber das übrige Leben weiter fortschlafen, wenn euch nicht der Gott wieder einen andern zuschickt aus Erbarmen. Daß ich aber ein solcher bin, der wohl von dem Gotte der Stadt mag geschenkt sein, das könnt ihr hieraus abnehmen. Denn nicht wie etwas Menschliches sieht es aus, daß ich das Meinige samt und sonders versäumt habe, und so viele Jahre schon ertrage, daß meine Angelegenheiten zurückstehen, immer aber die eurigen betreibe, an jeden einzeln mich wendend, und wie ein Vater oder älterer Bruder ihm zuredend, sich doch die Tugend angelegen sein zu lassen. Und wenn ich hiervon noch einen Genuß hätte und um Lohn andere so ermahnte, so hätte ich noch einen Grund. Nun aber seht ihr ja selbst, daß meine Ankläger, so schamlos sie mich auch alles andern beschuldigen, dieses doch nicht erreichen konnten mit ihrer Schamlosigkeit, einen Zeugen aufzustellen, daß ich jemals einen Lohn mir ausgemacht oder gefordert hätte. Ich aber stelle, meine ich, einen hinreichenden Zeugen für die Wahrheit meiner Aussage, meine Armut.

Vielleicht könnte auch dies jemanden ungereimt dünken, daß ich, um einzelnen zu raten, umhergehe, und mir viel zu schaffen mache, öffentlich aber mich nicht erdreiste, in eurer Versammlung auftretend dem Staate zu raten. Hievon ist nun die Ursache, was ihr mich oft und vielfältig sagen gehört habt, daß mir etwas Göttliches und Daimonisches widerfährt, was auch Melitos in seiner Anklage auf Spott gezogen hat. Mir aber ist dieses von meiner Kindheit an geschehen, eine Stimme nämlich, welche jedesmal, wenn sie sich hören läßt, mir von etwas abredet, was ich tun will, zugeredet aber hat sie mir nie. Das ist es, was sich mir widersetzt, daß ich nicht soll Staatsgeschäfte betreiben. Und sehr mit Recht scheint es mir, sich dem zu widersetzen. Denn wißt nur, ihr Athener, wenn ich schon vor langer Zeit unternommen hätte, Staatsgeschäfte zu betreiben: so wäre ich auch schon längst umgekommen, und hätte weder euch etwas genutzt, noch auch mir selbst. Werdet mir nur nicht böse, wenn ich die Wahrheit rede. Denn kein Mensch kann sich erhalten, der sich, sei es nun euch oder einer andern Volksmenge, tapfer widersetzt und viel Ungerechtes und Gesetzwidriges im Staate zu verhindern sucht: sondern notwendig muß, wer in der Tat für die Gerechtigkeit streiten will, auch wenn er sich nur kurze Zeit erhalten soll, ein zurückgezogenes Leben führen, nicht ein öffentliches. Tüchtige Beweise will ich euch hiervon anführen, nicht in Worten, sondern was ihr höher achtet, Tatsachen. Hört also von mir, was mir selbst begegnet ist, damit ihr seht, daß ich auch nicht einem nachgeben würde, gegen das Recht aus Todesfurcht, und zugleich daß, wenn ich das nicht täte, ich umkommen müßte. Ich werde euch freilich unangenehme und langweilige Geschichten erzählen, aber doch wahre. Ich nämlich, ihr Athener, habe niemals irgendein anderes Amt im Staate bekleidet, als nur zu Rate bin ich gesessen. Und eben hatte unser Stamm, der Antiochische, den Vortrag, als ihr den Anschlag faßtet, die zehn Heerführer, welche die in der Seeschlacht Gebliebenen nicht begraben hatten, sämtlich zu verurteilen, ganz gesetzwidrig, wie es späterhin euch allen dünkte. Da war ich unter allen Prytanen der einzige, der sich euch widersetzte, damit ihr nichts gegen die Gesetze tun möchtet, und euch entgegenstimmte. Und obgleich die Redner bereit waren, mich anzugeben und gefangen zu setzen, und ihr es fordertet und schriet: so glaubte ich doch, ich müßte lieber mit dem Recht und dem Gesetz die Gefahr bestehen, als mich zu euch gesellen in einem so ungerechten Vorhaben aus Furcht des Gefängnisses oder des Todes. Und dies geschah, als im Staat noch das Volk herrschte. Nachdem aber die Regierung an einige wenige gekommen, so ließen einst die Dreißig mich mit noch vier anderen auf die Tholos holen, und trugen uns auf, den Salaminier Leon aus Salamin herzubringen, um ihn hinzurichten, wie sie denn dergleichen vieles vielen andern auch auftrugen, um so viele als irgend möglich in Verschuldungen zu verstricken. Auch da nun zeigte ich wiederum nicht durch Worte, sondern durch die Tat, daß der Tod, wenn euch das nicht zu bäurisch klingt, mich auch nicht das mindeste kümmerte, nichts Ruchloses aber und nichts Ungerechtes zu begehen mich mehr als alles kümmert. Denn mich konnte jene Regierung, so gewaltig sie auch war, nicht so einschrecken, daß ich etwas Unrechtes getan hätte. Sondern als wir von der Tholos herunterkamen, gingen die viere nach Salamin und brachten den Leon; ich aber ging meines Weges nach Hause. Und vielleicht hätte ich deshalb sterben gemußt, wenn nicht jene Regierung kurz darauf wäre aufgelöst worden. Dies werden euch sehr viele bezeugen können. Glaubt ihr wohl, daß ich so viele Jahre würde durchgekommen sein, wenn ich die öffentlichen Angelegenheiten verwaltet, und als ein redlicher Mann sie verwaltend, überall dem Recht geholfen, und dies, wie es sich gebührt, über alles gesetzt hätte? Weit gefehlt, ihr Athener; und ebensowenig irgendein anderer Mensch. Ich also werde mein ganzes Leben hindurch öffentlich, wo ich etwas verrichtet, und ebenso auch für mich, als ein solcher erscheinen, daß ich nie einen jemals irgend etwas eingeräumt habe wider das Recht, weder sonst jemand noch auch von diesen einem, die meine Verleumder meine Schüler nennen. Eigentlich aber bin ich nie irgend jemandes Lehrer gewesen; wenn aber jemand, wie ich rede und mein Geschäft verrichte, Lust hat zu hören, jung oder alt, das habe ich nie jemanden mißgönnt. Auch nicht etwa nur, wenn ich Geld bekomme, unterrede ich mich, wenn aber keines, dann nicht; sondern auf gleiche Weise stehe ich dem Armen wie dem Reichen bereit zum Fragen, und wer da will, kann antworten und hören, was ich sage. Und ob nun jemand von diesen besser wird oder nicht, davon bin ich nicht schuldig die Verantwortung zu tragen, da ich Unterweisung hierin weder jemals jemanden versprochen noch auch erteilt habe. Wenn aber einer behauptet, jemals von mir etwas gelernt oder gehört zu haben insbesondere, was nicht auch alle anderen, so wißt, daß er nicht die Wahrheit redet. Aber weshalb halten sich wohl einige so gern seit langer Zeit zu mir? Das habt ihr gehört, Athener, ich habe euch die ganze Wahrheit gesagt, daß sie nämlich diejenigen gern mögen ausforschen hören, welche sich dünken, weise zu sein, und es nicht sind. Denn es ist nicht unerfreulich. Mir aber ist dieses, wie ich behaupte, von dem Gotte auferlegt zu tun durch Orakel und Träume, und auf jede Weise, wie nur je göttliche Schickung einem Menschen etwas auferlegt hat zu tun.

Dies, ihr Athener, ist ebenso wahr als leicht zu erweisen. Denn wenn ich von unsern Jünglingen einige verderbe, andere verderbt habe: so würden doch, wenn einige unter ihnen bei reiferem Alter eingesehen hätten, daß ich ihnen je in ihrer Jugend zum Bösen geraten, diese selbst jetzt aufstehn, um mich zu verklagen und zur Strafe zu ziehen; wollten sie aber selbst nicht, so würden irgendwelche von ihren Verwandten, Eltern, Brüder oder andere Angehörige, wenn ich ihren Verwandten irgend Böses zugefügt, es mir jetzt gedenken. Auf jeden Fall sind ja viele von ihnen hier zugegen, die ich sehe, zuerst hier Kriton, mein Alters- und Zunftgenosse, der Vater dieses Kritobulos; dann Lysanias, der Sphettier, dieses Aischines Vater; auch Antiphon, der Kephesier, des Epigenes Vater. Und andere sind diese, deren Brüder meines Umganges gepflogen, Nikostratos, des Theozotides Sohn, der Bruder des Theodotos, und zwar ist Theodotos tot, der ihn also nicht kann beschwichtigt haben; und Paralos, des Demodokos Sohn, dessen Bruder Theages war; und Adeimantos, des Ariston Sohn, der Bruder dieses Platon; und Aiantodoros, dessen Bruder dieser Apollodoros ist. Und noch viele andere kann ich euch nennen, von denen doch vor allen Dingen Melitos in seiner Rede irgendeinen zum Zeugen sollte aufgerufen haben. Hat er es aber damals vergessen, so rufe er noch einen auf, ich gebe es nach, und er sage es, wenn er so etwas hat. Allein hiervon werdet ihr ganz das Gegenteil finden, ihr Männer, alle willig mir beizustehen, mir dem Verderber, dem Unheilstifter ihrer Verwandten, wie Melitos und Anytos sagen. Denn die Verführten selbst könnten vielleicht Grund haben, mir beizustehen; aber die unverderbten, schon reiferen Männer, die ihnen verwandt sind, welchen andern Grund hätten diese, mir beizustehen, als den gerechten und billigen, daß sie wissen, Melitos lügt, ich aber rede die Wahrheit.

Wohl, ihr Männer! Was ich zu meiner Verteidigung zu sagen wüßte, das ist etwa dieses, und vielleicht mehr dergleichen. Vielleicht aber wird mancher unter euch unwillig gegen mich, wenn er an sich selbst denkt, wenn er etwa bei Durchfechtung eines vielleicht weit leichteren Kampfes als dieser, die Richter gebeten und gefleht hat unter vielen Tränen, und seine Kinder mit sich heraufgebracht, um nur möglichst viel Erbarmen zu erregen, und viele andere von seinen Verwandten und Freunden, ich aber von dem allen nichts tun will, und das, da ich, wie es scheinen kann in der äußersten Gefahr schwebe. Vielleicht wird mancher, dies bedenkend, seine Eitelkeit von mir gekränkt fühlen, und, eben hierüber erzürnt, im Zorn seine Stimme abgeben. Wenn jemand unter euch so gesinnt ist, ich glaube es zwar nicht, aber wenn doch: so denke ich, meine Rede wird zu billigen sein, wenn ich ihm sage: Auch ich, o Bester, habe so einige Verwandte. Denn auch ich, wie Homeros sagt, nicht der Eiche entstammte ich oder dem Felsen, sondern Menschen. Daher ich denn Verwandte habe, und auch Söhne, ihr Athener, drei, einer schon herangewachsen, zwei noch Kinder. Dennoch aber werde ich keinen hieher bringen, um euch zu erbitten, daß ihr günstig abstimmen möget. Warum doch werde ich nichts dergleichen tun? Nicht aus Eigendünkel, ihr Athener, noch daß ich euch geringschätze; sondern ob ich etwa besonders furchtlos bin gegen den Tod oder nicht, das ist eine andere Sache, aber in Beziehung auf das, was rühmlich ist für mich und euch und für die ganze Stadt, dünkt es mich anständig, daß ich nichts dergleichen tue, zumal in solchem Alter und im Besitz dieses Rufes, sei er nun gegründet oder nicht, angenommen ist doch einmal, daß Sokrates sich in etwas auszeichnet vor andern Menschen. Wenn nun, die unter euch dafür gelten, sich auszuzeichnen durch Weisheit oder Tapferkeit oder welche andere Tugend es sei, sich so betragen wollten, das wäre schändlich, wie ich doch öfters gesehen habe, daß manche, die sich etwas dünken, doch wenn sie vor Gericht standen, ganz wunderliche Dinge anstellten, meinend, was ihnen Arges begegnete, wenn sie etwa sterben müßten, gleich als würden sie unsterblich sein, wenn ihr sie nur nicht hinrichtetet. Solche, dünkt mich, machen der Stadt Schande; so daß wohl mancher Fremde denken mag, diese ausgezeichneten Männer unter den Athenern, denen sie selbst unter sich bei der Wahl der Obrigkeiten und allem, was sonst ehrenvoll ist, den Vorzug einräumen, betragen sich ja nichts besser als die Weiber. Dergleichen also, ihr Athener, dürfen weder wir tun, die wir dafür gelten, auch nur irgend etwas zu sein, noch auch, wenn wir es täten, dürft ihr es dulden; sondern eben dies zeiget, daß ihr weit eher den verurteilt, der euch solche Trauerspiele vorführt und die Stadt lächerlich macht, als den, der sich ruhig verhält. Abgesehen aber von dem Rühmlichen dünkt es mich auch nicht einmal recht, den Richter zu bitten und sich durch Bitten loszuhelfen, sondern belehren muß man ihn und überzeugen. Denn nicht dazu ist der Richter gesetzt, das Recht zu verschenken, sondern es zu beurteilen; und er hat geschworen, nicht sich gefällig zu erweisen gegen wen es ihn beliebt, sondern Recht zu sprechen nach den Gesetzen. Also dürfen weder wir euch gewöhnen an den Meineid, noch ihr euch gewöhnen lassen, sonst würden wir von keiner Seite fromm handeln. Mutet mir also nicht zu, ihr Athener, dergleichen etwas gegen euch zu tun, was ich weder für anständig halte noch für recht, noch für fromm, zumal ich ja, beim Zeus, eben auch der Gottlosigkeit angeklagt bin von diesem Melitos. Denn offenbar, wenn ich euch durch Bitten zu etwas überredete oder nötigte gegen euren Schwur, dann lehrte ich euch, nicht zu glauben, daß es Götter gebe, und recht durch die Verteidigung klagte ich mich selbst an, daß ich keine Götter glaubte. Aber weit gefehlt, daß es so wäre! Wohl glaube ich an sie, ihr Athener, wie keiner von meinen Anklägern, und überlasse euch und dem Gotte, über mich zu entscheiden, wie es für mich das Beste sein wird und für euch.

Nach der Verurteilung

Daß ich nicht unwillig bin, ihr Athener, über dieses Ereignis, daß ihr mich verurteilt habt, dazu trägt noch sonst vieles bei, aber auch nicht unverhofft ist mir das Geschehene geschehen: sondern vielmehr wundere ich mich über die sich ergebende Zahl der beiderseitigen Stimmen. Denn ich glaubte nicht, daß es nur auf so weniges ankommen würde, sondern auf sehr viel. Nun aber, wie man sieht, wenn nur drei Stimmen anders gefallen wären, so wäre ich entkommen. Dem Melitos zwar bin ich auch jetzt entkommen, wie mich dünkt; und nicht nur entkommen, sondern es liegt auch jedem vor Augen, daß, wenn nicht Anytos und Lykon aufgetreten wären, mich anzuklagen, er tausend Drachmen erlegen müßte, weil er den fünften Teil der Stimmen nicht erlangt hätte. Zuerkennen also will mir der Mann den Tod. Wohl! Was soll ich mir nun dagegen zuerkennen, ihr Athener? Doch gewiß, was ich verdiene! Wie also? was verdiene ich zu erleiden oder zu erlegen, weshalb auch immer ich in meinem Leben nie Ruhe gehalten, sondern unbekümmert um das, was den meisten wichtig ist, um das Reichwerden und den Hausstand, um Kriegswesen und Volksrednerei, und sonst um Ämter, um Verschwörungen und Parteien, die sich in der Stadt hervorgetan, weil ich mich in der Tat für zu gut hielt, um mich durch Teilnahme an solchen Dingen zu erhalten, mich mit nichts eingelassen, wo ich weder euch noch mir etwas nutz gewesen wäre; vielmehr nur darauf bedacht, wie ich jedem einzeln die meines Dafürhaltens größte Wohltat erweisen könnte, mich dessen allein, wie ich behaupte, befleißiget, bemüht, jeden von euch zu bewegen, daß er weder für irgend etwas von dem seinigen eher sorge, bis er für sich selbst gesorgt habe, wie er immer besser und vernünftiger womöglich werden könnte, noch auch für die Angelegenheiten des Staates eher als für den Staat selbst, und nach derselben Weise auch nur für alles andere sorgen möchte. Was also verdiene ich dafür zu leiden, daß ich ein solcher bin? Etwas Gutes, ihr Athener, wenn ich der Wahrheit gemäß nach Verdienst mir etwas zuerkennen soll, und zwar etwas Gutes von der Art, wie es mir angemessen ist. Was ist also einem unvermögenden Wohltäter angemessen, welcher der freien Muße bedarf, um euch zu ermahnen? Es gibt nichts, was so angemessen ist, ihr

Athener, als daß ein solcher Mann im Prytaneion gespeist werde, weit mehr, als wenn einer von euch mit dem Rosse oder dem Zwiegespann oder dem Viergespann in den olympischen Spielen gesiegt hat. Denn ein solcher bewirkt nur, daß ihr glückselig scheint, ich aber, daß ihr es seid; und jener bedarf der Speisung nicht, ich aber bedarf ihrer. Soll ich mir also, was ich mit Recht verdiene, zuerkennen, so erkenne ich mir dieses zu, Speisung im Prytaneion. Vielleicht wird euch nun, daß ich dieses sage, ebenso bedünken, als was ich von dem Flehen und der Mitleidserregung sagte, als hartnäckiger Eigendünkel. Das ist aber nicht so, ihr Athener, sondern so vielmehr. Ich bin überzeugt, daß ich nie jemanden vorsätzlich beleidige. Euch freilich überzeuge ich davon nicht, weil wir gar zu kurze Zeit miteinander geredet haben. Denn ich glaube wohl, wenn ihr ein Gesetz hättet, wie man es anderwärts hat, über Leben und Tod nicht an einem Tage zu entscheiden, sondern nach mehreren: so wäret ihr wohl überzeugt worden; nun aber ist es nicht leicht, in kurzer Zeit sich von so schweren Verleumdungen zu reinigen. Überzeugt also wie ich bin, daß ich niemand Unrecht zufüge, werde ich doch wahrlich nicht mir selbst Unrecht tun und selbst gegen mich reden, als ob ich etwas Übles verdiente, und mir dergleichen etwas zuerkennen. Was doch befürchtend? Doch daß ich das erleiden müßte, was Melitos mir zuerkennt und wovon ich nicht zu wissen gestehe, ob es ein Gut oder ein Übel ist? Anstatt dessen also sollte ich von denen Dingen eines wählen und mir zuerkennen, von welchen ich gar wohl weiß, daß sie Übel sind? Etwa Gefängnisstrafe? Und wozu sollte ich doch leben im Kerker, unter dem Befehl der jedesmaligen Obrigkeit? Oder Geldstrafe? und gefangen zu sein, bis ich sie entrichtet habe? Das wäre aber für mich ganz dasselbe wie das vorige. Denn ich habe kein Geld, wovon ich sie entrichten könnte. Aber die Verweisung soll ich mir wohl zuerkennen? Die möchtet ihr mir vielleicht wohl zugestehen. Aber von großer Lebenslust müßte ich wohl besessen sein, ihr Athener, wenn ich so unvernünftig wäre, daß ich nicht berechnen könnte, da ihr, meine Mitbürger, nicht imstande gewesen seid, meine Lebensweise und meine Reden zu ertragen, sondern sie euch zu beschwerlich und verhaßt geworden sind, so daß ihr euch nun davon loszumachen sucht, ob also wohl andere sie leichter ertragen werden? Weit gefehlt, ihr Athener! Ein schönes Leben wäre mir das also, in solchem Alter auszuwandern und immer umhergetrieben eine Stadt mit der andern zu vertauschen. Denn das weiß ich wohl, wohin ich auch komme, werden die Jünglinge meinen Reden zuhören, eben wie hier. Und wenn ich diese von mir weise, so werden sie selbst bei den Alten meine Verweisung bewirken; weise ich sie nicht von mir, so werden dasselbe doch ihre Väter und Verwandten um jener willen tun. Vielleicht aber wird einer sagen: Also still und ruhig, Sokrates, wirst du nicht imstande sein, nach deiner Verweisung zu leben? Das ist nun wohl am allerschwersten manchem von euch begreiflich zu machen. Denn wenn ich sage, das hieße dem Gott ungehorsam sein, und deshalb wäre es mir unmöglich, mich ruhig zu verhalten: so werdet ihr mir nicht glauben, als meinte ich etwas anderes als ich sage. Und wenn ich wiederum sage, daß ja eben dies das größte Gut für den Menschen ist, täglich über die Tugend sich zu unterhalten und über die andern Gegenstände, über welche ihr mich reden und mich selbst und andere prüfen hört, ein Leben ohne Selbsterforschung aber gar nicht verdient, gelebt zu werden, das werdet ihr mir noch weniger glauben, wenn ich es sage. Aber gewiß verhält sich dies so, wie ich es vortrage, ihr Männer, nur euch davon zu überzeugen ist nicht leicht. Auch bin ich nicht gewohnt, mich selbst etwas Übles wert zu achten. Hätte ich nun Geld, so würde ich mir soviel Geldstrafe zuerkennen, als ich entrichten könnte: denn davon hätte ich weiter keinen Schaden. Nun aber, ich habe eben keins; wenn ihr nicht etwa soviel, als ich zu entrichten vermag, mir zuerkennen wollt. Ich vermöchte euch aber vielleicht etwa eine Mine zu entrichten. Die will ich mir also zuerkennen. Platon aber hier und Kriton und Kritobulos und Apollodoros reden mir zu, mir dreißig Minen zuzuerkennen und sie wollten Bürgschaft leisten. Soviel also erkenne ich mir zu, und diese werden euch für dies Geld zuverlässige Bürgen sein.

Nach Verkündigung des Todesurteils

Nur um einer gar kurzen Zeit willen, ihr Athener, werdet ihr nun den Namen behalten und den Vorwurf von denen, welche die Stadt gern lästern mögen, daß ihr den Sokrates hingerichtet habt, diesen weisen Mann. Denn behaupten werden die nun freilich, daß ich weise bin, wenn ich es auch nicht bin, die euch lästern wollen. Hättet ihr nun eine kleine Weile gewartet, so wäre euch ja dies von selbst erfolgt. Denn ihr seht ja mein Alter, daß es schon weit vorgerückt ist im Leben und nahe am Tode. Ich sage dies aber nicht zu euch allen, sondern nur zu denen, die für meinen Tod gestimmt haben. Und zu eben diesen sage ich auch noch dies. Vielleicht glaubt ihr, Athener, ich unterläge jetzt aus Unvermögen in solchen Reden, durch welche ich euch wohl möchte überredet haben, wenn ich geglaubt hätte, alles reden und tun zu dürfen, um nur dieser Klage zu entkommen. Weit gefehlt! Sondern aus Unvermögen unterliege ich freilich, aber nicht an Worten; sondern an Frechheit und Schamlosigkeit und an dem Willen, dergleichen zu euch zu reden, als ihr freilich am liebsten gehört hättet, wenn ich gejammert hätte und gewehklagt, und viel anderes getan und geredet meiner Unwürdiges, wie ich behaupte, dergleichen ihr freilich gewohnt seid, von den andern zu hören. Allein weder vorher glaubte ich der Gefahr wegen etwas Unedles tun zu dürfen, noch auch gereuet es mich jetzt, mich so verteidigt zu haben; sondern weit lieber will ich auf diese Art mich verteidigt haben und sterben, als auf jene und leben. Denn weder vor Gericht noch im Kriege ziemt es weder mir noch irgend jemanden, darauf zu sinnen, wie man nur auf jede Art dem Tode entgehen möge. Auch ist ja das bei Gefechten oft sehr offenbar, daß dem Tode einer wohl entfliehen könnte, würfe er nur die Waffen weg und wendete sich flehend an die Verfolgenden; und viele andere Rettungsmittel gibt es in jeglicher Gefahr, um dem Tode zu entgehen, wenn einer nicht scheut, alles zu tun und zu reden. Allein, daß nur nicht dies gar nicht schwer ist, ihr Athener, dem Tode zu entgehen, aber weit schwerer der Schlechtigkeit; denn sie läuft schneller als der Tod. Auch jetzt daher bin ich als ein langsamer Greis von dem Langsameren gefangen worden; meine Ankläger aber, gewaltig und heftig wie sie sind, von dem Schnelleren der Bosheit. Jetzt also gehe ich hin und bin von euch der Strafe des Todes schuldig erklärt; diese aber sind von der Wahrheit schuldig erklärt der Unwürdigkeit und Ungerechtigkeit. Und sowohl ich beruhige mich bei dem Erkenntnis, als auch diese.

Dieses nun mußte vielleicht so kommen, und ich glaube, daß es ganz gut so ist. Was aber nun hierauf folgen wird, gelüstet mich euch zu weissagen, ihr meine Verurteiler! Denn ich stehe ja auch schon da, wo vorzüglich die Menschen weissagen, wenn sie nämlich im Begriff sind zu sterben. Ich behaupte also, ihr Männer, die ihr mich hinrichtet, es wird sogleich nach meinem Tode eine weit schwerere Strafe über euch kommen, als die, mit welcher ihr mich getötet habt. Denn jetzt habt ihr dies getan in der Meinung, nun entledigt zu sein von der Rechenschaft über euer Leben. Es wird aber ganz entgegengesetzt für euch ablaufen, wie ich behaupte. Mehrere werden sein, die euch zur Untersuchung ziehen, welche ich nur bisher zurückgehalten, ihr aber gar nicht bemerkt habt. Und um desto beschwerlicher werden sie euch werden, je jünger sie sind, und ihr um desto unwilliger. Denn wenn ihr meint, durch Hinrichtungen dem Einhalt zu tun, daß euch niemand schelten soll, wenn ihr nicht recht lebt, so bedenkt ihr das sehr schlecht. Denn diese Entledigung ist weder recht ausführbar, noch ist sie edel. Sondern jene ist die edelste und leichteste, nicht anderen wehren, sondern sich selbst so einrichten, daß man möglichst gut sei. Dieses will ich euch, die ihr gegen mich gestimmt habt, geweissagt haben, und nun von euch scheiden.

Mit denen aber, welche für mich gestimmt, möchte ich gern noch reden über dies Ereignis, welches sich zugetragen, solange die Gewalthaber noch Abhaltung haben, und ich noch nicht dahin gehen muß, wo ich sterben soll. Also, ihr Männer, so lange haltet mir noch aus. Nichts hindert ja, uns vertraulich zu unterhalten miteinander, solange es noch vergönnt ist. Denn euch als meinen Freunden will ich gern das erklären, was mir soeben begegnet ist, was es eigentlich bedeutet. Mir ist wohl, ihr Richter, denn euch benenne ich recht, wenn ich euch Richter nenne, etwas Wunderbares vorgekommen. Meine gewohnte Vorbedeutung nämlich war in der vorigen Zeit wohl gar sehr häufig, und oft in großen Kleinigkeiten widerstand sie mir, wenn ich im Begriff war, etwas nicht auf die rechte Art zu tun. Jetzt aber ist mir doch, wie ihr ja selbst seht, dieses begegnet, was wohl mancher für das größte Übel halten könnte, und was auch dafür angesehen wird; dennoch aber hat mir weder, als ich des morgens von Hause ging, das Zeichen des Gottes widerstanden, noch auch als ich hier die Gerichtsstätte betrat, noch auch irgendwo in der Rede, wenn ich etwas sagen wollte. Wiewohl bei andern Reden es mich oft mitten im reden aufhielt. Jetzt aber hat es mir nirgends bei dieser Verhandlung, wenn ich etwas tat oder sprach, im mindesten widerstanden. Was für eine Ursache nun soll ich mir hievon denken? Das will ich euch sagen. Es mag wohl, was mir begegnet ist, etwas Gutes sein, und unmöglich können wir Recht haben, die wir annehmen, der Tod sei ein Übel. Davon ist mir dies ein großer Beweis. Denn unmöglich würde mir das gewohnte Zeichen nicht widerstanden haben, wenn ich nicht begriffen gewesen wäre, etwas Gutes auszurichten. Laßt uns aber auch so erwägen, wieviel Ursache wir haben zu hoffen, es sei etwas Gutes. Denn eins von beiden ist das Totsein, entweder soviel als nichts sein, noch irgendeine Empfindung von irgend etwas haben, wenn man tot ist; oder, wie auch gesagt wird, es ist eine Versetzung und Umzug der Seele von hinnen an einen andern Ort. Und ist es nun gar keine Empfindung, sondern wie ein Schlaf, in welchem der Schlafende auch nicht einmal einen Traum hat, so wäre der Tod ein wunderbarer Gewinn. Denn ich glaube, wenn jemand einer solchen Nacht, in welcher er so fest geschlafen, daß er nicht einmal einen Traum gehabt, alle übrigen Tage und Nächte seines Lebens gegenüberstellen und nach reiflicher Überlegung sagen sollte, wieviel er wohl angenehmere und bessere Tage und Nächte als jene Nacht in seinem Leben gelebt hat: so glaube ich, würde nicht nur ein gewöhnlicher Mensch, sondern der große König selbst finden, daß diese sehr leicht zu zählen sind gegen die übrigen Tage und Nächte. Wenn also der Tod etwas solches ist, so nenne ich ihn einen Gewinn, denn die ganze Zeit scheint ja auch nicht länger auf diese Art als eine Nacht. Ist aber der Tod wiederum wie eine Auswanderung von hinnen an einen andern Ort, und ist das wahr, was gesagt wird, daß dort alle Verstorbenen sind, was für ein größeres Gut könnte es wohl geben als dieses, ihr Richter? Denn wenn einer in der Unterwelt angelangt, nun dieser sich so nennenden Richter entledigt dort die wahren Richter antrifft, von denen auch gesagt wird, daß sie dort Recht sprechen, den Minos und Rhadamanthys und Aiakos und Triptolemos, und welche Halbgötter sonst gerecht gewesen sind in ihrem Leben, wäre das wohl eine schlechte Umwanderung? Oder auch mit dem Orpheus umzugehen und Musaios und Hesiodos und Homeros, wie teuer möchtet ihr das wohl erkaufen? Ich wenigstens will gern oftmals sterben, wenn dies wahr ist. Ja, mir zumal wäre es ein herrliches Leben, wenn ich dort den Palamedes und Aias, des Telamon Sohn anträfe, und wer sonst noch unter den Alten eines ungerechten Gerichtes wegen gestorben ist, mit dessen Geschick das meinige zu vergleichen, das müßte, glaube ich, gar nicht unerfreulich sein. Ja, was das Größte ist, die dort eben so ausfragend und ausforschend zu leben, wer unter ihnen weise ist, und wer es zwar glaubt, es aber nicht ist. Für wieviel ihr Richter, möchte das einer wohl annehmen, den, welcher das große Heer nach Troja führte, auszufragen, oder den Odysseus oder Sisyphos, und viele andere könnte einer nennen, Männer und Frauen; mit welchen dort zu sprechen und umzugehen und sie auszuforschen auf alle Weise eine unbeschreibliche Glückseligkeit wäre. Gewiß werden sie einen dort um deswillen doch wohl nicht hinrichten. Denn nicht nur sonst ist man dort glückseliger als hier, sondern auch die übrige Zeit unsterblich, wenn das wahr ist, was gesagt wird. Also müßt auch ihr, Richter, gute Hoffnung haben in Absicht des Todes, und dies eine Richtige im Gemüt halten, daß es für den guten Mann kein Übel gibt weder im Leben noch im Tode, noch daß je von den Göttern seine Angelegenheiten vernachlässigt werden. Auch die meinigen haben jetzt nicht von ohngefähr diesen Ausgang genommen; sondern mir ist deutlich, daß sterben und aller Mühen entlediget werden schon das beste für mich war. Daher auch hat weder mich irgendwo das Zeichen gewarnt, noch auch bin ich gegen meine Verurteiler und gegen meine Ankläger irgend aufgebracht. Obgleich nicht in dieser Absicht sie mich verurteilt und angeklagt haben, sondern in der Meinung, mir Übles zuzufügen. Das verdient an ihnen getadelt zu werden. Das eine nur noch bitte ich von ihnen. An meinen Söhnen, wenn sie erwachsen sind, nehmt eure Rache, ihr Männer, und quält sie ebenso wie ich euch gequält habe, wenn euch dünkt, daß sie sich um Reichtum oder um sonst irgend etwas eher bemühen als um die Tugend; und wenn sie sich dünken, etwas zu sein, sind aber nichts: so verweiset es ihnen wie ich euch, daß sie nicht sorgen wofür sie sollten, und sich einbilden etwas zu sein, da sie doch nichts wert sind. Und wenn ihr das tut, werde ich Billiges von euch erfahren haben, ich selbst und meine Söhne.

Jedoch, es ist Zeit, daß wir gehen, ich um zu sterben, und ihr um zu leben. Wer aber von uns beiden zu dem besseren Geschäft hingehe, das ist allen verborgen außer nur Gott.

Phaidon

Echekrates • Phaidon

Echekrates. Warest du selbst, o Phaidon, bei dem Sokrates an jenem Tage, als er das Gift trank in dem Gefängnis, oder hast du es von einem andern gehört?

Phaidon. Selbst war ich da, o Echekrates.

Echekrates. Was also hat denn der Mann gesprochen vor seinem Tode, und wie ist er gestorben? Gern hörte ich das. Denn weder von meinen Landsleuten, den Phliasiern, reiset jetzt leicht einer nach Athen, noch ist von dorther seit geraumer Zeit ein Gastfreund angekommen, der uns etwas Genaues darüber berichten konnte, außer nur, daß er das Gift getrunken hat und gestorben ist; von dem übrigen wußte keiner etwas zu sagen.

Phaidon. Auch von der Klage also habt ihr nichts erfahren, wie es dabei hergegangen ist?

Echekrates. Ja, das hat uns jemand erzählt, und wir haben uns gewundert, daß, da sie schon längst abgeurteilt war, er offenbar erst weit später gestorben ist. Wie war doch das, o Phaidon?

Phaidon. Durch Zufall fügte es sich so, Echekrates. Es traf sich nämlich, daß gerade an dem Tage vor dem Gericht das Schiff war bekränzt worden, welches die Athener nach Delos senden.

Echekrates. Was hat es damit auf sich?

Phaidon. Dies ist das Schiff, wie die Athener sagen, worin einst Theseus fuhr, um jene zweimal sieben nach Kreta zu bringen, die er rettete und sich selbst auch. Damals nun hatten sie dem Apollon gelobt, wie man sagt, wenn sie gerettet würden, ihm jedes Jahr einen Aufzug nach Delos zu senden, welchen sie nun seitdem immer und auch jetzt noch jährlich an den Gott schicken. Sobald nun dieser Aufzug angefangen hat, ist es gesetzlich, während dieser Zeit die Stadt reinzuhalten und von Staats wegen niemanden zu töten, bis das Schiff in Delos angekommen ist und auch wieder zurück. Und dies währt bisweilen lange, wenn widrige Winde einfallen. Des Aufzuges Anfang ist aber, wenn der Priester des Apollon das Vorderteil des Schiffes bekränzt; und dies, wie ich sage, war eben den Tag vor dem Gerichtstage geschehen. Daher hatte Sokrates so viel Zeit in dem Gefängnis zwischen dem Urteil und dem Tode.

Echekrates. Wie war es aber bei seinem Tode selbst, o Phaidon? Was wurde gesprochen und vorgenommen? Welche von seinen Vertrauten waren bei dem Manne? Oder ließ die Behörde sie nicht zu ihm, und er starb ohne Beisein von Freunden?

Phaidon. Keineswegs, sondern es waren deren, und zwar ziemlich viele zugegen.

Echekrates. Alles dieses bemühe dich doch uns recht genau zu erzählen, wenn es dir nicht etwa an Muße fehlt.

Phaidon. Nein, ich habe Muße und will versuchen, es euch zu erzählen. Denn des Sokrates zu gedenken, sowohl selbst von ihm redend, als auch anderen zuhörend, ist mir immer von allem das Erfreulichste.

Echekrates. Und eben solche, o Phaidon, hast du jetzt zu Hörern. Also versuche nur alles, so genau du immer kannst, uns vorzutragen.

Phaidon. Mir meinesteils war ganz wunderbar zumute dabei. Bedauern nämlich kam mir gar nicht ein, wie einem, der bei dem Tode eines vertrauten Freundes zugegen sein soll; denn glückselig erschien mir der Mann, o Echekrates, in seinem Benehmen und seinen Reden, wie standhaft und edel er endete, so daß ich vertraute, er gehe auch in die Unterwelt nicht ohne göttlichen Einfluß, sondern auch dort werde er sich Wohlbefinden, wenn jemals einer sonst. Darum nun kam mich weder etwas Weichherziges an, wie man doch denken sollte bei solchem Trauerfall, noch auch waren wir fröhlich wie in unsern philosophischen Beschäftigungen nach gewohnter Weise, obwohl unsere Unterredungen auch von dieser Art waren; sondern in einem wunderbaren Zustand befand ich mich und in einer ungewohnten Mischung, die aus Lust zugleich und Betrübnis zusammengemischt war, wenn ich bedachte, daß er nun gleich sterben würde. Und alle Anwesenden waren fast in derselben Gemütsstimmung, bald lachend, dann wieder weinend, ganz vorzüglich aber einer unter uns, Apollodoros. Du kennst ja wohl den Mann und seine Weise.

Echekrates. Wie sollte ich nicht!

Phaidon. Der war nun ganz vorzüglich so; aber auch ich war gleichermaßen bewegt und die übrigen.

Echekrates. Welche aber waren denn gerade da, Phaidon?

Phaidon. Eben dieser Apollodoros war von den Einheimischen zugegen, und Kritobulos mit seinem Vater Kriton; dann noch Hermogenes und Epigenes und Aeschines und Antisthenes. Auch Ktesippos, der Päanier, war da, und Menexenos und einige andere von den Eingeborenen; Platon aber, glaube ich, war krank.

Echekrates. Waren auch noch Fremde zugegen?

Phaidon. Ja, Simmias, der Thebaier, und Kebes und Phaidondes, und aus Megara Eukleides und Terpsion.

Echekrates. Wie aber Aristippos und Kleombrotos, waren die da?

Phaidon. Nein, es hieß, sie wären in Ägina.

Echekrates. War noch sonst jemand gegenwärtig?

Phaidon. Ich glaube, dies waren sie ziemlich alle.

Echekrates. Und wie nun weiter? Was für Reden sagst du wurden geführt?

Phaidon. Ich will versuchen, dir alles von Anfang an zu erzählen. Wir pflegten nämlich auch schon die vorigen Tage immer zum Sokrates zu gehen, ich und die andern, und versammelten uns des Morgens im Gerichtshause, wo auch das Urteil gefällt worden war; denn dies ist nahe bei dem Gefängnis. Da warteten wir jedesmal, bis das Gefängnis geöffnet wurde und unterredeten uns unterdessen. Denn es wurde nicht sehr früh geöffnet; sobald es aber offen war, gingen wir hinein zum Sokrates und brachten den größten Teil des Tages bei ihm zu. Auch damals nun hatten wir uns noch früher versammelt, weil wir tags zuvor, als wir abends aus dem Gefängnis gingen, erfahren hatten, daß das Schiff aus Delos angekommen sei. Wir gaben uns also einander das Wort, auf das früheste an dem gewohnten Ort zusammenzukommen. Das taten wir auch, und der Türsteher, der uns aufzumachen pflegte, kam heraus und sagte, wir sollten warten und nicht eher kommen, bis er uns riefe. Denn, sprach er, die Elf lösen jetzt den Sokrates und kündigen ihm an, daß er heute sterben soll. Nach einer kleinen Weile kam er denn und hieß uns hineingehn. Als wir nun hineintraten, fanden wir den Sokrates eben entfesselt, und Xanthippe; du kennst sie doch, sein Söhnchen auf dem Arm haltend, saß neben ihm. Als uns Xanthippe nun sah, wehklagte sie und redete allerlei dergleichen, wie die Frauen pflegen, wie: »O Sokrates, nun reden diese deine Freunde zum letztenmal mit dir, und du mit ihnen.« Da wendete sich Sokrates zum Kriton und sprach: »O Kriton, laß doch jemand diese nach Hause führen.« Da führten einige von Kritons Leuten sie ab, heulend und sich übel gebärdend. Sokrates aber, auf dem Bette sitzend, zog das Bein an sich und rieb sich den Schenkel mit der Hand, indem er zugleich sagte: Was für ein eigenes Ding, ihr Männer, ist es doch um das, was die Menschen angenehm nennen, wie wunderlich es sich verhält zu dem, was ihm entgegengesetzt zu sein scheint, dem Unangenehmen, daß nämlich beide zu gleicher Zeit zwar nie in dem Menschen sein wollen, doch aber, wenn einer dem einen nachgeht und es erlangt, er meist immer genötigt ist, auch das andere mitzunehmen, als ob sie beide an einer Spitze zusammengeknüpft wären; und ich denke, wenn Äsopos dies bemerkt hätte, würde er eine Fabel daraus gemacht haben, daß Gott beide, da sie im Kriege begriffen sind, habe aussöhnen wollen, und weil er dies nicht gekonnt, sie an den Enden zusammengeknüpft habe, und deshalb nun, wenn jemand das eine hat, komme ihm das andere nach. So scheint es nun auch mir gegangen zu sein; weil ich von der Fessel in dem Schenkel vorher Schmerz hatte, so kommt mir nun die angenehme Empfindung hintennach. – Darauf nahm Kebes das Wort und sagte: Beim Zeus, Sokrates, das ist gut, daß du mich daran erinnerst. Denn nach deinen Gedichten, die du gemacht hast, indem du die Fabeln des Äsopos in Verse gebracht, und nach dem Vorgesang an den Apollon haben mich auch andere schon gefragt, und noch neulich Euenos, wie es doch zugehe, daß, seitdem du dich hier befindest, du Verse machest, da du es zuvor nie getan hast. Ist dir nun etwas daran gelegen, daß ich dem Euenos zu antworten weiß, wenn er mich wieder fragt, und ich weiß gewiß, das wird er: so sprich, was ich ihm sagen soll. – Sage ihm denn, sprach er, o Kebes, die Wahrheit, daß ich es nicht tue, um etwa gegen ihn und seine Gedichte aufzutreten, denn das wüßte ich wohl wäre nicht leicht, sondern um zu versuchen, was wohl ein gewisser Traum meine, und mich vor Schaden zu hüten, wenn etwa dies die Musik wäre, die er mir anbefiehlt. Es war nämlich dieses: es ist mir oft derselbe Traum vorgekommen in dem nun vergangenen Leben, der mir, bald in dieser bald in jener Gestalt erscheinend, immer dasselbe sagte: O Sokrates, sprach er, mach und treibe Musik. Und ich dachte sonst immer nur zu dem, was ich schon tat, ermuntere ich mich und treibe mich noch mehr an, wie man die Laufenden anzutreiben pflegt, so ermuntere mich auch der Traum zu dem, was ich schon tat, Musik zu machen, weil nämlich die Philosophie die vortrefflichste Musik ist, und ich diese doch trieb. Jetzt aber, seit das Urteil gefällt ist und die Feier des Gottes meinen Tod noch verschoben hat, dachte ich doch, ich müsse, falls etwa der Traum mir doch befähle, mit dieser gemeinen Musik mich zu beschäftigen, auch dann nicht ungehorsam sein, sondern es tun. Denn es sei doch sicherer, nicht zu gehn, bis ich mich auch so vorgesehen und Gedichte gemacht, um dem Traum zu gehorchen. So habe ich denn zuerst auf den Gott gedichtet, dem das Opfer eben gefeiert wurde, und nächst dem Gott, weil ich bedachte, daß ein Dichter müsse, wenn er ein Dichter sein wolle, Fabeln dichten und nicht vernünftige Reden, und ich selbst nicht erfindsam bin in Fabeln, so habe ich deshalb von denen, die bei der Hand waren und die ich wußte, den Fabeln des Äsopos, welche mir eben aufstießen, in Verse gebracht. Dieses also, o Kebes, sage dem Euenos, und er solle Wohlleben, und wenn er klug wäre, mir nachkommen. Ich gehe aber, wie ihr seht, heute, denn die Athener befehlen es. – Da sagte Simmias: Was läßt du doch da dem Euenos sagen, o Sokrates! Ich habe schon viel mit dem Manne verkehrt; aber soviel ich gemerkt, wird er auch nicht die mindeste Lust haben, dir zu folgen. – Wieso? fragte er, ist Euenos nicht ein Philosoph? – Das dünkt mich doch, sprach Simmias. – Nun so wird er auch wollen, er und jeder, der würdig an diesem Geschäfte teilnimmt, nicht unwürdig hiezu mit gehört. Nur Gewalt wird er sich doch nicht selbst antun; denn dies, sagen sie, sei nicht recht. Und als er dies sagte, ließ er seine Beine von dem Bett wieder herunter auf die Erde, und so sitzend sprach er das übrige. – Kebes fragte ihn nun: Wie meinst du das, o Sokrates, daß es nicht recht sei, sich selbst Leides zu tun, daß aber doch der Philosoph dem Sterbenden zu folgen wünsche? – Wie, Kebes? Habt ihr über diese Dinge nichts gehört, du und Simmias, als ihr mit dem Philolaos zusammenwaret? – Nichts Genaues wenigstens, Sokrates. – Auch ich kann freilich nur vom Hörensagen davon reden; was ich aber gehört, bin ich gar nicht abgünstig euch zu sagen. Auch ziemt es sich ja wohl am besten, daß der, welcher im Begriff ist, dorthin zu wandern, nachsinne und sich Bilder mache über die Wanderung dorthin, wie man sie sich wohl zu denken habe. Was könnte einer auch wohl noch weiter tun in der Zeit bis zum Untergang der Sonne! – Weshalb also sagen sie, es sei nicht recht, sich selbst zu töten, o Sokrates? Denn ich habe dies auch schon, wonach du eben fragtest, vom Philolaos gehört, als er sich bei uns aufhielt, und auch schon von andern, daß man dies nicht tun dürfe. Genaues aber habe ich von keinem jemals etwas darüber gehört. – So mußt du dich noch weiter bemühen, sagte er, du kannst es ja wohl noch hören. Vielleicht aber kommt es dir auch wunderbar vor, daß dies allein unter allen Dingen schlechthin so sein soll, und auf keine Weise, wie doch sonst überall, bisweilen und einigen besser zu sterben als zu leben. Und denen nun besser wäre zu sterben, wird dir wunderbar vorkommen, daß es diesen Menschen nicht erlaubt sein solle, sich selbst wohlzutun, sondern sie einen andern Wohltäter erwarten sollen. – Da sagte Kebes etwas lächelnd und in seiner Mundart: Das mag Gott wissen. – Es kann freilich so scheinen, unvernünftig zu sein, sprach Sokrates, aber es hat doch auch wieder einigen Grund. Denn was darüber in den Geheimnissen gesagt wird, daß wir Menschen wie auf einer Wache sind und man sich aus dieser nicht selbst ablösen oder entweichen dürfe, das erscheint mir doch als eine gewichtige Rede und gar nicht leicht durchzusehn. Wie denn auch dieses, o Kebes, mir ganz richtig gesprochen scheint, daß die Götter unsere Hüter und wir Menschen eine von den Herden der Götter sind. Oder dünkt es dich nicht so? – Allerdings wohl, sagte Kebes. – Also auch du würdest gewiß, wenn ein Stück aus deiner Herde sich selbst tötete, ohne daß du angedeutet hättest, daß du wolltest es solle sterben, diesem zürnen und, wenn du noch eine Strafe wüßtest, es bestrafen? – Ganz gewiß, sagte er. – Auf diese Weise nun wäre es also wohl nicht unvernünftig, daß man nicht eher sich selbst töten dürfe, bis der Gott irgendeine Notwendigkeit dazu verfügt hat, wie die jetzt uns gewordene? – Dieses freilich, sagte Kebes, scheint ganz billig. Was du jedoch vorher sagtest, daß jeder Philosoph gern werde sterben wollen, dieses, o Sokrates, kommt dann ungereimt heraus; wenn doch, was wir eben sagten, sich richtig so verhält, daß Gott es ist, der unser hütet, und wir zu seiner Herde gehören. Denn daß nicht die Vernünftigsten gerade am unwilligsten aus dieser Pflege sich entfernen sollten, wo diejenigen für sie sorgen, welche die besten Versorger sind für alles, was ist, die Götter, das ist gar nicht zu denken. Denn sie können ja nicht glauben, daß sie sich selbst besser hüten werden, wenn sie frei geworden sind; sondern nur ein unvernünftiger Mensch könnte das vielleicht glauben, daß es gut wäre, von seinem Herrn zu fliehen, und könnte nicht bedenken, daß man ja von dem Guten nicht fliehen muß, sondern sich soviel als möglich daran halten, und daß er also unvernünftigerweise fliehen würde; der Vernünftige aber würde immer streben, bei dem zu sein, der besser wäre als er. Und so käme ja wohl, o Sokrates, das Gegenteil von dem heraus, was eben gesagt ward, den Vernünftigen nämlich ziemte es, ungern zu sterben, und nur den Unvernünftigen gern. – Als dies Sokrates ausgehört hatte, schien er mir seine Freude zu haben an des Kebes Eifer in der Sache, und indem er uns ansah, sagte er: Immer spürt doch Kebes irgend Gründe aus und will sich gar nicht leicht überreden lassen von dem, was einer behauptet. – Darauf sagte Simmias: Aber jetzt, o Sokrates, scheint auch mir etwas an dem zu sein, was Kebes vorbringt. Denn weshalb doch sollten wohl wahrhaft weise Männer von besseren Herren, als sie selbst sind, fliehen und ihrer gern loswerden? Und zwar scheint mir Kebes mit seiner Rede auf dich zu zielen, daß du es so leicht erträgst, uns zu verlassen, und auch jene guten Herrscher, wie du selbst gestehst, die Götter. – Ihr habt recht, sprach er. Ich denke nämlich, ihr meint, ich solle mich hierüber verteidigen wie vor Gericht. – Allerdings, sagte Simmias. – Wohlan denn, sprach er, laßt mich versuchen, ob ich mich mit besserem Erfolg vor euch verteidigen kann als vor den Richtern. Nämlich, sprach er, o Simmias und Kebes, wenn ich nicht glaubte, zuerst zu andern Göttern zu kommen, die auch weise und gut sind, und dann auch zu verstorbenen Menschen, welche besser sind als die hiesigen, so täte ich vielleicht unrecht, nicht unwillig zu sein über den Tod. Nun aber wisset nur, daß ich zu wackeren Männern hoffe zu kommen; und wenn ich auch das nicht so ganz sicher behaupten wollte, doch daß ich zu Göttern komme, die ganz treffliche Herren sind, wisset nur, wenn irgend etwas von dieser Art, will ich dieses gewiß behaupten. So daß ich eben deshalb nicht so unwillig bin. sondern der frohen Hoffnung, daß es etwas gibt für die Verstorbenen und, wie man ja schon immer gesagt hat, etwas weit Besseres für die Guten als für die Schlechten. – Wie nun, sagte Simmias, gedenkst du diese Meinung für dich zu behalten und so von uns zu gehn, oder möchtest du uns auch davon mitteilen? Mich wenigstens dünkt, dies müsse ein gemeinsames Gut sein auch für uns; und zugleich wird ja eben das deine Verteidigung sein, wenn du uns von dem, was du sagst, überzeugst. – So will ich es denn versuchen, sprach er. Zuvor aber laßt uns doch von unserm Kriton hören, was es doch ist, was er mir schon lange sagen will? – Was sonst, o Sokrates, sprach Kriton, als daß der, welcher dir den Trank bereiten soll, mir schon lange zuredet, man müsse dir andeuten, doch ja so wenig als möglich zu sprechen. Denn er sagt, durch das Reden erhitze man sich, und das vertrage sich nicht mit dem Trank; wenn aber doch, so hätten die bisweilen zwei-, auch dreimal trinken gemußt, die dergleichen getan. – Darauf sagte Sokrates: Ach, laß ihn laufen! Mag er nur das Seinige tun und sich anschicken, mir auch zweimal zu geben, und wenn es nötig wäre auch dreimal. – Das wußte ich wohl fast vorher, sagte Kriton; aber er ließ mir schon lange keine Ruhe. – Laß ihn, sprach er.

Euch Richtern aber will ich nun Rede darüber stehen, daß ich mit Grunde der Meinung bin, ein Mann, welcher wahrhaft philosophisch sein Leben vollbracht, müßte getrost sein, wenn er im Begriff ist, zu sterben, und der frohen Hoffnung, daß er dort Gutes in vollem Maß erlangen werde, wann er gestorben ist. Wie das nun so sein möge, o Simmias und Kebes, das will ich versuchen euch deutlich zu machen. Nämlich diejenigen, die sich auf rechte Art mit der Philosophie befassen, mögen wohl, ohne daß es freilich die andern merken, nach gar nichts anderm streben, als nur zu sterben und tot zu sein. Ist nun dieses wahr, so wäre es ja wohl wunderlich, wenn sie ihr ganzes Leben hindurch zwar sich um nichts anders bemühten als um dieses, wenn es nun aber selbst käme, hernach wollten unwillig sein über das, wonach sie lange gestrebt und sich bemüht haben. – Da lachte Kebes und sagte: Beim Zeus, Sokrates, wiewohl ich jetzt eben nicht im mindesten lachlustig bin, hast du mich doch zu lachen gemacht. Ich denke nämlich, wenn die Leute so dies hörten, würden sie glauben, dies sei ganz vortrefflich gesagt gegen die Philosophen, und würden gewiß gewaltig beistimmen, die bei uns nun gar: es sei so, die Philosophen sehnten sich wirklich zu sterben, und sie ihrerseits wüßten auch, daß sie wohl verdienten dies zu erlangen. – Da würden sie auch ganz wahr sprechen, o Simmias, das eine ausgenommen, daß sie das recht gut wüßten. Denn weder wissen sie, wie die wahrhaften Philosophen den Tod wünschen, noch wie sie ihn verdienen und was für einen Tod. Laßt uns nun, sprach er, jenen den Abschied geben, zu uns selbst aber sagen, ob wir wohl glauben, daß der Tod etwas sei? – Allerdings, fiel Simmias ein. – Und wohl etwas anderes als die Trennung der Seele von dem Leibe? Und daß das heiße tot sein, wenn abgesondert von der Seele der Leib für sich allein ist, und auch die Seele abgesondert von dem Leibe für sich allein ist. Oder sollte wohl der Tod etwas anderes sein als dieses? – Nein, sondern eben dieses. – So bedenke denn, Guter, ob auch dich dasselbe bedünkt wie mich; denn hieraus, glaube ich, werden wir das besser erkennen, wonach wir fragen. Scheint dir, daß es sich für einen philosophischen Mann gehöre, sich Mühe zu geben um die sogenannten Lüste, wie um die am Essen und Trinken? – Nichts weniger wohl, o Sokrates, sprach Simmias. – Oder um die aus dem Geschlechtstriebe? – Keineswegs. – Und die übrige Besorgung des Leibes, glaubst du, daß ein solcher sie groß achte? wie schöne Kleider und Schuhe und andere Arten von Schmuck des Leibes zu haben, glaubst du, daß er es achte oder verachte, mehr als höchst nötig ist sich hierum zu kümmern? – Verachten, dünkt mich wenigstens, wird es der wahrhafte Philosoph. – Dünkt dich also nicht überhaupt eines solchen ganze Beschäftigung nicht um den Leib zu sein, sondern soviel nur möglich von ihm abgekehrt und der Seele zugewendet? – Das dünkt mich. – Also hierin zuerst zeigt sich der Philosoph als ablösend seine Seele von der Gemeinschaft mit dem Leibe vor den übrigen Menschen allen. – Offenbar. – Und die meisten Menschen meinen doch, o Simmias, wem dergleichen nicht süß ist, und wer daran keinen Teil hat, dem lohne es nicht, zu leben, sondern ganz nahe sei der am Totsein, der sich um die angenehmen Empfindungen nicht bekümmere, welche durch den Leib kommen. – Du sprichst vollkommen recht. – Wie aber nun mit dem Erwerb der richtigen Einsicht selbst, ist dabei der Leib im Wege oder nicht, wenn ihn jemand bei dem Streben danach zum Gefährten mit aufnimmt? Ich meine so, gewähren wohl Gesicht und Gehör den Menschen einige Wahrheit? Oder singen uns selbst die Dichter das immer vor, daß wir nichts genau hören noch sehen? Und doch, wenn unter den Wahrnehmungen, die dem Leibe angehören, diese nicht genau sind und sicher: dann die andern wohl gar nicht; denn alle sind ja wohl schlechter als diese; oder dünken sie dich das nicht? – Freilich, sagte er. – Wann also trifft die Seele die Wahrheit? Denn wenn sie mit dem Leibe versucht etwas zu betrachten, dann offenbar wird sie von diesem betrogen. – Richtig. – Wird also nicht in dem Denken, wenn irgendwo, ihr etwas von dem Seienden offenbar? – Ja. – Und sie denkt offenbar am besten, wenn nichts von diesem sie trübt, weder Gehör noch Gesicht noch Schmerz und Lust, sondern sie am meisten ganz für sich ist, den Leib gehnläßt und soviel irgend möglich ohne Gemeinschaft und Verkehr mit ihm dem Seienden nachgeht. – So ist es. – Also auch dabei verachtet des Philosophen Seele am meisten den Leib, flieht von ihm und sucht für sich allein zu sein? – So scheint es. – Wie nun hiemit, o Simmias? Sagen wir, daß das Gerechte etwas sei oder nichts? – Wir behaupten es ja freilich, beim Zeus. – Und nicht auch das Schöne und Gute? – Wie sollte es nicht? – Hast du nun wohl schon jemals hievon das mindeste mit Augen gesehen? – Keineswegs, sprach er. – Oder mit sonst einer Wahrnehmung, die vermittelst des Leibes erfolgt, es getroffen? Ich meine aber alles dieses, Größe, Gesundheit, Stärke, und mit einem Worte von allem insgesamt das Wesen, was jegliches wirklich ist; wird etwa vermittelst des Leibes hiervon das eigentlich Wahre geschaut, oder verhält es sich so, wer von uns am meisten und genauesten es darauf anlegt, jegliches selbst unmittelbar zu denken, was er untersucht, der kommt auch am nächsten daran, jegliches zu erkennen? – Allerdings. – Und der kann doch jenes am reinsten ausrichten, der am meisten mit dem Gedanken allein zu jedem geht, ohne weder das Gesicht mit anzuwenden beim Denken, noch irgendeinen anderen Sinn mit zuzuziehen bei seinem Nachdenken, sondern sich des reinen Gedankens allein bedienend, auch jegliches rein für sich zu fassen trachtet, soviel möglich geschieden von Augen und Ohren und, um es kurz zu sagen, von dem ganzen Leibe, der nur verwirrt und die Seele nicht läßt Wahrheit und Einsicht erlangen, wenn er mit dabei ist. Ist es nicht ein solcher, o Simmias, der, wenn irgendeiner, das Wahre treffen wird? – Über die Maßen hast du recht, o Sokrates, sprach Simmias. – Ist es nun nicht natürlich, daß durch dieses alles eine solche Meinung bei den wahrhaft Philosophierenden aufkommt, so daß sie auch dergleichen unter sich reden. Es wird uns ja wohl gleichsam ein Fussteig heraustragen mit der Vernunft in der Untersuchung, weil, solange wir noch den Leib haben und unsere Seele mit diesem Übel im Gemenge ist, wir nie befriedigend erreichen können, wonach uns verlangt; und dieses, sagen wir doch, sei das Wahre. Denn der Leib macht uns tausenderlei zu schaffen wegen der notwendigen Nahrung, dann auch, wenn uns Krankheiten zustoßen, verhindern uns diese, das Wahre zu erjagen, und auch mit Gelüsten und Begierden, Furcht und mancherlei Schattenbildern und vielen Kindereien erfüllt er uns; so daß recht in Wahrheit, wie man auch zu sagen pflegt, wir um seinetwillen nicht einmal dazu kommen, auch nur irgend etwas richtig einzusehen. Denn auch Kriege und Unruhen und Schlachten erregt uns nichts anders als der Leib und seine Begierden. Denn über den Besitz von Geld und Gut entstehen alle Kriege, und dieses müssen wir haben des Leibes wegen, weil wir seiner Pflege dienstbar sind, und daher fehlt es uns an Muße, der Weisheit nachzutrachten um aller dieser Dinge willen und wegen alles dessen. Und endlich noch, wenn es uns auch einmal Muße läßt und wir uns anschicken, etwas zu untersuchen, so fällt er uns wieder bei den Untersuchungen selbst beschwerlich, macht uns Unruhe und Störung und verwirrt uns, daß wir seinetwegen nicht das Wahre sehen können. Sondern es ist uns wirklich ganz klar, daß, wenn wir je etwas rein erkennen wollen, wir uns von ihm losmachen und mit der Seele selbst die Dinge selbst schauen müssen. Und dann erst offenbar werden wir haben, was wir begehren, wessen Liebhaber wir zu sein behaupten, die Weisheit, wenn wir tot sein werden, wie die Rede uns andeutet, solange wir leben aber nicht. Denn wenn es nicht möglich ist, mit dem Leibe irgend etwas rein zu erkennen, so können wir nur eines von beiden, entweder niemals zum Verständnis gelangen oder nach dem Tode. Denn alsdann wird die Seele für sich allein sein, abgesondert vom

Leibe, vorher aber nicht. Und solange wir leben, werden wir, wie sich zeigt, nur dann dem Erkennen am nächsten sein, wenn wir soviel möglich nichts mit dem Leibe zu schaffen, noch gemein haben, was nicht höchst nötig ist, und wenn wir mit seiner Natur uns nicht anfüllen, sondern uns von ihm rein halten, bis der Gott selbst uns befreit. Und so rein der Torheit des Leibes entledigt, werden wir wahrscheinlich mit ebensolchen zusammen sein und durch uns selbst alles Ungetrübte erkennen, und dies ist eben wohl das Wahre. Dem Nichtreinen aber mag Reines zu berühren wohl nicht vergönnt sein. Dergleichen meine ich, o Simmias, werden notwendig alle wahrhaft Wißbegierigen denken und untereinander reden. Oder dünkt dich nicht so? – Auf alle Weise, o Sokrates. – Wenn nun, sprach Sokrates, dieses wahr ist, o Freund, so ist ja große Hoffnung, daß, wenn ich dort angekommen bin, wohin ich jetzt gehe, ich dort, wenn irgendwo, zur Genüge dasjenige erlangen werde, worauf alle unsere Bemühungen in dem vergangenen Leben gezielt haben; so daß die mir jetzt aufgetragene Wanderung mit guter Hoffnung anzutreten ist, auch für jeden andern, der nur glauben kann, dafür gesorgt zu haben, daß seine Seele rein ist. – Allerdings, sprach Simmias. – Und wird nicht das eben die Reinigung sein, was schon immer in unserer Rede vorgekommen ist, daß man die Seele möglichst vom Leibe absondere und sie gewöhne, sich von allen Seiten her aus dem Leibe für sich zu sammeln und zusammenzuziehen, und soviel als möglich, sowohl gegenwärtig, als hernach, für sich allein zu bestehen, befreit wie von Banden, von dem Leibe? – Allerdings, sagte er. – Heißt aber dies nicht Tod, Erlösung und Absonderung der Seele von dem Leibe? – Allerdings, sagte jener. – Und sie zu lösen streben immer am meisten, sagte er, nur allein die wahrhaft Philosophierenden; und eben dies also ist das Geschäft der Philosophen, Befreiung und Absonderung der Seele von dem Leibe; oder nicht? – Offenbar. – Also wäre es ja, wie ich anfänglich sagte, lächerlich, wenn ein Mann, der sich in seinem ganzen Leben darauf eingerichtet hätte, so nahe als möglich an dem Gestorbensein zu leben, hernach, wenn eben dieses kommt, sich ungebärdig stellen wollte? Wäre das nicht lächerlich? – Wie sollte es nicht? – In der Tat also, o Simmias, trachten die richtig Philosophierenden danach, zu sterben, und der Tod ist ihnen unter allen Menschen am wenigsten furchtbar. Erwäge es nur so. Wenn sie auf alle Weise mit dem Leibe entzweit sind und begehren, die Seele für sich allein zu haben, geschieht dieses aber, dann sich fürchten und unwillig sein wollten: wäre das nicht die größte Torheit, wenn die dann nicht mit Freuden dahingehn wollten, wo sie Hoffnung haben, dasjenige zu erlangen, was sie im Leben liebten; sie liebten aber die Weisheit, und des Zusammenseins mit demjenigen entledigt zu werden, was ihnen zuwider war? Oder sollten nur viele, denen menschliche Geliebte und Weiber und Kinder gestorben sind, freiwillig haben in die Unterwelt gehen gewollt, von dieser Hoffnung getrieben, daß sie dort die wiedersehn würden, nach denen sie sich sehnten, und mit ihnen umgehn; wer aber die Weisheit wahrhaft liebt und eben diese Hoffnung kräftig aufgefaßt hat, daß er sie nirgend anders nach Wunsch erreichen werde als in der Unterwelt, den sollte es verdrießen, zu sterben, und er sollte nicht freudig dorthin gehn? Das muß man ja wohl glauben, Freund, wenn er nur wahrhaft ein Weisheitsliebender ist. Denn gar stark wird ein solcher dieses glauben, daß er nirgend anders die Wahrheit rein antreffen werde, als nur dort. Wenn sich aber dies so verhält, wie ich eben sagte, wäre es nicht große Unvernunft, wenn ein solcher den Tod fürchtete? – Gar große, beim Zeus, sagte jener. – Also, sagte er, ist dir auch das wohl ein hinlänglicher Beweis von einem Manne, wenn du ihn unwillig siehst, indem er sterben soll, daß er nicht die Weisheit liebte, sondern den Leib irgendwie; denn wer den liebt, derselbe ist auch geldsüchtig und ehrsüchtig, entweder eines von beiden oder beides. – Vollkommen verhält es sich so, wie du sagst. – Wird nun nicht auch, o Simmias, sagte er, was man Tapferkeit nennt, den so Gesinnten vorzüglich zukommen? – Ganz gewiß wohl, antwortete er. – Nicht auch die Besonnenheit, was auch alle Leute Besonnenheit nennen, sich von Begierden nicht fortreißen lassen, sondern sich gleichgültig gegen sie verhalten und sittsam, kommt nicht auch sie denen allein zu, welche den Leib am meisten geringschätzen und in der Liebe zur Weisheit leben? – Notwendig, sagte er. – Denn, fügte jener hinzu, wenn du nur recht betrachten willst die Tapferkeit und Besonnenheit der andern, so wird sie dir ganz wunderlich vorkommen. – Wie das, o Sokrates? – Du weißt doch, sagte er, daß den Tod die andern alle unter die großen Übel rechnen. – Allerdings. – Ist es also nicht aus Furcht vor noch größeren Übeln, daß die Tapfern unter ihnen den Tod erdulden, wenn sie ihn erdulden? – So ist es. – Also weil sie sich fürchten, und aus Furcht sind alle tapfer, bis auf die, welche die Weisheit lieben. Wiewohl das doch ungereimt ist, daß einer aus Furcht und Feigheit tapfer sein soll. – Freilich wohl. – Und wie die Sittsamen unter ihnen? Hat es mit denen nicht dieselbe Bewandtnis? Aus irgendeiner Zügellosigkeit sind sie besonnen, wiewohl wir freilich sagen, dies sei unmöglich, aber doch geht es ihnen wirklich ganz ähnlich bei dieser einfältigen Besonnenheit. Denn aus Besorgnis, einiger Lust beraubt zu werden, und weil sie diese begehren, enthalten sie sich der einen, weil von anderen beherrscht, und wiewohl man das Zügellosigkeit nennt, von Lüsten beherrscht werden, begegnet ihnen doch, daß sie, von Lüsten beherrscht, andere Lüste beherrschen, und dies ist doch dem ganz ähnlich, was eben gesagt wurde, auf gewisse Weise aus Zügellosigkeit besonnen geworden zu sein. – Das leuchtet ein. – O bester Simmias, daß uns also nur nicht dies gar nicht der rechte Tausch ist, um Tugend zu erhalten, Lust gegen Lust und Unlust gegen Unlust und Furcht gegen Furcht austauschen und Größeres gegen Kleineres, wie Münze; sondern jenes die einzige rechte Münze, gegen die man alles dieses vertauschen muß, die Vernünftigkeit, und nur alles, was mit dieser und für diese verkauft ist und eingekauft, in Wahrheit allein Tapferkeit ist und Besonnenheit und Gerechtigkeit, und überhaupt wahre Tugend nun mit Vernünftigkeit ist, mag nun Lust und Furcht und alles übrige der Art dabei sein oder nicht dabei sein; werden aber diese, abgesondert von der Vernünftigkeit, gegeneinander umgetauscht, ist eine solche Tugend dann immer nur ein Schattenbild und in der Tat knechtisch, die nichts Gesundes und Wahres an sich hat, das Wahre ist aber gerade Reinigung von dergleichen allem, und Besonnenheit und Gerechtigkeit und Tapferkeit und die Vernünftigkeit selbst sind Reinigungen. Und so mögen auch diejenigen, welche uns die Weihen angeordnet haben, gar nicht schlechte Leute sein, sondern schon seit langer Zeit uns andeuten, wenn einer ungeweiht und ungeheiligt in der Unterwelt anlangt, daß der in den Schlamm zu liegen kommt, der Gereinigte aber und Geweihte, wenn er dort angelangt ist, bei den Göttern wohnt.

Denn, sagen die, welche mit den Weihen zu tun haben, Thyrsosträger sind viele, doch echte Begeisterte wenig. Diese aber sind, nach meiner Meinung, keine anderen, als die sich auf rechte Weise der Weisheit beflissen haben, deren einer auch ich, nach Vermögen, im Leben nicht versäumt, sondern mich auf alle Weise bemüht habe zu werden. Ob ich mich aber auf die rechte Weise bemüht und etwas vor mich gebracht, das werden wir, dort angekommen, sicher erfahren, wenn Gott will, binnen kurzem, wie mich dünkt. Dieses nun, sprach er, o Simmias und Kebes, ist meine Verteidigung darüber, daß euch zu verlassen und die hiesigen Gebieter mir mit Recht nicht schwer fällt noch mich verdrießt, weil ich dafür halte, auch dort nicht minder vortreffliche Gebieter und Freunde anzutreffen als hier; den meisten aber ist dies unglaublich. Bin ich also für euch überzeugender gewesen in meiner Verteidigung als für die athenischen Richter, so ist es gut.

Als Sokrates dieses geredet, fiel Kebes ein und sprach: O Sokrates, das andere dünkt mich alles gar schön gesagt, nur das von wegen der Seele findet großen Unglauben bei den Menschen, ob sie nicht, wenn sie vom Leibe getrennt ist, nirgend mehr ist, sondern an jenem Tage umkommt und untergeht, an welchem der Mensch stirbt, und sobald sie von dem Leibe sich trennt und ausfährt wie ein Hauch oder Rauch, auch zerstoben ist und verflogen und nirgend nichts mehr ist. Denn wäre sie noch wo für sich bestehend und zusammenhaltend, wenn erlöst von diesen Übeln, die du eben beschrieben hast, so wäre ja große und schöne Hoffnung, o Sokrates, daß alles wahr sei, was du sagst. Aber dies bedarf vielleicht nicht geringer Überredungsgründe und Beweise, daß die Seele noch ist nach dem Tode des Menschen und noch irgend Kraft und Einsicht hat. – Du sprichst ganz wahr, sagte Sokrates, o Kebes; aber was sollen wir machen? Sollen wir eben das miteinander durchsprechen, ob es wahrscheinlich ist, daß es sich so verhalte oder ob nicht? – Ich mindestens, sagte Kebes, möchte gern hören, was für eine Meinung du hierüber hast. – Wenigstens glaube ich nicht, sprach Sokrates, daß irgendeiner, der es hört, und wäre es auch ein Komödienschreiber, sagen dürfte, daß ich leeres Geschwätz treibe und Reden führe über ungehörige Dinge. Dünkt es euch nun und sollen wir die Sache in Erwägung ziehn, so laßt uns so betrachten, ob die Seelen, nachdem die Menschen gestorben, in der Unterwelt sind, oder ob nicht. Eine alte Rede gibt es nun freilich, deren wir erwähnt haben, daß, wie sie von hier dorthin gekommen sind, sie auch wieder hieher zurückkehren und wieder geboren werden aus den Toten. Und wenn sich dies so verhält, daß die Lebenden wieder geboren werden aus den Gestorbenen, so sind ja wohl unsere Seelen dort? denn sie könnten nicht wieder geboren werden, wenn sie nicht wären. Und ein hinreichender Beweis wäre dies, daß es so ist, wenn wirklich offenbar würde, daß die Lebenden nirgend anders herkämen als von den Toten. Wenn dies aber nicht so ist, dann bedürften wir eines andern Grundes. – Gewiß, sagte Kebes. – Betrachte es nur nicht allein an Menschen, fuhr jener fort, wenn du es eher innewerden willst, sondern auch an den Tieren insgesamt und den Pflanzen, und überhaupt an allem was eine Entstehung hat, laß uns zusehen, ob etwa alles so entsteht, nirgend andersher, als jedes aus seinem Gegenteil, was nur ein solches hat, wie doch das Schöne von dem Häßlichen das Gegenteil ist und das Gerechte von dem Ungerechten, und ebenso tausend anderes sich verhält. Dieses also laß uns sehen, ob nicht notwendig, was nur ein Entgegengesetztes hat, nirgend andersher selbst entsteht, als aus diesem ihm Entgegengesetzten. So wie wenn etwas größer wird, muß es doch notwendig aus irgend vorher kleiner Gewesenem hernach größer werden? – Ja. – Nicht auch wenn es kleiner wird, wird es aus vorher Größerem hernach kleiner? – So ist es, sagte er. – Und ebenso aus Stärkerem das Schwächere und aus Langsamerem das Schnellere? – Gewiß. – Und wie? wenn etwas schlechter wird, nicht aus Besserem? und wenn gerechter, nicht aus Ungerechterem? – Wie sonst? – Dies also, sprach er, haben wir sicher genug, daß alle Dinge so entstehen, das Entgegengesetzte aus dem Entgegengesetzten. – Freilich. – Und wie? gibt es nicht auch so etwas dabei, wie zwischen jeglichem Entgegengesetzten, was doch immer zwei sind, auch ein zwiefaches Werden von dem einen zu dem andern und von diesem wieder zu jenem zurück? wie zwischen dem Größeren und Kleineren ist Wachstum und Abnahme, und so nennen wir auch das eine wachsen, das andere abnehmen. – Ja, sagte er. – Nicht auch aussondern und vermischen, abkühlen und erwärmen, und so alles, wenn wir auch bisweilen die Worte dazu nicht haben, muß sich doch der Sache nach überall so verhalten, daß eines aus dem andern entsteht, und daß es ein Werden von jedem zu dem andern gibt. – Gewiß. – Wie nun, fuhr er fort, ist dem Leben auch etwas entgegengesetzt, wie dem Wachen das Schlafen? – Gewiß, sagte er. – Und was? – Das Totsein, sagte er. – Also entstehen diese auch aus einander, wenn sie entgegengesetzt sind, und es gibt zwischen ihnen zweien ein zwiefaches Werden? – Wie sollte es nicht? – Die Verknüpfungen nun des einen Paars von den ebengenannten Dingen will ich dir aufzeigen, sprach Sokrates, und das dazu gehörige Werden, du aber mir die andern. Ich sage nämlich, das eine sei Schlafen und das andere Wachen, und aus dem Schlafen werde das Wachen und aus dem Wachen das Schlafen, und dies Werden beider sei das Einschlafen und das Aufwachen; habe ich es dir hinlänglich erklärt oder nicht? – Vollkommen. – Sage du mir also nun ebenso von Leben und Tod. Sagst du nicht, dem Leben sei das Totsein entgegengesetzt? – Das sage ich. – Und daß beides aus einander entstehe? – Ja. – Aus dem Lebenden also, was entsteht? – Das Tote, sprach er. – Und was aus dem Toten? – Notwendig, sprach er, muß man eingestehn, das Lebende. – Aus dem Gestorbenen also, o Kebes, entsteht das Lebende und die Lebenden? – So zeigt es sich, sprach er. – Also sind, sprach er, unsere Seelen in der Unterwelt. – So scheint es. – Und nicht wahr, auch von dem Werden, was hiezu gehört, ist das eine deutlich genug? Denn sterben ist doch deutlich genug, oder nicht? – Freilich, sagte er. – Was wollen wir aber nun machen? sprach er. Wollen wir nicht auch das entgegengesetzte Werden hinzunehmen, sondern soll die Natur von dieser Seite lahm sein? oder müssen wir nicht notwendig auch ein dem Sterben entgegengesetztes Werden annehmen? – Auf alle Weise, sagte er. – Und was für eines? – Das Aufleben. – Also, sprach er, wenn es ein Aufleben gibt, so wäre eben dieses das Werden der Lebenden aus den Toten, das Aufleben? – Freilich. – Also auch auf diese Weise kommt es uns heraus, daß die Lebenden aus den Toten entstanden sind, nicht weniger als die Toten aus den Lebenden. Ist dies nun so, so schien es uns ja ein hinreichender Beweis, daß die Seelen der Verstorbenen wo sein müssen, woher sie wieder lebend werden. – Mich dünkt, o Sokrates, dem Eingestandenen gemäß müsse es sich so verhalten. – Siehe nun auch, o Kebes, sprach er, daß wir nichts mit Unrecht eingestanden haben, wie mich dünkt. Denn wenn nicht dem auf die eine Art Gewordenen immer das auf die andere entspräche und das Werden wie im Kreise herumginge, sondern es ein geradefortschreitendes Werden gäbe nur aus dem einen in das Gegenüberstehende, ohne daß dies sich wieder wendete und zum andern zurückkäme: so siehst du wohl, daß am Ende alles einerlei Gestalt haben und in einerlei Zustand sich befinden und aufhören würde zu werden. – Wie meinst du das? fragte er. – Es ist gar nicht schwer, sagte er, zu begreifen, was ich meine; sondern wie wenn das Einschlafen zwar wäre, ein Aufwachen aber entspräche ihm nicht, das aus dem Schlafenden würde, so, weißt du wohl, würde am Ende alles beweisen, Endymion sei nur eine Posse und nirgend anzutreffen, weil es auch allem andern ebenso erginge wie ihm, daß es schliefe; und wie wenn alles immer vermischt würde und nicht gesondert, bald jenes Anaxagoreische sich einstellen würde »Alle Dinge zumal«: würde nicht ebenso auch, lieber Kebes, wenn alles zwar stürbe, was am Leben Anteil hat, nachdem es aber gestorben wäre, das Tote immer in dieser Gestalt bliebe und nicht wieder auflebte, ganz notwendig zuletzt alles tot sein und nichts leben? Denn wenn zwar aus dem andern das Lebende würde, das Lebende aber stürbe, wie wäre denn zu helfen, daß nicht zuletzt alles im Totsein aufginge? – Gar nicht, denke ich, o Sokrates, sagte Kebes, sondern du scheinst mir durchaus richtig zu reden. – Es ist auch, o Kebes, sagte er, wie mich dünkt, auf alle Weise so, und nicht etwa überlistet gestehen wir dieses ein, sondern es gibt in der Tat ein Wiederaufleben und ein Werden der Lebenden aus den Toten und ein Sein der Seelen der Gestorbenen, und zwar für die Guten ein Bessersein, für die Schlechten aber ein Schlechteres. – Und eben das auch, sprach Kebes einfallend, nach jenem Satz, o Sokrates, wenn er richtig ist, den du oft vorzutragen pflegtest, daß unser Lernen nichts anders ist als Wiedererinnerung, und daß wir deshalb notwendig in einer früheren Zeit gelernt haben müßten, wessen wir uns wiedererinnern, und daß dies unmöglich wäre, wenn unsere Seele nicht schon war, ehe sie in diese menschliche Gestalt kam; so daß auch hiernach die Seele etwas Unsterbliches sein muß. – Aber, o Kebes, sprach Simmias einfallend, was gibt es hievon für Beweise? erinnere mich daran, denn in diesem Augenblick besinne ich mich nicht recht darauf. – Nur an den einen schönsten, sagte Kebes, daß, wenn die Menschen gefragt werden und einer sie nur recht zu fragen versteht, sie alles selbst sagen, wie es ist, da doch, wenn ihnen keine Erkenntnis einwohnte und richtige Einsicht, sie nicht imstande sein würden, dieses zu tun. Und wenn man sie zu den meßkünstlerischen Figuren führt oder etwas ähnlichem, so zeigt sich dabei am deutlichsten, daß sich dies so verhält. – Wenn du es aber so nicht glaubst, o Simmias, sagte Sokrates, so sieh zu, ob du uns, wenn du es etwa folgendermaßen betrachtest, beifallen wirst. Du zweifelst nämlich, wie doch das sogenannte Lernen könne Erinnerung sein? – Ich zweifle zwar, sprach Simmias, gerade nicht; nur eben dessen, wovon die Rede ist, bedarf ich erinnert zu werden; und fast schon aus dem, was mir Kebes versucht hat zu sagen, habe ich mich besonnen und glaube es. Nichtsdestoweniger aber würde ich jetzt gern hören, wie du es vorgetragen hast. – So ich, sprach er. Wir gestehen doch wohl, daß, wenn sich einer etwas erinnern soll, er dies vorher schon wissen muß. – Gewiß wohl.– Gestehen wir etwa auch dieses, daß, wenn einem Erkenntnis auf folgende Weise kommt, dies Erinnerung sei? ich meine aber diese Art, wenn jemand irgend etwas sieht oder hört oder anderswie wahrnimmt und er dann nicht nur jenes erkennt, sondern dabei noch ein anderes vorstellt, dessen Erkenntnis nicht dieselbe ist, sondern eine andere, ob wir dann nicht mit Recht sagen, daß er sich dessen nicht erinnere, wovon er so eine Vorstellung bekommen hat? – Wie meinst du das? – So wie dergleichen. Eine ganz andere Vorstellung ist doch die von einem Menschen und die von einer Leier? – Wie sollte sie nicht? Du weißt aber doch, daß Liebhabern, wenn sie eine Leier sehen oder ein Kleid oder sonst etwas, was ihr Liebling zu gebrauchen pflegt, es so ergeht: sie erkennen die Leier, und in ihrer Seele nehmen sie zugleich auf das Bild des Knaben, dem die Leier gehört, und das ist nun Erinnerung, so wie auch einer, wenn er den Simmias sieht, wohl leicht an den Kebes denkt und tausenderlei dergleichen. – Tausenderlei, beim Zeus, sagte Simmias. – Und nicht wahr, sprach er, dergleichen ist nun Erinnerung, vorzüglich wenn es einem bei solchen Dingen begegnet, die ihm, weil sie ihm seit langer Zeit schon nicht vorgekommen und er nicht an sie gedacht, in Vergessenheit geraten waren. – Allerdings, sagte er. – Wie nun, kann man sich auch wohl, wenn man ein gemaltes Pferd sieht oder eine gemalte Leier, eines Menschen dabei erinnern? und wenn man den Simmias gemalt sieht, sich des Kebes dabei erinnern? – Auch das freilich. – Auch wenn man den Simmias gemalt sieht, sich des Simmias selbst erinnern. – Das kann man freilich, sagte er. – Und nicht wahr, in allen diesen Fällen entsteht uns Erinnerung, das eine Mal aus ähnlichen Dingen, das andere Mal aus unähnlichen. – So entsteht sie. – Aber wenn nun einer bei ähnlichen Dingen sich etwas erinnert, muß ihm nicht auch das noch dazu begegnen, daß er inne wird, ob diese etwas zurückbleiben in der Ähnlichkeit oder nicht, hinter dem, dessen er sich erinnert? – Notwendig, sagte er. – Wohlan denn, sprach jener, sieh zu, ob sich dies so verhält. Wir nennen doch etwas gleich? ich meine nicht ein Holz dem andern oder einen Stein dem andern noch irgend etwas dergleichen, sondern außer diesem allen etwas anderes, das Gleiche selbst, sagen wir, daß das etwas ist oder nichts? – Etwas, beim Zeus, sprach Simmias, ganz stark. – Erkennen wir auch dieses, was es ist? – Allerdings, sprach er. – Woher nahmen wir aber seine Erkenntnis? Nicht aus dem, was wir eben sagten, wenn wir Hölzer oder Steine oder irgend andere gleiche Dinge sahen, haben wir nicht bei diesen uns jenes vorgestellt, was doch verschieden ist von diesen? Oder scheint es dir nicht verschieden zu sein? Bedenke es nur auch so. Erscheinen dir nicht gleiche Steine oder Hölzer, ganz dieselben bleibend, bisweilen als gleich und dann wieder nicht? – O ja. – Wie aber, die gleichen Dinge selbst erscheinen dir bisweilen als ungleich; etwa auch die Gleichheit als Ungleichheit? – Nimmermehr wohl, Sokrates. – Also. sprach er, sind jene gleichen Dinge und dieses Gleiche selbst nicht dasselbige. – Offenbar keineswegs, o Sokrates. – Doch aber bei jenen Gleichen, verschieden von diesem Gleichen, hast du die Erkenntnis des letzteren vorgestellt oder erhalten? – Vollkommen richtig. – Indem es jenen entweder ähnlich ist oder unähnlich? – Freilich. – Und das macht ja, sprach er. keinen Unterschied. Denn sooft du, etwas sehend, von dieser Gesichtswahrnehmung aus dir noch ein anderes vorstellst, es sei nun ähnlich oder unähnlich, so ist notwendig dieses Vorstellen eine Erinnerung gewesen. – Allerdings. – Wie aber weiter, sprach er, begegnet uns wohl so etwas bei den gleichen Hölzern und andern, von denen wir eben sprachen; scheinen sie uns ebenso gleich zu sein wie das Gleiche selbst? oder fehlt etwas daran, daß sie nicht so sind wie das Gleiche, oder nichts? – Gar viel, sprach er, fehlt daran. – Müssen wir nun nicht gestehen, wenn jemand der etwas sieht, bemerkt, dieses was ich hier sehe, will zwar sein wie etwas gewisses anderes, es bleibt aber zurück und vermag nicht so zu sein wie jenes, sondern ist schlechter, daß der, welcher dies bemerkt, notwendig jenes vorher kennen muß, dem er sagt, daß das andere zwar gleiche, aber doch dahinter zurückbleibe? – Notwendig. – Und wie? geht es uns nun so mit den gleichen Dingen und dem Gleichen selbst? – Auf alle Weise. – Notwendig also kennen wir das Gleiche schon vor jener Zeit, als wir zuerst, gleiches erblickend, bemerkten, daß alles dergleichen strebe zu sein wie das Gleiche, aber doch dahinter zurückbleibe? – So ist es. – Aber auch das geben wir doch zu, daß wir eben dieses nirgend andersher bemerkt haben, noch imstande sind zu bemerken, als bei dem Sehen oder Berühren oder irgendeiner andern Wahrnehmung, denn diese sind mir alle einerlei. – Sie sind auch einerlei, o Sokrates, für das, wohin unsere Rede will. – Aber doch an den Wahrnehmungen muß man bemerken, daß alles so in den Wahrnehmungen Vorkommende jenem nachstrebt, was das Gleiche ist, und daß es dahinter zurückbleibt. Oder wie wollen wir sagen? – So. – Ehe wir also anfingen zu sehen oder zu hören oder die anderen Sinne zu gebrauchen, mußten wir schon irgendwoher die Erkenntnis bekommen haben des eigentlich Gleichen, was es ist, wenn wir doch das Gleiche in den Wahrnehmungen so auf jenes beziehen sollten, weil dergleichen alles zwar strebt zu sein wie jenes, aber doch immer schlechter ist. – Notwendig nach dem Vorhergesagten, o Sokrates. – Nun aber haben wir doch gleich von unserer Geburt an gesehen, gehört und die anderen Sinne gebraucht? – Freilich. – Und wir mußten, sagen wir, schon ehe dieses geschah, die Erkenntnis des Gleichen bekommen haben? – Ja. – Ehe wir also geboren wurden, müssen wir sie, wie sich zeigt, bekommen haben. – So zeigt es sich. – Wenn wir sie also vor unserer Geburt empfangen haben und in ihrem Besitz geboren worden sind, so erkannten wir auch schon, ehe wir wurden und sobald wir da waren, nicht das Gleiche nur und das Größere und Kleinere, sondern alles dieser Art insgesamt. Denn es ist uns ja jetzt nicht eben mehr von dem Gleichen die sie uns ebenso gleich zu sein wie das Gleiche selbst? oder fehlt etwas daran, daß sie nicht so sind wie das Gleiche, oder nichts? – Gar viel, sprach er, fehlt daran. – Müssen wir nun nicht gestehen, wenn jemand der etwas sieht, bemerkt, dieses was ich hier sehe, will zwar sein wie etwas gewisses anderes, es bleibt aber zurück und vermag nicht so zu sein wie jenes, sondern ist schlechter, daß der, welcher dies bemerkt, notwendig jenes vorher kennen muß, dem er sagt, daß das andere zwar gleiche, aber doch dahinter zurückbleibe? – Notwendig. – Und wie? geht es uns nun so mit den gleichen Dingen und dem Gleichen selbst? – Auf alle Weise. – Notwendig also kennen wir das Gleiche schon vor jener Zeit, als wir zuerst, gleiches erblickend, bemerkten, daß alles dergleichen strebe zu sein wie das Gleiche, aber doch dahinter zurückbleibe? – So ist es. – Aber auch das geben wir doch zu, daß wir eben dieses nirgend andersher bemerkt haben, noch imstande sind zu bemerken, als bei dem Sehen oder Berühren oder irgendeiner andern Wahrnehmung, denn diese sind mir alle einerlei. – Sie sind auch einerlei, o Sokrates, für das, wohin unsere Rede will. – Aber doch an den Wahrnehmungen muß man bemerken, daß alles so in den Wahrnehmungen Vorkommende jenem nachstrebt, was das Gleiche ist, und daß es dahinter zurückbleibt. Oder wie wollen wir sagen? – So. – Ehe wir also anfingen zu sehen oder zu hören oder die anderen Sinne zu gebrauchen, mußten wir schon irgendwoher die Erkenntnis bekommen haben des eigentlich Gleichen, was es ist, wenn wir doch das Gleiche in den Wahrnehmungen so auf jenes beziehen sollten, weil dergleichen alles zwar strebt zu sein wie jenes, aber doch immer schlechter ist. – Notwendig nach dem Vorhergesagten, o Sokrates. – Nun aber haben wir doch gleich von unserer Geburt an gesehen, gehört und die anderen Sinne gebraucht? – Freilich. – Und wir mußten, sagen wir, schon ehe dieses geschah, die Erkenntnis des Gleichen bekommen haben? – Ja. – Ehe wir also geboren wurden, müssen wir sie, wie sich zeigt, bekommen haben. – So zeigt es sich. – Wenn wir sie also vor unserer Geburt empfangen haben und in ihrem Besitz geboren worden sind, so erkannten wir auch schon, ehe wir wurden und sobald wir da waren, nicht das Gleiche nur und das Größere und Kleinere, sondern alles dieser Art insgesamt. Denn es ist uns ja jetzt nicht eben mehr von dem Gleichen die Rede, als auch von dem Schönen selbst und dem Guten selbst und dem Rechten und Frommen, und wie ich sage von allem, was wir bezeichnen, als dies selbst, was es ist, in unsern Fragen, wenn wir fragen, und in unsern Antworten, wenn wir antworten. So daß wir notwendig von diesem allen die Erkenntnisse, schon ehe wir geboren wurden, erhalten haben. – So ist es. – Und daß wir, wenn wir sie nicht immer wieder vergäßen, nachdem wir sie bekommen, auch immer wissen und uns ihrer das ganze Leben hindurch bewußt sein würden. Denn das heißt ja wissen: eine empfangene Erkenntnis besitzen und nicht verloren haben? oder heißt das nicht vergessen, o Simmias: Verlust einer Erkenntnis? – Auf alle Weise, sagte er, o Sokrates. – Und wenn wir, meine ich, vor unserer Geburt sie besaßen und sie bei der Geburt verloren haben, hernach aber beim Gebrauch unserer Sinne an solchen Gegenständen eben jene Erkenntnisse wieder aufnahmen, die wir einmal schon vorher hatten, ist dann nicht, was wir »lernen« heißen, das Wiederaufnehmen einer uns schon angehörigen Erkenntnis? und wenn wir dies wiedererinnern nennen, werden wir es nicht richtig benennen? – Gewiß. – Denn das hatte sich uns doch als möglich gezeigt, daß, wer etwas wahrnimmt, es sei nun durch Gesicht und Gehör oder irgendeinen anderen Sinn, dabei etwas anderes vorstellen könne, was er vergessen hatte und was diesem nahe kam als unähnlich oder als ähnlich. Also, wie ich sage, eines von beiden: entweder sind wir dieses wissend geboren worden und wissen es unser Leben lang alle, oder die, von denen wir sagen, daß sie hernach erst lernen, erinnern sich dessen nur, und das Lernen ist eine Erinnerung. – Wohl gar sehr verhält es sich so, Sokrates. – Welches nun wählst du, o Simmias, daß wir wissend geboren werden, oder daß wir uns hernach dessen erinnern, wovon wir schon vorher eine Erkenntnis gehabt hatten? – So im Augenblick, o Sokrates, weiß ich nicht zu wählen. – Wie aber? kannst du hier wählen, oder was dünkt dich hiervon? muß ein wissender Mann von dem, was er weiß, Rechenschaft geben können oder nicht? – Ganz notwendig, o Sokrates, sprach er. – Und dünkt dich denn, daß alle Rechenschaft zu geben imstande sind von dem, was wir eben anführten? – Das wünschte ich wohl, sprach Simmias; aber ich fürchte vielmehr, es möchte uns schon morgen hierzulande keiner mehr gefunden werden, der dies gehörig zu tun vermöchte. – Du meinst also nicht, o Simmias, daß alle dieses wissen? – Keineswegs. – Also erinnern sie sich dessen, was sie einst gelernt hatten. – Notwendig. – Wann aber hatten unsere Seelen die Erkenntnis davon bekommen? doch wohl nicht, seitdem wir als Menschen geboren sind? – Nicht füglich. – Früher also? – Ja. – Also waren, o Simmias, die Seelen, auch ehe sie in menschlicher Gestalt waren, ohne Leiber und hatten Einsicht. – Wenn wir nicht etwa bei der Geburt diese Erkenntnis empfangen, o Sokrates, denn diese Zeit bleibt uns noch übrig. – Gut, o Freund! aber in welcher andern Zeit verlieren wir sie denn? Denn wir haben sie nicht, wenn wir geboren werden, wie wir eben eingestanden. Oder verlieren wir sie in derselben Zeit, in welcher wir sie auch empfangen? oder weißt du noch eine andere Zeit anzugeben? – Keineswegs, o Sokrates, sondern ich merkte nur nicht, daß ich nichts sagte. – Also verhält es sich nur so, sprach er, o Simmias. Wenn das etwas ist, was wir immer im Munde führen, das Schöne und Gute und jegliches Wesen dieser Art, und wir hierauf alles, was uns durch die Sinne kommt, beziehen, als auf ein vorher Gehabtes, was wir als das Unsrige wieder auffinden, und diese Dinge damit vergleichen, so muß notwendig, ebenso wie dieses ist, so auch unsere Seele sein, auch ehe wir noch geboren worden sind. Wenn aber alles dieses nichts ist, so wäre dann auch diese Rede vergeblich geredet. Verhält es sich wohl so, und ist es die ganz gleiche Notwendigkeit, daß jenes ist und daß auch unsere Seelen sind auch vor unserer Geburt, und daß, wenn jenes nicht, dann auch nicht dieses? – Über die Maßen, o Sokrates, sprach Simmias, dünkt es mich dieselbe Notwendigkeit zu sein; und an einen sichern Ort rettet sich unser Satz, dahin nämlich, daß unsere Seele auf dieselbe Weise ist, ehe wir noch geboren werden, wie jenes alles, wovon du eben sprachest. Denn ich habe gar nichts, was mir so klar wäre als eben dieses, daß alles dergleichen wahrhaft in dem allerhöchsten Sinne ist, das Schöne und das Gute und was du sonst eben anführtest; und mir wenigstens genügt der Beweis vollkommen. – Wie aber dem Kebes? sprach Sokrates. Denn wir müssen auch den Kebes überzeugen. – Gewiß auch ihn, sprach Simmias, wie ich glaube, wiewohl er der hartnäckigste Mensch ist im Unglauben an anderer Reden. Allein davon, glaube ich, ist er nun hinreichend überzeugt, daß, ehe wir geboren wurden, unsere Seele war. Ob aber auch, nachdem wir gestorben sind, sie noch sein wird, das scheint auch mir selbst, o Sokrates, noch nicht bewiesen zu sein, sondern es steht noch entgegen, wie auch Kebes eben sagte, jene gemeine Rede, ob nicht, indem der Mensch stirbt, die Seele zerstiebt und auch ihr dieses das Ende des Seins ist. Denn was hindert doch, daß sie zwar anderwärts her werde und bestehe und sei, auch ehe sie in den menschlichen Leib gelangt, daß aber doch, nachdem sie in diesen gelangt ist, wenn sie von ihm getrennt wird, alsdann auch sie selbst endet und untergeht? – Wohl gesprochen, o Simmias, sagte Kebes. Denn es scheint gleichsam die eine Hälfte von dem bewiesen zu sein, was wir brauchen, daß nämlich, ehe wir geboren wurden, unsere Seele war; aber man muß noch dazu beweisen, daß auch, wenn wir tot sind, sie um nichts weniger sein wird als vor unserer Geburt, wenn der Beweis seine Vollendung bekommen soll. – Es ist doch, o Simmias und Kebes, sprach Sokrates, auch jetzt schon bewiesen, wenn ihr diesen Satz zusammenbringen wollt mit jenem, den wir vorher zugestanden hatten, daß nämlich alles Lebende aus dem Gestorbenen entsteht. Denn wenn die Seele ist auch vorher, und wenn sie notwendig, indem sie ins Leben geht und geboren wird, nirgend andersher kommen kann als aus dem Tode und dem Gestorbensein, wie sollte sie denn nicht notwendig, auch nachdem sie gestorben ist, sein, wenn sie doch wiederum geboren werden soll? Bewiesen also ist dies, wie ich sagte, auch jetzt schon. Dennoch scheint ihr, du und Simmias, gern auch diesen Satz noch weiter durcharbeiten zu wollen und euch zu fürchten wie die Kinder, daß nicht gar buchstäblich der Wind sie, wenn sie aus dem Leibe herausfährt, auseinanderwehe und zerstäube, zumal wenn einer nicht etwa bei Windstille, sondern in recht tüchtigem Sturmwinde stirbt. – Da sagte Kebes lächelnd: So tue denn so, als fürchteten wir uns, und versuche, uns zu überreden. Lieber jedoch nicht, als ob wir selbst uns fürchteten, sondern vielleicht ist auch in uns ein Kind, welches dergleichen fürchtet. Dieses also wollen wir versuchen zu überzeugen, daß es den Tod nicht fürchten müsse wie ein Gespenst. – Dieses müßt ihr, sprach Sokrates, täglich besprechen, bis ihr es herausbannt. – Woher aber, o Sokrates, sprach er, sollen wir einen tüchtigen Besprecher zu solchen Dingen nehmen, nun du doch von uns scheidest? – Hellas ist noch groß, o Kebes, sagte er, und treffliche Männer sind darin, und groß sind auch die Geschlechter der Barbaren, die ihr alle durchsuchen müßt, um einen solchen Besprecher zu finden, ohne weder Geld zu scheuen noch Mühe. Denn es gibt wohl nichts, worauf ihr das Geld besser wenden könntet. Aber auch untereinander müßt ihr euch bemühen, denn ihr möchtet auch wohl nicht leicht wen finden, der dies besser als ihr vermöchte zu tun. – Das soll gewiß geschehen, sprach Kebes; von wo wir aber abgegangen sind, dahin laß uns zurückkehren, wenn es dir recht ist. – Mir gar sehr recht, wie sollte es nicht? – Wohl gesprochen, sagte er. – Also ungefähr so, sprach Sokrates, müssen wir uns selbst fragen: Welcherlei Dingen kommt es wohl zu, dies zu erfahren, das Zerstieben, und für welche muß man also fürchten, daß ihnen dieses begegne, welchen aber kommt es nicht zu? Dann müssen wir untersuchen, zu welchen von beiden die Seele gehört, und hieraus und demgemäß entweder Mut fassen oder besorgt sein für unsere Seelen. – Ganz richtig, sagte er. – Und nicht wahr, dem, was man zusammengesetzt hat und was seiner Natur nach zusammengesetzt ist, kommt wohl zu, auf dieselbe Weise aufgelöst zu werden, wie es zusammengesetzt worden ist; wenn es aber etwas Unzusammengesetztes gibt, diesem, wenn sonst irgendeinem, kommt wohl zu, daß ihm dieses nicht begegne? – Das scheint mir sich so zu verhalten, sprach Kebes. – Und nicht wahr, was sich immer gleich verhält und auf einerlei Weise, davon ist wohl am wahrscheinlichsten, daß es das Unzusammengesetzte sei; was aber bald so, bald anders und nimmer auf gleiche Weise, dieses das Zusammengesetzte? – Mir wenigstens scheint es so. – So gehen wir denn, sprach er, zu dem, wovon wir auch vorher sprachen. Jenes Wesen selbst, welchem wir das eigentliche Sein zuschreiben in unsern Fragen und Antworten, verhält sich dies wohl immer auf gleiche Weise, oder bald so bald anders? Das Gleiche selbst, das Schöne selbst, und so jegliches, was nur ist selbst, nimmt das wohl jemals auch nur irgendeine Veränderung an? oder verhält sich nicht jedes dergleichen als ein einartiges Sein an und für sich immer auf gleiche Weise und nimmt niemals auf keine Weise irgendwie eine Veränderung an? – Auf gleiche Weise, sprach Kebes, und einerlei verhält es, sich notwendig, o Sokrates. – Wie aber das viele Schöne, wie Menschen, Pferde, Kleider oder sonst irgend etwas dergleichen Schönes oder Gleiches oder sonst einem von jenem Gleichnamiges, verhalten sich auch diese immer gleich oder ganz jenem entgegengesetzt, weder mit sich selbst jedes noch untereinander jemals, um es kurz zu sagen, auch nur im mindesten gleich? – Wiederum so, sprach Kebes, scheint mir dieses niemals einerlei sich zu verhalten. – Und diese Dinge, sprach er, kannst du doch anrühren, sehen und mit den andern Sinnen wahrnehmen; aber zu jenen sich gleichseienden kannst du doch wohl auf keine Weise irgend anders gelangen als durch das Denken der Seele selbst, sondern unsichtbar sind diese Dinge und werden nicht gesehen. – Auf alle Weise, sagte er, hast du recht. – Sollen wir also, sprach er, zwei Arten der Dinge setzen, sichtbar die eine und die andere unsichtbar? – Das wollen wir, sprach er. – Und die unsichtbare, als immer auf gleiche Weise sich verhaltend, die sichtbare aber niemals gleich? – Auch das, sagte er, wollen wir setzen. – Wohlan denn, sprach er, ist nicht von uns selbst das eine Leib und das andere Seele? – Allerdings. – Welcher von jenen beiden Arten nun wollen wir wohl sagen, daß der Leib ähnlicher sei und verwandter? – Das muß ja jedem deutlich sein: dem sichtbaren. – Wie aber, die Seele, ist die unsichtbar oder sichtbar? – Menschen wenigstens ist sie es nicht, o Sokrates, sagte er. – Aber wir sprachen doch von dem Sichtbaren und Unsichtbaren für die Natur der Menschen, oder meinst du für irgendeine andere? – Für die menschliche. – Was sagen wir also von der Seele, daß sie sichtbar sei oder nicht sichtbar? – Nicht sichtbar. – Also unsichtbar. – Ja. – Ähnlicher also als der Leib ist die Seele dem Unsichtbaren, er aber dem Sichtbaren. – Ganz notwendig, o Sokrates. – Und nicht wahr, auch das haben wir schon lange gesagt, daß die Seele, wenn sie sich des Leibes bedient, um etwas zu betrachten, es sei durch das Gesicht oder das Gehör oder irgendeinen andern Sinn – denn das heißt vermittelst des Leibes, wenn man vermittelst eines Sinnes etwas betrachtet –, dann von dem Leibe gezogen wird zu dem, was sich niemals auf gleiche Weise verhält, und daß sie dann selbst schwankt und irrt und wie trunken taumelt, weil sie ja eben solches berührt. – Das haben wir gesagt. – Wenn sie aber durch sich selbst betrachtet, dann geht sie zu dem reinen immer seienden Unsterblichen und sich stets

Gleichen, und als diesem verwandt hält sie sich stets zu ihm, wenn sie für sich selbst ist und es ihr vergönnt wird, und dann hat sie Ruhe von ihrem Irren und ist auch in Beziehung auf jenes immer sich selbst gleich, weil sie eben solches berührt, und diesen ihren Zustand nennt man eben die Vernünftigkeit. – Auf alle Weise, o Sokrates, sagte er, ist dies schön und wahr gesagt. – Welcher von beiden Arten also dünkt dich die Seele nach dem Vorherigen und dem jetzt Gesagten ähnlicher und verwandter zu sein? – Jeder, sagte er, dünkt mich, o Sokrates, müßte nach dieser Darstellungsweise zugeben, auch der Ungelehrigste, daß doch in allem und jedem die Seele dem sich immer Gleichbleibenden ähnlicher ist als dem anderen. – Und wie der Leib? – Dem anderen. – Betrachte es auch von dieser Seite, daß, solange Leib und Seele zusammen sind, die Natur ihm gebietet, zu dienen und sich beherrschen zu lassen, ihr aber zu herrschen und zu regieren, auch hiernach nun welches von beiden dünkt dich dem Göttlichen ähnlich zu sein und welches dem Sterblichen? Oder dünkt dich nicht das Göttliche so geartet zu sein, daß es herrscht und regiert, das Sterbliche aber, daß es sich beherrschen läßt und dient? – Das dünkt mich. – Welchem gleicht nun die Seele? – Offenbar, o Sokrates, die Seele dem Göttlichen und der Leib dem Sterblichen. – Sieh nun zu, sprach er, o Kebes, ob aus allem Gesagten uns dieses hervorgeht, daß dem Göttlichen, Unsterblichen, Vernünftigen, Eingestaltigen, Unauflöslichen und immer einerlei und sich selbst gleich sich Verhaltenden die Seele am ähnlichsten ist, dem Menschlichen und Sterblichen und Unvernünftigen und Vielgestaltigen und Auflöslichen und nie einerlei und sich selbst gleich Bleibenden, diesem wiederum der Leib am ähnlichsten ist? Oder wissen wir hiegegen noch etwas anderes zu sagen, lieber Kebes, daß es sich nicht so verhalte? – Wir wissen nichts dergleichen. – Wie nun, wenn sich dieses so verhält, kommt nicht dem Leibe wohl zu, leicht aufgelöst zu werden, der Seele hingegen, ganz und gar unauflöslich zu sein oder wenigstens beinahe so? – Wie sollte es nicht? – Und du bemerkst doch, sprach er, daß, wenn der Mensch stirbt, auch seinem Sichtbaren, dem Leibe, der noch im Sichtbaren daliegt, den wir Leichnam nennen, und dem es zukommt aufgelöst zu werden und zu zerfallen und verweht zu werden, nicht gleich etwas hievon widerfährt, sondern er noch eine ganz geraume Zeit so bleibt, und wenn einer bei günstiger Leibesbeschaffenheit stirbt und zu ebensolcher Zeit, dann gar lange. Und wenn der Leib zusammengefallen ist und getrocknet, wie sie in Ägypten aufgetrocknet werden, so hält er sich fast undenkliche Zeit. Ja, einige Teile des Leibes, wie Knochen, Sehnen und alle dergleichen, sind, wenn er auch schon verfault ist, sozusagen doch fast unsterblich. Oder nicht? – Ja. – Und die Seele also, das Unsichtbare und sich an einen andern ebensolchen Ort Begebende, der edel und rein und unsichtbar ist, nämlich in die wahre Geisterwelt zu dem guten und weisen Gott, wohin wenn Gott will alsbald auch meine Seele zu gehen hat, diese, die so beschaffen und geartet ist, sollte, wenn sie von dem Leibe getrennt ist, sogleich verweht und untergegangen sein, wie die meisten Menschen sagen? Daran fehlt wohl viel, ihr lieben Kebes und Simmias! Sondern vielmehr verhält es sich so, wenn sie sich rein losmacht und nichts von dem Leibe mit sich zieht, weil sie mit gutem Willen nichts mit ihm gemein hatte im Leben, sondern ihn floh und in sich selbst gesammelt blieb und dies immer im Sinn hatte, was nichts anders heißen will, als daß sie recht philosophierte und darauf dachte, leicht zu sterben; oder hieß dies nicht auf den Tod bedacht sein? – Allerdings ja. – Also welche sich so verhält, die geht zu dem ihr Ähnlichen, dem Unsichtbaren, und zu dem Göttlichen, Unsterblichen, Vernünftigen, wo sie dann dazu gelangt, glückselig zu sein, von Irrtum und Unwissenheit, Furcht und wilder Liebe und allen andern menschlichen Übeln befreit, und lebt dann, wie es bei den Eingeweihten heißt, wahrhaft die übrige Zeit mit Gott. Wollen wir so sagen, o Kebes, oder anders? – So, beim Zeus, sprach Kebes. – Wenn sie aber, meine ich, befleckt und unrein von dem Leibe scheidet, weil sie eben immer mit dem Leibe verkehrt und ihn gepflegt und geliebt hat und von ihm bezaubert gewesen ist und von den Lüsten und Begierden, so daß sie auch glaubte, es sei überall gar nichts anderes wahr als das Körperliche, was man betastet und sieht, ißt und trinkt und zur Liebe gebraucht, und weil sie das für die Augen Dunkle und Unsichtbare, der Vernunft hingegen Faßliche und mit Wahrheitsliebe zu Ergreifende, gewohnt gewesen ist zu hassen und zu scheuen und zu fürchten, meinst du, daß eine so beschaffene Seele sich werde rein für sich absondern können? –

Wohl nicht im mindesten, sprach er. – Sondern durchzogen von dem Körperlichen, womit sie durch den Umgang und Verkehr mit dem Leibe, wegen des ununterbrochenen Zusammenseins und der vielen Sorge um ihn, gleichsam zusammengewachsen ist. – Freilich. – Und dies, o Freund, muß man doch glauben, sei unbeholfen und schwerfällig, irdisch und sichtbar, so daß auch die Seele, die es an sich hat, schwerfällig ist und wieder zurückgezogen wird in die sichtbare Gegend aus Furcht vor dem Unsichtbaren und der Geisterwelt, wie man sagt, an den Denkmälern und Gräbern umherschleichend, an denen daher auch allerlei dunkle Erscheinungen von Seelen sind gesehen worden, wie denn solche Seelen wohl Schattenbilder darstellen müssen, welche nicht rein abgelöst sind, sondern noch teilhaben an dem Sichtbaren, weshalb sie denn auch gesehen werden. – Das leuchtet wohl ein, o Sokrates. – Und freilich leuchtet auch ein, o Kebes, daß dies nicht die Seelen der Guten sind, sondern der Schlechten, welche um dergleichen gezwungen sind, herumzuirren, Strafe leidend für ihre frühere Lebensweise, welche schlecht war. Und so lange irren sie, bis sie durch die Begierde des sie noch begleitenden Körperlichen wieder gebunden werden in einen Leib. Und natürlich werden sie in einen von solchen Sitten gebunden, deren sie sich befleißigt hatten im Leben. – Was meinst du für welche, o Sokrates? – Wie, die sich ohne alle Scheu der Völlerei und des Übermuts und Trunkes befleißigten, solche begeben sich wohl in Esel und ähnliche Arten von Tieren. Oder meinst du nicht? – Das ist ganz wahrscheinlich. – Die aber Ungerechtigkeit, Herrschsucht und Raub vorzogen, diese dagegen in die verschiedenen Geschlechter der Wölfe, Habichte und Geier? oder wohin anders sollen wir sagen, daß solche gehen? – Ohne weiteres, sprach Kebes, in dergleichen. – Und gewiß so doch auch mit den übrigen, daß jegliche der Ähnlichkeit mit ihren Bestrebungen nachgeht? – Gewiß, wie sollte sie nicht. – Also, sprach er, sind auch wohl die glücklichsten unter diesen die, und kommen an den besten Ort, welche der gemeinen und bürgerlichen Tugend nachgestrebt haben, die man Besonnenheit und Gerechtigkeit nennt, die aber nur aus Gewöhnung und Übung entsteht ohne Philosophie und Vernunft? – Wie sind diese die glückseligsten? – Weil doch natürlich ist, daß diese wiederum in eine solche gesellige und zahme Gattung gehen, etwa in Bienen oder Wespen oder Ameisen, oder auch wieder in diese menschliche Gattung, und wieder ganz leidliche Männer aus ihnen werden. – Das ist natürlich. – In der Götter Geschlecht ist wohl keinem, der nicht philosophiert hat und vollkommen rein abgegangen ist, vergönnt zu gelangen, sondern nur dem Lernbegierigen. Eben deshalb nun, o lieber Simmias und Kebes, enthalten sich die wahrhaften Philosophen aller von dem Leibe herrührenden Begierden und harren aus und geben sich ihnen nicht hin; noch auch nur weil sie Verderb des Hauswesens und Armut fürchten wie die meisten Geldsüchtigen, oder die Ehrlosigkeit und Schmach der Trägheit scheuen wie die Herrschsüchtigen und Ehrsüchtigen, enthalten sie sich ihrer. – Das würde sich auch für sie nicht ziemen, o Sokrates, sprach Kebes. – Freilich nicht, beim Zeus, sagte er. Darum sagen auch allen solchen, o Kebes, jene alle, die irgend für ihre Seele Sorge tragen und nicht für der Leiber Bildung und Bedienung leben, Fahrewohl, und gehen nicht gleichen Schritt mit ihnen, die ja nicht wissen, wohin sie gehen. Sie selbst aber, feststellend, daß sie nichts tun dürfen, was der Philosophie zuwider wäre und der Erlösung und Reinigung durch sie, wenden sich dorthin, jener folgend, wie sie führt. – Wie das, o Sokrates? – Das will ich dir sagen, sprach er. Es erkennen nämlich die Lernbegierigen, daß die Philosophie, indem sie ihre Seele findet, ordentlich gebunden im Leibe und ihm anklebend, und gezwungen, wie durch ein Gitter durch ihn das Sein zu betrachten, nicht aber für sich allein, und daher in aller Torheit sich umherwälzend, und indem sie die Gewalt dieses Kerkers erkennt, wie er ordentlich eine Lust ist, so daß der Gebundene selbst am meisten immer dazu hilft, gebunden zu werden; wie ich nun sage, die Lehrbegierigen erkennen, daß, indem die Philosophie in solcher Beschaffenheit ihre Seele annimmt, sie ihr gelinde zuspricht und versucht, sie zu erlösen, indem sie zeigt, daß alle Betrachtung durch die Augen voll Betrug ist, voll Betrug auch die durch die Ohren und die übrigen Sinne, und deshalb sie überredet, sich von diesen zurückzuziehen, soweit es nicht notwendig ist, sich ihrer zu bedienen, und sie ermuntert, sich vielmehr in sich selbst zu sammeln und zusammenzuhalten, und nichts anderem zu glauben als wiederum sich selbst, was sie für sich selbst von den Dingen an und für sich anschaut; was sie aber vermittelst eines anderen betrachtet, dieses, weil es in jeglichem anderen wieder ein anderes wird, für nichts Wahres zu halten, und solches sei ja eben das Wahrnehmbare und Sichtbare, was sie aber selbst sieht, sei das Gedenkbare und Unsichtbare. Dieser Befreiung nun glaubt nicht widerstreben zu dürfen des wahrhaften Philosophen Seele und enthält sich deshalb der Lust und Begierde, der Unlust und Furcht, soviel sie kann, indem sie bedenkt, daß, wenn jemand sehr heftig sich freut oder fürchtet, trauert oder begehrt, er nie ein so großes Übel hievon erleidet, als er wohl glaubt, wenn er nun etwa erkrankt ist oder einen Verlust erlitten hat seiner Begierden wegen, was aber das größte und äußerste aller Übel ist, dieses wirklich erleidet und es nicht in Rechnung bringt. – Welches ist doch dieses, o Sokrates? sprach Kebes. – Daß nämlich jedes Menschen Seele, sobald sie über irgend etwas sich heftig erfreut oder betrübt, auch genötigt ist, von demjenigen, womit ihr dieses begegnet, zu glauben, es sei das Wirksamste und das Wahrste, da sich dies doch nicht so verhält. Und dies sind doch am meisten die sichtbaren Dinge, oder nicht? – Freilich. – In diesem Zustande also wird am meisten die Seele von dem Leibe gebunden. – Wieso? – Weil jegliche Lust und Unlust gleichsam einen Nagel hat und sie an den Leib annagelt und anheftet und sie leibartig macht, wenn sie doch glaubt, daß das wahr sei, was auch der Leib dafür aussagt. Denn dadurch, daß sie gleiche Meinung hat mit dem Leibe und sich an dem nämlichen erfreut, wird sie, denke ich, genötigt, auch gleicher Sitte und gleicher Nahrung wie er teilhaftig zu werden, so daß sie nimmermehr rein in die Unterwelt kommen kann, sondern immer des Leibes voll von hinnen geht; daher sie auch bald wiederum in einen andern Leib fällt und wie hingesäet sich einwurzelt und daher unteilhaftig bleibt des Umganges mit dem Göttlichen und Reinen und Eingestaltigen. – Vollkommen wahr ist, was du sagst, o Sokrates, sprach Kebes. – Dieser Ursachen wegen also, o Kebes, sind die wahrhaft Lehrbegierigen sittsam und tapfer, und nicht weshalb die Leute sagen. Oder meinst du? – Nein, ich gewiß nicht. – Es geht auch nicht anders, als daß die Seele eines philosophischen Mannes so rechnet und nicht glauben kann, sie müsse sich zwar von der Philosophie erlösen lassen, nachdem diese sie aber erlöset, sich selbst wiederum der Lust und Unlust hingeben, um sich wieder festbinden und die vorige Arbeit vergeblich machen zu lassen, als wolle sie das Gegenstück treiben zu der Penelope Weberei; sondern Ruhe von dem allem sich verschaffend, der Vernunft folgend und immer darin verharrend, daß sie das Wahre und Göttliche und der Meinung nicht Unterworfene anschaut und sich davon nährt, glaubt sie, solange sie lebt, so leben zu müssen, nach dem Tode aber zu dem Verwandten und Ebensolchen gelangt, von allen menschlichen Übeln erlöst zu werden. Hat sie sich so genährt, so ist wohl kein Wunder, wenn sie nicht fürchtet, ob sie nicht doch nach solchen Bestrebungen bei der Trennung von dem Leibe zerrissen, von ich weiß nicht welchen Winden verweht und zerstäubt umkommen und nirgend mehr sein werde.

Eine Stille entstand nun, nachdem Sokrates dieses gesagt, auf lange Zeit, und er selbst, Sokrates, war ganz in das Vorgetragene vertieft, wie man ihm ansehn konnte, und auch die meisten von uns. Kebes und Simmias aber sprachen ein weniges miteinander. Da sah sie Sokrates an und fragte: Wie? euch dünkt doch nicht etwa das Gesagte noch mangelhaft gesagt zu sein? Denn es gibt wohl noch viel Bedenken und Einwendungen dabei, wenn einer es ganz genau durchnehmen will. Hattet ihr nun etwas anderes untereinander, so will ich nichts gesagt haben; wenn ihr aber noch hierüber zweifelt, so tragt nur ja kein Bedenken, es entweder allein zu sagen und anzuführen, wenn ihr glaubt, daß es so besser werde vorgetragen werden, oder auch mich mit dazu zu nehmen, wenn ihr meinet, mit mir besser zu fahren. – Da sagte Simmias: Ich will dir die Wahrheit sagen, Sokrates. Wir beide haben schon lange zweifelnd einander angestoßen und aufgemuntert, zu fragen, weil wir zwar gern hören möchten, aber doch Bedenken tragen, dir Unruhe zu machen, daß es dir nicht etwa zuwider wäre bei dem jetzigen Unglück. – Als er dies hörte, sagte er mit sanftem Lächeln: O weh, Simmias! Wahrlich gar schwer werde ich die übrigen Menschen überzeugen, daß ich das jetzige Geschick für kein Unglück halte, da ich nicht einmal euch überzeugen kann, sondern ihr fürchtet, ich möchte jetzt unbequemer sein als sonst im Leben. Und wie es scheint, haltet ihr mich in der Wahrsagung für schlechter als die Schwäne, welche, wenn sie merken, daß sie sterben sollen, wie sie schon sonst immer gesungen haben, dann am meisten und vorzüglich singen, weil sie sich freuen, daß sie zu dem Gotte gehen sollen, dessen Diener sie sind. Die Menschen aber, wegen ihrer eigenen Furcht vor dem Tode, lügen auch auf die Schwäne und sagen, daß sie, über den Tod jammernd, aus Traurigkeit sängen, ohne zu bedenken, daß kein Vogel singt, wenn ihn hungert oder friert oder ihm sonst irgend etwas fehlt, auch nicht einmal die Nachtigall selbst oder die Schwalbe und der Wiedehopf, von denen sie sagen, daß sie aus Unlust klagend singen; aber weder diese, glaube ich, singen aus Traurigkeit noch die Schwäne; sondern weil sie, meine ich, dem Apollon angehören, sind sie wahrsagerisch; und da sie das Gute in der Unterwelt voraus erkennen, so singen sie und sind fröhlich an jenem Tage, ausgezeichnet und mehr als sonst vorher. Ich halte aber auch mich dafür, ein Dienerschaftsgenoß der Schwäne zu sein und demselben Gotte heilig und nicht schlechter als sie das Wahrsagen zu haben von meinem Gebieter, also auch nicht unmutiger als sie aus dem Leben zu scheiden. Also deshalb mögt ihr immer sagen und fragen, was ihr wollt, solange die elf Männer der Athener es gestatten. – Sehr schön, sagte Simmias; also will ich dir sagen, was für Zweifel ich habe und dann auch dieser, wiefern er das Gesagte nicht annimmt. Denn ich denke über diese Dinge, o Sokrates, ungefähr wie du, daß etwas Sicheres davon zu wissen in diesem Leben entweder unmöglich ist oder doch gar schwer; aber was darüber gesagt wird, nicht auf alle Weise zu prüfen, ohne eher abzulassen, bis einer ganz ermüdet wäre vom Untersuchen nach allen Seiten, einen gar weichlichen Menschen verrät. Denn eines muß man doch in diesen Dingen erreichen, entweder, wie es damit steht, lernen oder erfinden, oder wenn dies unmöglich ist, die beste und unwiderleglichste der menschlichen Meinungen darüber nehmen und darauf wie auf einem Brette versuchen, durch das Leben zu schwimmen, wenn einer nicht sicherer und gefahrloser kann auf einem festeren Fahrzeuge oder einer göttlichen Rede reisen. So will denn auch ich jetzt mich nicht schämen, zu fragen, da ja auch du dasselbe sagst, und nicht hernach mir selbst Vorwürfe zu machen habe, daß ich jetzt nicht gesagt habe, was ich denke. Mir nämlich, o Sokrates, sowohl wenn ich bei mir selbst, als wenn ich mit diesem das Gesagte betrachte, erscheint es gar nicht gründlich genug. – Darauf sagte Sokrates: Vielleicht, o Freund, erscheint es dir ganz recht; aber sage nur, wiefern nicht gründlich? – Insofern, sprach er, als auch von der Stimmung und der Leier und den Saiten einer ganz auf dieselbe Weise reden könnte, daß nämlich die Stimmung etwas Unsichtbares und Unkörperliches und gar Schönes und Göttliches ist an der gestimmten Leier, die Leier selbst aber und die Saiten Körper sind und Körperliches und zusammengesetzt und irdisch und dem Sterblichen verwandt. Wenn nun einer die Leier zerbräche oder die Saiten zerschnitte oder zerrisse, so könnte einer mit derselben Rede wie du durchführen, jene Stimmung müsse notwendig noch da sein und nicht untergegangen. Denn es wäre doch keine Möglichkeit, daß die Leier noch da sein sollte, nachdem die Saiten zerrissen wären, und die Saiten selbst, die doch dem Sterblichen ähnlich sind, die Stimmung aber sollte untergegangen sein, die doch dem Göttlichen und Unsterblichen gleichartig und verwandt ist, und zwar noch vor dem Sterblichen; sondern, würde er sagen, notwendig muß die Stimmung noch irgendwo sein, und eher werden die Hölzer verfaulen und die Saiten, als jener etwas begegnen wird. Nun aber glaube ich, o Sokrates, du selbst wirst auch dies schon erwogen haben, daß wir uns die Seele als so etwas vorzüglich vorstellen, wenn doch unser Leib eingespannt ist und zusammengehalten von Warmem und Kaltem, Trockenem und Feuchtem und dergleichen Dingen, daß unsere Seele die Mischung und Stimmung eben dieser Dinge sei, wenn sie schön und im rechten Verhältnis gegeneinander gemischt sind. Ist nun die Seele eine Stimmung, so ist offenbar, daß, wenn unser Leib unverhältnismäßig erschlafft oder angespannt wird von Krankheiten und anderen Übeln, die Seele dann notwendig sogleich umkommt, obgleich sie das Göttlichste ist, eben wie alle andern Stimmungen in Tönen und in allen Werken der Künstler, die Überreste eines jeden Leibes aber noch lange Zeit bleiben, bis sie verbrannt werden oder verwesen. Sieh nun zu. was wir gegen diese Rede sagen wollen, wenn jemand behauptet, daß die Seele als die Mischung alles zum Leibe Gehörigen in dem, was wir Tod nennen, zuerst untergehe. – Da sah sich Sokrates um, wie er oftmals tat, und sagte lächelnd: Simmias hat ganz recht gesprochen. Wenn nun einer besseren Rat weiß als ich, warum antwortet er nicht? denn er hat die Sache gewiß gar nicht schlecht angegriffen. Doch mich dünkt, ehe wir antworten, müssen wir erst auch den Kebes hören, was der wieder unserer Rede schuld gibt, damit wir Zeit gewinnen und uns beraten können, was wir sagen wollen, und dann, wenn wir ausgehört haben, ihnen entweder einräumen, wenn sie etwas Ordentliches scheinen angestimmt zu haben, oder wenn nicht, dann schon unsere Rede verfechten. Also, sagte er, sprich, o Kebes, was denn dich beunruhigt hat, daß du nicht glauben kannst? – Ich will es also sagen, sprach Kebes. Mir scheint nämlich unsere Rede noch immer auf demselben Fleck zu sein, und an demselben Mangel, dessen wir schon vorher erwähnten, auch jetzt noch zu leiden. Denn daß unsere Seele schon war, ehe sie in diese Gestalt kam, das will ich nicht zurücknehmen, daß es nicht sehr artig, und wenn es nicht anmaßend ist zu sagen, ganz befriedigend bewiesen wäre; daß sie aber auch noch, wenn wir tot sind, irgendwo sei, dies scheint mir nicht ebenso. Daß freilich die Seele nicht stärker und dauerhafter sein sollte als der Leib, dies gebe ich der Einwendung des Simmias nicht nach, denn in diesem allen scheint sie mir sich gar weit zu unterscheiden. Warum also, könnte die Rede wohl sagen, bist du noch ungläubig, wenn du doch siehst, daß nach des Menschen Tode das Schwächere noch ist? Dünkt dich dann nicht, daß das Dauerhaftere sich gewiß noch erhalten müsse in eben dieser Zeit? Dagegen nun überlege, ob ich hiermit etwas sage. Denn eines Bildes bedarf ich freilich auch, wie es scheint, ebensogut als Simmias. Mich dünkt nämlich dies gerade ebenso gesagt, wie wenn jemand von einem alten Weber, der gestorben wäre, diese Rede führen wollte: »Der Mensch ist nicht umgekommen, sondern ist gewiß noch irgendwo«, und zum Beweise dafür wollte er das Kleid anführen, was er anhatte und selbst gewebt hatte, daß das doch noch wohlbehalten wäre und nicht umgekommen; und wenn ihm einer nicht glauben wollte, er diesen dann fragte, was wohl seiner Natur nach dauerhafter wäre, ein Mensch oder ein Kleid, wenn es nämlich im Gebrauch wäre und getragen würde, und wenn der dann antworten müßte, der Mensch bei weitem, jener dann glaubte bewiesen zu haben, der Mensch also müsse wohl ganz gewiß wohlbehalten sein, da ja das Vergänglichere nicht untergegangen wäre. Ich denke aber, o Simmias, das verhält sich nicht so. Sieh aber auch du zu, was ich meine. Denn jeder würde wohl der Meinung sein, daß das einfältig gesagt wäre, wenn es jemand sagen wollte. Denn dieser Weber hat schon gar viele solche Kleider verbraucht und gewebt und ist zwar später umgekommen als jene vielen, aber als das letzte, denke ich, doch eher, und deshalb ist doch wohl ein Mensch immer nicht schlechter oder vergänglicher als ein Kleid. Und dieses selbige Bild, meine ich, läßt sich anwenden auf Seele und Leib; und wer eben dasselbige sagte von diesen, würde mir scheinen verständig zu reden, daß nämlich die Seele zwar dauerhafter ist und der Leib schwächer und vergänglicher, doch aber, würde er hinzusetzen, verbrauche ja jede Seele viele Leiber, zumal wenn sie viele Jahre lebe. Denn wenn der Leib immer im Fluß ist und vergeht, solange der Mensch lebt, die Seele aber das Verbrauchte immer wieder webt, so muß ja die Seele wohl, wenn sie umkommt, diese ihre letzte Bekleidung noch haben und eher freilich nur als diese einzige umkommen, und erst wenn die Seele umgekommen ist, kann dann der Leib die Natur seiner Schwachheit beweisen, indem er schnell durch Fäulnis vergeht. So daß man also diesem Satz noch nicht zuverlässig trauen darf, daß, wenn wir tot sind, unsere Seele noch irgendwo ist. Denn wenn jemand auch dem, der deine Behauptung vorträgt, noch mehr einräumen wollte und zugeben, unsere Seele sei nicht nur in der Zeit vor unserer Geburt gewesen, sondern es hindere auch nichts, daß nicht auch nach dem Tode einige Seelen noch wären und sein würden und noch oft würden geboren werden und wieder sterben, denn so stark sei sie von Natur, daß sie dieses gar vielmal aushalten könne; nur aber, indem er dieses zugäbe, nicht auch noch jenes einräumte, daß sie in diesen vielen Geburten gar nicht von Kräften komme und auch am Ende nicht in einem von diesen Toden gänzlich untergehe, sondern sagte: Diesen Tod aber und diese Auflösung des Leibes, welche der Seele den Untergang bringt, wisse nur keiner, denn es sei unmöglich, daß irgendeiner von uns ihn fühle; wenn sich nun dieses so verhält, so kann doch von keinem, der über den Tod guten Mutes ist, gesagt werden daß er nicht auf eine unverständige Weise mutig sei, wenn, er nicht zu beweisen vermag, daß die Seele ganz und gar unsterblich und unvergänglich ist; wo nicht, so muß jeder, der im Begriff ist, zu sterben, für seine eigene Seele in Sorgen sein, ob sie nicht gerade in dieser Trennung von dem Leibe ganz und gar untergehn werde.

Alle nun, als wir sie beide dieses hatten sagen gehört, waren wir, wie wir uns hernach gestanden, auf unangenehme Weise verstimmt, weil sie uns, die wir durch die vorigen Reden stark überzeugt waren, wieder unruhig zu machen und in Ungewißheit zurückzuwerfen schienen, nicht nur über das bereits Gesagte, sondern auch wegen dessen, was nun noch würde gesagt werden, ob nicht wir ganz untaugliche Richter wären oder auch die Sache selbst gar nicht zu entscheiden.

Echekrates. Bei den Göttern, o Phaidon, ich verzeihe euch das. Denn auch ich, da ich dies jetzt von dir gehört, habe so zu mir gesprochen: Welcher Rede soll man nun wohl noch glauben, denn die so sehr glaubliche, welche Sokrates vorgetragen, ist nun doch um allen Glauben gekommen. Denn gar wunderbar ergreift mich dieser Satz schon jetzt und immer, daß unsere Seele eine Stimmung ist; und wie er jetzt ausgesagt worden, hat er mir in Erinnerung gebracht, daß auch mir das vorher schon so gedäucht hatte. Und so bedarf ich nun wieder wie anfangs einer andern Rede, um mich zu überzeugen, daß mit dem Sterbenden die Seele nicht mitstirbt. Sage nun, beim Zeus, wie Sokrates dieses verfolgt hat, und ob auch ihm, wie du von euch sagst, etwas Verdrießliches anzumerken war oder nicht, sondern er seinen Satz ruhig verteidigte, und ob er es befriedigend getan hat oder unzureichend. Dies alles berichte uns so genau als möglich.

Phaidon. Gewiß, o Echekrates, wie oft ich auch schon den Sokrates bewundert hatte, nie doch war ich mehr von ihm eingenommen als damals. Denn daß er etwas zu erwidern wußte, ist wohl nichts Besonderes; aber ich bewunderte ihn zuerst vorzüglich darüber, wie freundlich und sanft und beifällig er die Reden der jungen Männer aufnahm, dann wie scharf er bemerkte, was sie auf uns gewirkt hatten, und wie gut er uns heilte und gleichsam wie Flüchtlinge und Geschlagene zurückrief und uns zusprach, ihm zu folgen und die Rede mit ihm zu erwägen.

Echekrates. Wie also?

Phaidon. Das will ich dir sagen. Ich saß nämlich zu seiner Rechten neben dem Bett auf einem Bänkchen, er aber saß weit höher als ich. Nun strich er mir über den Kopf, faßte die Haare im Nacken zusammen, denn er pflegte wohl oft in meinen Haaren zu spielen, und sagte: Morgen also, o Phaidon, wirst du wohl diese schönen Locken abscheren? – So sieht es wohl aus, o Sokrates, sprach ich. – Nicht doch, wenn du mir folgst. – Was denn? fragte ich. – Heute noch, sagte er, will ich meine und du deine abscheren, wenn uns nämlich die Rede stirbt und wir sie nicht wieder ins Leben rufen können. Und wenn ich du wäre und mir diese Rede abhanden käme, wollte ich, wie die Argeier, einen Eid darauf ablegen, nicht eher das Haar wachsen zu lassen, bis ich in ehrlichem Kampfe die Rede des Simmias und Kebes besiegt hätte. – Aber, sagte ich, mit zweien kann es ja auch Herakles nicht aufnehmen. – So rufe denn mich herbei, sprach er, als deinen Jolaos, solange es noch Tag ist. – Das tue ich denn, sagte ich, aber nicht als Herakles, sondern wie Jolaos den Herakles. – Das ist gleichviel, sagte er. Aber daß wir uns ja zuerst hüten, daß uns nicht etwas Gewisses begegne. – Was doch? fragte ich. Daß wir ja nicht Redefeinde werden, sprach er, wie andere wohl Menschenfeinde. Denn unmöglich, sagte er, kann einem etwas Ärgeres begegnen, als wenn er Reden haßt. Und die Redefeindschaft entsteht ganz auf dieselbe Weise wie die Menschenfeindschaft. Nämlich die Menschenfeindschaft entsteht, wenn man einem auf kunstlose Weise zu sehr vertraut, und einen Menschen für durchaus wahr, gesund und zuverlässig gehalten hat, bald darauf aber denselbigen als schlecht und unzuverlässig erfindet und dann wieder einen, und wenn einem das öfter begegnet und bei solchen, die man für die vertrautesten und besten Freunde hält, so haßt man denn endlich, wenn man immer wieder anstößt, alle, und glaubt, daß nirgend an keinem irgend etwas Gesundes ist. Oder hast du nicht bemerkt, daß das so zu gehen pflegt? – Jawohl, sagte ich. – Ist das nun nicht, sprach er, schändlich, und ist nicht offenbar, daß ein solcher sich ohne die Kunst, die sich auf Menschen versteht, an den Umgang mit den Menschen wagt? Denn wenn er dieser Kunst gemäß mit ihnen umginge, so würde er, wie es sich in der Tat verhält, so auch glauben, daß es der sehr guten und sehr schlechten beider immer nur wenige gibt, der mittelmäßigen aber am meisten. – Wie meinst du das? sprach ich. – Gerade, sagte er, wie mit dem sehr Großen und sehr Kleinen; glaubst du, daß es etwas Selteneres gibt, als einen ganz ausgezeichnet großen oder ausgezeichnet kleinen Menschen oder Hund oder sonst etwas zu finden? Und ebenso mit schnell und langsam, häßlich und schön, weiß und schwarz? Oder hast du nicht gemerkt, daß von alledem das Äußerste selten vorkommt und wenig, das Mittlere aber unendlich häufig? – Freilich, sprach ich. – Und meinst du nicht, sagte er, wenn ein Wettstreit der Schlechtigkeit angestellt würde, daß auch da nur sehr wenige sich als die ersten zeigen würden? – Natürlich, sagte ich. – Freilich natürlich, sprach er; aber darin sind eigentlich die Reden nicht den Menschen ähnlich, sondern nur weil du führtest, bin ich dir hieher gefolgt, wohl aber darin, daß wenn jemand einer Rede getraut hat, daß sie wahr sei, ohne die Kunst, welche sich auf Reden versteht, und sie ihm dann bald darauf wieder falsch vorkommt, manchmal mit Recht, manchmal mit Unrecht, und so wieder eine und eine andere, und vorzüglich gilt das, wie du wohl weißt, von denen, die sich mit Streitreden abgeben, daß sie am Ende glauben, ganz weise geworden und allein zu der Einsicht gelangt zu sein, daß nicht nur an keinem Dinge irgend etwas Gesundes und Richtiges ist, sondern auch an den Reden nicht, vielmehr alles sich ordentlich wie im Euripos von oben nach unten dreht und keine Zeitlang bei etwas bleibt. – Vollkommen richtig, sprach ich, redest du. – Und, o Phaidon, wäre das nun nicht ein Jammer, wenn es doch wirklich wahre und sichere Reden gäbe und die man auch einsehen könnte, wenn einer, weil er auf solche Reden stößt, die ihm bald wahr zu sein scheinen bald wieder nicht, sich selbst nicht die Schuld geben wollte und seiner Kunstlosigkeit, sondern am Ende aus Mißmut die Schuld gern von sich selbst auf die Reden hinwälzte und dann sein übriges Leben in Haß und Schmähungen gegen alle Reden hinbrächte und so der Wahrheit und Erkenntnis der Dinge verlustig ginge? – Beim Zeus, sagte ich, ein großer Jammer. – So laß uns denn, sprach er, zuerst davor uns hüten und dem in unserer Seele keinen Eingang verstatten, als ob an allen Reden am Ende wohl gar nichts Tüchtiges wäre; sondern vielmehr, daß wir nur noch nicht recht tüchtig sind, aber tapfer sein und trachten müssen, tüchtig zu werden, du und die übrigen, des ganzen künftigen Lebens wegen, ich aber eben des Todes wegen. So daß ich vielleicht gar jetzt nicht sonderlich philosophisch mich in dieser Sache verhalte, sondern wie die ganz Ungebildeten rechthaberisch. Denn auch diese, wenn sie über etwas streiten, kümmern sich nicht darum, wie sich das wohl eigentlich verhält, wovon die Rede ist, sondern nur, daß den Anwesenden das annehmlich erscheine, was sie selbst festgestellt haben, danach trachten sie. Und ich scheine gegenwärtig nur so viel mich von ihnen zu unterscheiden, daß ich nicht danach trachten will, daß den Anwesenden das, was ich behaupte, wahr erscheine, außer beiläufig, sondern daß es mir selbst nur recht gewiß sich so zu verhalten scheine. Ich berechne nämlich, lieber Freund, und siehe nur wie eigennützig, wenn das wahr ist, was ich behaupte, ist es doch vortrefflich, davon überzeugt zu sein; wenn es aber für die Toten nichts mehr gibt, werde ich doch wenigstens diese Zeit noch vor dem Tode den Anwesenden weniger unangenehm sein durch Klagen; dieser mein Irrtum dauert aber nicht mit aus, denn das wäre ein Übel, sondern wird in kurzem untergehn. So gerüstet also, sprach er, o Simmias und Kebes, mache ich mich an die Rede. Ihr aber, wenn ihr mir folgen wollt, kümmert euch wenig um den Sokrates, sondern weit mehr um die Wahrheit, und wenn ich euch dünke etwas Richtiges zu sagen, so stimmt mir bei, wenn aber nicht, so widerstrebt mir auf alle Weise, damit ich nicht im Eifer mich und euch zugleich betrügend, euch wie eine Biene den Stachel zurücklassend davongehe.

Wohlan denn fuhr er fort, erinnert mich zuerst, was ihr sagtet, wenn ihr vielleicht findet, daß ich es nicht recht behalten habe. Simmias, denke ich, ist ungewiß und fürchtet, die Seele möchte, obwohl etwas Göttlicheres und Schöneres als der Leib, doch vor ihm untergehen, indem sie ihrer Natur nach eine Stimmung sei. Kebes aber schien dieses zwar mir zuzugeben, daß die Seele ja dauerhafter sei als der Leib, aber das könne doch niemand wissen, ob nicht die Seele, wenn sie nun viele Leiber oft verbraucht hat, den letzten Leib doch zurückläßt und nun selbst umkommt und dieses dann eben der Tod ist, der Untergang der Seele, denn der Leib geht ja doch immer unter ohne Aufhören. Ist es dieses, o Simmias und Kebes, was wir jetzt zu betrachten haben? Sie gaben beide zu, dieses sei es. – Und die vorigen Reden, sprach er, nehmt ihr die alle nicht an oder einige zwar, andere aber nicht? –

Einige, sprachen sie, andere aber nicht. – Was sagt ihr also von jener Rede, sprach er, in welcher wir behaupteten, alles Lernen sei Erinnerung, und wenn sich dies so verhalte, müsse notwendig unsere Seele anderswo vorher sein, ehe sie an den Leib gebunden worden? – Ich meinesteils, sprach Kebes, war damals wunderbar überzeugt davon und bleibe auch jetzt dabei wie bei nichts anderem. – Und mir, sagte Simmias, geht es ebenso, und es sollte mich wundern, wenn ich jemals hierüber anders dächte. – Aber du mußt doch anders denken, o thebischer Freund, sprach Sokrates, wenn nämlich jene Meinung bestehen soll, daß eine Stimmung ein zusammengesetztes Ding ist, und daß die Seele als eine Stimmung aus dem, was in dem Leibe unter sich gespannt ist, bestehe. Denn du wirst doch nicht sagen wollen, die Stimmung sei eher vorhanden, als dasjenige da ist, woraus sie hervorgehen muß, oder willst du das? – Keineswegs, o Sokrates. sagte er. – Merkst du nun aber wohl, sagte er, daß dir dieses herauskommt, wenn du sagst, die Seele sei eher, als sie in menschliche Gestalt und Leib komme, sie sei aber zusammengesetzt aus dem, was dann noch nicht ist? Die Stimmung wenigstens ist nicht so, der du sie vergleichst; sondern die Leier und die Saiten und die Töne sind vorher ungestimmt da, und zuletzt von allen entsteht die Stimmung und geht zuerst wieder unter. Wie kann dir nun diese Rede mit jener zusammenstimmen? – Das sollte sie wohl, sagte Simmias. – Diese aber, sagte er, stimmt dir doch nicht; also sieh zu, welche von beiden du wählen willst, die, daß das Lernen Erinnerung ist, oder die, daß die Seele Stimmung ist. – Viel lieber jene, o Sokrates, sagte er. Denn diese letztere ist mir ohne allen Beweis gekommen nur aus einer gewissen Wahrscheinlichkeit und Angemessenheit, woher auch die meisten Menschen zu ihren Meinungen kommen; ich weiß aber, daß die Reden, die sich nur durch einen solchen Schein bewähren, leere Prahler sind, und wenn man sich nicht wohl mit ihnen vorsieht, einen gar leicht betrügen, in der Meßkunst und in allem andern. Jene Rede aber von dem Lernen und der Erinnerung beruht auf einem annehmungswürdigen Grunde; denn es war gesagt worden, daß unsere Seele auch, ehe sie in den Leib komme, ebenso sei, wie jenes Wesen ihr eignet, welches den Beinamen führt dessen, was es ist. Und dieses habe ich, wie ich mich selbst überzeuge, ganz mit Recht und mit gutem Grunde angenommen. Daher ist nun notwendig, wie ich sehe, daß ich es weder mir noch einem andern gelten lasse, welcher sagt, die Seele sei eine Stimmung. – Und was, sprach Sokrates. o Simmias, sagst du hiezu? Scheint dir wohl der Stimmung oder irgendeiner andern Zusammensetzung zuzukommen, daß sie sich anders verhalten könne wie jenes, woraus sie besteht? – Keineswegs. – Auch nicht irgend etwas anderes tun, wie ich denke, oder leiden außer dem, was jenes tut und leidet? – Er stimmte ein. – Also kommt auch wohl der Stimmung nicht zu, das anzuführen, woraus sie zusammengesetzt ist, sondern zu folgen? – Das dünkte ihn auch so. – Weit gefehlt also, daß die Stimmung entgegengesetzt sich bewegen oder klingen oder sonstwie entgegengesetzt sein könnte ihren Teilen. – Weit gefehlt, sagte er. – Und wie, ist nicht ihrer Natur nach jede Stimmung geradeso Stimmung, wie sie gestimmt ist? – Das verstehe ich nicht, sagte er. – Nicht, sagte er, wenn sie besser gestimmt ist oder in höherem Grade, falls dieses geschehen kann, wird sie dann nicht auch mehr Stimmung sein und in höherem Grade? Wenn aber in geringerem und weniger, dann auch nicht so sehr und weniger? – Freilich. – Findet nun das wohl auch bei der Seele statt, daß eine Seele auch nur im allergeringsten mehr und in höherem Grade oder weniger und in geringerem als die andere eben dieses, Seele, sein kann? – Nicht im mindesten, sagte er. – Wohlan denn, beim Zeus, sprach er, von der einen Seele sagt man doch, daß sie Vernunft hat und Tugend und gut ist, von der andern aber, daß sie Unvernunft und Verderben hat und schlecht ist, und das sagt man doch mit Recht? – Mit Recht freilich. – Die nun sagen, daß die Seele eine Stimmung ist, was werden die wohl sagen, daß dieses sei in den Seelen, die Tugend und das Laster? etwa wiederum eine andere Stimmung und Verstimmtheit? so daß die eine gestimmt ist, die gute, und in ihr selbst, die doch Stimmung ist, eine andere Stimmung hat, die andere aber wiederum ungestimmt ist und keine andere in sich hat? – Ich weiß es nicht zu sagen, sprach Simmias; offenbar aber müßte so etwas sagen, wer jenes voraussetzt. – Darüber aber sind wir ja vorher einig geworden, daß keine Seele mehr oder weniger ist als die andere, und dies ist doch ebensoviel, als daß keine Stimmung mehr oder weniger Stimmung ist als die andere; nicht wahr? – Freilich. – Die aber weder mehr noch weniger Stimmung ist, ist auch weder mehr noch weniger gestimmt. Ist es so? – So ist es. – Die aber weder mehr noch weniger gestimmte, hat die wohl größeren oder geringeren Anteil an dem Wesen der Stimmung oder gleichen? – Gleichen. – Also auch die Seele, wenn die eine eben dieses, Seele, weder mehr noch weniger ist als die andere, ist sie also auch weder mehr noch weniger gestimmt? – So ist es. – Und steht es so, so hat auch die eine weder mehr noch weniger Anteil an Verstimmtheit oder Stimmung? – Freilich nicht. – Und steht es wiederum so: könnte dann wohl die eine mehr oder weniger als die andere Anteil haben an Tugend und Laster, wenn doch das Laster Verstimmtheit ist und die Tugend Stimmung? – Nicht mehr.– Oder vielmehr, o Simmias, wenn wir es recht genau nehmen, wird keine Seele irgend Anteil am Laster haben, wenn sie Stimmung ist. Denn da die Stimmung immer vollkommen eben dieses ist, Stimmung: so kann sie an der Verstimmtheit gar niemals Anteil haben. – Freilich nicht. – Dann also auch nicht die Seele, da sie vollkommen Seele ist, am Laster. – Wie ginge das wohl nach dem Gesagten? – Nach dieser Rede also werden uns alle Seelen aller Lebendigen gleich gut sein, wenn sie doch ihrer Natur nach gleich sehr dieses sind, Seelen. – So dünkt mich auch, Sokrates, sprach er. – Dünkt es dich aber auch recht so gesagt zu sein, und daß der Rede dieses begegne, wenn die Annahme richtig wäre, daß die Seele Stimmung sei? – Ganz und gar nicht, sagte er. – Und wie, über alles, was an dem Menschen ist, sagst du nicht, daß eben die Seele herrsche, zumal noch die vernünftige? – Gewiß nichts anderes. – Und etwa immer nachgebend den Zuständen des Leibes oder auch ihnen widerstrebend? ich meine nämlich, so, wenn dieser Hitze hat oder Durst, daß sie doch auf die entgegengesetzte Seite zieht, zum Nichttrinken, und wenn Hunger zum Nichtessen, und in tausend andern Dingen sehen wir doch die Seele dem Leiblichen widerstreben? Oder nicht? – Allerdings. – Haben wir aber nicht im vorigen zugegeben, daß sie niemals, wenn sie Stimmung ist, entgegengesetzt klingen kann, wie jenes gespannt und nachgelassen und geschwungen wird, oder was sonst dem widerfährt, woraus sie hervorgeht; sondern daß sie jenem folgen muß und niemals anführen? – Das haben wir zugegeben; wie sollten wir nicht? – Und wie, scheint sie uns nun nicht doch ganz das Gegenteil zu tun, alles jenes zu regieren, woraus man doch sagt, daß sie bestehe, und dem fast überall das ganze Leben hindurch zu widerstreben und es zu beherrschen auf alle Weise, bald härter im Zaum haltend und auf schmerzhafte Weise, wie in Sachen der Gymnastik und Heilkunst, bald wieder gelinder? und bald drohend, bald verweisend mit den Begierden, dem Zorn, der Furcht, als eine andere mit einem andern redend, wie auch Homeros in der Odyssee gedichtet hat, wo er vom Odysseus sagt: Aber er schlug an die Brust und strafte das Herz mit den Worten: Dulde nun aus, mein Herz, noch Härteres hast du geduldet. Meinst du wohl, er habe dies gedichtet in der Meinung, sie sei eine Stimmung und eigne sich, geleitet zu werden von den Zuständen des Leibes und nicht selbst sie zu leiten und zu beherrschen, weil sie nämlich etwas weit Göttlicheres ist als einer Stimmung zu vergleichen? – Beim Zeus, Sokrates, so kommt es mir nicht vor. – Also, mein Bester, mag es wohl auf keine Weise recht sein von uns, zu sagen, die Seele sei eine Stimmung. Denn wir würden, wie wir sehen, weder mit dem Homeros, dem göttlichen Dichter, eins sein, noch mit uns selbst. – So verhalte es sich allerdings, sagte er. –

Gut denn, sagte Sokrates, mit der Thebischen Harmonia sind wir, wie es scheint, noch so leidlich fertig geworden. Wie werden wir uns nun aber, o Kebes, auch mit dem Kadmos einigen und auf welche Weise? – Das denke ich, sprach Kebes, wirst du schon auffinden. Diese Rede wenigstens gegen die Stimmung hast du ganz wunderbar über meine Erwartung durchgeführt. Denn als Simmias sagte, was für Zweifel er hätte, verwunderte es mich gar sehr, was wohl jemand mit seiner Rede würde anfangen können, und doch konnte sie hernach nicht einmal den ersten Anlauf der deinigen aushalten, wie mir schien. So würde ich mich also auch nicht wundern, wenn dasselbige auch der Rede des Kadmos begegnete. – O Guter, sprach Sokrates, nur nicht großsprechen, damit uns nicht ein Zauber das, was gesagt werden soll, verrufe und verdrehe. Doch das soll bei Gott stehen, wir aber wollen nun auf gut homerisch näher tretend hieran versuchen, ob du wohl etwas sagst. Was du aber suchst, scheint mir der Hauptsache nach zu sein, du verlangst, es soll gezeigt werden, daß unsere Seele unvergänglich und unsterblich ist, wenn doch ein philosophischer Mann, der, im Begriff zu sterben, gutes Mutes ist und der Meinung, daß er nach seinem Tode sich dort vorzüglich wohl befinden werde, mehr als wenn er einer andern Lebensweise folgend gestorben wäre, wenn ein solcher nicht ganz unverständig und töricht sein soll bei seinem guten Mut. Zu zeigen aber, daß die Seele etwas Starkes und Göttliches ist, und daß sie war ehe wir geboren wurden, dies alles, behauptest du, könne gar füglich auch keine Unsterblichkeit andeuten, sondern daß die Seele zwar etwas lange Beharrendes ist und wer weiß wie lange Zeit vorher irgendwo gewesen ist und vielerlei gewußt und getan hat, aber deshalb doch noch nicht unsterblich wäre, sondern eben dieses, daß sie in menschlichen Leib gekommen, könne schon der Anfang ihres Unterganges gewesen sein, gleichsam als eine Krankheit, und so könne sie in Jammer und Not dieses Leben leben und am Ende desselben in dem, was man Tod nennt, untergehen. Und ob sie einmal in den Leib kommt oder oft, dies behauptest du, könne keinen Unterschied darin machen, daß doch jeder von uns müsse besorgt sein. Denn es gehöre sich gar wohl, daß jeder, wer nicht unverständig sein wolle, sich fürchte, der nicht wisse und keine Rechenschaft davon geben könne, daß sie unsterblich ist. Dies ist es ungefähr, glaube ich, o Kebes, was du meinst, und absichtlich wiederhole ich es öfter, damit uns nichts davon entgeht und auch du, wenn du willst, etwas hinzusetzen und davontun kannst. – Darauf sagte Kebes: Für jetzt habe ich wohl nichts davonzutun oder hinzuzusetzen; sondern dies ist es, was ich sagen will.

Darauf hielt Sokrates einige Zeit inne, als ob er etwas bei sich bedächte, und sagte dann: Es ist keine schlechte Sache, o Kebes, welche du aufregst. Denn wir müssen nun im allgemeinen vom Entstehen und Vergehen die Ursache behandeln. Ich also will dir, wenn du willst, darlegen, wie es mir damit ergeht. Dünkt dich dann etwas von dem, was ich sage, brauchbar zu sein zur Überzeugung von dem, wonach du fragst, so brauche es. – Allerdings, sprach Kebes, das will ich. – So höre denn, was ich sagen werde. In meiner Jugend nämlich, o Kebes, hatte ich ein wundergroßes Bestreben nach jener Weisheit, welche man die Naturkunde nennt; denn es dünkte mich ja etwas Herrliches, die Ursachen von allem zu wissen, wodurch jegliches entsteht und wodurch es vergeht und wodurch es besteht, und hundertmal wendete ich mich bald hier- und dorthin, indem ich bei mir selbst zuerst dergleichen überlegte, ob, wenn das Warme und Kalte in Fäulnis gerät, wie einige gesagt haben, dann Tiere sich bilden? und ob es wohl das Blut ist, wodurch wir denken, oder die Luft oder das Feuer? oder wohl keines von diesen, sondern das Gehirn uns alle Wahrnehmungen hervorbringt, des Sehens und Hörens und Riechens, und aus diesen dann Gedächtnis und Vorstellung entsteht; und aus Erinnerung und Vorstellung, wenn sie zur Ruhe kommen, dann auf dieselbe Weise Erkenntnis entsteht? Und wenn ich wiederum das Vergehen von alle diesem betrachtete und die Veränderungen am Himmel und auf der Erde, so kam ich mir am Ende zu dieser ganzen Untersuchung so untauglich vor, daß gar nichts darübergeht. Und davon will ich dir hinreichenden Beweis geben. Nämlich was ich vorher auch ganz genau wußte, wie es mir und den andern vorkam, darüber erblindete ich nun bei dieser Untersuchung so gewaltig, daß ich auch das verlernte, was ich vorher zu wissen glaubte von vielen andern Dingen, und so auch davon, wodurch der Mensch wächst. Denn dies, glaubte ich vorher, wisse jeder, daß es vom Essen und Trinken herkäme. Denn wenn aus den Speisen zum Fleische Fleisch hinzukommt und zu den Knochen Knochen und ebenso nach demselben Verhältnis auch zu allem übrigen das Verwandte sich hinzufindet, dann würde natürlich die Masse, die vorher wenig gewesen war, hernach viel und so der kleine Mensch groß. So glaubte ich damals; dünkt dich nicht das ganz leidlich? – Ei wohl, sagte Kebes. – Bedenke auch noch dies. Ich glaubte genug daran zu haben, wenn ein Mensch neben einem andern kleinen stehend groß schien, daß er um einen Kopf größer wäre, und so auch ein Pferd neben dem andern, und was noch deutlicher ist als dieses: zehn schien mir mehr als acht zu sein, weil noch zwei dabei sind, und das Zweifüßige größer als das Einfüßige, weil es um die Hälfte herüberragt. – Und jetzt, sprach Kebes, was dünkt dich hievon? – Daß ich, sagte er, beim Zeus, gar weit entfernt bin, auch nur zu glauben, daß ich zu irgend etwas hievon die Ursache wisse, da ich mir ja das nicht einmal gelten lasse, daß, wenn jemand eins zu einem hinzunimmt, dann entweder das eine, zu welchem hinzugenommen worden, zwei geworden ist, oder das Hinzugenommene und das, zu welchem hinzugenommen worden, eben weil eins zu dem andern hinzugekommen, zwei geworden sind. Denn ich wundere mich, wie doch, als jedes für sich war, jedes von ihnen soll eines gewesen sein und sie damals nicht zwei waren, nun sie aber einander nahegekommen, dieses die Ursache gewesen ist, daß sie zwei geworden sind, die Vereinigung, daß man sie nebeneinander gestellt hat. Und ebensowenig, wenn jemand eines zerspaltet, kann ich mich noch überreden, daß wiederum dieses, die Spaltung, Ursache geworden ist, daß zwei geworden sind. Denn dies wäre ja eine ganz entgegengesetzte Ursache des Zweiwerdens als damals. Damals nämlich, weil sie einander näher gebracht wurden und eines zum andern hinzugesetzt, nun aber, weil eines von andern hinweggeführt und getrennt wird. Auch nicht, warum eines wird, getraue ich mich noch zu wissen, noch sonst irgend etwas mit einem Wort, warum es wird oder vergeht oder ist, nämlich nach dieser Art und Weise der Untersuchung, sondern ich mische mir eine andere auf gut Glück zusammen, diese aber lasse ich auf keine Weise gelten. Sondern als ich einmal einen hörte aus einem Buche, wie er sagte vom Anaxagoras, lesen, daß die Vernunft das Anordnende ist und aller Dinge Ursache, an dieser Ursache erfreute ich mich, und es schien mir auf gewisse Weise sehr richtig, daß die Vernunft von allem die Ursache ist, und ich gedachte, wenn sich dies so verhält, so werde die ordnende Vernunft auch alles ordnen und jegliches stellen, so wie es sich am besten befindet. Wenn nun einer die Ursache von jeglichem finden wollte, wie es entsteht oder vergeht oder besteht, so dürfe er nur dieses daran finden, wie es gerade diesem am besten sei zu bestehen oder irgend sonst etwas zu tun oder zu leiden. Und dem zufolge dann gezieme es dem Menschen nicht, nach irgend etwas anderem zu fragen, sowohl in bezug auf sich als auf alles andere, als nach dem Trefflichsten und Besten, und derselbe werde dann notwendig auch das Schlechtere wissen, denn die Erkenntnis von beiden sei dieselbe. Dieses nun bedenkend freute ich mich, daß ich glauben konnte, über die Ursache der Dinge einen Lehrer gefunden zu haben, der recht nach meinem Sinn wäre, an dem Anaxagoras, der mir nun auch sagen werde, zuerst ob die Erde flach ist oder rund, und wenn er es mir gesagt, mir dann auch die Notwendigkeit der

Sache und ihre Ursache dazu erklären werde, indem er auf das Bessere zurückginge und mir zeigte, daß es ihr besser wäre, so zu sein. Und wenn er behauptete sie stände in der Mitte, werde er mir dabei erklären, daß es ihr besser wäre, in der Mitte zu stehn; und wenn er mir dies deutlich machte, war ich schon ganz entschlossen, daß ich nie mehr eine andere Art von Ursache begehren wollte. Ebenso war ich entschlossen, mich nach der Sonne gleichermaßen zu erkundigen und dem Monde und den übrigen Gestirnen wegen ihrer verhältnismäßigen Geschwindigkeiten und ihrer Umwälzungen und was ihnen sonst begegnet, woher es doch jedem besser ist, das zu verrichten und zu erleiden, was jeder erleidet. Denn ich glaubte ja nicht, nachdem er einmal behauptet, alles sei von der Vernunft geordnet, daß er irgendeinen anderen Grund mit hineinziehen werde, als daß es das Beste sei, daß sie sich so verhalten, wie sie sich verhalten; und also glaubte ich, indem er für jedes einzelne und alles insgemein den Grund nachweise, werde er das Beste eines jeglichen darstellen und das für alles insgesamt Gute. Und für vieles hätte ich diese Hoffnung nicht weggegeben; sondern ganz emsig griff ich zu den Büchern und las sie durch, so schnell ich nur konnte, um nur aufs schnellste das Beste zu erkennen und das Schlechtere. Und von dieser wunderbaren Hoffnung, o Freund, fiel ich ganz herunter, als ich fortschritt und las und sah, wie der Mann mit der Vernunft gar nichts anfängt und auch sonst gar nicht Gründe anführt, die sich beziehen auf das Anordnen der Dinge, dagegen aber allerlei Luft und Äther und Wasser vorschiebt und sonst vieles zum Teil Wunderliches. Und mich dünkte, es sei ihm so gegangen, als wenn jemand zuerst sagte: »Sokrates tut alles, was er tut, mit Vernunft«, dann aber, wenn er sich daran machte, die Gründe anzuführen von jeglichem, was ich tue, dann sagen wollte, zuerst daß ich jetzt deswegen hier säße, weil mein Leib aus Knochen und Sehnen besteht und die Knochen dicht sind und durch Gelenke voneinander geschieden, die Sehnen aber so eingerichtet, daß sie angezogen und nachgelassen werden können, und die Knochen umgeben nebst dem Fleisch und der Haut, welche sie zusammenhält. Da nun die Knochen in ihren Gelenken schweben, so machten die Sehnen, wenn ich sie nachlasse und anziehe, daß ich jetzt imstande sei, meine Glieder zu bewegen, und aus diesem Grunde säße ich jetzt hier mit gebogenen Knien. Ebenso, wenn er von unserm Gespräch andere dergleichen Ursachen anführen wollte, die Töne nämlich und die Luft und das Gehör und tausenderlei dergleichen herbeibringen, ganz vernachlässigend die wahren Ursachen anzuführen, daß nämlich, weil es den Athenern besser gefallen hat mich zu verdammen, deshalb es auch mir besser geschienen hat, hier sitzen zu bleiben und gerechter die Strafe geduldig auszustehen, welche sie angeordnet haben. Denn, beim Hunde, schon lange, glaube ich wenigstens, wären diese Sehnen und Knochen in Megara oder bei den Böotiern durch die Vorstellung des Besseren in Bewegung gesetzt, hätte ich es nicht für gerechter und schöner gehalten, lieber als daß ich fliehen und davongehen sollte, dem Staate die Strafe zu büßen, die er ordnet. Also dergleichen Ursachen zu nennen ist gar zu wunderlich; wenn aber einer sagte, daß, ohne dergleichen zu haben, Sehnen und Knochen und was ich sonst habe, ich nicht imstande sein würde, das auszuführen, was mir gefällt, der würde richtig reden. Daß ich aber deshalb täte, was ich tue, und es insofern mit Vernunft täte, nicht wegen der Wahl des Besten, das wäre doch gar eine große und breite Untauglichkeit der Rede, wenn sie nicht imstande wäre, zu unterscheiden, daß bei einem jeden Dinge etwas anderes ist, die Ursache und etwas anderes jenes, ohne welches die Ursache nicht Ursache sein könnte; und eben dies scheinen mir wie im Dunkeln tappend die meisten mit einem ungehörigen Namen, als wäre es selbst die Ursache, zu benennen. Darum legt dann der eine einen Wirbel um die Erde und läßt sie dadurch unter dem Himmel stehen bleiben, der andere stellt ihr, wie einem breiten Troge, einen Fußschemel, die Luft, unter. Daß sie aber nun so liege, wie es am besten war sie zu legen, die Bedeutung davon suchen sie gar nicht auf und glauben auch gar nicht, daß darin eine besondere höhere Kraft liege, sondern meinen, sie hätten wohl einen Atlas aufgefunden, der stärker wäre und unsterblicher als dieser und alles besser zusammenhielte; das Gute und Richtige aber, glauben sie, könne überall gar nichts verbinden und zusammenhalten. Ich nun wäre, um zu wissen, wie es sich mit dieser Ursache verhält, gar zu gern jedermann Schüler geworden; da es mir aber so gut nicht wurde und ich dies weder selbst zu finden noch von einem andern zu lernen vermochte, willst du, daß ich dir von der zweitbesten Fahrt, wie ich sie durchgeführt habe zur Erforschung der Ursache, eine Beschreibung gebe, o Kebes? – Ganz über die Maßen, sprach er, will ich das. – Es bedünkte mich nämlich nach diesem, da ich aufgegeben, die Dinge zu betrachten, ich müsse mich hüten, daß mir nicht begegne, was denen, welche die Sonnenfinsternis betrachten und anschauen, begegnet. Viele nämlich verderben sich die Augen, wenn sie nicht im Wasser oder sonst worin nur das Bild der Sonne anschauen. So etwas merkte ich auch und befürchtete, ich möchte ganz und gar an der Seele geblendet werden, wenn ich mit den Augen nach den Gegenständen sähe und mit jedem Sinne versuchte, sie zu treffen. Sondern mich dünkt, ich müsse zu den Gedanken meine Zuflucht nehmen und in diesen das wahre Wesen der Dinge anschauen. Doch vielleicht ähnelt das Bild auf gewisse Weise nicht so, wie ich es aufgestellt habe. Denn das möchte ich gar nicht zugeben, daß, wer das Seiende in Gedanken betrachtet, es mehr in Bildern betrachte, als wer in den Dingen. Also dahin wendete ich mich, und indem ich jedesmal von dem Gedanken ausgehe, den ich für den stärksten halte, so setze ich was mir scheint mit diesem übereinzustimmen, als wahr, es mag nun von Ursachen die Rede sein oder von was nur sonst, was aber nicht, als nicht wahr. Ich will dir aber noch deutlicher sagen, wie ich es meine; denn ich glaube, daß du es jetzt nicht verstehst. – Nein, beim Zeus, sagte Kebes, nicht eben sonderlich. – Ich meine es ebenso, fuhr er fort, gar nichts Neues, sondern was ich schon sonst immer und so auch in der eben durchgeführten Rede gar nicht aufgehört habe zu sagen. Ich will nämlich gleich versuchen, dir den Begriff der Ursache aufzuzeigen, womit ich mich beschäftigt habe, und komme wiederum auf jenes Abgedroschene zurück und fange davon an, daß ich voraussetze, es gebe ein Schönes an und für sich und ein Gutes und Großes und so alles andere, woraus, wenn du mir zugibst und einräumst, daß es sei, ich dann hoffe, dir die Ursache zu zeigen und nachzuweisen, daß die Seele unsterblich ist. – So säume nur ja nicht, sprach Kebes, es durchzuführen, als hätte ich dir dies längst zugegeben. – So betrachte denn, fuhr er fort, was daran hängt, ob dir das ebenso vorkommt wie mir. Mir scheint nämlich, wenn irgend etwas anderes schön ist als jenes Selbstschöne, es wegen gar nichts anderem schön sei, als weil es teilhabe an jenem

Schönen und ebenso sage ich von allem. Räumst du die Ursache ein? – Die räume ich ein, sprach er. – Und so verstehe ich denn gar nicht mehr und begreife nicht jene andern gelehrten Gründe; sondern wenn mir jemand sagt, daß irgend etwas schön ist, entweder weil es eine blühende Farbe hat oder Gestalt oder sonst etwas dieser Art, so lasse ich das andere, denn durch alles übrige werde ich nur verwirrt gemacht, und halte mich ganz einfach und kunstlos und vielleicht einfältig bei mir selbst daran, daß nicht anderes es schön macht als eben jenes Schöne, nenne es nun Anwesenheit oder Gemeinschaft, wie nur und woher sie auch komme, denn darüber möchte ich nichts weiter behaupten, sondern nur, daß vermöge des Schönen alle schönen Dinge schön werden. Denn dies dünkt mich das Allersicherste zu antworten, mir und jedem andern; und wenn ich mich daran halte, glaube ich, daß ich gewiß niemals fallen werde, sondern daß es mir und jedem andern sicher ist zu antworten, daß vermöge des Schönen die schönen Dinge schön werden. Oder dünkt dich das nicht auch? – Das dünkt mich. – Also auch vermöge der Größe das Große groß und das Größere größer, und vermöge der Kleinheit das Kleinere kleiner? – Ja. – Also du würdest es auch nicht annehmen, wenn jemand von einem sagen wollte, er sei größer als ein anderer vermöge des Kopfes und der Kleinere vermöge desselben auch kleiner, sondern würdest darauf beharren, daß du gar nichts anderes meinst, als daß alles Größere als ein anderes, nur vermöge der Größe größer ist und wegen sonst nichts, und eben um deswillen, um der Größe willen, und das Kleine vermöge sonst nichts kleiner als der Kleinheit, und eben um deswillen kleiner um der Kleinheit. Und das aus Furcht, glaube ich, daß dir nicht eine andere Rede entgegentrete, wenn du sagtest, einer sei des Kopfes wegen größer oder kleiner, zuerst nämlich, daß wegen des nämlichen das Größere größer sei und das Kleinere kleiner, und dann, daß des Kopfes wegen, der doch selbst klein ist, das Größere größer sei, und daß das doch ein Wunder sei, daß wegen etwas Kleinem einer groß sein soll. Oder würdest du das nicht fürchten? – Da lachte Kebes und sagte: Freilich wohl. – Also, fuhr er fort, daß zehn mehr ist als acht, um zwei, und um dieser Ursache willen es übertreffe, der zwei wegen, und nicht der Vielheit wegen und durch die Vielheit, das würdest du dich fürchten zu sagen. So auch, daß das Zweifüßige größer wäre als das Einfüßige, vermöge der Hälfte und nicht vermöge der Größe? Denn dabei ist doch dieselbe Besorgnis. – Allerdings, antwortete er. – Und wie, wenn eines zu einem hinzugesetzt worden, daß dann die Hinzufügung Ursache sei, daß zwei geworden sind, und wenn eines gespalten worden, dann die Spaltung, würdest du dich nicht scheuen das zu sagen, und vielmehr laut erklären du wüßtest nicht, daß irgendwie anders jegliches werde, als indem es teilnähme an dem eigentümlichen Wesen eines jeglichen, woran es teilhat, und so fändest du gar keine andere Ursache des Zweigewordenseins als eben die Teilnehmung an der Zweiheit, an welcher alles teilnehmen müßte, was zwei sein sollte, so wie an der Einheit, was eins sein sollte? Die Spaltungen aber und Hinzufügungen und andere solche Herrlichkeiten, würdest du die nie liegenlassen und andern anheimstellen, damit zu antworten, die gelehrter sind als du; du selbst aber aus Furcht, wie man sagt, vor deinem eigenen Schatten und deiner Ungeschicktheit, an jener sicheren Voraussetzung dich haltend, immer so antworten? Wenn sich aber einer an die Voraussetzung selbst hielte, würdest du den nicht gehen lassen und nicht eher antworten, bis du, was von ihr abgeleitet wird, betrachtet hättest, ob es miteinander stimmt oder nicht stimmt? Und solltest du dann von jener selbst Rechenschaft geben, würdest du sie nicht auf die gleiche Weise geben, nämlich eine andere Voraussetzung wieder voraussetzend, welche dir eben von den höherliegenden die beste dünkte, bis du auf etwas Befriedigendes kämest, nicht aber untereinandermischend, wie die Streitkünstler bald von dem ersten Grunde reden und bald von dem daraus abgeleiteten, wenn du nämlich irgend etwas, wie es wirklich ist, finden wolltest. Denn jene freilich haben hieran vielleicht gar keinen Gedanken und keine Sorge, sondern sind imstande, wenn sie auch in ihrer Weisheit alles durcheinander rühren, doch noch sich selbst zu gefallen. Gehörst du aber zu den Philosophen, so, denke ich, wirst du es so machen, wie ich sage. – Ganz vollkommen wahr redest du, sagten Simmias und Kebes zugleich.

Echekrates. Beim Zeus, o Phaidon, mit Recht. Denn gar wunderbar einleuchtend scheint mir der Mann dieses gesagt zu haben für jeden, der auch nur ein wenig Vernunft hat.

Phaidon. Allerdings, o Echekrates, und so schien es auch allen Anwesenden.

Echekrates. Und auch uns den Abwesenden, die es jetzt hören. Aber was war nur, was hiernächst gesagt wurde?

Phaidon. Wie ich glaube, nachdem ihm dieses eingeräumt und zugestanden war, daß jeglicher Begriff etwas sei an sich und durch Teilnahme an ihnen die andern Dinge den Beinamen von ihnen erhalten, so fragte er hierauf: Wenn du nun dieses so annimmst, mußt du dann nicht, wenn du behauptest, Simmias sei größer als Sokrates, als Phaidon aber kleiner, sagen, daß in dem Simmias beides sei, Größe und Kleinheit? – Freilich. – Und so gestehst du doch, daß Simmias den Sokrates überragt, damit verhalte es sich nicht in der Tat so, wie es buchstäblich ausgedrückt wird. Denn es ist nicht des Simmias Natur, schon dadurch, daß er Simmias ist, zu überragen, sondern durch die Größe, die er zufällig hat; auch nicht den Sokrates zu überragen deshalb, weil Sokrates Sokrates ist, sondern nur, weil Sokrates Kleinheit hat in bezug auf jenes Größe. – Richtig. – Auch nicht vom Phaidon überragt zu werden deshalb, weil Phaidon Phaidon ist, sondern weil er Größe hat in Vergleich mit Simmias' Kleinheit. – So ist es. – So hat also Simmias den Beinamen klein zu sein und groß, selbst in der Mitte stehend zwischen beiden, indem er vermittelst des Übertreffens durch Größe des einen Kleinheit übertrifft, dem anderen aber Größe zugesteht, welche seine Kleinheit übertrifft. Dabei lächelte er und sagte: Ich werde wohl noch gar wie ein Gerichtschreiber so genau reden; aber es verhält sich denn doch, wie ich sage. – Jener stimmte bei. – Ich sage dies aber, weil ich möchte, du wärest derselben Meinung wie ich. Denn mir leuchtet ein, daß nicht nur die Größe selbst niemals will zugleich groß und klein sein, sondern, daß auch die Größe in uns niemals das Kleine aufnimmt oder will übertroffen werden, sondern eines von beiden, daß sie entweder flieht und aus dem Wege geht, wenn ihr Gegenteil, das Kleine, sich nähert, oder, wenn es da ist, untergeht, niemals aber, bleibend und die Kleinheit aufnehmend, etwas anders sein will, als sie war; so wie ich allerdings, aushaltend und die Kleinheit aufnehmend, derselbige bin, der ich war, und nur ebendieser selbige klein bin. Jene aber hat nicht das Herz, indem sie groß ist, auch klein zu sein. So auch das Kleine in uns will niemals groß werden oder sein; noch auch sonst eins von zwei entgegengesetzten will, dasselbe bleibend was es war, zugleich auch sein Gegenteil werden oder sein, sondern entweder geht es davon, oder es geht unter in dieser Veränderung. – Auf alle Weise, sprach Kebes, leuchtet mir das auch ein. – Da sagte einer von den Anwesenden, wer es aber war, erinnere ich mich nicht mehr genau: Bei den Göttern, war uns nicht in unsern vorigen Reden gerade das Gegenteil von dem, was jetzt gesagt wird, herausgekommen, daß nämlich aus dem Kleineren das Größere werde und aus dem Größeren das Kleinere, und daß gerade dies die Art sei, wie Entgegengesetztes wird aus Entgegengesetztem? Nun aber scheint mir gesagt zu werden, daß das gar nicht möglich ist. – Sokrates hatte sich hingeneigt und zugehört und sagte: Das hast du wacker erinnert, nur bemerkst du nicht den Unterschied zwischen dem jetzt Gesagten und dem damaligen. Damals nämlich wurde gesagt, aus dem entgegengesetzten Dinge werde das entgegengesetzte Ding; jetzt aber, daß das Entgegengesetzte selbst sein Entgegengesetztes niemals werden will, weder das in uns noch das in der Natur. Damals nämlich, o Freund, redeten wir von den Dingen, die das Entgegengesetzte an sich haben, und benannten sie mit den Namen von jenen, jetzt aber von jenen selbst, durch deren Einwohnung die so genannten Dinge ihre Benennung erhalten. Und von diesen selbst behaupten wir doch wohl nicht, daß sie einen Übergang ineinander zulassen. Zugleich sah er den Kebes an und fragte: Hat auch dich vielleicht, o Kebes, irregemacht, was dieser sagte? – Nein, sagte Kebes, so steht es nicht mit mir; wiewohl ich nicht sagen will, daß nicht vieles mich irremacht. – Darüber also sind wir eins geworden, fuhr Sokrates fort, ganz unbedingt, daß das Entgegengesetzte niemals sein Entgegengesetztes sein wird. – Auf alle Weise. – So betrachte denn auch noch dieses, ob du auch darüber mit mir einig sein wirst. Du nennst doch etwas warm und kalt? – Das tue ich. – Etwa dasselbe, was auch Schnee und Feuer? – Nein, beim Zeus, ich nicht. – Sondern etwas anderes als das Feuer ist das Warme und etwas anderes als der Schnee das Kalte? – Ja. – Aber das, denke ich, glaubst du doch, daß niemals der Schnee als Schnee das Warme aufnehmen und, wie wir im vorigen sagten, noch sein wird was er war, Schnee und zugleich warm; sondern, wenn das Warme sich nähert, wird er ihm entweder aus dem Wege gehn oder verschwinden. – Freilich. – Und so das Feuer wiederum, wenn ihm das Kalte naht, wird entweder darunter weggehn oder verschwinden, nie aber das Herz haben, die Kälte aufzunehmen und noch sein zu wollen was es war, Feuer und kalt. – Wohlgesprochen, sagte er. – Diese Bewandtnis also, fuhr er fort, hat es mit einigen Dingen, daß nicht nur der Begriff selbst sich seinen Namen aneignen will für alle Zeit, sondern auch noch etwas anderes, welches zwar nicht er selbst ist, aber doch immer seine Gestalt an sich trägt, solange es ist. Vielleicht wird hieran noch deutlicher werden, was ich meine. Das Ungerade muß doch immer diesen Namen bekommen, den wir jetzt genannt haben; oder nicht? - Allerdings. – Aber dieses allein, denn danach frage ich, oder auch noch etwas anderes, welches zwar nicht das Ungerade selbst ist, aber, was man doch immer auch mit dem Namen desselben nennen muß, weil es so geartet ist, daß es das Ungerade nie kann fahrenlassen? Ich meine damit das, was auch der Dreiheit begegnet und noch vielen anderen. Denn überlege dir nur wegen der Drei, glaubst du nicht, daß sie immer muß sowohl mit ihrem Namen genannt werden als mit dem des Ungeraden, ohnerachtet dieses nicht dasselbe ist wie die Dreiheit; aber dennoch ist dies die natürliche Beschaffenheit der Drei und der Fünf und überhaupt der einen ganzen Hälfte der Zahl, daß, ohnerachtet sie nicht dasselbe ist wie das Ungerade, doch jede von ihnen ungerade ist. Und wiederum die Zwei und die Vier und die andere Reihe der Zahlen ist nicht dasselbe wie das Gerade, aber doch ist jede von ihnen immer gerade. Gibst du das zu oder nicht? – Wie sollte ich nicht, sprach er. – So siehe nun zu, was ich eigentlich deutlich machen will. Es ist nämlich dieses, daß nicht nur jenes Entgegengesetzte selbst sich einander nicht annimmt; sondern auch alles das, was einander eigentlich nicht entgegengesetzt ist, doch aber das Entgegengesetzte immer in sich hat, auch dieses scheint jene Idee nicht annehmen zu wollen, die der in ihm wohnenden entgegengesetzt ist, sondern, wenn sie kommt, entweder unterzugehn oder sich davonzumachen. Oder wollen wir nicht sagen, die Drei werde eher untergehen und sich alles andere gefallen lassen als aushalten Drei zu sein und zugleich gerade zu werden? – Allerdings, sagte Kebes. – Nun ist doch die Zwei der Drei nicht entgegengesetzt. – Freilich nicht. –

Also nicht nur die entgegengesetzten Begriffe lassen einander nicht zu, sondern auch noch einiges andere läßt das Entgegengesetzte nicht an sich kommen. – Vollkommen richtig, sprach er, redest du. – Sollen wir nun, fuhr jener fort, wenn wir es können, bestimmen, welcherlei diese sind? – Wohl. – Werden es nun nicht diejenigen sein, o Kebes, welche dasjenige, wovon sie Besitz nehmen, nicht nur nötigen, ihre eigene Idee immer festzuhalten, sondern auch immer die eines gewissen Entgegengesetzten? – Wie meinst du das? – Wie wir eben sagten. Denn du weißt doch, alles, wovon die Idee der Dreiheit Besitz nimmt, ist notwendig nicht nur Drei, sondern auch ungerade? – Freilich. – Zu einem solchen nun, sagen wir, kann die Idee, welche der Form entgegengesetzt ist, die dies bewirkt, niemals kommen? – Freilich nicht. – Bewirkt hat dies aber die Form des Ungeraden. – Ja. – Und entgegengesetzt dieser ist die des Geraden? – Ja. – Also kann zu Gedrittem niemals die Form des Geraden kommen. – Offenbar nicht. – Ohne allen Anteil an dem Geraden ist also das Gedritte? – Ohne Anteil. – Also ist die Drei ungerade? – Ja. – Was ich also bestimmen wollte, welche Dinge nämlich, ohne einem gewissen entgegengesetzt zu sein, doch dessen Gegenteil nicht annehmen, wie jetzt die Drei dem Geraden nicht entgegengesetzt ist, es aber demohnerachtet doch nicht aufnimmt; denn immer bringt sein Gegenteil mit, sowohl die Zwei dem Ungeraden, als das Feuer dem Kalten und vieles andere; dieses nun siehe zu, ob du es wohl so bestimmst, daß nicht nur ein Entgegengesetztes das andere nicht aufnimmt, sondern auch, wenn etwas allem, woran es sich macht, den einen Gegensatz zubringt, so kann eben dieses Zubringende den Gegensatz des Zugebrachten niemals annehmen. Rufe es dir nur noch einmal zurück, denn es ist nicht übel, es oft zu hören. Die Fünf wird nie die Form des Geraden annehmen, noch die Zehn die des Ungeraden als das Zwiefache. Auch dieses selbst ist einem andern entgegengesetzt, aber dennoch nimmt es die Form des Ungeraden nicht an. Ebensowenig das Anderthalbe und alles dergleichen als Halbes die des Ganzen, oder das Dritteil und alles dergleichen, wenn du folgst und einstimmst. – Gar sehr, sprach er, stimme ich ein und folge auch. – So sage mir denn, sprach er, noch einmal von Anfang an und antworte mir, nicht gerade das, was ich frage, sondern mich nachahmend ein anderes. Ich sage das nämlich, weil ich außer jener vorher gegebenen sicheren Antwort vermittelst des jetzt Gesagten noch eine andere Sicherheit absehe. Denn wenn du mich fragtest, wenn was doch dem Leibe einwohnt, wird dieser warm sein: so würde ich dir nicht jene einfältige sichere Antwort geben, wenn Wärme; sondern eine feinere, vermöge des jetzt Gesagten, nämlich, wenn Feuer. Noch auch, wenn du fragtest, welchem Leibe was doch einwohnt, der wird krank sein, werde ich sprechen, welchem Krankheit, sondern welchem Fieber. Noch auch, wenn was doch einer Zahl einwohnt, wird sie ungerade sein, werde ich antworten, wenn Ungeradigkeit, sondern wenn Einheit, und so überall. Siehe nun zu, ob du schon zur Genüge verstehst, was ich will. – Vollkommen zur Genüge, sagte er. – Antworte also, sprach er, wenn was doch dem Leibe einwohnt, wird er lebend sein? – Wenn Seele, antwortete er. – Und verhält sich dies auch immer so? – Wie sollte es nicht? sagte er. – Die Seele also, wessen sie sich bemächtigt, dem bringt sie immer Leben mit. – Das tut sie freilich. – Ist nun wohl etwas dem Leben entgegengesetzt oder nichts? – Es ist. – Und was? – Der Tod. – Also wird wohl die Seele das Gegenteil dessen, was sie immer mitbringt, nie annehmen, wie wir aus dem vorigen festgesetzt haben. – Und gar sehr festgesetzt. – Wie nun? was die Idee des Geraden nie aufnimmt, wie nannten wir das eben? – Ungerade. – Und was das Gerechte nie annimmt und das Künstlerische nie annimmt? – Unkünstlerisch, sprach er, und jenes ungerecht. – Wohl. Und was den Tod nie annimmt, wie nennen wir das? – Unsterblich, sagte er. – Und die Seele nimmt doch den Tod nie an? – Nein. – Unsterblich also ist die Seele? – Unsterblich. – Wohl, sprach er. Wollen wir also sagen, dies sei erwiesen, oder wie dünkt dich? – Und zwar ganz vollständig, o Sokrates. – Wie nun, sprach er, o Kebes; wenn das Ungerade notwendig unvergänglich wäre, würde dann die Drei nicht auch unvergänglich sein? – Wie sollte sie nicht? – Und nicht wahr, wenn auch das Unwarme notwendig unvergänglich wäre, so müßte, wenn jemand an den Schnee Wärme brächte, der Schnee sich davonmachen, aber wohlbehalten und ungeschmolzen? Denn vergehen könnte er ja nicht, aber auch nicht bleiben und die Wärme aufnehmen. – Wohlgesprochen, sagte er. – Und ebenso, denke ich, wenn das Unkalte unvergänglich wäre und jemand an das Feuer Kaltes brächte, so würde es nicht verlöschen und auch nicht vergehen, sondern nur wohlbehalten sich entfernen. – Notwendig. – Muß man nun nicht eben so auch von dem Unsterblichen sagen, daß, wenn das Unsterbliche auch unvergänglich ist, die Seele unmöglich, wenn der Tod an sie kommt, untergehen kann. Denn der Tod, vermöge des Vorhergesagten, kann sie nicht annehmen und gestorben sein, wie die Drei niemals kann gerade sein, ebensowenig als das Ungerade selbst, noch auch das Feuer kalt, ebensowenig als die Wärme in dem Feuer. Aber was hindert, könnte jemand sagen, daß das Ungerade zwar niemals gerade wird, wenn das Gerade ihm ankommt, wie auch eingestanden ist, aber wohl, daß es umkommt und statt seiner uns ein Gerades entsteht? Wer nun das sagte, dem könnten wir nicht abstreiten, daß es nicht umkomme. Denn das Ungerade ist nicht unvergänglich. Wenn aber dies erst eingestanden wäre, dann könnten wir leicht durchfechten, daß, wenn das Gerade kommt, das Ungerade und die Drei nur davongehn, und vom Feuer und dem Warmen und allem andern würden wir es ebenso durchfechten. Oder nicht? – Gewiß. – Nicht so auch jetzt von dem Unsterblichen, wenn uns nur erst eingestanden wäre, daß es zugleich auch unvergänglich ist, wäre uns die Seele außerdem daß sie unsterblich ist auch unvergänglich; wo aber nicht, so müßte man es anders anfangen. – Dessen bedarf es nun wohl nicht, sprach er, was mich betrifft. Denn gute Wege hätte es, daß irgend etwas sich dem Untergang entziehen könnte, wenn auch das Unsterbliche und immer Seiende den Untergang annähme. – Gott wenigstens, sprach Sokrates, und die Idee des Lebens selbst wird wohl, wenn überhaupt etwas unsterblich ist, von jedem eingestanden werden, daß es niemals untergehe. – Beim Zeus, sagte er, von jedem Menschen ja schon, und noch mehr, denke ich, von den Göttern. – Wenn also das Unsterbliche auch unvergänglich ist, wäre dann nicht die Seele, wenn sie doch unsterblich ist, zugleich auch unvergänglich? – Ganz notwendig. – Tritt also der Tod den Menschen an, so stirbt, wie es scheint, das Sterbliche an ihm, das Unsterbliche aber und Unvergängliche zieht wohlbehalten ab, dem Tode aus dem Wege. – Das leuchtet ein. – Ganz sicher also, o Kebes, ist die Seele unsterblich und unvergänglich, und in Wahrheit werden unsere Seelen sein in der Unterwelt. – Ich wenigstens, o Sokrates, sagte er, vermag weder etwas anderes hiegegen vorzubringen, noch deinen Reden den Glauben zu versagen; weiß aber unser Simmias oder sonst ein anderer etwas, so wird es wohlgetan sein, es nicht zu verschweigen. Denn ich wüßte nicht, auf welche andere Gelegenheit als die jetzt noch vorhandene es jemand verschieben könnte, der etwas über diese Gegenstände sagen oder hören will. – Allerdings, sagte Simmias, weiß auch ich nicht, wie ich nicht beistimmen soll, dem Gesagten zufolge; jedoch wegen der Größe der Gegenstände, worauf die Reden sich beziehen, und wie ich auf die menschliche Schwachheit wenig halte, bin ich gedrungen, bei mir selbst noch einen Unglauben zu behalten über das Gesagte. – Nicht nur das, o Simmias, sagte Sokrates, sondern wie du hierin ganz recht gesprochen hast, müßt ihr auch in alle Wege unsere ersten Voraussetzungen, wenn sie euch auch zuverlässig sind, doch noch genauer in Erwägung ziehen; und wenn ihr sie euch befriedigend auseinandergesetzt habt, dann, denke ich, werdet ihr auch der Rede folgen, soweit nur irgendein Mensch sie verfolgen kann. Und wenn eben dieses gewiß geworden ist, dann werdet ihr nichts weiter suchen. – Vollkommen richtig. – Und so ist denn dieses, ihr Männer, wohl wert, bemerkt zu werden, daß, wenn die Seele unsterblich ist, sie auch der Sorgfalt bedarf, nicht für diese Zeit allein, welche wir das Leben nennen, sondern für die ganze Zeit, und das Wagnis zeigt sich nun eben erst recht furchtbar, wenn jemand sie vernachlässigen wollte. Denn wenn der Tod eine Erledigung von allem wäre, so wäre es ein Fund für die Schlechten, wenn sie sterben, ihren Leib loszuwerden, aber auch ihre Schlechtigkeit mit der Seele zugleich. Nun aber diese sich als unsterblich zeigt, kann es ja für sie keine Sicherheit vor dem Übel geben und kein Heil, als nur, wenn sie so gut und vernünftig geworden ist als möglich. Denn nichts anderes kann sie doch mit sich haben, wenn sie in die Unterwelt kommt, als nur ihre Bildung und Nahrung, die ihr ja auch, wie man sagt, gleich so, wie sie gestorben ist, den größten Nutzen oder Schaden bringt, gleich am Anfang der Wanderung dorthin. Denn man sagt ja, daß jeden Gestorbenen sein Dämon, der ihn schon lebend zu besorgen hatte, dieser ihn auch dann an einen Ort zu führen sucht, von wo aus mehrere zusammen, nachdem sie gerichtet sind, in die Unterwelt gehen mit jenem Führer, dem es aufgetragen ist, die von hier dorthin zu führen. Nachdem ihnen dann dort geworden, was ihnen gebührt, und sie die gehörige Zeit dageblieben, bringt ein anderer Führer sie wieder von dort hierher zurück nach vielen und großen Zeitabschnitten. Und diese Reise ist wohl nicht so, wie der Telephos des Aischylos sie beschreibt. Denn jener sagt, es führe nur ein einfacher Fußsteig in die Unterwelt; ich aber glaube, daß es weder einer ist noch ein einfacher. Sonst würde es ja keines Führers bedürfen, denn nirgendshin kann man ja fehlen, wo nur ein Weg geht. Nun aber mag er sich wohl oftmals teilen und winden. Dies schließe ich aus dem, was bei uns als heilige Feier eingeführt und gebräuchlich ist. Die sittige und vernünftige Seele nun folgt und verkennt nicht, was ihr widerfährt; die aber begehrlich an dem Leibe sich hält, wie ich auch vorher sagte, drängt sich lange Zeit immer um ihn herum und in dem sichtbaren Ort umher, und nach vielem Sträuben und vielen Versuchen wird sie endlich mit Mühe und gewaltsam von dem angeordneten Dämon abgeführt. Kommt sie nun dahin, wo auch die andern sich befinden, so wird der unreinen und die etwas dergleichen verübt hat, habe sie sich nun mit ungerechtem Morde befaßt oder anderes dergleichen begangen, was dem verschwistert und verschwisterter Seelen Werk ist, diese meidet jeder und weicht ihr aus und will weder ihr Reisegefährte, noch ihr Führer werden; sie aber irrt in gänzlicher Unsicherheit befangen, bis gewisse Zeiten um sind, nach deren Verlauf die Notwendigkeit sie in die ihr angemessene Wohnung bringt. Die aber rein und mäßig ihr Leben verbracht und Götter zu Reisegefährten und Führern bekommen hat, bewohnt jede den ihr gebührenden Ort. Es hat aber die Erde viele und wunderbare Orte und ist weder an Größe noch Beschaffenheit so, wie von denen, die über die Erde zu reden pflegen, geglaubt wird, nach dem, was mir einer glaublich gemacht hat. – Darauf sagte Simmias: Wie meinst du das, o Sokrates? Denn über die Erde habe ich auch schon vielerlei gehört, wohl aber nicht das, was befriedigt; darum möchte ich es gern hören. – Das ist ja wohl keine große Kunst, o Simmias, sagte er, zu erzählen, was ist; aber freilich, daß es so wahr ist, das möchte wieder schwerer sein als schwer; und teils möchte ich es vielleicht nicht können, teils auch, wenn ich es verstände, möchte doch mein Leben wenigstens, o Simmias, für die Größe der Sache nicht mehr hinreichen. Doch die Gestalt der Erde, wie ich belehrt bin, daß sie sei, und ihre verschiedenen Orte hindert mich nichts zu beschreiben. – Auch das, sprach Simmias, soll uns genug sein. – Zuerst also bin ich belehrt worden, daß, wenn sie rund inmitten des Himmels steht, sie weder Luft brauche, um nicht zu fallen, noch irgendeinen andern solchen Grund, sondern, um sie zu halten, sei hinreichend die durchgängige Einerleiheit des Himmels und das Gleichgewicht der Erde selbst. Denn ein im Gleichgewicht befindliches Ding, in die Mitte eines anderen solchen gesetzt, wird keinen Grund haben, sich irgendwohin mehr oder weniger zu neigen, und daher wird es in der nämlichen Lage ohne Neigung bleiben. Dieses, sagte er, habe ich zuerst angenommen. – Und sehr mit Recht, sprach Simmias. – Dann auch, daß sie sehr groß sei und da wir, die vom Phasis bis an die Säulen des Herakles reichen, nur an einem sehr kleinen Teile, wie Ameisen oder Frösche um einen Sumpf, so wir um das Meer herum wohnen, viele andere aber anderwärts an vielen solchen Orten. Denn es gebe überall um die Erde her viele Höhlungen und mannigfaltige von Gestalt und Größe, in welchen Wasser und Nebel und Luft zusammengeflossen sind, die Erde selbst aber liege rein in dem reinen Himmel, an welchem auch die Sterne sind, und den die meisten, welche über dergleichen zu reden pflegen, Äther nennen, dessen Bodensatz nun eben dieses ist und immer in den Höhlungen der Erde zusammenfließt. Wir nun merkten es nicht, daß wir nur in diesen Höhlungen der Erde wohnten, und glaubten, oben auf der Erde zu wohnen, wie wenn ein mitten im Grunde der See Wohnender glaubte, oben an dem Meere zu wohnen, und weil er durch das Wasser die Sonne und die andern Sterne sähe, das Meer für den Himmel hielte, aus Trägheit aber und Schwachheit niemals bis an den Saum des Meeres gekommen wäre, noch über das Meer aufgetaucht und hervorgekrochen, um diesen Ort zu schauen, wieviel reiner und schöner er ist als der bei ihm, noch auch von einem andern, der ihn gesehen, dies gehört hätte; geradeso erginge es auch uns. Denn wir wohnten in irgendeiner Höhlung der Erde und glaubten, oben darauf zu wohnen, und nennten die Luft Himmel, als ob diese der Himmel wäre, durch welchen die Sterne wandeln. Damit aber sei es geradeso, daß wir aus Trägheit und Schwachheit nicht vermöchten hervorzukommen bis an den äußersten Saum der Luft. Denn wenn jemand zur Grenze der Luft gelangte oder Flügel bekäme und hinaufflöge, so würde er dann hervortauchen und sehen, wie hier die Fische, wenn sie einmal aus dem Meer heraustauchen, was hier ist, sehen, so würde dann ein solcher auch das Dortige sehen und, wenn seine Natur die Betrachtung auszuhalten vermöchte, dann erkennen, daß jenes der wahre Himmel ist und das wahre Licht und die wahre Erde. Denn die Erde hier bei uns und die Steine und der ganze Ort hier ist zerfressen und verwittert, wie, was im Meere liegt, vom Salz angefressen ist und nichts der Rede Wertes im Meere wächst, noch es irgend etwas Vollkommenes darin gibt, sondern nur Klüfte und Sand und unendlichen Kot und Schlamm, wo es noch Erde gibt, und nichts, was mit unsern Schönheiten könnte verglichen werden; jenes aber würde wiederum noch weit vorzüglicher sich zeigen vor dem unsrigen. Und darf man wohl eine schöne Erzählung vorbringen, Simmias, so lohnt es wohl, zu hören, wie das auf der Erde unter dem Himmel beschaffen ist. – Gewiß, sprach Simmias, werden wir diese Erzählung gern hören, o Sokrates. – Man sagt also zuerst, o Freund, diese Erde sei so anzusehen, wenn sie jemand von oben herab betrachtete, wie die zwölfteiligen ledernen Bälle, in so bunte Farben geteilt, von denen unsere Farben hier gleichsam Proben sind, alle die, deren sich die Maler bedienen. Dort aber bestehe die ganze Erde aus solchen und noch weit glänzenderen und reineren als diese. Denn ein Teil sei purpurrot und wunderbar schön, ein anderer goldfarbig, ein anderer weiß, aber viel weißer als Alabaster oder Schnee, und ebenso aus jeder anderen Farbe bestehe einer und aus noch mehreren und schöneren, als wir gesehen haben. Denn selbst die Höhlungen der Erde, welche mit Wasser und Luft angefüllt sind, bilden eine eigene Art von Farbe, welche in der Vermischung aller anderen Farben glänzt, so daß sie ganz und gar als ein ununterbrochenes Bunt erscheint. Auf dieser so beschaffenen nun wachsen verhältnismäßig ebensolche Gewächse, Bäume, Blumen und Früchte. Ebenso haben auch die Gebirge und die Steine nach demselben Verhältnis ihre Vollendung und Durchsichtigkeit und schönere Farben, von denen aber auch unsere so sehr gesuchten Steinchen hier Teile sind, die Karneole und Jaspisse und Smaragden und alle dergleichen; dort aber sei nichts, was nicht so wäre und noch schöner als diese. Die Ursache hiervon aber sei, daß jene Steine rein sind und nicht angefressen, noch verwittert, wie die hiesigen von Fäulnis und Schärfe alles dessen, was hier zusammenfließt und Steinen und Erden und allen Gewächsen und Tieren Entstellungen und Krankheiten verursacht. Die Erde also sei mit alle diesem geschmückt und außerdem noch mit Gold und Silber und dem übrigen der Art, welches glänzend dort zu finden sei und in großer Menge wachse und überall auf der Erde, so daß sie zu schauen ein beseligendes Schauspiel sei. Tiere aber gebe es auf ihr vielerlei und auch Menschen, welche teils mitten im Lande wohnen, teils so um die Luft herum, wie wir um das Meer herum, teils auch auf luftumflossenen Inseln um das feste Land her. Und mit einem Worte, was uns Wasser und Meer ist für unsere Bedürfnisse, das sei jenen dort die Luft, und was uns die Luft, das jenen der Äther. Und die Witterung habe eine solche Mischung bei ihnen, daß sie ohne Krankheit wären und weit längere Zeit lebten als die hiesigen, und ihr Gesicht, Gehör, Geruch und was dahin gehört von dem unsrigen in demselben Maß abstände, wie die Luft vom Wasser absteht und der Äther von der Luft in Absicht der Reinheit. Auch haben sie weiter Tempel und Heiligtümer für die Götter, in denen aber die Götter wahrhaft wohnen, und Stimmen, Weissagungen, Erscheinungen der Götter und mehr dergleichen Verkehr mit ihnen; und Sonne, Mond und Sterne sähen sie, wie sie wirklich sind, und dem sei auch ihre übrige Glückseligkeit gemäß. So demnach sei die ganze Erde geartet, und was sie umgibt; rund umher auf ihr aber gebe es nach Maßgabe ihrer Höhlung viele Orte, einige tiefer und weiter geöffnet als der, in welchem wir wohnen, andere wiederum tiefer, aber mit einer engeren Öffnung als die unser Ort hat; und welche sind wohl auch flacher und dabei doch breiter als der hiesige. Alle diese nun wären unter der Erde vielfältig gegeneinander durchgebohrt, enger und weiter, so daß sie Durchgänge haben unter sich, durch welche denn vieles Wasser aus einem in den andern fließt, wie in Becher, und daß es unversiegliche Ströme von unübersehbarer Größe unter der Erde gebe von warmen Wassern und kalten und vieles Feuer und große Ströme von Feuer, viele auch von feuchtem Schlamm, teils reinerem teils schmutzigerem, wie in Sikelien die vor dem Feuerstrome sich ergießenden Ströme von Schlamm und der Feuerstrom selbst, von denen denn alle Örter erfüllt werden, je nachdem jedesmal jeder seinen Umlauf nimmt. Und dieses alles bewege hinauf und hinunter gleichsam eine in der Erde befindliche Schaukel; diese Schaukel aber bestehe durch folgende Einrichtung ungefähr. Einer nämlich von diesen Erdspalten ist auch sonst der größte und quer durch die ganze Erde gebohrt. Dieser ist nun, wie Homeros davon singt, »ferne, wo tief sich öffnet der Abgrund unter der Erde«, derselbe, den anderwärts er und auch sonst viele andere Dichter den Tartaros genannt haben. In diesen Spalt nun strömen alle diese Flüsse zusammen und strömen auch wieder von ihm aus; und alle werden so wie der Boden, durch welchen sie strömen. Die Ursache aber, warum alle Ströme von hier ausfließen und auch wieder hinein, ist, daß diese Flüssigkeit keinen Boden hat und keinen Grund. Daher schwebt sie und wogt immer auf und ab, und die Luft und der Hauch um sie her tut dasselbe. Denn dieser begleitet sie, sowohl wenn sie in die jenseitigen Gegenden der Erde strömt, als wenn in die diesseitigen. Und so wie der Hauch der Atmenden in beständiger Bewegung immer einströmt und ausströmt, so auch dort bildet der mit der Flüssigkeit wogende Hauch heftige und gewaltige Winde sowohl im Hineingehen als im Herausgehen. Wenn nun strömend das Wasser nach der Gegend hin ausweicht, welche unten genannt wird, so fließt es in das Gebiet der dortigen Ströme und füllt es an wie beim Pumpen. Wenn es aber von dort wiederum sich wegzieht und hierher strömt, so erfüllt es dann die hiesigen. Diese, wenn sie erfüllt sind, strömen durch die Kanäle und durch die Erde; und wenn sie jeder in die Gegenden kommen, wohin sie jedesmal geleitet werden, so bilden sie Meere und Seen und Flüsse und Quellen. Von da tauchen sie nun wieder unter die Erde und, teils längere und mehrere Gegenden durchziehend, teils wenigere und kürzere, ergießen sie sich alle wieder in den Tartaros, einige viel weiter unten, als wo sie ausgepumpt wurden, andere nicht soviel, aber unterhalb ihres Ausflusses fließen sie alle ein; und einige strömen wieder aus, gerade gegenüber der Stelle, wo sie eingeflossen sind, andere auf der nämlichen Seite. Ja, es gibt auch welche, die im Kreise herumziehen, ein oder mehrere Male sich um die Erde winden wie Schlangen und dann möglichst tief gesenkt sich wieder hinein ergießen. Möglich ist aber von beiden Seiten nur, sich bis zur Mitte herabsenken, weiter nicht. Denn für beiderlei Ströme geht das jenseitige wiederum aufwärts. So gibt es nun gar viele andere große und verschiedene Ströme, unter diesen vielen aber gibt es vorzüglich vier, von denen der größte und der am äußersten rundherum fließende der sogenannte Okeanos ist; diesem gegenüber und in entgegengesetzter Richtung fließend, ist der Acheron, welcher durch viele andere wüste Gegenden fließt, vorzüglich aber auch unter der Erde fortfließend in den Acherusischen See kommt, wohin auch der meisten Verstorbenen Seelen gelangen, und nachdem sie gewisse bestimmte Zeiten dort geblieben, einige länger, andere kürzer, dann wieder ausgesendet werden zu den Erzeugungen der Lebendigen. Der dritte Fluß strömt aus zwischen diesen beiden und ergießt sich unweit seiner Quelle in eine weite mit einem gewaltigen Feuer brennende Gegend, wo er einen See bildet, größer als unser Meer, und siedend von Wasser und Schlamm. Von hier aus bewegt er sich dann im Kreise herum trübe und schlammig, und indem er sich um die Erde herumwälzt, kommt er nächst andern Orten auch an die Grenzen des Acherusischen Sees, jedoch ohne daß ihre Gewässer sich vermischten. Und nachdem er sich oftmals unter der Erde umhergewälzt, ergießt er sich zu allerunterst in den Tartaros. Dies ist der, den man Pyriphlegethon nennt, von welchem auch die feuerspeienden Berge, wo sich deren auf der Erde finden, kleine Teilchen heraufblasen. Diesem wiederum gegenüber strömt der vierte aus, zuerst in eine furchtbare und wilde Gegend, wie man sagt, und die von Farbe ganz und gar dunkelblau ist, welche sie die stygische nennen, und den See, welchen der Fluß bildet, den Styx. Nachdem sich dieser nun hier hineinbegeben und gewaltige Kräfte aufgenommen in sein Wasser, geht er unter die Erde, wälzt sich herum, kommt dem Pyriphlegethon gegenüber wieder hervor und trifft auf den Acherusischen See an der gegenüberliegenden Seite. Und auch dieser vermischt sein Wasser mit keinem andern, sondern geht ebenfalls im Kreise herum und ergießt sich wieder in den Tartaros gegenüber dem Pyriphlegethon. Sein Name aber heißt, wie die Dichter sagen, Kokytos. Da nun dieses so ist, so werden, sobald die Verstorbenen an dem Orte angelangt sind, wohin der Dämon jeden bringt, zuerst diejenigen ausgesondert, welche schön und heilig gelebt haben, und welche nicht. Die nun dafür erkannt werden, einen mittelmäßigen Wandel geführt zu haben, begeben sich auf den Acheron, besteigen die Fahrzeuge, die es da für die gibt, und gelangen auf diesen zu dem See. Hier wohnen sie und reinigen sich, büßen ihre Vergehungen ab, wenn einer sich wie vergangen hat, und werden losgesprochen, wie sie auch ebenso für ihre guten Taten den Lohn erlangen, jeglicher nach Verdienst. Deren Zustand aber für unheilbar erkannt wird wegen der Größe ihrer Vergehungen, weil sie häufigen und bedeutenden Raub an den Heiligtümern begangen oder viele ungerechte und gesetzwidrige Mordtaten vollbracht, oder anderes, was dem verwandt ist, diese wirft ihr gebührendes Geschick in den Tartaros, aus dem sie nie wieder heraussteigen. Die hingegen heilbare zwar, aber doch große Vergehungen begangen zu haben erfunden werden, wie die gegen Vater oder Mutter im Zorn etwas Gewalttätiges ausgeübt, oder die auf diese oder andere Weise Mörder geworden sind, diese müssen zwar auch in den Tartaros stürzen, aber wenn sie hineingestürzt und ein Jahr darin gewesen sind, wirft die Welle sie wieder aus, die Mörder auf der Seite des Kokytos, die aber gegen Vater und Mutter sich versündigt, auf der des Pyriphlegethon. Wenn sie nun auf diesen fortgetrieben an den Acherusischen See kommen, so schreien sie da und rufen die, welche von ihnen getötet worden sind oder frevelhaft behandelt. Haben sie sie nun herbeigerufen, so flehen sie und bitten, sie möchten sie lassen in den See aussteigen und sie dort aufnehmen. Wenn sie sie nun überreden, so steigen sie aus, und ihre Übel sind am Ende; wo nicht, so werden sie wieder in den Tartaros getrieben, und aus diesem wieder in die Flüsse, und so hört es nicht auf, ihnen zu ergehen, bis sie diejenigen überreden, welchen sie unrecht getan haben; denn diese Strafe ist ihnen von den Richtern angeordnet. Die aber ausgezeichnete Fortschritte in heiligem Leben gemacht zu haben erfunden werden, dies endlich sind diejenigen, welche, von allen diesen Orten im Innern der Erde befreit und losgesprochen von allem Gefängnis, hinauf in die reine Behausung gelangen und auf der Erde wohnhaft werden. Welche nun unter diesen durch Weisheitsliebe sich schon gehörig gereinigt haben, diese leben für alle künftigen Zeiten gänzlich ohne Leiber und kommen in noch schönere Wohnungen als diese, welche weder leicht wären zu beschreiben, noch würde die Zeit für diesmal zureichen. Aber schon um deswillen, was wir jetzt auseinandergesetzt haben, o Simmias, muß man jawohl alles tun, um der Tugend und Vernunft im Leben teilhaftig zu werden. Denn schön ist der Preis und die Hoffnung groß.

Daß sich nun dies alles gerade so verhalte, wie ich es auseinandergesetzt, das ziemt wohl einem vernünftigen Mann nicht zu behaupten; daß es jedoch, sei es nun diese oder eine ähnliche Bewandtnis haben muß mit unsern Seelen und ihren Wohnungen, wenn doch die Seele offenbar etwas Unsterbliches ist, dies, dünkt mich, zieme sich gar wohl und lohne auch, es darauf zu wagen, daß man glaube, es verhalte sich so. Denn es ist ein schönes Wagnis, und man muß mit solcherlei gleichsam sich selbst besprechen. Darum spinne ich auch schon so lange an der Erzählung. Also um deswillen muß ein Mann gutes Mutes sein seiner Seele wegen, der im Leben die andern Lüste, die es mit dem Leibe zu tun haben, und dessen Schmuck und Pflege hat fahren gelassen, als etwas ihn selbst nicht Angehendes und wodurch er nur Übel ärger zu machen befürchtete, jener Lust hingegen an der Forschung nachgestrebt und seine Seele geschmückt hat nicht mit fremdem, sondern mit dem ihr eigentümlichen Schmuck, Besonnenheit, Gerechtigkeit, Tapferkeit, Edelmut und Wahrheit, so seine Fahrt nach der Unterwelt erwartend, um sie anzutreten, sobald das Schicksal rufen wird. – Ihr nun, setzte er hinzu, o Simmias und Kebes und ihr übrigen, werdet ein andermal jeder zu seiner Zeit abgehen; mich aber ruft jetzt schon, würde ein tragischer Mann sagen, das Geschick, und es ist wohl beinahe Zeit, sich nach dem Bade umzusehen. Denn es dünkt mich doch besser zu baden, ehe ich den Trank nehme, und nicht hernach den Weibern Mühe zu machen mit dem Waschen des Leichnams.

Als er dieses gesagt, sprach Kriton: Wohl, o Sokrates! Was trägst du aber diesen auf oder mir deiner Kinder wegen, oder was wir sonst irgend dir noch recht zu Dank machen könnten, wenn wir es täten? – Was ich immer sage, sprach er, o Kriton, nichts Besonderes weiter, daß nämlich, wenn ihr euer selbst recht wahrnehmt, ihr mir und den Meinigen und euch selbst alles zu Dank machen werdet, was ihr nur tut, und wenn ihr es auch jetzt nicht versprecht; wenn ihr aber euch selbst vernachlässigt und nicht wollt gleichsam den Spuren des jetzt und sonst schon Gesagten nachgehen im Leben, ihr dann, wenn ihr jetzt noch so vieles und noch so heilig versprächet, doch nichts weiter damit ausrichten werdet. – Dieses also wollen wir uns bestreben, so zu machen, sagte Kriton. Aber auf welche Weise sollen wir dich begraben? – Wie ihr wollt, sprach er, wenn ihr mich nur wirklich haben werdet und ich euch nicht entwischt bin. Dabei lächelte er ganz ruhig und sagte, indem er uns ansah: Diesen Kriton, ihr Männer, überzeuge ich nicht, daß ich der Sokrates bin, dieser, der jetzt mit euch redet und euch das Gesagte einzeln vorlegt, sondern er glaubt, ich sei jener, den er nun bald tot sehen wird, und fragt mich deshalb, wie er mich begraben soll. Daß ich aber schon so lange eine große Rede darüber gehalten habe, daß, wenn ich den Trank genommen habe, ich dann nicht länger bei euch bleiben, sondern fortgehen werde zu irgendwelchen Herrlichkeiten der Seligen, das, meint er wohl, sage ich alles nur so, um euch zu beruhigen und mich mit. So legt ihr denn eine Bürgschaft für mich ein beim Kriton, und zwar eine ganz entgegengesetzte, als er bei den Richtern eingelegt hat. Denn er hat sich verbürgt, ich würde ganz gewiß bleiben, ihr aber verbürgt euch dafür, daß ich ganz gewiß nicht bleiben werde, wenn ich tot bin, sondern abziehen und fort sein, damit Kriton es leichter trage und, wenn er meinen Leib verbrennen oder begraben sieht, sich nicht ereifere meinetwegen, als ob mir Arges begegne; und damit er nicht beim Begräbnis sage, er stelle den Sokrates aus oder trage ihn heraus oder begrabe ihn. Denn wisse nur, sagte er, o bester Kriton, sich unschön ausdrücken, ist nicht nur eben insofern sündlich, sondern bildet auch etwas Böses ein in die Seele. Sondern du mußt mutig sein und sagen, daß du meinen Leib begräbst, und diesen begrabe nur, wie es dir eben recht ist, und wie du es am meisten für schicklich hältst. – Dieses gesagt, stand er auf und ging in ein Gemach, um zu baden, und Kriton begleitete ihn, uns aber hieß er dableiben. Wir blieben also und redeten untereinander über das Gesagte und überdachten es noch einmal; dann aber auch klagten wir wieder über das Unglück, welches uns getroffen hätte, ganz darüber einig, daß wir nun gleichsam des Vaters beraubt als Waisen das übrige Leben hinbringen würden. Nachdem er nun gebadet und man seine Kinder zu ihm gebracht hatte – er hatte nämlich zwei kleine Söhne und einen größern – und die ihm angehörigen Frauen gekommen waren, sprach er mit ihnen in Kritons Beisein, und nachdem er ihnen aufgetragen, was er wollte, hieß er die Weiber und Kinder wieder gehen, er aber kam zu uns. Und es war schon nahe am Untergange der Sonne, denn er war lange drinnengeblieben. – Als er nun gekommen war, setzte er sich nieder nach dem Bade und hatte noch nicht viel seitdem gesprochen, so kam der Diener der Elfmänner, stellte sich zu ihm und sagte: O Sokrates, über dich werde ich mich nicht zu beklagen haben wie über andere, daß sie mir böse werden und mir fluchen, wenn ich ihnen ansage, das Gift zu trinken auf Befehl der Oberen. Dich aber habe ich auch sonst schon in dieser Zeit erkannt als den Edelsten, Sanftmütigsten und Trefflichsten von allen, die sich jemals hier befunden haben, und auch jetzt weiß ich sicher, daß du nicht mir böse sein wirst – denn du weißt wohl, wer schuld daran ist –, sondern jenen. Nun also, denn du weißt wohl, was ich dir zu sagen gekommen bin, lebe wohl und suche so leicht als möglich zu tragen, was nicht zu ändern ist. – Da weinte er, wendete sich um und ging. – Sokrates aber sah ihm nach und sprach: Auch du lebe wohl, und wir wollen so tun. Und zu uns sagte er: Wie fein der Mensch ist. So ist er die ganze Zeit mit mir umgegangen, hat sich bisweilen mit mir unterredet und war der beste Mensch; und nun wie aufrichtig beweint er mich! Aber wohlan denn, o Kriton, laßt uns ihm gehorchen, und bringe einer den Trank, wenn er schon ausgepreßt ist, wo nicht, so soll ihn der Mensch bereiten. – Da sagte Kriton: Aber mich dünkt, o Sokrates, die Sonne scheint noch an die Berge und ist noch nicht untergegangen. Und ich weiß, daß auch andere erst ganz spät getrunken haben, nachdem es ihnen ist angesagt worden, und haben noch gut gegessen und getrunken, ja einige haben gar noch Schöne zu sich kommen lassen, nach denen sie Verlangen hatten. Also übereile dich nicht; denn es hat noch Zeit. – Da sagte Sokrates: Gar recht, o Kriton, hatten jene so zu tun, wie du sagst, denn sie meinten etwas zu gewinnen, wenn sie so täten, und gar recht habe auch ich, nicht so zu tun. Denn ich meine nichts zu gewinnen, wenn ich um ein weniges später trinke, als nur, daß ich mir selbst lächerlich vorkommen würde, wenn ich am Leben klebte und sparen wollte, wo nichts mehr ist. Also geh, sprach er, folge mir und tue nicht anders. – Darauf winkte denn Kriton dem Knaben, der ihm zunächst stand, und der Knabe ging heraus, und nachdem er eine Weile weggeblieben, kam er und führte den herein, der ihm den Trank reichen sollte, welchen er schon zubereitet im Becher brachte. – Als nun Sokrates den Menschen sah, sprach er: Wohl, Bester, denn du verstehst es ja, wie muß man es machen? – Nichts weiter sagte er, als wenn du getrunken hast, herumgehen, bis dir die Schenkel schwer werden, und dann dich niederlegen, so wird es schon wirken. Damit reichte er dem Sokrates den Becher, und dieser nahm ihn, und ganz getrost, o Echekrates, ohne im mindesten zu zittern oder Farbe oder Gesichtszüge zu verändern, sondern, wie er pflegte, ganz gerade den Menschen ansehend, fragte er ihn: Was meinst du von dem Trank wegen einer Spendung? darf man eine machen oder nicht? – Wir bereiten nur soviel, o Sokrates, antwortete er, als wir glauben, daß hinreichend sein wird. – Ich verstehe, sagte Sokrates. Beten aber darf man doch zu den Göttern, und muß es, daß die Wanderung von hier dorthin glücklich sein möge, worum denn auch ich hiemit bete, und so möge es geschehen. – Und wie er dies gesagt, setzte er an, und ganz frisch und unverdrossen trank er aus. Und von uns waren die meisten bis dahin ziemlich imstande gewesen sich zu halten, daß sie nicht weinten; als wir aber sahen, daß er trank und getrunken hatte, nicht mehr. Sondern auch mir selbst flossen Tränen mit Gewalt, und nicht tropfenweise, so daß ich mich verhüllen mußte und mich ausweinen, nicht über ihn jedoch, sondern über mein eigenes Schicksal, was für eines Freundes ich nun sollte beraubt werden. Kriton war noch eher als ich, weil er nicht vermochte die Tränen zurückzuhalten, aufgestanden. Apollodoros aber hatte schon früher nicht aufgehört zu weinen, und nun brach er völlig aus, weinend und unwillig sich gebärdend, und es war keiner, den er nicht durch sein Weinen erschüttert hätte, von allen Anwesenden, als nur Sokrates selbst, der aber sagte: Was macht ihr doch, ihr wunderbaren Leute! Ich habe vorzüglich deswegen die Weiber weggeschickt, daß sie dergleichen nicht begehen möchten; denn ich habe immer gehört, man müsse stille sein, wenn einer stirbt. Also haltet euch ruhig und wacker. – Als wir das hörten, schämten wir uns und hielten inne mit Weinen. Er aber ging umher, und als er merkte, daß ihm die Schenkel schwer wurden, legte er sich gerade hin auf den Rücken, denn so hatte es ihm der Mensch geheißen. Darauf berührte ihn eben dieser, der ihm das Gift gegeben hatte, von Zeit zu Zeit und untersuchte seine Füße und Schenkel. Dann drückte er ihm den Fuß stark und fragte, ob er es fühle; er sagte nein. Und darauf die Knie, und so ging er immer höher hinauf und zeigte uns, wie er erkaltete und erstarrte. Darauf berührte er ihn noch einmal und sagte, wenn ihm das bis ans Herz käme, dann würde er hin sein. Als ihm nun schon der Unterleib fast ganz kalt war, da enthüllte er sich, denn er lag verhüllt, und sagte, und das waren seine letzten Worte: O Kriton, wir sind dem Asklepios einen Hahn schuldig, entrichtet ihm den und versäumt es ja nicht. – Das soll geschehen, sagte Kriton, sieh aber zu, ob du noch sonst etwas zu sagen hast. – Als Kriton dies fragte, antwortete er aber nichts mehr, sondern bald darauf zuckte er, und der Mensch deckte ihn auf; da waren seine Augen gebrochen. Als Kriton das sah, schloß er ihm den Mund und Augen. Dies, o Echekrates, war das Ende unseres Freundes, des Mannes, der unserm Urteil nach von den damaligen, mit denen wir es versucht haben, der trefflichste war und auch sonst der vernünftigste und gerechteste.

Das Gastmahl

Apollodoros • Freunde

Apollodoros. Ich glaube auf das, wonach ihr jetzt fragt, nicht unvorbereitet zu sein. Denn nur neulich erst ging ich eben nach der Stadt von Hause aus Phaleron, als ein Bekannter, der mich von hinten gewahr wurde, mir von weitem scherzend zurief: Du Phalerier Apollodoros, wirst du nicht warten? – Da blieb ich stehn und erwartete ihn. – Und er sagte darauf: Apollodoros, noch vor kurzem suchte ich dich, weil ich etwas näheres zu erfahren wünsche von der Unterhaltung des Agathon und Sokrates und Alkibiades und der übrigen damals bei dem Gastmahl Gegenwärtigen wegen der Liebesreden, wie es mit denen war. Ein anderer hat mir zwar schon davon erzählt, der es von Phoinix, dem Sohn des Philippos hatte; er sagte aber, du wissest es auch, und er konnte nichts Ordentliches davon sagen. Also erzähle du es mir. Denn dir gebührt es auch am meisten, deines Freundes Reden zu berichten. Zuvor aber sage mir, sprach er, warst du selbst bei jener Gesellschaft zugegen oder nicht? – Darauf sagte ich: Auf alle Weise muß derjenige dir gar nichts Ordentliches erzählt haben, der es dir erzählt hat, wenn du glaubst, diese Gesellschaft habe neuerlich stattgehabt, nach der du fragst, so daß auch ich dabei gewesen sei. – Das glaubte ich doch. – Woher doch, sprach ich, o Glaukon? Weißt du nicht, daß Agathon schon seit vielen Jahren sich hier nicht aufgehalten hat? Daß ich aber mit dem Sokrates lebe und es mir angelegen sein lasse, jeden Tag zu wissen, was er redet oder tut, das ist noch nicht drei Jahre her. Bis dahin trieb ich mich umher, wo es sich traf, und glaubte etwas zu schaffen, war aber schlechter daran als irgend jemand, kaum besser als du jetzt, der du glaubst, eher alles tun zu müssen als zu philosophieren. – Spotte nur nicht, erwiderte jener, sondern sage mir, wann doch jene Gesellschaft gewesen ist. – Als wir noch Kinder waren, sagte ich darauf, da Agathon mit der ersten Tragödie den Sieg davontrug, und zwar tags darauf, nachdem er schon das eigentliche

Siegesfest mit seiner Chorgesellschaft begangen hatte. – Also, sprach er, schon ganz lange her, wie es scheint. Aber wer hat dir davon erzählt? etwa Sokrates selbst? – Nein, beim Zeus, sagte ich, sondern derselbe, von dem es auch Phoinix hat; es war nämlich ein gewisser Aristodemos, ein Kydathenaier, ein kleiner Mensch, immer unbeschuht, der war bei der Gesellschaft zugegen gewesen und einer der eifrigsten Verehrer des Sokrates damaliger Zeit, wie mich dünkt. Indes auch den Sokrates habe ich schon nach einigem gefragt, was ich von jenem gehört hatte, und er hat es mir geradeso bestätigt, wie jener es erzählte. – Wie nun, sprach er, willst du es mir nicht erzählen? zumal auch der Weg nach der Stadt so gut geeignet ist, im Gehen zu reden und zu hören. – So gingen wir also und sprachen darüber; daher ich denn, wie schon anfänglich gesagt, nicht unvorbereitet bin. Soll ich es also euch auch erzählen, so muß ich das wohl tun. Zumal ich auch sonst, wenn ich irgend philosophische Reden selbst führe oder von andern höre, außer daß ich denke, dadurch gefördert zu werden, mich ausnehmend daran erfreue; wenn aber andere, besonders auch die eurigen, die der Reichen und der Geldmänner, das macht mir selbst Verdruß, und auch euch Freunde bedaure ich, weil ihr glaubt, etwas zu schaffen, da ihr doch nichts schafft. Vielleicht nun haltet auch ihr wieder eurerseits dafür, daß ich übel dran bin, und ich glaube, ihr mögt ganz richtig glauben; ich aber glaube es nicht von euch, sondern weiß es.

Freunde. Du bist immer derselbe, Apollodoros! Immer nämlich schmähst du dich selbst und die andern und scheinst mir ordentlich alle, dich selbst mit eingeschlossen, für ganz elend zu halten außer dem Sokrates. Woher du nun eigentlich den Beinamen bekommen hast, daß man dich den Tollen nennt, weiß ich nicht; in deinen Reden aber bist du freilich immer so, ergrimmt auf dich selbst und alle andern außer dem Sokrates.

Apollodoros. O Liebster, so ist es ja klar, wenn ich so denke von mir und euch, daß ich toll bin und von Sinnen.

Freunde. Es lohnt nicht, Apollodoros, jetzt hierüber zu streiten. Warum wir dich aber gebeten haben, darin sei uns ja nicht entgegen, sondern erzähle uns, was für Reden dort gewechselt worden sind.

Apollodoros. Das waren also ungefähr folgende. Oder vielmehr laßt mich versuchen, euch die Sache von Anfang an, wie jener sie mir erzählte, wiederzuerzählen.

Er sagte nämlich, Sokrates sei ihm begegnet, gebadet und die Sohlen untergebunden, was er selten tat. Daher habe er ihn gefragt, wohin er doch ginge, daß er sich so schön gemacht hätte. – Und jener habe geantwortet: Zum Gastmahl beim Agathon. Denn gestern als am Siegesfest bin ich ihm ausgewichen aus Furcht vor dem Gewühl; ich sagte ihm aber zu, auf heute zu kommen. Und nun habe ich mich so herausgeschmückt, um doch schön zu einem Schönen zu kommen. Aber du, setzte er hinzu, Aristodemos, was hältst du davon, ungeladen mitzugehen zum Gastmahl? – Darauf, sprach er, antwortete ich, das, was du wünschest. – So begleite mich denn, sagte er, damit wir auch dem Sprichwort etwas antun durch eine andere Wendung, daß auch Gute freiwillig zum Mahl erscheinen beim Guten. Denn Homeros scheint diesem Sprichwort nicht nur etwas Ähnliches angetan, sondern es gar gemißhandelt zu haben. Denn obwohl in seinem Gedicht Agamemnon ein ausgezeichnet tüchtiger Mann ist im Kriege, Menelaos aber weichlich war in der Schlacht, so dichtet er doch, daß, als Agamemnon ein Opfer veranstaltet und ein festliches Mahl, Menelaos ungerufen gekommen sei, der Schlechtere zu dem Mahle des Besseren. – Als er dies gehört, sagte er, habe er geantwortet: Vielleicht aber wird es auch mit mir die Bewandtnis haben, daß ich nicht so, wie du sagst, Sokrates. sondern nach dem Homeros ein Schlechter bei eines kunstreichen Mannes Fest ungeladen erscheine. Wirst du mich also auch etwas entschuldigen, wenn du mich einführst? Denn ich werde nicht eingestehen, daß ich ungeladen erscheine, sondern geladen durch dich. – Nun zwei, habe jener gesagt, wandelnd zugleich wollen wir einer den andern beraten, was wir sagen wollen. Laß uns nur gehen. – So ungefähr, sagte er, hätten sie zusammen gesprochen und wären dann gegangen. Sokrates aber sei über irgend etwas bei sich nachsinnend, unterwegs zurückgeblieben, und als er auf ihn gewartet, habe er ihn geheißen immer vorangehen. Als er nun an des Agathon Haus gekommen, habe er die Türe offen gefunden, und es sei ihm dort, sagte er, etwas ganz Lächerliches begegnet. Nämlich es sei ihm drinnen gleich ein Knabe entgegengekommen und habe ihn hingeführt, wo die andern sich niedergelassen, die er auch schon im Begriff gefunden zu speisen. Sobald ihn nun Agathon gesehen, habe er gesagt: Schön, daß du kommst, Aristodemos, um mit uns zu essen. Bist du aber etwa andertwegen gekommen so laß das auf ein andermal; denn auch gestern suchte ich dich um dich einzuladen, konnte dich aber nicht finden. Aber wieso bringst du uns den Sokrates nicht mit? – Darauf, sprach er, drehe ich mich um und sehe den Sokrates nirgends nachkommen. Ich sagte also, ich selbst wäre mit dem Sokrates und von ihm geladen hieher zum Mahle gegangen. – Sehr wohl, habe er gesagt, hast du daran getan; aber wo ist denn jener? – Hinter mir ging er eben herein, und ich wundere mich selbst, wo er wohl sein mag. – Willst du nicht nachsehn, Knabe, habe darauf Agathon gesagt, und den Sokrates hereinbringen? Du aber, Aristodemos, habe er gesagt, laß dich neben den Eryximachos nieder. Und da habe ihn ein Knabe, sagte er, abgewaschen, damit er sich legen konnte. Darauf sei ein anderer Diener gekommen, meldend, der Sokrates ist abseitsgegangen und steht in dem Vorhofe des Nachbarn, und als ich ihn rief, wollte er nicht hereinkommen. – Wunderlicher Bericht, habe Agathon gesagt, so rufe ihn doch und laß nicht ab. – Darauf habe er selbst aber gesagt: Nicht doch, sondern laßt ihn nur. Denn er hat das so in der Gewohnheit, bisweilen hält er an, wo es sich eben trifft, und bleibt stehn. Er wird aber gleich kommen, denke ich; stört ihn nur nicht, sondern laßt ihn. – So wollen wir es so halten, wenn du meinst, habe Agathon gesagt. Uns andere aber, ihr Leute, bedient nun; in alle Wege tragt auf, was ihr wollt, wenn euch doch niemand Befehl erteilt, was ich noch niemals getan habe. Denkt also, auch ich wäre von euch zum Gastmahle geladen so wie die andern, und bedient uns so, daß wir euch loben können. – Darauf, sagte er, hätten sie angefangen zu speisen, Sokrates aber wäre noch nicht gekommen. Agathon nun habe oftmals Befehl gegeben, den Sokrates zu holen, er aber habe es nicht zugegeben. Endlich sei er doch gekommen, nachdem er sich nicht gar lange Zeit, wie er pflegte, verweilt, sondern als sie etwa bei der halben Mahlzeit gewesen. Agathon also, der zu unterst allein gelegen, habe gesagt: Hieher, Sokrates, lege dich zu mir, damit ich durch deine Nähe auch mein Teil bekomme von der Weisheit, die sich dir dort gestellt hat im Vorhofe. Denn offenbar hast du es gefunden und hast es nun, du hättest ja sonst nicht abgelassen. – Da habe sich Sokrates gesetzt und gesagt: Das wäre vortrefflich, Agathon, wenn es mit der Weisheit so wäre: daß sie, wenn wir einander nahten, aus dem volleren in den leeren überflösse, wie das Wasser in den Bechern durch einen Wollenstreif aus dem vollen in den leeren fließt. Denn ist es mit der Weisheit auch so, so ist es mir viel wert, neben dir zu liegen; denn ich denke mich bei dir mit mancherlei schöner Weisheit anzufüllen. Denn die meinige ist wohl nur etwas gar Schlechtes und Unsicheres, da sie wie ein Traum ist; die deinige aber glänzend und hat großes Gedeihen, da sie von dir, so jung du auch noch bist, so gewaltig ausgestrahlt und offenbar geworden ist noch neuerlich vor mehr als dreißigtausend Zeugen. – Du bist ein Spötter, Sokrates, habe Agathon gesagt. Aber das von der Weisheit wollen wir hernach bald miteinander ausmachen, ich und du, und den Dionysos zum Schiedsrichter nehmen. Jetzt aber begib dich nur zunächst ans Speisen. – Nachdem nun, sagte er, Sokrates sich hierauf niedergelassen und abgespeist hatte und die andern auch, hätten sie das Trankopfer gebracht und nach gehaltenem Lobgesang auf den Gott und was sonst Sitte ist, sich ans Trinken begeben. Hierauf, sagte er, habe Pausanias eine solche Rede begonnen. Wohlan, Freunde, habe er gesagt, wie werden wir nun am behaglichsten trinken? Ich meinesteils erkläre euch, daß ich mich in Wahrheit ziemlich unwohl befinde vom gestrigen Trinken und einiger Erholung bedarf; und ich glaube auch die meisten von euch, denn ihr waret gestern ebenfalls zugegen. Überlegt also, wie wir so bequem als möglich trinken können. – Darauf habe Aristophanes gesagt: Daran hast du wohl gesprochen, Pausanias, daß wir auf alle Weise suchen müssen, es uns bequem zu machen mit dem Trinken, denn auch ich gehöre zu denen, die gestern etwas stark sind benetzt worden. – Als nun dies Eryximachos, der Sohn des Akumenos, gehört, habe er gesagt: Gewiß, sehr wohl gesprochen. Nur von einem unter euch möchte ich noch hören, wie er bei Kräften ist zum Trinken? Agathon. – Gar nicht sonderlich, habe jener gesagt, bin auch ich bei Kräften. – Das wäre ja ein herrlicher Fund, habe Eryximachos erwidert, für uns, ich meine mich und den Aristodemos und Phaidros, wenn ihr, die stärksten Trinker, es jetzt aufgebt; denn wir sind immer Schwächlinge darin. Den Sokrates nehme ich aus; denn der ist auf beides eingerichtet, so daß es ihm gleich gelten wird, wie wir es machen. Da es mir also scheint, daß keiner von den Anwesenden große Lust hat, viel Wein zu trinken: so wird es ist, darin scheint mir Phaidros ganz recht zu haben. Daher nun wünsche ich teils ihm einen Beitrag einzulegen und ihm gefällig zu sein, teils auch dünkt mich, daß es gegenwärtig uns, die wir hier zugegen sind, gar wohl gezieme, diesen Gott zu verherrlichen. Dünkt euch nun dieses auch: so hätten wir in Reden eine hinlängliche Unterhaltung. Ich meine nämlich, es solle jeder von uns rechtsum eine Lobrede auf den Eros vortragen, so schön er nur immer kann, und Phaidros solle zuerst anfangen, da er ja auch den ersten Platz einnimmt und überdies der Urheber ist von der ganzen Sache. – Niemand, o Eryximachos, habe Sokrates gesagt, wird dir entgegenstimmen; denn weder ich dürfte mich weigern, der ich ja geständig bin, nichts als Liebessachen zu verstehen, noch auch wohl Agathon oder Pausanias, auch nicht Aristophanes, der es ja immer mit dem Dionysos und der Aphrodite zu tun hat, noch sonst irgendeiner von allen übrigen, die ich sehe. Wiewohl wir nicht gleich gut dabei bedacht sind, die wir zu unterst liegen; indessen wenn nur die vor uns gründlich und schön reden, soll uns das genügen. Also mit gutem Glück beginne Phaidros und verherrliche uns den Eros. – Hiemit stimmten dann auch die übrigen alle überein und forderten dasselbe wie Sokrates. An alles aber, was jeder von ihnen geredet, erinnerte sich schon Aristodemos nicht mehr genau, noch auch ich an alles, was er mir sagte; was aber und wessen Reden mir vorzüglich behaltenswert geschienen, diese will ich euch alle einzeln mitteilen.

Zuerst also, wie gesagt, erzählte er, habe Phaidros den Anfang seiner Rede von daher genommen, daß Eros ein großer Gott sei und bewundernswürdig Menschen und Göttern, sowohl von vielen anderen Seiten als auch besonders seines Ursprunges wegen. Denn, daß der Gott zu den ältesten gehört, sagte er, ist ehrenvoll. Hievon aber ist dies ein Beweis. Eros nämlich hat keine Eltern, noch werden deren angeführt von irgendeinem Dichter oder anderm Erzähler. Sondern

Hesiodos, welcher sagt, zuerst sei das Chaos gewesen, aber nach diesem breitgebrüstet die Erde ein Sitz unwandelbar allen, Eros auch, sagt nach dem Chaos wären diese beiden gewesen, die Erde und Eros. Und Parmenides sagt von seinem Ursprung, aller Götter den ersten erhob ins Leben sie Eros. Dem Hesiodos stimmt auch Akusilaos bei. Von so vielen Seiten her wird dem Eros zugestanden, unter die Ältesten zu gehören. Wie nun der Älteste, so ist er uns auch der größten Güter Urheber. Denn ich meinesteils weiß nicht zu sagen, was ein größeres Gut wäre für einen Jüngling, als gleich ein wohlmeinender Liebhaber oder dem Liebhaber ein Liebling. Denn was diejenigen in ihrem ganzen Leben leiten muß, welche schön und recht leben wollen, dieses vermag weder die Verwandtschaft ihnen so vollkommen zuzuwenden, noch das Ansehen, noch der Reichtum, noch sonst irgend etwas als die Liebe. Was meine ich aber hiemit? Die Scham vor dem Schändlichen und das Bestreben nach dem Schönen. Denn ohne dieses vermag weder ein Staat noch ein Einzelner große und schöne Taten zu verrichten. Ich behaupte nämlich, daß einem Manne, welcher liebt, wenn er dabei betroffen würde, daß er etwas Schändliches entweder täte oder aus Unmännlichkeit ohne Gegenwehr von einem anderen erduldete, weder von seinem Vater gesehen zu werden so viel Schmerz verursachen würde, noch von seinen Freunden noch von sonst irgend jemand als von seinem Liebling. Und dasselbige sehen wir von dem Geliebten, daß er sich vorzüglich vor den Liebhabern schämt, wenn er bei etwas Schlechtem gesehen wird. Könnte man also irgend bewirken, daß ein Staat oder ein Heer aus Liebhabern und Lieblingen bestände, so wäre es ja unmöglich, beides besser zu verwalten, als indem alle sich alles Schändlichen enthalten und sich gegenseitig umeinander beeifern. Und miteinander fechtend würden solche auch nur wenige, um es gerade heraus zu sagen, alle Menschen besiegen. Denn weniger möchte wohl von seinem Liebling ein Liebender, daß er seine Reihe verließe oder die Waffen wegwürfe, gesehen werden wollen, als von allen übrigen, und dafür würde er lieber oftmals sterben wollen. Gar aber den Liebling zu verlassen oder ihm nicht beizustehen in der Gefahr, so feige ist wohl keiner, den da nicht Eros selbst zur Tapferkeit begeistern sollte, so daß er dem gleich käme, der die beste Anlage dazu hat von Natur. Ja gewiß, was Homeros sagt, daß einige der Helden ein Gott mit Mut beseelte, das leistet Eros den Liebenden. Ja, gar füreinander sterben mögen Liebende allein, und nicht Männer nur, sondern sogar Frauen. Und dessen gibt uns schon Alkestis, die Tochter des Pelias, hinlänglichen Beweis für diese Wahrheit vor allen Hellenen, da sie allein für ihren Gatten sterben wollte, der doch noch Vater und Mutter hatte, welche sie aber so weit übertraf an Freundschaft vermöge der Liebe, daß mit ihr verglichen sie ihrem Sohne fremd zu sein schienen und nur dem Namen nach ihm angehörig. Und diese Tat, welche sie verrichtet, wurde für so schön gehalten von den Menschen nicht nur, sondern auch den Göttern, daß da unter vielen, welche viele schöne Taten verrichtet, doch nur wenigen leicht zu Überzählenden die Götter diese Gabe verliehen, aus der Unterwelt ihre Seele wieder loszulassen, sie doch auch die ihrige losließen aus Freude an der Tat. So wollen auch die Götter den Eifer und die Tüchtigkeit in der Liebe vorzüglich ehren. Orpheus aber, den Sohn des Oiagros, schickten sie unverrichteter Sache aus der Unterwelt zurück, indem sie nur die Erscheinung der Frau ihm zeigten, um derentwillen er gekommen war, nicht aber sie selbst ihm gaben, weil er ihnen weichlich zu sein schien wie ein Spielmann und nicht das Herz zu haben, der Liebe wegen zu sterben wie Alkestis, sondern sich lieber ausgedacht hatte, lebend in die Unterwelt einzugehen. Deshalb auch haben sie ihm Strafe aufgelegt und veranstaltet, daß sein Tod durch Weiber erfolgte, nicht ihn wie den Achilleus, den Sohn der Thetis, geehrt und in der Seligen Inseln geschickt, weil dieser, da er von seiner Mutter erkundet, daß er sterben würde, wenn er den Hektor tötete, täte er aber dies nicht, nach Hause zurückkehren und wohlbetagt enden würde, dennoch es wagte, lieber seinem Liebhaber Patroklos helfend und ihn rächend nicht nur für ihn zu sterben, sondern auch nachzusterben dem Verstorbenen. Weshalb auch die Götter höchlich erfreut ihn ausgezeichnet, geehrt haben, weil er seinen Liebhaber so hoch achtete. Aischylos aber fabelt, wenn er sagt, Achilleus sei des Patroklos Liebhaber gewesen, er, der schöner war nicht nur als Patroklos, sondern auch als sämtliche Heroen und noch unbärtig, dann auch bei weitem jünger, wie Homeros sagt. Sondern in der Tat ehren die Götter zwar überhaupt ganz vorzüglich diese Tugend, die in der Liebe, weit mehr jedoch bewundern und loben und vergelten sie es, wenn so der Geliebte dem Liebhaber anhängt, als wenn der Liebhaber dem Liebling. Denn göttlicher ist der Liebhaber als der Liebling, weil in ihm der Gott ist. Deshalb haben sie auch den Achilleus höher als die Alkestis geehrt durch Absendung in die Inseln der Seligen. So behaupte demnach auch ich, daß unter den Göttern Eros der älteste und herrlichste und der hilfreichste ist für die Menschen zum Besitz der Tugend und Glückseligkeit im Leben und im Tode.

Diese Rede ungefähr, sagte er, habe Phaidros gesprochen, nach dem Phaidros aber einige andere, deren er sich nicht recht erinnere, die er daher auch überging und die Rede des Pausanias mitteilte.

Dieser habe gesagt: Nicht recht gut, o Phaidros, scheint der Gegenstand unserer Reden bestimmt zu sein, daß es uns so schlechthin aufgegeben ist, den Eros zu loben. Denn wenn es nur *einen* Eros gäbe, dann wäre das ganz schön. Nun aber gibt es eben nicht nur einen. Gibt es aber nicht nur einen, so ist wohl richtiger, daß zuvor bestimmt werde, welchen man loben soll. Ich also will versuchen, dies zu berichtigen, zuerst den Eros beschreiben, welcher zu loben ist, und dann auch ihn loben des Gottes würdig. Wir wissen nämlich alle, daß es ohne Eros keine Aphrodite gibt; wenn also diese nur *eine* wäre, so würde auch *ein* Eros sein, da nun aber deren zwei sind, muß es auch einen zwiefachen Eros geben. Wie sollten aber nicht der Göttinnen zwei sein? Die eine ist ja die ältere, die mutterlose Tochter des Uranos, welcher wir auch den Beinamen der himmlischen geben, und dann die jüngere, des Zeus und der Dione Tochter, welche wir auch die gemeine nennen. Notwendig also wird auch der eine Eros, der Gehilfe der letzteren, mit Recht der gemeine genannt, der andere der himmlische. Preisen nun muß man zwar alle Götter, was aber jedem von diesen beigelegt ist, will ich versuchen zu zeigen. Mit jeder Handlung nämlich verhält es sich so: an und für sich selbst ist sie zu verrichten weder schön noch häßlich. Wie was wir jetzt tun, trinken, singen, sprechen, davon ist nichts an und für sich schön; sondern wie es in der Ausübung gerät, so wird es. Denn schön und recht gemacht wird es schön; unrecht aber wird es schlecht. So auch das Lieben und der Eros; nicht jeder ist schön und wert, verherrlicht zu werden, sondern nur der uns anreizt, schön zu lieben. Der der gemeinen Aphrodite also ist auch in Wahrheit gemein und bewirkt, was sich eben trifft, und dieser ist es, nach welchem die schlechten unter den Menschen lieben. Es lieben aber solche zuerst nicht minder Frauen als Knaben; dann, welche sie nun eben lieben, an denen mehr den Leib als die Seele; dann, soviel sie immer können, die unvernünftigsten, indem sie nur auf die Befriedigung sehen, unbekümmert, ob auf schöne Weise oder nicht. Daher ihnen denn begegnet, daß sie tun, was ihnen eben vorkommt, gleichermaßen wie das Gute ebenso auch das Gegenteil. Wie denn auch dieser Eros von der Göttin abstammt, welche teils weit jünger ist als die andere, teils auch ihren Ursprung schon beidem, Weiblichem sowohl als Männlichem, verdankt. Der der himmlischen aber gehört zuerst einer, welche nicht von Weiblichem, sondern nur von Männlichem abstammt, und dies ist die Liebe der Knaben; dann auch welche älter ist und keinen Anteil irgend hat an Frevel. Daher denn wenden sich zu dem Männlichen die von diesem Eros angewehten, indem sie das von Natur stärkere und mehr Vernunft in sich habende lieben. Und es unterscheidet einer wohl leicht auch in der Knabenliebe selbst die ganz rein von diesem Eros getriebenen. Denn sie lieben nicht Kinder, sondern solche, die schon anfangen, Vernunft zu zeigen. Dies trifft aber nahe zusammen mit dem ersten Bartwuchs. Und die alsdann anfangen zu lieben, sind, denke ich, darauf eingerichtet, für das ganze Leben vereinigt zu sein und es in Gemeinschaft hinzubringen, nicht aber den Jüngling, nachdem sie seinem Unverstand etwas entlockt, hernach zu verlachen und von ihm zu einem anderen zu entlaufen. Es sollte aber auch ein Gesetz sein, nicht Kinder zu lieben, damit nicht aufs Ungewisse hin so viele Bemühungen verwendet würden. Denn bei den Kindern ist der Ausgang ungewiß, wo es hinaus will, ob zur Schlechtigkeit oder Tugend der Seele und des Leibes. Die Besseren nun setzen sich dieses Gesetz selbst freiwillig, man soll aber auch jene gemeinen Liebhaber hiezu nötigen, wie wir sie auch von edeln Frauen, soviel wir nur vermögen, abhalten, daß sie sie nicht lieben dürfen. Denn diese sind es, welche auch der Sache die

Schmach zugefügt haben, daß manche sagen durften, es sei schändlich willfahren den Liebhabern. Dies sagen sie aber nur mit Hinsicht auf diese, weil sie ihre Unzeitigkeit und Unrechtlichkeit sehen. Denn anständig und sittig betrieben, kann keine Handlung, welche es auch sei, gerechter Tadel treffen. Was nun aber eigentlich Sitte ist in bezug auf die Liebe, ist in andern Staaten wohl gar sehr leicht zu erkennen; denn ganz einfach ist es bestimmt, die hiesige aber und die in Lakedämon ist schwierig und verwickelt. In Elis nämlich und unter den Böotern und wo sonst man nicht geschickt ist im Reden, da ist es schlechthin zur Sitte geworden, daß man für schön hält, zu willfahren den Liebhabern, und keiner, weder jung noch alt, wird sagen, es sei schändlich, damit sie, meine ich, nicht erst Mühe haben, wenn sie versuchen müßten, durch Reden die Jünglinge zu bewegen, weil sie nämlich unvermögend sind zu reden. In Jonien aber und sonst an vielen Orten erklärt es die Sitte für schändlich, wo man nämlich unter Barbaren wohnt. Denn den Barbaren gilt der unumschränkten Gewalt wegen dies für schändlich, sowie auch die Lust zur Wissenschaft und zu den Leibesübungen. Denn den Herrschenden, meine ich. ist es nicht zuträglich, daß große Einsichten sich unter den Beherrschten hervortun noch auch starke Freundschaften und Verbindungen, was doch vornehmlich pflegt, sowohl durch jenes andere alles, als auch durch die Liebe gebildet zu werden. Durch die Tat aber haben dies auch die hiesigen Tyrannen erfahren; denn des Aristogeiton und Harmodios zu einer festen Freundschaft gediehene Liebe zerstörte ihre Herrschaft. Also, wo es für schändlich geachtet ist, den Liebhabern zu willfahren, da besteht diese Sitte durch Schlechtigkeit derer, welche sie aufgestellt, nämlich durch der Herrschenden Begehrlichkeit und der Beherrschten Unmännlichkeit; wo es aber schlechthin als schön festgestellt ist, da durch die Trägheit der Seele derer, welche sie aufgestellt. Hier aber ist eine weit schönere Sitte als jene eingeführt, nur die, wie ich sagte, nicht leicht ist zu verstehen. Denn bedenkt einer, daß gesagt wird, es sei schöner, öffentlich lieben als verstohlen, und zwar vorzüglich die Edelsten und Besten, wären sie auch minder schön als andere, und was für sonderliche Aufmunterung dem Liebenden von allen widerfährt, gar nicht als ob er etwas

Schändliches täte: und daß den Geliebten zu gewinnen für schön gehalten wird, ihn nicht zu gewinnen aber für schimpflich, und daß, um den Versuch zu machen, ob er ihn gewinnen könne, die Sitte dem Liebhaber freigestellt hat, gar vielerlei verwundernswürdige Dinge zu unternehmen und dafür gelobt zu werden, wofür, wenn jemand wagen wollte sie zu tun, indem er sonst irgend etwas verfolgte und erreichen wollte als nur dieses, er den schärfsten Tadel ernten würde; denn wer etwa, um Geld von jemand zu bekommen oder zu einem Amt und sonstiger Gewalt zu gelangen, das tun wollte, was Liebhaber ihren Lieblingen tun, mit demütig flehenden Stellungen und Gebärden bitten, Eide schwören, sich vor die Türe lagern und freiwillig Dienstleistungen verrichten, wie sie nicht einmal ein Knecht verrichtet, so würde er verhindert werden, die Sache so zu betreiben, von Freunden und Feinden, indem diese ihm Schmeichelei und Niedrigkeit vorwerfen, jene ihn zurechtweisen und sich darüber schämen würden; dem Liebenden aber, wenn er dies alles tut, wird es gutgeheißen, und es ist ihm herkömmlich zugestanden, dies ohne Schande zu tun, weil er nämlich eine gar herrliche Sache betreibe. Ja, das stärkste ist, wie man doch insgeheim sagt, daß auch, wenn er geschworen hat, für ihn allein Verzeihung bei den Göttern ist, wenn er den Schwur bricht; denn ein Liebesschwur, sagen sie, sei keiner. So haben Götter sowohl als Menschen dem Liebenden gar viele Freiheit gestattet, wie die hiesige Sitte besagt. Hiernach nun sollte man glauben, es gelte in dieser Stadt für etwas gar Schönes sowohl zu lieben, als den Liebhabern Freund zu werden. Wenn aber wiederum die Väter Aufseher bestellten für die Geliebten, um nicht zuzugeben, daß sie sich mit den Liebhabern unterhalten, und dem Aufseher gerade dies vorzüglich aufgetragen wird, ja auch die Gespielen und andere es ihnen zum Vorwurf machen, wenn sie sehen, daß so etwas geschieht, und die Älteren diesen Vorwürfen nicht Einhalt tun, noch sie dafür schelten, als täten sie Unrecht daran, auf dieses also wiederum sehend sollte man im Gegenteil glauben, daß eben dies hier für das Schändlichste gelte. Es verhält sich aber damit, glaube ich, folgendergestalt. Nämlich es ist nicht einerlei in allen Fällen, nicht schlechthin, wie ich schon anfangs sagte, daß es an und für sich weder schön noch schändlich sei, sondern schön behandelt ist es schön, anders aber schändlich. Schändlich nämlich ist es einem Schlechten und auf schlechte Art gefällig werden; schön aber einem Guten und auf schöne Art. Und schlecht ist eben jener gemeine Liebhaber, der den Leib mehr liebt als die Seele; wie er auch nicht einmal beständig ist, da er ja keinen beständigen Gegenstand liebt. Denn mit der entfliehenden Blüte des Leibes, den er liebte, verschwindet auch er und flattert davon, viele Reden und Versprechungen zuschanden machend. Der Liebhaber eines Gemütes aber, welches gut ist, bleibt zeitlebens, denn mit dem Bleibenden hat er sich verschmolzen. Diese also will unsere Sitte, daß man wohl und recht prüfe, und dem einen gefällig sei, den andern aber meide. Deshalb ermuntert sie den Liebhaber zum Nachjagen, den Geliebten zum Fliehen, indem sie einen Kampf anstellt und eine Prüfung, zu welchen von beiden wohl der Liebhaber gehöre und zu welchen der Geliebte. So demnach und aus dieser Ursache wird zuerst sich schnell gewinnen zu lassen für schimpflich gehalten, damit es an der Zeit nicht fehle, welche ja scheint das meiste am besten zu prüfen; dann auch durch Reichtum oder Gewalt im Staate gewonnen werden ist schimpflich, mag nun einer unter übler Begegnung sich beugen und nicht aushalten oder, wenn man ihm zu Reichtümern und zu seinen Absichten im Staate verhilft, dies nicht verschmähen. Denn nichts dergleichen scheint sehr sicher und beständig zu sein, ungerechnet noch, daß auch nicht einmal eine wahre Freundschaft daraus entstehen kann. Ein Weg also ist nach unseren Sitten noch übrig, wie es schön sein kann, daß ein Liebling seinem Liebhaber gefällig werde. Denn es ist unter uns Sitte, daß so wie die Liebhaber durften ihren Lieblingen freiwillig jeglichen Dienst leisten, ohne daß es ihnen als Schmeichelei angerechnet wurde oder als sonst etwas Schimpfliches, so noch eine einzige freiwillige Dienstbarkeit übrig ist, welche nicht schimpflich ist, und das ist die um die Tugend. Denn das ist bei uns Sitte, wenn jemand will einem andern ergeben sein, weil er glaubt, besser durch ihn zu werden, es sei in irgendeiner Einsicht oder in einem andern Teile der Tugend, daß ein solcher freiwilliger Dienst nicht schändlich sei noch eine Niedrigkeit. Diese beiden Satzungen nun muß man zusammenbringen in eins, jene über die Knabenliebe und diese über die Philosophie und die Tugend, wenn es sich fügen soll, daß es schön sei, ein Liebling werde seinem Liebhaber gefällig. Denn wenn so beide zusammentreffen, Liebhaber und Liebling, daß jeder die Meinung für sich hat, jener die, daß er recht daran tue, dem Liebling, der ihm gefällig geworden, jeglichen Dienst zu erzeigen, dieser aber die, daß es recht sei, dem, der ihn weise und gut macht, was es auch immer sei, zu erweisen, und dann jener auch wirklich vermag, zur Weisheit und Tugend behilflich zu sein, dieser aber begehrt, zur Bildung und zu jeglicher Art der Weisheit Hilfe zu erlangen; dann also wenn diese beiden Satzungen in eins zusammenkommen, da allein trifft es auch zu, daß es schön ist, für den Liebling dem Liebhaber gefällig zu sein, sonst aber nirgends. Und in diesem Falle ist selbst getäuscht zu werden nichts Schändliches; in jedem andern aber bringt es Schande, mag nun einer getäuscht werden oder auch nicht. Denn wenn einer einem Liebhaber als einem Reichen um des Reichtums willen gefällig geworden und damit hintergangen wäre, daß er kein Geld bekäme, weil sich eben zeigte, daß der Liebhaber arm ist, so bliebe die Sache doch um nichts minder schlecht. Denn ein solcher, denkt man, hat doch das Seinige gezeigt, daß er um des Geldes willen jedem jedes tun würde, und das ist nicht schön. Aus demselben Grunde nun, wenn jemand einem als einem Guten gefällig geworden, und um selbst besser zu werden durch die Freundschaft seines Liebhabers, hierin aber hintergangen wäre, indem es sich zeigte, daß jener schlecht ist und selbst keine Tugend besitzt, so ist doch auch die Täuschung schön. Denn auch dieser wiederum scheint doch auch, soviel an ihm lag, gezeigt zu haben, daß er der Tugend wegen und um besser zu werden allen zu allen Dingen bereit wäre, und dies wiederum ist unter allem das Schönste. So ist es doch auf alle Weise schön, der Tugend wegen sich hinzugeben. Dieses ist der Eros der himmlischen Göttin und selbst himmlisch und viel wert dem Staat und den Einzelnen, indem er den Liebenden nötigt, viel Sorgfalt auf seine eigne Tugend zu wenden, und auch den Geliebten; jeder andere Eros aber gehört der anderen, der gemeinen. Dieses, sagte er, ist es, o Phaidros, was ich dir so im Augenblick über den Eros darbieten kann.

Als nun Pausanias ausgesagt hatte, denn so lehren mich die Kunstkenner die gleichen Töne suchen, sollte, wie Aristodemos sprach, Aristophanes reden. Es hätte ihn aber eben, sei es nun aus Überfüllung oder sonst einer Ursache, ein Schlucken überfallen, und er sei nicht imstande gewesen zu reden, sondern habe gesagt, zunächst neben ihm habe nämlich der Arzt Eryximachos gelegen: O Eryximachos, dir kommt es zu, mir entweder den Schlucken zu vertreiben oder für mich zu reden, bis er mir vergeht. Darauf habe Eryximachos geantwortet, das will ich beides tun; ich will nämlich an deiner Stelle reden, und du hernach, wenn es vorüber ist, an der meinigen. Und indes ich rede, wird dir vielleicht, wenn du nur recht lange den Atem an dich halten willst, der Schlucken vergehen, wo nicht, so spüle ihn mit Wasser hinunter. Wenn er aber recht hartnäckig ist, so nimm etwas, womit du die Nase reizen kannst, und niese; und wenn du dies ein- oder zweimal getan hast, wird er vergehen, wenn er auch noch so heftig ist. – So fange nun an zu reden, habe Aristophanes gesagt, und ich will dieses tun. – Darauf habe Eryximachos so gesprochen:

Es scheint mir nötig zu sein, da Pausanias zwar einen schönen Ansatz genommen zu seiner Rede, sie aber nicht befriedigend zu Ende geführt hat, daß ich versuchen müsse, der Rede ihren Schluß zu geben. Denn daß es einen zwiefachen Eros gibt, dünkt er mich sehr richtig unterschieden zu haben; daß er aber nicht allein über die Seelen der Menschen waltet in Beziehung auf die Schönen, sondern auch auf vieles andere, und auch in allen andern Dingen, in den Leibern aller Tiere sowohl als in den Gewächsen der Erde, und kurz in allem was ist, das glaube ich ersehen zu haben aus unserer Kunst, der Heilkunde, wie groß und bewunderungswürdig der Gott ist und über alles sich erstreckt in menschlichen sowohl als göttlichen Dingen. Anfangen aber will ich meine Rede mit der Heilkunde, um doch meiner Kunst Ehre zu erzeigen. Auch die Natur der Leiber nämlich hat diese zwiefache Liebe. Denn der gesunde Zustand des Leibes und der kranke sind eingestandermaßen verschieden und unähnlich; und das Unähnliche begehrt auch und liebt Unähnliches. Ein anderes Eros also ist der über den Gesunden und ein anderer der über den Kranken regiert. Und es ist, wie auch eben Pausanias sagte, den Guten unter den Menschen zu willfahren schön, den Ungebändigten aber häßlich. So ist es auch mit den Leibern selbst; dem was gut ist an einem jeden Leibe und gesund, ist es schön zu willfahren, und es gehört sich, und dies ist eben das, was wir heilkundig nennen; dem schlechten aber und krankhaften wäre es schändlich, und dem muß sich verweigern, wer irgend kunstverständig sein will. Denn die Heilkunde ist, um es in kurzem zu sagen, die Erkenntnis der Liebesregungen des Leibes in bezug auf Anfüllung und Ausleerung; und wer in diesen Dingen die schöne und die schlechte Liebe unterscheidet, dieser ist der Heilkundigste, und wer zum Tauschen bewegt, daß man statt der einen Liebe die andere sich aneigne, und wer, denen keine Liebe einwohnt und doch einwohnen sollte, sie beizubringen versteht, oder eine einwohnende zu benehmen, der wäre der treffliche Künstler. Denn dieser muß das Feindseligste im Leibe einander zu befreunden wissen, daß es sich liebe. Das Feindseligste aber ist das Entgegengesetzteste, das Kalte dem Warmen, das Bittre dem Süßen, das Trockne dem Nassen, und alles dergleichen. Daß diesen Liebe und Wohlwollen unser Ahnherr Asklepios einzuflößen verstand, dadurch hat er, wie die Dichter hier sagen und ich es glaube, unsere Kunst gegründet. Die Heilkunde also wird, wie gesagt, ganz von diesem Gott geleitet, ebenso auch die Gymnastik und der Landbau. Von der Tonkunst aber muß jedem offenbar sein, der nur ein wenig Nachdenken daran wendet, daß es sich mit ihr ebenso verhält wie mit jenen, was vielleicht auch Herakleitos sagen will, denn den Worten nach hat er es nicht richtig ausgedrückt. Er sagt nämlich, daß das Eins, in sich entzweit, sich mit sich einige wie die Stimmung einer Lyra oder eines Bogens. Es ist aber große Unvernunft zu sagen, eine Harmonie sei in sich entzweit oder könne aus noch Entzweitem bestehen. Vielleicht aber wollte er dieses sagen, daß sie aus dem vorher entzweiten Höheren und Tieferen hernach aber einig gewordenen durch die Tonkunst entstanden sei. Denn unmöglich kann aus noch entzweitem Höheren und Tieferen eine Harmonie bestehen. Denn Harmonie ist Zusammenstimmung. Zusammenstimmung aber ist eine Eintracht; Eintracht aber kann unter Entzweitem, solange es entzweit ist, unmöglich sein; und das Entzweite und nicht Einträchtige kann wiederum unmöglich zusammenstimmen. Wie auch das Zeitmaß aus dem Schnellen und Langsamen, vorher freilich Entzweiten hernach aber einig gewordenen, entsteht. Eintracht nun weiß allem diesem wie dort die Heilkunst so hier die Tonkunst einzuflößen, indem sie gegenseitig jedem Liebe und Wohlwollen einbildet. Und so ist wiederum die Tonkunst eine Wissenschaft der Liebe in bezug auf Harmonie und Zeitmaß. Und in dem Aufstellen des Wohllautes und des Zeitmaßes selbst ist es wohl nicht schwer, die Liebesregungen zu erkennen, noch findet sich hierin jener zwiefache Eros. Allein wenn man vor den Menschen Wohllaut und Zeitmaß in Anwendung bringen soll, es sei nun dichtend, was man das Tonsetzen nennt, oder nur bereits gedichtete Gesänge und Silbenmaße recht gebrauchend, was die Ausübung heißt, alsdann ist es schwer und bedarf eines tüchtigen Meisters. Denn hier tritt wieder dasselbe Verhältnis ein, daß man den sittlichen Menschen, und damit auch die sittlicher werden, die es noch nicht sind, gefällig sein und ihre Liebe wohl in acht nehmen muß; und dies eben ist der schöne himmlische Eros, der der Muse Urania angehört, der andere aber, der Polyhymnia, ist der gemeine, den man mit großer Vorsicht anwenden muß, bei wem man ihn ja anwendet, damit man die Lust von ihm zwar einernte, er aber doch keine Ungebundenheit hervorbringe, so wie es in unserer Kunst gar schwer ist, mit den Gelüsten, die sich auf die Kochkunst beziehn, richtig zu verfahren, um die Lust davon zu genießen ohne Krankheit. Also, in der Tonkunst wie in der Heilkunst und in allen übrigen menschlichen und göttlichen Dingen, muß man, soweit es vergönnt ist, auf den zwiefachen Eros wohl acht haben; denn vorhanden sind beide darin. Dann auch die Anordnung der Jahreszeiten und der Witterung ist voll von beiden. Wenn nämlich der sittige Eros gegenseitig in dem schon Erwähnten waltet, dem Warmen und Kalten, Trocknen und Feuchten, und sie zu einer wohlgeordneten Stimmung und Mischung gelangen, dann bringen sie Gedeihen und Gesundheit den Menschen und den übrigen Tieren sowohl als Pflanzen und beschädigen nichts. Wenn aber der frevelhafte Eros die Oberhand gewinnt in den abwechselnden Zeiten des Jahres, so verderbt und beschädigt er das meiste. Die Seuchen nämlich pflegen aus dergleichen zu entstehen und vielerlei andere Krankheiten unter den

Tieren und den Gewächsen. Denn auch Reif und Hagel und Mehltau entstehen aus Unmäßigkeit und Unordnung der Liebesregungen dieser Art, deren Erkenntnis im Lauf der Gestirne und im Wechsel der Jahreszeiten die Sternkunde heißt. Ferner auch alle Opferungen und was sonst die Wahrsagekunst unter sich hat, denn dies insgesamt ist die Gemeinschaft der Götter und Menschen untereinander, haben es mit nichts anderem zu tun als mit Pflege und Heilung der Liebe. Denn alle Ruchlosigkeit pflegt zu entstehn, wenn jemand nicht dem sittigen Eros willfahrt, noch ihm Ehre und Vorrang einräumt in allen Dingen, sondern dem andern sowohl im Verhältnis gegen die Eltern, sie mögen leben oder abgeschieden sein, als gegen die Götter, worin eben der Wahrsagekunst obliegt, beiderlei Eros zu beaufsichten und zu heilen. Und so ist wiederum auch die Wahrsagekunst die Stifterin der Freundschaft zwischen Göttern und Menschen vermöge der Erkenntnis derjenigen Liebesregungen unter den Menschen, welche auf Gottesfurcht und Ruchlosigkeit ausgehn. So vielfache und große oder vielmehr alle Kraft besitzt Eros überhaupt; der aber an dem Guten mit Besonnenheit und Gerechtigkeit sich erweiset, der hat bei uns und bei den Göttern die meiste Gewalt und bereitet uns jede Glückseligkeit, daß wir sowohl miteinander umgehn können und befreundet sein als auch mit den Herrlicheren als wir, den Göttern. Vielleicht nun habe auch ich den Eros lobpreisend vieles vorbeigelassen, wiewohl gewiß nicht gern. Habe ich aber etwas ausgelassen, so ist nun deine Sache, Aristophanes, es zu ergänzen. Oder hast du auch im Sinne, noch auf eine andere Weise den Gott zu preisen, so preise ihn, zumal du auch des Schluckens ledig bist.

Darauf habe, sagte er, Aristophanes das Wort genommen und gesagt: Freilich hat er aufgehört, aber doch nicht eher, bis er mit dem Niesen behandelt worden ist, so daß mich auch wundert, habe er hinzugefügt, wie doch das Wohlgeordnete des Leibes solches Geräusch und solchen Kitzel begehren mag, wie doch das Niesen ist; denn er hörte gleich auf, sobald ich nur das Niesen anwendete. Darauf habe Eryximachos gesagt: Guter Aristophanes, siehe wohl zu, was du tust! Du ziehst mich auf, indem du im Begriff bist zu reden, und nötigst mich also selbst, der Aufpasser deiner Rede zu werden, ob du nicht auch etwas Lächerliches sagst, da du sonst könntest ganz in Frieden geredet haben. – Darauf habe Aristophanes lachend entgegnet: Wohlgesprochen, Eryximachos, und das Gesagte soll uns ungesagt sein. Also laure mir nicht auf, da ich ohnehin schon besorgt bin um das, was ich zu sagen denke, nicht, ob ich nicht Lächerliches sagen werde, denn das wäre ja Gewinn und meiner Muse einheimisch, sondern ob nicht Belachenswertes. – Nachdem du abgeschlossen, habe jener gesagt, denkst du zu entkommen, Aristophanes? Gib nur wohl Achtung und rede wie einer, der sich wird verantworten müssen. Vielleicht indes, wenn es mir ansteht, lasse ich dich auch durch.

Allerdings, habe also Aristophanes gesagt, habe ich im Sinne, ganz anders zu reden, als ihr beide, du und Pausanias, gesprochen habt. Denn mir scheinen die Menschen durchaus die wahre Kraft des Eros nicht innegeworden zu sein. Denn wären sie es, so würden sie ihm die herrlichsten Heiligtümer und Altäre errichten und die größten Opfer bereiten, und es würde nicht wie jetzt gar nichts dergleichen für ihn geschehen, dem es doch ganz vorzüglich geschehen sollte. Denn er ist der menschenfreundlichste unter den Göttern, da er der Menschen Beistand und Arzt ist in demjenigen, aus dessen Heilung die größte Glückseligkeit für das menschliche Geschlecht erwachsen würde. Ich also will versuchen, euch seine Kraft zu erklären, und ihr sollt dann die Lehrer der übrigen sein. Zuerst aber müßt ihr die menschliche Natur und deren Begegnisse recht kennen lernen. Nämlich unsere ehemalige Natur war nicht dieselbige wie jetzt, sondern ganz eine andere. Denn erstlich gab es drei Geschlechter von Menschen, nicht wie jetzt nur zwei, männliches und weibliches, sondern es gab noch ein drittes dazu, welches das gemeinschaftliche war von diesen beiden, dessen Name auch noch übrig ist, es selbst aber ist verschwunden. Mannweiblich nämlich war damals das eine, Gestalt und Benennung zusammengesetzt aus jenen beiden, dem männlichen und dem weiblichen, jetzt aber ist es nur noch ein Name, der zum Schimpf gebraucht wird. Ferner war die ganze Gestalt eines jeden Menschen rund, so daß Rücken und Brust im Kreise herumgingen. Und vier Hände hatte jeder und Schenkel ebensoviel als Hände, und zwei Angesichter auf einem kreisrunden Halse einander genau ähnlich, und einen gemeinschaftlichen Kopf für beide einander gegenüberstehende Angesichter, und vier Ohren, auch zweifache Schamteile und alles übrige, wie es sich hieraus ein jeder weiter ausbilden kann. Er ging aber nicht nur aufrecht wie jetzt, nach welcher Seite er wollte, sondern auch wenn er schnell wohin strebte, so konnte er, wie die Radschlagenden jetzt noch, indem sie die Beine gerade im Kreise herumdrehen, das Rad schlagen, ebenso auf seine acht Gliedmaßen gestützt sich sehr schnell im Kreise fortbewegen. Diese drei Geschlechter gab es aber deshalb, weil das männliche ursprünglich der Sonne Ausgeburt war, und das weibliche der Erde, das an beidem teilhabende aber des Mondes, der ja auch selbst an beiden teil hat. Und kreisförmig waren sie selbst und ihr Gang, um ihren Erzeugern ähnlich zu sein. An Kraft und Stärke nun waren sie gewaltig und hatten auch große Gedanken, und was Homeros vom Ephialtes und Otos sagt, das ist von ihnen zu verstehen, daß sie sich einen Zugang zum Himmel bahnen wollten, um die Götter anzugreifen. Zeus also und die anderen Götter ratschlagten, was sie ihnen tun sollten, und wußten nicht was. Denn es war weder tunlich, sie zu töten und wie die Giganten sie niederdonnernd das ganze Geschlecht wegzuschaffen, denn so wären ihnen auch die Ehrenbezeugungen und die Opfer der Menschen mit weggeschafft worden, noch konnten sie sie lassen weiter freveln. Mit Mühe endlich hatte sich Zeus etwas ersonnen und sagte: Ich glaube nun ein Mittel zu haben, wie es noch weiter Menschen geben kann und sie doch aufhören müssen mit ihrer Ausgelassenheit, wenn sie nämlich schwächer geworden sind. Denn jetzt, sprach er, will ich sie jeden in zwei Hälften zerschneiden, so werden sie schwächer sein und doch zugleich uns nützlicher, weil ihrer mehr geworden sind, und aufrecht sollen sie gehn auf zwei Beinen. Sollte ich aber merken, daß sie noch weiter freveln und nicht Ruhe halten wollen, so will ich sie, sprach er, noch einmal zerschneiden, und sie mögen dann auf einem Beine fortkommen wie Kreisel. Dies gesagt, zerschnitt er die Menschen in zwei Hälften, wie wenn man Früchte zerschneidet, um sie einzumachen, oder wenn sie Eier mit Haaren zerschneiden. Sobald er aber einen zerschnitten hatte, befahl er dem Apollon, ihm das Gesicht und den halben Hals herumzudrehen nach dem Schnitte hin, damit der Mensch, seine Zerschnittenheit vor Augen habend, sittsamer würde, und das übrige befahl er ihm auch zu heilen. Dieser also drehte ihm das Gesicht herum, zog ihm die Haut von allen Seiten über das, was wir jetzt den Bauch nennen, herüber, und wie wenn man einen Beutel zusammenzieht, faßte er es in eine Mündung zusammen und band sie mitten auf dem Bauche ab, was wir jetzt den Nabel nennen. Die übrigen Runzeln glättete er meistenteils aus und fügte die Brust einpassend zusammen, mit einem solchen Werkzeuge, als womit die Schuster über dem Leisten die Falten aus dem Leder ausglätten, und nur wenige ließ er stehen um den Bauch und Nabel zum Denkzeichen des alten Unfalls. Nachdem nun die Gestalt entzweigeschnitten war, sehnte sich jedes nach seiner andern Hälfte, und so kamen sie zusammen, umfaßten sich mit den Armen und schlangen sich ineinander, und über dem Begehren, zusammenzuwachsen, starben sie aus Hunger und sonstiger Fahrlässigkeit, weil sie nichts getrennt voneinander tun wollten. War nun die eine Hälfte tot und die andere blieb übrig, so suchte sich die übriggebliebene eine andere und umschlang sie, mochte sie nun auf die Hälfte einer ehemaligen ganzen Frau treffen, was wir jetzt eine Frau nennen, oder auf die eines Mannes, und so kamen sie um. Da erbarmte sich Zeus und gab ihnen ein anderes Mittel an die Hand, indem er ihnen die Schamteile nach vorne verlegte, denn vorher trugen sie auch diese nach außen und erzeugten nicht eines in dem andern, sondern in die Erde wie Zikaden. Nun aber verlegte er sie ihnen nach vorne und bewirkte vermittelst ihrer das Erzeugen ineinander, in dem weiblichen durch das männliche, deshalb damit in der Umarmung, wenn der Mann eine Frau träfe, sie zugleich erzeugten und Nachkommenschaft entstände, wenn aber ein Mann den andern, sie doch eine Befriedigung hätten durch ihr Zusammensein und erquickt sich zu ihren Geschäften wenden und, was sonst zum Leben gehört, besorgen könnten. Von so langem her also ist die Liebe zueinander den Menschen angeboren, um die ursprüngliche Natur wieder herzustellen, und versucht aus zweien eins zu machen und die menschliche Natur zu heilen. Jeder von uns ist also ein Stück von einem Menschen, da wir ja, zerschnitten wie die Schollen, aus einem zwei geworden sind. Also sucht nun immer jedes sein anderes Stück. Welche Männer nun von einem solchen gemeinschaftlichen ein Schnitt sind, was damals Mannweib hieß, die sind weiberliebend, und die meisten Ehebrecher gehören zu diesem Geschlecht, und so auch, welche Weiber männerliebend sind und ehebrecherisch, die kommen aus diesem Geschlecht. Welch Weiber aber Abschnitte eines Weibes sind, die kümmern sich nicht viel um die Männer, sondern sind mehr den Weibern zugewendet, und die Tribaden kommen aus diesem Geschlecht; die aber Schnitte eines Mannes sind, suchen das männliche auf, und solange sie noch Knaben sind, lieben sie als Schnittstücke des Mannes die Männer, und bei Männern zu liegen und sich mit ihnen zu umschlingen ergötzt sie, und dies sind die trefflichsten unter den Knaben und heranwachsenden Jünglingen, weil sie die männlichsten sind von Natur. Einige nun nennen sie zwar schamlos, aber mit Unrecht. Denn nicht aus Schamlosigkeit tun sie dies, sondern weil sie mit Mut und Kühnheit und Mannhaftigkeit das ihnen Ähnliche lieben. Davon ist ein großer Beweis, daß, wenn sie vollkommen ausgebildet sind, solche Männer vorzüglich für die Angelegenheiten des Staates gedeihen. Sind sie aber mannbar geworden, so werden sie Knabenliebe haben; zur Ehe aber und Kinderzeugung haben sie von Natur keine Lust, sondern nur durch das Gesetz werden sie dazu genötigt, ihnen selbst wäre es genug, untereinander zu leben unverehelicht. Auf alle Weise wird ein solcher ein Knabenliebhaber und ein Liebhaberfreund, indem er immer dem Verwandten anhängt. Wenn aber einmal einer seine wahre eigne Hälfte antrifft, ein Knabenfreund oder jeder andere, dann werden sie wunderbar entzückt zu freundschaftlicher Einigung und Liebe und wollen sozusagen auch nicht die kleinste Zeit voneinander lassen; und die ihr ganzes Leben lang miteinander verbunden bleiben, diese sind es. welche auch nicht einmal zu sagen wüßten, was sie voneinander wollen. Denn dies kann doch wohl nicht die Gemeinschaft des Liebesgenusses sein, daß um deswillen jeder mit so großem Eifer trachtete, mit dem andern zusammen zu sein; sondern offenbar ist, daß die Seele beider etwas anderes wollend, was sie aber nicht aussprechen kann, es nur andeutet und zu raten gibt. Und wenn, indem sie zusammenliegen, Hephaistos vor sie hinträte, seine Werkzeuge in der Hand, und sie fragte: Was ist es denn eigentlich, was ihr wollt, ihr Leute, voneinander, und wenn sie dann nicht zu antworten wüßten, sie weiter fragte: Begehret ihr etwa dieses, soviel als möglich zusammen zu sein, daß ihr euch Tag und Nacht nicht verlassen dürftet? Denn wenn das euer Begehren ist, so will ich euch zusammenschmelzen und in eins zusammenschweißen, so daß ihr statt zweier einer seid, und solange ihr lebt, beide zusammen als einer lebt, und wenn ihr gestorben seid, auch dort in der Unterwelt nicht zwei, sondern gemeinsam gestorben ein Toter seid. Also seht zu, ob ihr dies liebt und zufrieden sein werdet, wenn ihr es erreicht. Dies hörend, das wissen wir gewiß, würde auch nicht einer sich weigern oder zu erkennen geben, daß er etwas anderes wolle, sondern jeder würde eben das gehört zu haben glauben, wonach er immer schon strebte, durch Nahesein und Verschmelzung mit dem Geliebten aus zweien einer zu werden. Hievon ist nun dies die Ursache, daß unsere ursprüngliche Beschaffenheit diese war und wir ganz waren, und dies Verlangen eben und Trachten nach dem Ganzen heißt Liebe. Und vor diesem, wie gesagt, waren wir eins, jetzt aber sind wir der Ungerechtigkeit wegen von dem Gott auseinandergelegt und verteilt worden, wie die Arkadier von den Lakedaimoniern. Es steht also zu besorgen, wenn wir uns nicht sittsam betragen gegen die Götter, daß wir nicht noch einmal zerspalten werden und so herumgehn müssen wie die auf den Grabsteinen Ausgeschnittenen, die mitten durch die Nase gespalten sind, und daß wir dann werden wie die geteilten Würfel, von denen die andere Hälfte der andere hat. Aber aus dieser Ursache sollte nun jeder Mann jedem zureden, den Göttern Ehrfurcht zu beweisen, damit wir diesem entgehen, jenes aber erlangen, wozu uns Eros führt und befehligt. Dem nun wolle ja niemand entgegenhandeln; es handelt dem aber entgegen, wer sich den Göttern verhaßt macht. Denn sind wir diesen befreundet und mit dem Gotte in gutem Vernehmen, so werden wir jeder unsern eigenen Liebling finden und besitzen, was jetzt nur wenigen begegnet. Und Eryximachos lege es mir nicht, um meine Rede auf Spott zu ziehen, so aus, als meinte ich den Pausanias und den Agathon. Denn vielleicht gehören auch sie zu diesen und sind beide von Natur männlich. Sondern ich meine es von allen insgesamt, Männern und Frauen, daß so unser Geschlecht glückselig würde, wenn es uns in der Liebe gelänge und jeder seinen eigentümlichen Liebling gewönne, um so zur ursprünglichen Natur zurückzukehren. Wenn nun dieses das Beste ist, so wird notwendig unter dem jetzt zu Gebote stehenden das Beste sein, was jenem am nächsten kommt, und das heißt, einen Liebling zu finden, der jedem nach seinem Sinne geartet ist. Und wollen wir dafür den Gott, von dem es uns herkommt, besingen, so müssen wir ja allerdings den Eros besingen, der uns jetzt schon so viel Gutes erzeugt, indem er uns zu dem Verwandten hinführt, für die Zukunft aber uns die größte Hoffnung gibt, uns, wenn wir nur Ehrfurcht den Göttern beweisen, zur ursprünglichen Natur herstellend und heilend, glücklich und selig zu machen.

Dies, o Eryximachos, sprach er, ist meine Rede vom Eros, eine ganz andere als die deinige. Wie ich dich nun schon gebeten habe, ziehe sie nicht auf Spott, damit wir auch die übrigen hören, was sie alle sagen werden, oder vielmehr beide, denn nur Agathon und Sokrates sind noch zurück. Wohl, ich will dir folgen, habe Eryximachos gesagt, denn auch mir ist die Rede ganz zu Danke gewesen, und wenn ich nicht wüßte, daß Sokrates und Agathon Meister sind in Liebessachen, würde mir gar bange sein, ob es ihnen nicht fehlen möchte, da schon so viel und vielerlei ist geredet worden. Nun aber habe ich doch guten Mut. – Darauf habe Sokrates gesagt: Du hast eben deine Sache gut bestanden, Eryximachos; wenn du aber wärest, wo ich bin, oder vielmehr wo ich sein werde, wenn auch Agathon erst noch geredet hat, so würde dir gewiß gar bange sein, und du wärest in allen Nöten, wie ich jetzt bin. – Du willst mich verzaubern, Sokrates, habe darauf Agathon gesagt, daß ich in Verwirrung geraten soll, wenn ich glaube, das Haus habe eine große Erwartung von mir, daß ich gut sprechen würde. – Sehr vergeßlich müßte ich dann sein, o Agathon, habe Sokrates gesagt, da ich deine Herzhaftigkeit und Hochsinnigkeit gesehen habe, als du mit den Schauspielern die Bühne bestiegst und auf ein so großes Haus hinübersahst, vor welchem du deine Reden darstellen solltest, ohne doch im mindesten bestürzt zu sein, wenn ich glauben sollte, du würdest jetzt in Verwirrung geraten vor uns wenigen Leutlein? – Wie doch, Sokrates, habe Agathon gesagt, du glaubst doch nicht, die Bühne habe mir den Kopf so eingenommen, daß ich nicht wüßte, wie den Verständigen wenige Einsichtsvolle bänger machen als noch so viele Unwissende. – Freilich wäre es nicht wohlgetan, o Agathon, habe Sokrates gesagt, wenn ich von dir etwas Unfeines glauben wollte; vielmehr weiß ich wohl, daß, wenn du auf solche träfst, die du für weise hieltest, du mehr aus ihnen machen würdest als aus der Menge. Aber wir mögen nur gar nicht solche sein. Denn wir waren ja auch dort zugegen und gehörten mit zu der Menge. Wenn du also auf andere weise Männer träfest, so würdest du dich wohl vor ihnen schämen, wenn du etwa glaubtest, etwas schlecht zu machen. Oder wie meinst du es? – Ganz recht, habe jener geantwortet. – Vor der Menge aber würdest du dich nicht schämen, wenn du glaubtest, etwas schlecht zu machen? – Darauf sei aber Phaidros eingefallen und habe gesagt: Lieber Agathon, wenn du dem Sokrates Antwort gibst, so wird er sich gar nichts daraus machen, wie es hier sonst noch weiter geht, wenn er nur einen hat, mit dem er Gespräch führen kann, zumal einen Schönen. Nun höre zwar auch ich gar gern den Sokrates Gespräch führen; jetzt aber muß ich dem Eros für seine Lobreden Sorge tragen und von jedem unter euch seine Rede in Empfang nehmen. Habt ihr nun beide dem Gotte das eurige dargebracht, dann mag er immer Gespräch führen. – Wohlgesprochen, Phaidros, habe Agathon gesagt, und nichts hindert mich, zu reden. Denn mit dem Sokrates kann ich ja auch nachher gar oft mich unterhalten.

Ich also will zuerst sagen, wie ich zu reden gedenke, und dann reden. Denn alle, welche bis jetzt gesprochen haben, schienen mir nicht den Gott zu loben, sondern die Menschen seligzupreisen um das Gute, dessen Urheber ihnen der Gott ist; was für einer er aber selbst ist, der ihnen dies alles gewährt hat, das hat keiner gesagt. Die einzige richtige Weise aber eines jeden Lobes für jeden ist in der Rede zu zeigen, welchartig und weichartiger Dinge Urheber der ist, von dem geredet wird. Auf diese Weise also gebührt auch uns, den Eros zu loben, zuerst ihn selbst, wie er beschaffen ist, und dann seine Gaben. Daher behaupte ich, daß, da alle Götter glückselig sind, Eros, wenn es verstattet und unfrevelhaft ist zu sagen, der Glückseligste unter ihnen ist, weil der Schönste und Beste. Er ist aber der Schönste, inwiefern ein solcher. Zuerst als der Jüngste unter den Göttern, o Phaidros. Einen großen Beweis für diese Behauptung gibt er uns selbst, indem er fliehend dem Alter entkommt, welches offenbar doch schnell ist; schneller wenigstens als billig ereilt es uns, welches, sage ich, Eros seiner Natur nach haßt und ihm auch von weitem nicht nahekommt. Mit der Jugend aber gesellt er sich und gefällt sich, und ganz recht hat jene alte Rede, daß das Ähnliche immer zum Ähnlichen sich hält. Daher ich, wiewohl in vielem andern mit dem Phaidros einstimmend, hierin nicht mit ihm einstimme, daß Eros älter sei als Kronos und Japetos. Sondern ich behaupte, er ist der Jüngste unter den Göttern und immer jung, und jene alten Händel unter den Göttern, von denen Hesiodos und Parmenides reden, müssen sich unter der Notwendigkeit ereignet haben, nicht unter dem Eros, wenn jene anders wahr erzählt haben. Denn sie würden einander nicht verschnitten und in Bande geworfen und sonst vielerlei Gewaltsames verübt haben, wenn Eros unter ihnen gewesen wäre, sondern einander geliebt und friedlich gelebt wie jetzt, seit Eros über die Götter regiert. Jung also ist er, nächst der Jugend aber auch zart, und es bedarf eines Dichters, wie Homeros einer war, um des Gottes Zartheit anschaulich zu machen. Homeros nämlich sagt von der Ate, sie sei eine Göttin und zart, wenigstens ihre Füße will er als zart beschreiben und sagt: »Leicht schweben die Füß' ihr, nimmer dem Grund auch nahet sie, nein, hoch wandelt sie her auf den Häupten der Männer« und scheint mir aus einem guten Grunde ihre Zartheit zu beweisen, daß sie nicht auf Hartem wandelt, sondern auf Weichem. Desselben Beweises nun wollen wir uns auch für den Eros bedienen, daß er zart ist. Denn weder auf der Erde wandelt er noch auf Hirnschädeln, die eben nicht sonderlich weich sind, sondern auf dem Weichsten unter allen wandelt er und bewohnt es. Nämlich in den Gemütern und Seelen der Götter und Menschen schlägt er seinen Wohnsitz auf, und auch nicht der Reihe nach ohne Ausnahme in allen Seelen, sondern begegnet er einer von harter Gesinnung, bei der geht er vorüber, die aber eine weiche hat, bei der zieht er ein. Der nun mit den Füßen und überall nur das Weichste der Weichsten berührt, muß notwendig der Zarteste sein. Und so ist er dann der Jüngste und Zarteste; über dies aber auch von schmeidigem Wesen. Denn sonst vermöchte er nicht überall sich anzuschmiegen und in jede Seele heimlich sowohl zuerst hineinzukommen, als auch hernach herauszugehen, wenn er ungelenk wäre. Auch ist von seiner ebenmäßigen und schmeidigen Gestalt ein großer Beweis die Wohlanständigkeit, die ausgezeichnet vor allen eingeständlich dem Eros eignet. Denn Übelstand und Liebe sind immer im Kriege gegeneinander. Die Schönheit aber seiner Farben muß schon die Lebensweise des Gottes unter Blüten zeigen. Denn in einem blütenlosen oder abgeblühten Leib oder Seele, oder was es sonst ist, setzt sich Eros nicht; wo aber ein blumiger und duftiger Ort ist, da setzt er sich und bleibt. Über die Schönheit des Gottes nun reicht schon dieses wohl hin, wie auch vieles noch zurückbleibt; von seiner Tugend aber ist hiernächst zu sagen, zuerst das größte, daß Eros nie weder beleidigt, noch beleidigt wird, weder Gott und von Gott, noch Menschen und von Menschen. Denn weder widerfährt ihm selbst gewaltsam, wenn ihm etwas widerfährt, denn Gewalt trifft den Eros nicht, noch verrichtet er so, was er verrichtet. Denn jeder leistet dem Eros jedes freiwillig, und was freiwillig einer dem andern Freiwilligen zugesteht, das erklären die Könige der Staaten, die Gesetze, für recht. Nächst der Gerechtigkeit aber ist ihm auch Besonnenheit vorzüglich zuzuschreiben. Denn Besonnenheit, wird eingestanden, sei das Herrschen über Lüste und Begierden, und keine Lust sei stärker als die Liebe. Sind die andern aber schwächer, so werden sie ja von der Liebe beherrscht, und Eros herrscht. Herrscht aber Eros über die Lüste und Begierden, so muß er ja vorzüglich besonnen sein. So auch was die Tapferkeit betrifft, kann nicht einmal Ares sich dem Eros gegenüberstellen. Denn nicht er, Ares, hat den Eros, sondern ihn, den Ares, hat der Eros, die Liebe zur Aphrodite nämlich, wie ja die Rede geht. Der aber hat, ist besser als der gehabt wird, und hat er den Tapfersten von allen übrigen unter sich, so ist er ja notwendig der Tapferste von allen. Von der Gerechtigkeit also und Besonnenheit und Tapferkeit des Gottes haben wir geredet; die Weisheit aber ist noch zurück. Soviel nun möglich müssen wir suchen, auch hier nicht zurückzubleiben.

Und zuerst nun, damit auch ich unsere Kunst ehre, wie Eryximachos die seinige, ist der Gott so kunstreich als Dichter, daß er auch andere dazu macht. Jeder wenigstens wird ein Dichter, war er auch den Musen fremd vorher, den Eros trifft. Was wir also wohl können als Beweis brauchen dafür, daß Eros ein trefflicher Künstler ist, jedes hervorzubringen, was zur Kunst der Musen gehört. Denn was einer nicht hat oder nicht weiß, das kann er auch einem andern nicht geben oder lehren. Und was nun weiter die Hervorbringung alles Lebendigen betrifft, wer wollte wohl bestreiten, daß es nicht die Kunst des Eros sei, durch welche alles Lebende entsteht und gebildet wird. Von der Meisterschaft aber in anderen Künsten wissen wir etwa nicht, daß, wessen Lehrer dieser Gott gewesen, der in Ruhm und Glanz gekommen ist, wem aber Eros nicht beigestanden, der in den Schatten? Denn die Heilkunde und die Kunst des Bogenschießens und des Weissagens hat Apollon erfunden unter Anführung des Verlangens und der Liebe, so daß sowohl dieser für einen Schüler des Eros anzusehen ist, als auch die Musen in der Tonkunst und Hephaistos in der Schmiedekunst und Athene in der Weberei und Zeus in der Regierungskunst über Götter und Menschen. Daher auch die Angelegenheiten der Götter sich geordnet haben, sobald nur die Liebe unter sie gekommen war, zur Schönheit nämlich; denn über die Häßlichkeit ist Eros nicht gesetzt. Vorher aber, wie ich auch anfangs gesagt, gab es vielerlei Arges unter den Göttern, weil die Notwendigkeit herrschte; sobald aber dieser Gott entsprungen war, entstand auch aus der Liebe zum Schönen alles Gute bei Göttern und Menschen. Auf diese Art also, o Phaidros, scheint mir Eros zuerst selbst der Schönste und Beste, nächstdem aber auch vieles anderen solchen Urheber zu sein. Und hier fällt mir ein, etwas Dichterisches zu sagen, daß er es nämlich ist, welcher bewirkt unter den Menschen Fried' und spiegelnde Glätte dem Meere, Schweigen der Stürm' und erfreuliches Lager und Schlaf für die Sorgen. Und dieser eben entledigt uns des Fremdartigen und sättigt uns mit dem Angehörigen, indem er nur solche Vereinigungen uns untereinander anordnet, bei Festen, bei Chören, bei Opfern sich darbietend zum Anführer; Mildheit dabei verleihend, Wildheit aber zerstreuend, Begründer des Wohlwollens, Verhindrer und des Überwollens, günstig den Guten, verehrlich den Weisen, erfreulich den Göttern, neidenswert den Unbegabten, erwünscht den Wohlbegabten, des Wohllebens, der Behaglichkeit, der Genüge, der Armut, des Sehnens, des Reizes Vater, sorgsam für die Guten, sorglos für die Schlechten, im Wanken, im Bangen, in Verlangen, in Gedanken der beste Lenker, Helfer, Berater und Retter, aller Götter und Menschen Zier, als Anführer der schönste und beste, dem jeglicher Mann folgen muß, lobsingend, aufs herrlichste in den herrlichen Gesang mit einstimmend, welchen anstimmend er aller Götter und Menschen Sinn erweicht. Diese Rede, sprach er, o Phaidros, sei von meinetwegen dem Gotte dargebracht, teils Spiel enthaltend, teils auch ziemlichen Ernst nach bestem Vermögen.

Nachdem nun Agathon also gesprochen, sagte Aristodemos, seien die Anwesenden in lauten Beifall ausgebrochen, wie angemessen der Jüngling geredet sich selbst und dem Gotte. Da habe nun Sokrates gesagt, zum Eryximachos sich wendend: Dünkt dich nun wohl, o Sohn des Akumenos, daß ich schon lange um unnötige Not mich geängstigt habe? Sondern nicht vielmehr, daß ich weissagend, was ich vorhin sagte, gesprochen, daß nämlich Agathon bewundernswürdig reden, ich aber keinen Rat mehr wissen würde? – Das eine, habe Eryximachos gesagt, scheinst du mir weissagend gesprochen zu haben, daß Agathon gut reden würde, daß du aber keinen Rat wissen werdest, glaube ich nicht. – Und wie doch, du Glücklicher, habe Sokrates gesagt, sollte ich nicht ratlos sein und jeder andere, welcher reden sollte, nachdem eine so schöne und reichverzierte Rede gesprochen worden? und wenn auch das übrige wohl nicht alles ebenso bewundernswert gewesen ist; aber die Schönheit der Wörter und Redensarten am Ende, welcher Hörer ist nicht über diese erstaunt? Denn ich wenigstens, wenn ich bedenke, wie gar nicht ich imstande sein werde, auch nur von weitem etwas so Schönes vorzutragen, wäre vor Scham beinahe entwischt, wenn ich nur irgendwohin gekonnt hätte. Denn gar an den Gorgias hat die Rede mich erinnert, so daß mir ordentlich jenes Homerische begegnet ist, mir ward bange, Agathon möchte das Gorgische Haupt, das gewaltige im Reden, am Ende seiner Reden gegen meine Rede loslassen und mich selbst zum Steine verstummen machen. Und da habe ich denn gemerkt, wie lächerlich ich war, als ich euch versprach, wenn meine Reihe käme, mit euch dem Eros eine Lobrede zu halten, und als ich sagte, daß ich gewaltig wäre in Liebessachen, da ich doch gar nichts von der Sache verstand, wie man, was es auch immer wäre, loben müsse. Ich dachte nämlich in meiner Einfalt, man müsse die Wahrheit sagen in jedem Stück von dem zu Preisenden; dies also müsse man vor sich haben, und das Schönste davon auswählend, müsse man auf das Schicklichste zusammenstellen. Und ich wußte mir gar viel damit, wie gut ich reden würde, als verstände ich, was es eigentlich hieße, irgend etwas loben. Das war aber, wie es scheint, gar nicht die rechte Weise, etwas zu loben, sondern darin besteht sie, daß man der Sache nur so Vieles und Schönes beilege als möglich, möge es sich nun so verhalten oder nicht. Und ist es auch falsch, so ist nichts daran gelegen. Denn es war wohl vorher festgesetzt, wie es scheint, jeder von uns solle sich das Ansehn geben, den Eros zu lobpreisen, nicht ihn wirklich lobpreisen. Deshalb, meine ich, habt ihr alles zusammengesucht und dem Eros beigelegt und sagt, ein solcher sei er und solches bringe er hervor, damit er nur auf das schönste und vortrefflichste erscheine, offenbar nämlich denen, die ihn nicht kennen, denn denen, die um ihn wissen, wohl nicht. Und so ist es doch eine schöne und prächtige Lobrede. Ich aber kannte gar nicht diese Weise des Lobes, und ohne sie zu kennen, versprach ich auch in der Reihe, ihn zu loben. Die Zunge also hat versprochen, die Seele aber nicht. Es unterbleibe also! Denn ich halte nun keine Lobrede nach dieser Weise; ich könnte es auch nicht. Indessen die Wahrheit, wenn ihr wollt, die will ich euch wohl sagen nach meiner Art, nicht wie eure Reden waren, damit ich kein Gelächter bereite. Sieh also zu, Phaidros, ob du eine solche Rede auch gebrauchen kannst, was wahr ist vom Eros, sagen zu hören, aber in Redensarten und Wortstellungen, wie sie sich eben fügen wollen. – Phaidros nun, sagte er, und die andern hätten ihn geheißen zu reden, wie er selbst glaubte, daß man reden müsse, gerade so. – Noch mußt du mir, o Phaidros, habe er gesagt, auch erst den Agathon vergönnen einiges wenige zu fragen, damit ich, hierüber mit ihm einverstanden, alsdann weiter rede. – Ich vergönne es, habe Phaidros gesagt, frage ihn nur. – Darauf habe dann, erzählte er, Sokrates so ungefähr angefangen:

Also, lieber Agathon, sehr gut scheinst du mir deine Rede eingeleitet zu haben, als du sagtest, zuerst müsse man den Eros selbst darstellen, weichartig er ist, und hernach seine Werke. Dieser Anfang ist mir gar recht. Wohlan, da du auch das übrige so schön und herrlich vorgetragen hast von dem Eros, welcher Art er ist: so sage mir doch auch dieses, ob Eros auch ein solcher ist, daß er jemandes Liebe ist oder niemandes? Ich frage aber nicht etwa, ob er von einem Vater oder einer Mutter ist; denn lächerlich wäre die Frage, ob Eros eines Vaters oder einer Mutter Liebe ist. Sondern, wie wenn ich eben nach einem Vater selbst fragte, ob ein Vater jemandes Vater ist oder nicht, du gewiß doch sagen würdest, wenn du anders ordentlich antworten wolltest, allerdings wäre ein Vater Vater eines Sohnes oder einer Tochter, oder nicht? – Freilich, hätte Agathon geantwortet. – Nicht auch ebenso die Mutter? – Auch das hätte er zugegeben. – Wohl, hätte Sokrates gesagt, antworte nur noch ein weniges mehr, damit du besser verstehst, was ich will. Wenn ich nun fragte, wie ein Bruder? ist der auch das, was er ist, ein Bruder von jemand oder nicht? – Allerdings, habe er gesagt. Doch von einem Bruder oder einer Schwester? – Das habe er bejaht. – Versuche denn dasselbe auch von der Liebe zu sagen, ist die Liebe von nichts oder etwas? – Freilich von etwas. – Dieses nun, habe Sokrates gesagt, halte noch bei dir fest in Gedanken, wovon sie Liebe ist, und sage mir nur soviel, ob die Liebe das, dessen Liebe sie ist, begehrt oder nicht? – Allerdings, habe er gesagt. – Und ob sie wohl schon habend, was sie begehrt und liebt, es begehrt und liebt, oder es nicht habend? – Nicht habend, wie es ja scheint, habe er gesagt. – Überlege nur, habe Sokrates gesagt, ob es nicht statt zu scheinen vielmehr notwendig so ist, daß das Begehrende begehrt, wessen es bedürftig ist, oder nicht begehrt, wenn es nicht bedürftig ist. Mir wenigstens, Agathon, schwebt es gar wunderbar vor, daß dies notwendig so ist. Und dir wie? – Auch mir, habe er gesagt. – Wohlgesprochen. Wünscht also wohl jemand, der groß ist, groß zu sein, und der stark ist, stark zu sein? – Unmöglich nach dem Eingestandenen. – Denn der es schon ist, wäre ja dessen nicht bedürftig. – Richtig gesprochen. –

Denn wenn ein Starkseiender will stark sein, der ein Schnellseiender schnell, oder ein Gesundseiender gesund: – denn vielleicht könnte jemand hievon und von allem dergleichen meinen, daß auch die schon solche sind und dies schon haben, doch dieses, was sie haben, auch begehren. Damit wir nun nicht irre werden, deshalb eben sage ich, daß doch diese, o Agathon, wenn du Acht hast, jegliches von diesen Dingen für jetzt notwendig haben, was sie haben, sie mögen es nun wollen oder nicht. Und wer könnte das nun wohl noch begehren? Sondern wenn einer sagt, ich, der ich gesund bin, will gesund sein, und ich, der ich reich bin, will reich sein, und begehre also das, was ich habe: so würden wir ihm sagen: nämlich du, der du Reichtum besitzest und Gesundheit und Stärke, willst eben dies auch in der folgenden Zeit besitzen; denn in der jetzt gegenwärtigen, magst du es nun wollen oder nicht, hast du es schon. Überlege also, wenn du sagst, ich begehre das Vorhandene, ob du etwas anderes meinst als dieses: ich will, daß das jetzt Vorhandene mir auch in künftiger Zeit vorhanden sei, nicht wahr, das würde er zugeben? – Das habe Agathon bejaht. – Darauf habe Sokrates gesagt: Also auch dies heißt dasjenige lieben, was noch nicht bereit ist und man nicht hat, wenn einer wünscht, daß ihm auch für die künftige Zeit das behalten bleibe, was er jetzt besitzt. – Freilich, habe er gesagt. – Also auch dieser und jeder andere Begehrende begehrt das noch nicht Vorhandene und nicht Fertige, und was er nicht hat und nicht selbst ist und wessen er bedürftig ist; solcherlei also sind die Dinge, wonach es eine Begierde gibt und eine Liebe. – Freilich, habe er gesagt. – Wohlan denn, habe Sokrates gesprochen, laß uns das Gesagte zusammenrechnen. Nicht wahr, Liebe ist zuerst Liebe zu etwas und dann Liebe zu dem, wonach jemand ein Bedürfnis hat? – Ja, habe er gesagt. – Hiezu nun erinnere dich dessen, worauf du in deiner Rede sagtest, daß Eros ginge. Oder wenn du willst, will ich dich erinnern. Ich glaube nämlich, du sagtest so ungefähr, daß die Angelegenheiten der Götter sich geordnet haben durch die Liebe zum Schönen, denn zum Häßlichen gebe es keine Liebe. Sagtest du nicht ungefähr so? – Das sagte ich freilich, habe Agathon gesagt. – Und ganz annehmlich war das gesprochen, Freund, habe Sokrates gesagt. Und wenn sich dies so verhält, wäre dann die Liebe nicht

Liebe zur Schönheit, zur Häßlichkeit aber nicht? – Das gestand er. – Und eingestanden ist doch, das, wessen man bedürftig ist und es nicht hat, liebe man? – Ja, habe er gesagt. – Bedürftig also ist Eros der Schönheit und hat sie nicht? – Notwendig, habe er gesagt. – Und wie? das der Schönheit Bedürftige und sie keineswegs Besitzende, sagst du etwa, sei schön? – Nicht füglich. – Behauptest du also noch, daß Eros schön sei, wenn sich dies so verhält? – Darauf habe Agathon gesagt: Ich mag am Ende wohl nichts von dem verstehen, o Sokrates, was ich damals sagte. – Gar recht magst du daran wohl haben, o Agathon, habe er gesagt. Aber die Kleinigkeit sage mir noch, dünkt dich nicht das Gute auch schön zu sein? – Mich dünkt es so. – Wenn also Eros des Schönen bedürftig ist und das Gute schön ist, so wäre er ja auch des Guten bedürftig? – Ich, habe er gesagt, o Sokrates, weiß dir wenigstens nicht zu widersprechen, sondern es soll so sein, wie du sagtest. – Freilich wohl der Wahrheit, habe er gesagt, o geliebter Agathon, vermagst du nicht zu widersprechen. Denn dem Sokrates, das ist gar nichts schweres.

Und so will ich dich denn jetzo lassen und eine Rede über den Eros, welche ich einst von einer Mantineerin namens Diotima gehört habe, welche hierin und auch sonst sehr weise war, auch den Athenern einst bei einem Opfer vor der Pest zehnjährigen Aufschub der Krankheit bewirkte, welche auch mich in Liebessachen unterrichtet hat, die Rede also, welche diese gesprochen hat, will ich versuchen euch zu wiederholen, von dem ausgehend, worüber ich mit Agathon übereingekommen bin, sonst aber ganz für mich allein, so gut ich eben kann. Es gehört sich also, o Agathon, wie auch du erklärtest, zuerst ihn selbst zu beschreiben, den Eros, wer er ist und was für einer, und dann seine Werke. Es dünkt mich also am leichtesten, es so durchzunehmen, wie damals die Fremde mich ausfragend es durchging. Denn ungefähr dergleichen hatte auch ich zu ihr gesagt, wie Agathon jetzt zu mir, daß Eros ein großer Gott sei und von dem Schönen. Sie aber widerlegte mich mit denselben Reden, womit ich jetzt diesen, daß er weder schön wäre nach meinen eigenen Reden, noch gut. Da sprach ich: Wie meinst du aber, Diotima, ist also Eros häßlich und schlecht? – Und sie: Willst du dich nicht Frevels enthalten? Oder meinst du, was nicht schön ist, das sei notwendig häßlich? – Allerdings wohl. – Auch was nicht weise, das töricht? Oder hast du nicht gemerkt, daß es etwas mitten inne gibt zwischen Weisheit und Torheit? – Was wäre das? – Wenn man richtig vorstellt, ohne jedoch Rechenschaft davon geben zu können, weißt du nicht, daß das weder Wissen ist, denn wie könnte etwas Grundloses eine Erkenntnis sein? noch auch Unverstand, denn da sie doch das Wahre enthält, wie könnte sie Unverstand sein? Also ist offenbar die richtige Vorstellung so etwas zwischen Einsicht und Unverstand. – Richtig, sprach ich. – Folgere also nicht, was nicht schön ist, sei häßlich, noch was nicht gut, sei schlecht. Ebenso auch vom Eros, da du doch selbst eingestehst, er sei weder gut noch schön, glaube deshalb dennoch nicht, daß er häßlich und schlecht sein müsse, sondern etwas, sagte sie, zwischen beiden. – Aber das, sprach ich, wird doch von allen eingestanden, daß er ein großer Gott ist. – Von allen Nichtwissenden, sprach sie, meinst du, oder auch von den Wissenden? – Von allen insgesamt. – Da lachte sie und sagte: Und wie, Sokrates, könnte wohl von denen eingestanden werden, daß er ein großer Gott sei, welche behaupten, es sei überall kein Gott? – Wer sind doch die, fragte ich. – Einer davon bist du, sagte sie, und eine ich. – Da sprach ich: Wie meinst du doch dies? – Und sie antwortete: Ganz natürlich. Denn sage mir nur, meinst du nicht, daß alle Götter glückselig und schön sind? Oder hättest du das Herz zu sagen, daß irgend ein Gott nicht schön und glückselig sei. – Beim Zeus, ich gewiß nicht, sprach ich. – Und glückselig nennst du doch, die das Schöne und Gute besitzen? – Freilich. – Vom Eros aber hast du doch eingestanden, daß er aus Bedürfnis des Schönen und Guten eben das begehre, dessen er bedürftig ist? – Das habe ich eingestanden. – Wie könnte also ein Gott sein, der unbegabt ist mit Schönem und Gutem? – Auf keine Weise, wie es scheint. – Siehst du nun, sagte sie, daß auch du den Eros für keinen Gott hältst? – Was wäre also, sprach ich, Eros? etwa sterblich? – Keineswegs. – Aber was denn? – Wie oben, sagte sie, zwischen dem Sterblichen und Unsterblichen. – Was also, o Diotima? – Ein großer Dämon, o Sokrates. Denn alles Dämonische ist zwischen Gott und dem Sterblichen. – Und was für eine Verrichtung, sprach ich, hat es? – Zu verdolmetschen und zu überbringen den Göttern, was von den Menschen, und den Menschen, was von den Göttern kommt, der einen Gebete und Opfer, und der andern Befehle und Vergeltung der Opfer. In der Mitte zwischen beiden ist es also die Ergänzung, daß nun das Ganze in sich selbst verbunden ist. Und durch dies Dämonische geht auch alle Weissagung und die Kunst der Priester in bezug auf Opfer und Weihungen und Besprechungen und allerlei Wahrsagung und Bezauberung. Denn Gott verkehrt nicht mit Menschen; sondern aller Umgang und Gespräch der Götter mit den Menschen geschieht durch dieses, sowohl im Wachen als im Schlaf. Wer sich nun hierauf versteht, der ist ein dämonischer oder geistlicher Mann, wer aber nur auf andere Dinge oder irgend auf Künste und Handarbeiten, der ist ein gemeiner. Solcher Dämonen oder Geister nun gibt es viele und von vielerlei Art, einer aber von ihnen ist auch Eros. – Wer aber, fragte ich, ist sein Vater und seine Mutter? – Weitläufiger, sprach sie, ist dies zwar zu erzählen; doch will ich es dir sagen. Als nämlich Aphrodite geboren war, schmausten die Götter, und unter den übrigen auch Poros, der Sohn der Metis. Als sie nun abgespeist, kam, um sich etwas zu erbetteln, da es doch festlich herging, auch Penia und stand an der Türe. Poros nun, berauscht vom Nektar, denn Wein gab es noch nicht, ging in den Garten des Zeus hinaus, und schwer und müde wie er war, schlief er ein. Penia nun, die ihrer Dürftigkeit wegen den Anschlag faßte, ein Kind mit Poros zu erzeugen, legte sich zu ihm und empfing den Eros. Deshalb ist auch Eros der Aphrodite Begleiter und Diener geworden wegen seiner Empfängnis an ihrem Geburtsfest, und weil er von Natur ein Liebhaber des Schönen ist und Aphrodite schön ist. Als des Poros und der Penia Sohn aber befindet sich Eros in solcherlei Umständen. Zuerst ist er immer arm und bei weitem nicht fein und schön, wie die meisten glauben, vielmehr rauh, unansehnlich, unbeschuht, ohne Behausung, auf dem Boden immer umherliegend und unbedeckt schläft er vor den Türen und auf den Straßen im Freien, und ist der Natur seiner Mutter gemäß immer der Dürftigkeit Genosse. Und nach seinem Vater wiederum stellt er dem Guten und Schönen nach, ist tapfer, keck und rüstig, ein gewaltiger Jäger, allezeit irgend Ränke schmiedend, nach Einsicht strebend, sinnreich, sein ganzes Leben lang philosophierend, ein arger Zauberer, Giftmischer, und Sophist, und weder wie ein Unsterblicher geartet, noch wie ein Sterblicher, bald an demselben Tage blühend und gedeihend, wenn es ihm gut geht, bald auch hinsterbend, doch aber wieder auflebend nach seines Vaters Natur. Was er sich aber schafft, geht ihm immer wieder fort, so daß Eros nie weder arm ist noch reich und auch zwischen Weisheit und Unverstand immer in der Mitte steht. Dies verhält sich nämlich so. Kein Gott philosophiert oder begehrt weise zu werden, sondern ist es, noch auch, wenn sonst jemand weise ist, philosophiert dieser. Ebensowenig philosophieren auch die Unverständigen oder bestreben sich, weise zu werden. Denn das ist eben das Arge am Unverstande, daß er, ohne schön und gut und vernünftig zu sein, doch sich selbst ganz genug zu sein dünkt. Wer nun nicht glaubt bedürftig zu sein, der begehrt auch das nicht, dessen er nicht zu bedürfen glaubt. – Wer also, sprach ich, Diotima, sind denn die Philosophierenden, wenn es weder die Weisen sind noch die Unverständigen? – Das muß ja schon, sagte sie, jedem Kinde deutlich sein, daß es die zwischen beiden sind, zu denen auch Eros gehören wird. Denn die Weisheit gehört zu dem Schönsten, und Eros ist Liebe zu dem Schönen; so daß Eros notwendig weisheitliebend ist und also als philosophisch zwischen den Weisen und Unverständigen mitten innesteht. Und auch davon ist seine Herkunft Ursache; denn er ist von einem weisen und wohlbegabten Vater, aber von einer unverständigen und dürftigen Mutter. Dies also, lieber Sokrates, ist die Natur dieses Dämons. Was du aber glaubtest, daß Eros sei, ist nicht zu verwundern. Du glaubtest nämlich, wie ich aus dem, was du sagst, vermuten muß, Eros sei das Geliebte, nicht das Liebende. Daher, meine ich, erschien dir Eros so wunderschön. Denn das Liebenswerte ist auch in der Tat das Schöne, Zarte, Vollendete, Seligzupreisende. Das Liebende aber hat ein anderes Wesen, so wie ich es beschreiben habe. – Darauf sagte ich: Wohl denn, Freundin, denn du hast wohlgesprochen. Wenn nun aber Eros ein solcher ist, welchen Nutzen gewährt er den Menschen? – Dies, o Sokrates, sprach sie, will ich nun hiernächst versuchen dich zu lehren. So beschaffen also und so entstanden ist Eros. Er geht aber auf das Schöne, wie du sagst. Wenn uns aber jemand fragte: Was hat denn

Eros vom Schönen, o Sokrates und Diotima? Oder ich will es noch deutlicher so fragen: Wer das Schöne begehrt, was begehrt der? – Da sprach ich: Daß es ihm zuteil werde. – Aber, sagte sie, diese Antwort verlangt nach noch einer Frage, etwa dieser: Was geschieht denn jenem, dem das Schöne zuteil wird? – Da sagte ich: Auf diese Frage hätte ich nicht mehr sogleich eine Antwort bereit. – Aber, sprach sie, wenn nun jemand tauschend statt des Schönen das Gute setzte und fragte: Sprich, Sokrates, wer das Gute begehrt, was begehrt der? – Daß es ihm zuteil werde, sagte ich. – Und was geschieht jenem, dem das Gute zuteil wird? – Das kann ich schon leichter beantworten, sagte ich, er wird glückselig. – Denn durch den Besitz des Guten, fügte sie hinzu, sind die Glückseligen glückselig. Und hier bedarf es nun keiner weitern Frage mehr, weshalb doch der glückselig sein will, der es will, sondern die Antwort scheint vollendet zu sein. – Richtig gesprochen, sagte ich. – Dieser Wille nun und diese Liebe, glaubst du, daß sie allen Menschen gemein sind, und daß alle immer wollen das Gute haben? Oder wie meinst du? – So, sprach ich, daß dies allen gemein ist. – Warum aber, sprach sie, sagen wir nicht, daß alle lieben, wenn doch alle dasselbe lieben und immer, sondern sagen von einigen, daß sie lieben, von anderen aber nicht? – Das wundert mich selbst, sagte ich. – Laß es dich nur nicht wundern, sagte sie. Denn wir nehmen nur eine gewisse Art der Liebe heraus, die wir mit dem Namen des Ganzen belegen und Liebe nennen, für die anderen brauchen wir andere Namen. – Wie doch etwa? sprach ich. – So etwa, sagte sie. Du weißt doch, daß Dichtung etwas gar Vielfältiges ist. Denn was nur für irgend etwas Ursache wird, aus dem Nichtsein in das Sein zu treten, ist insgesamt Dichtung. Daher liegt auch bei den Hervorbringungen aller Künste Dichtung zugrunde, und die Meister darin sind sämtlich Dichter. – Ganz richtig. – Aber doch weißt du schon, daß sie nicht Dichter genannt werden, sondern andere Benennungen haben, und von der gesamten Dichtung wird nur ein Teil ausgesondert der es mit der Tonkunst und den Silbenmaßen zu tun hat, und dieser mit dem Namen des Ganzen benannt. Denn dies allein wird Dichtung genannt, und die diesen Teil der Dichtung innehaben, Dichter. – Richtig gesprochen, sagte ich. – So auch, was die Liebe betrifft, ist im allgemeinen jedes Begehren des Guten und der Glückseligkeit die größte und heftigste Liebe für jeden. Allein die übrigen, die sich anderwärtshin damit wenden, entweder zum Gewerbe oder zu den Leibesübungen oder zur Erkenntnis, von denen sagen wir nicht, daß sie lieben und Liebhaber sind; sondern nur, die auf eine gewisse Art ausgehn und sich der befleißigen, erhalten den Namen des Ganzen, Liebe und Lieben und Liebhaber. – Das magst du wohl richtig erklären, sagte ich. – Und so geht zwar eine Rede, sagte sie, daß die ihre Hälfte suchen, lieben. Meine Rede aber sagt, die Liebe gehe weder auf die Hälfte, Freund, noch auf das Ganze, wenn es nicht ein Gutes ist. Denn die Menschen lassen sich ja gern ihre eigenen Hände und Füße wegschneiden, wenn sie, obgleich ihr eigen, ihnen böse und gefährlich scheinen. Denn nicht an dem Seinigen hängt jeder, glaube ich, es müßte denn einer das Gute das Angehörige nennen und das Seinige, das Schlechte aber Fremdes. So daß es nichts gibt, was die Menschen lieben, als das Gute. Oder scheinen sie dir doch etwa? – Beim Zeus, mir nicht, sprach ich. – Können wir aber nun schon so schlechthin sagen, daß die Menschen das Gute lieben? – Ja, sagte ich. – Wie? müssen wir nicht hinzusetzen, daß sie lieben, das Gute zu haben? – Das müssen wir hinzusetzen. – Und, sagte sie, nicht nur es zu haben, sondern auch es immer zu haben? – Auch das ist hinzuzusetzen. – So geht denn, alles zusammengenommen, die Liebe darauf, daß man selbst das Gute immer haben will. – Vollkommen richtig erklärt, sagte ich. – Wenn nun die Liebe immer dieses ist, auf welche Art und in welcher Handlungsweise gehn ihm nun diejenigen nach, deren Betrieb und Anstrengung man eigentlich Liebe zu nennen pflegt? Weißt du wohl zu sagen, was für ein Werk dieses ist? – Dann würde ich ja, sprach ich, dich, o Diotima, nicht so bewundern deiner Weisheit wegen und zu dir gehn, um eben dieses zu lernen. – So will ich es dir sagen, sprach sie. Es ist nämlich eine Ausgeburt in dem Schönen, sowohl dem Leibe als der Seele nach. – Man muß weissagen können, sprach ich, um zu wissen, was du wohl meinst, und ich verstehe es nicht. – So will ich es dir denn deutlicher sagen. Alle Menschen nämlich, o Sokrates, sprach sie, sind fruchtbar, sowohl dem Leibe als der Seele nach, und wenn sie zu einem gewissen Alter gelangt sind, so strebt unsere Natur zu erzeugen. Erzeugen aber kann sie in dem Häßlichen nicht, sondern nur in dem Schönen. Des Mannes und Weibes Gemeinschaft nämlich ist Erzeugung. Es ist aber dies eine göttliche Sache, und in dem sterblichen Lebenden etwas Unsterbliches die Empfängnis und die Erzeugung. In dem Unangemessenen aber kann dieses unmöglich erfolgen; und unangemessen ist das Häßliche allem Göttlichen, das Schöne aber angemessen. Eine einführende und geburtshelfende Göttin also ist die Schönheit für die Erzeugung. Deshalb, wenn das Zeugungslustige dem Schönen naht, wird es beruhigt und von Freude durchströmt und erzeugt und befruchtet; wenn aber Häßlichem, so zieht es sich finster und traurig in sich zusammen und wendet sich ab und schrumpft ein und erzeugt nicht, sondern trägt mit Beschwerde seine Bürde weiter. Darum beeifert sich, wer von Zeugungsstoff und Lust erfüllt ist, so sehr um das Schöne, weil es ihn großer Wehen entledigt. Denn die Liebe, o Sokrates, geht gar nicht auf das Schöne, wie du meinst. – Sondern worauf denn? – Auf die Erzeugung und Ausgeburt im Schönen. – Mag sein, sprach ich. – Ganz gewiß, sagte sie. – Warum aber auf die Erzeugung? – Weil eben die Erzeugung das Ewige ist und das Unsterbliche, wie es im Sterblichen sein kann. Nach der Unsterblichkeit aber zu streben mit dem Guten, ist notwendig zufolge des schon Eingestandenen, wenn doch die Liebe darauf geht, das Gute immer zu haben. Notwendig also geht nach dieser Rede die Liebe auch auf die Unsterblichkeit.

Dies alles lehrte sie mich, als sie über die Liebe mit mir redete, und fragte mich auch einmal: Was meinst du wohl, o Sokrates, daß die Ursach sei dieser Liebe und dieses Verlangens? Oder merkst du nicht, in welchem gewaltsamen Zustande sich alle Tiere befinden, wenn sie begierig sind zu erzeugen, geflügelte und ungeflügelte, wie sie alle krank und verliebt erscheinen, zuerst wenn sie sich miteinander vermischen, und dann auch bei der Auferziehung des erzeugten, wie auch die schwächsten bereit sind, dieses gegen die stärksten zu verteidigen und dafür zu sterben; und wie sie sich selbst vom Hunger quälen lassen, um nur jenes zu ernähren, und so auch alles andere tun? Denn von den Menschen könnte man sagen, sie täten dies mit

Überlegung; aber welches der Grund sein mag, warum auch die Tiere sich so verliebt zeigen, kannst du mir das sagen? – Und ich sagte wieder, ich wüßte es nicht. – Da sprach sie: Gedenkst du denn je etwas großes zu leisten in Liebessachen, wenn du dies nicht einsiehst? – Aber eben deshalb, sprach ich, bin ich ja zu dir gekommen, o Diotima, wie ich auch schon sagte, weil ich weiß, daß ich Lehrer brauche. Sage mir also den Grund hievon und von allem, was sonst in der Liebe vorkommt. – Wenn du also glaubst, sprach sie, daß die Liebe von Natur auf das gehe, worüber wir uns oft schon einverstanden haben, so wundere dich nur nicht. Denn ganz eben so wie dort sucht auch hier die sterbliche Natur nach Vermögen immer zu sein und unsterblich. Sie vermag es aber nur auf diese Art durch die Erzeugung, daß immer ein anderes Junges statt des Alten zurückbleibt. Denn auch von jedem einzelnen Lebenden sagt man ja, daß es lebe und dasselbe sei, wie einer von Kindesbeinen an immer derselbe genannt wird, wenn er auch ein Greis geworden ist: und heißt doch immer derselbe, ohnerachtet er nie dasselbe an sich behält, sondern immer ein neuer wird und altes verliert an Haaren Fleisch, Knochen, Blut und dem ganzen Leibe; und nicht nur an dem Leibe allein sondern auch an der Seele, die Gewöhnungen, Sitten, Meinungen, Begierden, Lust, Unlust, Furcht, hievon behält nie jeder dasselbe an sich, sondern eins entsteht und das andere vergeht. Und viel wunderlicher noch als dieses ist, daß auch die Erkenntnisse nicht nur teils entstehen, teils vergehen und wir nie dieselbigen sind in bezug auf die Erkenntnisse, sondern daß auch jeder einzelnen Erkenntnis dasselbe begegnet. Denn was man Nachsinnen heißt, geht auf eine ausgegangene Erkenntnis. Vergessen nämlich ist das Ausgehn einer Erkenntnis. Nachsinnen aber bildet statt der abgegangenen eine Erinnerung ein und erhält so die Erkenntnis, daß sie scheint dieselbige zu sein. Und auf diese Weise wird alles Sterbliche erhalten, nicht so, daß es durchaus immer dasselbige wäre wie das Göttliche, sondern indem das Abgehende und Veraltende ein anderes neues solches zurückläßt, wie es selbst war. Durch diese Veranstaltung, o Sokrates, sagte sie, hat alles Sterbliche teil an der Unsterblichkeit, der Leib sowohl als alles übrige; das Unsterbliche aber durch eine andere.

Wundere dich also nicht, wenn ein jedes von Natur seinen eignen Sprößling in Ehren hält. Denn der Unsterblichkeit wegen begleitet jeden dies Bestreben und diese Liebe. – Über diese Rede nun, als ich sie gehört, war ich verwundert und sagte: Wohl, weiseste Diotima, verhält sich dies nun in der Tat so? – Und sie, wie die rechten Meister im Wissen pflegen, sprach: Das sei nur versichert, o Sokrates. Denn wenn du auch auf die Ehrliebe der Menschen sehen willst: so müßtest du dich ja über die Unvernunft wundern in dem, was ich schon angeführt, wenn du nicht bedenkst, wie einen gewaltigen Trieb sie haben, berühmt zu werden und einen unsterblichen Namen auf ewige Zeiten sich zu erwerben. Und dieserhalb sind alle bereit die größten Gefahren zu bestehen, noch mehr als für ihre Kinder, und ihr Vermögen aufzuwenden, und jedwede Mühe unverdrossen zu übernehmen und dafür zu sterben. Denn meinst du wohl, sprach sie, Alkestis würde für den Admetos gestorben sein oder Achilleus dem Patroklos nachgestorben, oder euer Kodros im voraus für die Königswürde seiner Kinder, wenn sie nicht geglaubt hätten, eine unsterbliche Erinnerung ihrer Tugend würde nach ihnen bleiben, die wir jetzt auch haben? Weit gefehlt, sagte sie, sondern nur für die Unsterblichkeit der Tugend und für einen solchen herrlichen Nachruhm glaube ich tun alle alles, und zwar je besser sie sind um desto mehr, denn sie lieben das Unsterbliche. Die nun, fuhr sie fort, dem Leibe nach zeugungslustig sind, wenden sich mehr zu den Weibern und sind auf diese Art verliebt, indem sie durch Kindererzeugen Unsterblichkeit und Nachgedenken und Glückseligkeit, wie sie meinen, für alle künftige Zeit sich verschaffen. Die aber der Seele nach … denn es gibt solche, sagte sie, die auch in der Seele Zeugungskraft haben viel mehr als im Leibe, für das nämlich, was der Seele ziemt zu erzeugen und erzeugen zu wollen. Und was ziemt ihr denn? Weisheit und jede andere Tugend, deren Erzeuger auch alle Dichter sind und alle Künstler, denen man zuschreibt erfinderisch zu sein. Die größte aber und bei weitem schönste Weisheit, sagte sie, ist die, welche in der Staaten und des Hauswesens Anordnung sich zeigte, deren Name Besonnenheit ist und Gerechtigkeit. Wer nun diese als ein Göttlicher schon von Jugend an in seiner Seele trägt, der wird auch, wenn die Zeit herankommt, Lust haben zu befruchten und zu erzeugen. Daher geht auch, meine ich, ein solcher umher, das Schöne zu suchen, worin er erzeugen könne. Denn in dem Häßlichen wird er nie erzeugen. Daher erfreut er sich sowohl an schönen Leibern mehr als an häßlichen, weil er nämlich erzeugen will, als auch wenn er eine schöne, edle und wohlgebildete Seele antrifft, erfreut er sich vorzüglich an beidem vereinigt und hat für einen solchen Menschen gleich eine Fülle von Reden über die Tugend, und darüber wie ein trefflicher Mann sein müsse und wonach streben; und gleich unternimmt er ihn zu unterweisen. Nämlich indem er den Schönen berührt, meine ich, und mit ihm sich unterhält, erzeugt und gebiert er, was er schon lange zeugungslustig in sich trug, und indem er anwesend und abwesend sein gedenkt, erzieht er auch mit jenem gemeinschaftlich das Erzeugte. So daß diese eine weit genauere Gemeinschaft miteinander haben als die eheliche und eine festere Freundschaft, wie sie auch schönere und unsterblichere Kinder gemeinschaftlich besitzen. Und jeder sollte lieber wollen solche Kinder haben als die menschlichen, wenn er auf Homeros sieht und Hesiodos und die anderen trefflichen Dichter, nicht ohne Neid, was für Geburten sie zurücklassen, die ihnen unsterblichen Ruhm und Angedenken sichern, wie sie auch selbst unsterblich sind. Oder wenn du willst, sagte sie, was für Kinder Lykurgos in Lakedaimon zurückgelassen hat, Retter von Laikedaimon, und um es gerade zu sagen von ganz Hellas. Geehrt ist bei euch auch Solon, weil er Gesetze gezeugt und viele andere anderwärts unter Hellenen und Barbaren, die viele und schöne Werke dargestellt haben und vielfältige Tugenden erzeugt, denen auch schon viele Heiligtümer sind errichtet worden, um solcher Kinder willen, der menschlichen Kinder wegen aber nie jemanden. So weit nun, o Sokrates, vermagst du wohl auch in den Geheimnissen der Liebe eingeweiht zu werden; ob aber, wenn jemand die höchsten und heiligsten, auf welche sich auch jene beziehen, recht vortrüge, du es auch vermöchtest, weiß ich nicht. Indes, sprach sie, will ich sie vortragen und es an mir nirgend fehlen lassen. Versuche nur zu folgen, wenn du es vermagst. Wer nämlich auf die rechte Art diese Sache angreifen will, der muß in der Jugend zwar damit anfangen schönen Gestalten nachzugehen, und wird zuerst freilich, wenn er richtig beginnt, nur einen solchen lieben und diesen mit schönen Reden befruchten, hernach aber von selbst inne werden, daß die Schönheit in irgend einem Leibe der in jedem anderen verschwistert ist und es also, wenn er dem in der Idee Schönen nachgehen soll, großer Unverstand wäre, nicht die Schönheit in allen Leibern für eine und dieselbe zu halten, und wenn er dies innegeworden sich als Liebhaber aller schönen Leiber darstellen und von der gewaltigen Heftigkeit für einen nachlassen, indem er dies für klein und geringfügig hält. Nächstdem aber muß er die Schönheit in den Seelen für weit herrlicher halten als die in den Leibern, so daß, wenn einer, dessen Seele zu loben ist, auch nur wenig von jener Blüte zeigt, ihm das doch genug ist und er ihn liebt und pflegt, indem er solche Reden erzeugt und aufsucht, welche die Jünglinge besser zu machen vermögen, damit er selbst so dahin gebracht werde, das Schöne in den Bestrebungen und in den Sitten anzuschauen, um auch von diesem zu sehen, daß es sich überall verwandt ist, und so die Schönheit des Leibes für etwas Geringes zu halten. Von den Bestrebungen aber muß er weiter zu den Erkenntnissen gehn, damit er auch die Schönheit der Erkenntnisse schaue und, vielfältiges Schöne schon im Auge habend, nicht mehr dem bei einem Einzelnen, indem er knechtischer Weise die Schönheit eines Knäbleins oder irgendeines Mannes oder einer einzelnen Bestrebung liebt, dienend sich schlecht und kleingeistig zeige, sondern auf die hohe See des Schönen sich begebend und dort umschauend viel schöne und herrliche Reden und Gedanken erzeuge in ungemessenem Streben nach Weisheit, bis er, hiedurch gestärkt und vervollkommnet, eine einzige solche Erkenntnis erblicke, welche auf ein Schönes folgender Art geht. Hier aber, sprach sie, bemühe dich nur aufzumerken, so sehr du kannst. Wer nämlich bis hieher in der Liebe erzogen ist, das mancherlei Schöne in solcher Ordnung und richtig schauend, der wird, indem er nun der Vollendung in der Liebeskunst entgegengeht, plötzlich ein von Natur wunderbar Schönes erblicken, nämlich jenes selbst, o Sokrates, um deswillen er alle bisherigen Anstrengungen gemacht hat, welches zuerst immer ist und weder entsteht, noch vergeht, weder wächst, noch schwindet, ferner auch nicht etwa nur insofern schön, insofern aber häßlich ist, noch auch jetzt schön und dann nicht, noch in Vergleich hiemit schön, damit aber häßlich, noch auch hier schön, dort aber häßlich, als ob es nur für einige schön, für andere aber häßlich wäre. Noch auch wird ihm dieses Schöne unter einer Gestalt erscheinen, wie ein Gesicht oder Hände oder sonst etwas, was der Leib an sich hat, noch wie eine Rede oder eine Erkenntnis, noch irgendwo an einem andern seiend, weder an einem einzelnen Lebenden, noch an der Erde, noch am Himmel; sondern an und für und in sich selbst ewig überall dasselbe seiend, alles andere Schöne aber an jenem auf irgendeine solche Weise Anteil habend, daß, wenn auch das andere entsteht und vergeht, jenes doch nie irgendeinen Gewinn oder Schaden davon hat, noch ihm sonst etwas begegnet. Wenn also jemand vermittelst der echten Knabenliebe, von dort an aufgestiegen, jenes Schöne anfängt zu erblicken, der kann beinahe zur Vollendung gelangen. Denn dies ist die rechte Art, sich auf die Liebe zu legen oder von einem andern dazu angeführt zu werden, daß man von diesem einzelnen Schönen beginnend jenes einen Schönen wegen immer höher hinaufsteige, gleichsam stufenweise von einem zu zweien, und von zweien zu allen schönen Gestalten, und von den schönen Gestalten zu den schönen Sitten und Handlungsweisen, und von den schönen Sitten zu den schönen Kenntnissen, bis man von den Kenntnissen endlich zu jener Kenntnis gelangt, welche von nichts anderem als eben von jenem Schönen selbst die Kenntnis ist und man also zuletzt jenes selbst, was schön ist, erkenne. Und an dieser Stelle des Lebens, o lieber Sokrates, sagte die Mantineische Fremde, wenn irgendwo, ist es dem Menschen erst lebenswert, wo er das Schöne selbst schaut, welches, wenn du es je erblickst, du nicht wirst vergleichen wollen mit köstlichem Gerät oder Schmuck oder mit schönen Knaben und Jünglingen, bei deren Anblick du jetzt entzückt bist und wohl gern, du wie viele andere, um nur den Liebling zu sehn und immer mit ihm vereinigt zu sein, wenn es möglich wäre, weder essen noch trinken möchtest, sondern nur anschauen und mit ihm verbunden sein. Was also, sprach sie, sollen wir erst glauben, wenn einer dazu gelangte, jenes Schöne selbst rein, lauter und unvermischt zu sehn, das nicht erst voll menschlichen Fleisches ist und Farben und anderen sterblichen Flitterkrams, sondern das göttlich Schöne selbst in seiner Einartigkeit zu schauen? Meinst du wohl, daß das ein schlechtes Leben sei, wenn einer dorthin sieht und jenes erblickt und damit umgeht? Oder glaubst du nicht, daß dort allein ihm begegnen kann, indem er schaut, womit man das Schöne schauen muß; nicht Abbilder der Tugend zu erzeugen, weil er nämlich auch nicht ein Abbild berührt, sondern Wahres, weil er das Wahre berührt? Wer aber wahre Tugend erzeugt und aufzieht, dem gebührt, von den Göttern gehebt zu werden, und wenn irgend einem anderen Menschen, dann gewiß ihm auch, unsterblich zu sein. Solches, o Phaidros und ihr übrigen, sprach Diotima und habe ich ihr geglaubt, und wie ich es glaube, suche ich es auch andern glaublich zu machen, daß, um zu diesem Besitz zu gelangen, nicht leicht jemand der menschlichen Natur einen besseren Helfer finden konnte als den Eros. Darum auch behaupte ich, sollte jedermann den Eros ehren, und ehre ich auch selbst alles, was zur Liebe gehört, und übe mich darin ganz vorzüglich, und ermuntere auch andere dazu, und preise jetzt und immer die Macht und Tapferkeit des Eros, so sehr ich nur vermag. Willst du nun, o Phaidros, so nimm diese Rede dafür an daß ich sie als eine Lobrede auf den Eros gesprochen, wo nicht, so nenne sie, wie und wonach du sie nennen willst.

Nachdem nun Sokrates also gesprochen, hätten die andern ihn gelobt, Anstophanes aber sei im Begriff gewesen, etwas zu sagen, weil Sokrates in seiner Rede seiner erwähnt wegen der Rede. Allein plötzlich sei an der äußeren Tür gepocht worden, und es sei ein großes Geräusch entstanden, als höre man Stimmen von Herumziehenden mit einer Flötenspielerin Da habe Agathon gesagt Leute, geht keiner nachsehen? Und wenn es von näheren Freunden einer ist, so nötigt ihn herein, wo nicht, so sagt nur, wir tranken nicht mehr, sondern ruhten schon Nicht lange darauf habe man im Vorhause des Alkibiades Stimme gehört, der sehr trunken schien und laut fragend schrie, wo Agathon sei, und fordernd, zum Agathon gebracht zu werden. Sie hatten ihn also zu ihnen geführt, von der Flötenspielerin unter dem Arme gefaßt und von einigen andern seines Gefolges, er sei aber in der Tür stehengeblieben, bekränzt mit einem dicken Kranz von Epheu und Violen und Bänder in großer Menge auf dem Kopf, und habe gesagt Ihr Männer, seid gegrüßt! Ihr werdet jetzt noch einen schon tüchtig trunkenen Mann zum Mittrinker aufnehmen, oder sollen wir wieder gehen, wenn wir erst den Agathon bekränzt haben, wozu wir eben da sind? Denn gestern, habe er hinzugefügt, war es mir nicht möglich zu kommen, jetzt aber bin ich da, auf dem Haupte die Bänder, um von meinem Haupte das Haupt dieses weisesten und schönsten Mannes, wenn ich so sagen darf, zu umwinden. Wollt ihr mich auslachen als trunken? Meinethalben, wenn ihr auch lacht, ich weiß doch, daß ich recht habe. Sagt mir also nur gleich hier, soll ich auf diese Bedingungen hereinkommen oder nicht? Wollt ihr mittrinken oder nicht? – Alle hätten ihn darauf durcheinander lärmend geheißen hereintreten und sich niederlassen, auch Agathon habe ihn eingeladen. Und nun sei er gekommen, von den Leuten geführt, und habe sogleich die Bänder abgenommen um den Agathon zu umwinden, den Sokrates aber, obschon er ihn vor Augen hatte, doch nicht gesehn, sondern sich neben den Agathon gesetzt, zwischen Sokrates und ihn, denn Sokrates sei etwas abgerückt, damit jener sich setzen könne. Nachdem er sich nun gesetzt, habe er den Agathon begrüßt und bekränzt. – Und Agathon habe gesagt: Leute, entschuht den Alkibiades daß er hier zu dreien liegen kann. – Schön, habe Alkibiades gesagt, aber wer ist uns denn hier der dritte Mittrinker? Und nun habe er sich herumgewendet und den Sokrates erblickt. Und als er ihn erkannt, sei er aufgesprungen und habe ausgerufen: O Herakles? Was ist nun das? Du Sokrates, liegst du mir auch hier schon wieder auf der Lauer, wie du mir immer pflegst plötzlich zu erscheinen, wo ich am wenigsten glaube, daß du sein wirst? wieso bist du nun auch da? und warum liegst du gerade hier? Nicht etwa beim Aristophanes, oder wer sonst hier der lustige ist und auch sein will, sondern hast es wieder so ausgesonnen, daß du neben dem Schönsten von allen hier zu liegen kommst! – Da habe Sokrates gesagt: Agathon, sieh zu, ob du mir beistehn willst! Denn dieses Menschen Liebe hat mir schon zu gar nicht wenigem Verdruß gereicht. Denn seit der Zeit, daß ich mich in diesen verliebt, darf ich nun gar nicht mehr irgendeinen Schönen ansehn und mit einem reden, oder er ist gleich eifersüchtig und neidisch, stellt wunderliche Dinge an und schimpft, und kaum daß er nicht Hand an mich legt. Also sieh zu, daß er nicht auch jetzt wieder etwas anstellt, sondern bringe uns auseinander, oder wenn er Gewalt brauchen will, so hilf mir. Denn seine Tollheit und verliebtes Wesen ist mir ganz schrecklich. – Da ist kein Auseinanderbringen, habe Alkibiades gesagt, für uns beide. Und für dieses will ich dich ein andermal abstrafen, jetzt aber, Agathon, habe er gesagt, gib mir von den Bändern welche ab, damit ich auch diesem Manne sein wunderbares Haupt umwinde und er mir nicht Vorwürfe mache, daß ich dich zwar bekränzt, ihn aber, der doch in Reden alle Menschen besiegt, nicht nur neulich einmal wie du, sondern immer, dennoch nicht bekränzt habe. Zugleich habe er von den Bändern genommen und den Sokrates damit umwunden, dann habe er sich niedergelegt, und nachdem er zur Ruhe gekommen, habe er gesagt: Gut so, ihr Männer. Ihr scheint mir aber nüchtern zu sein, das ist euch nicht zu gestatten, sondern ihr müßt trinken; denn darüber sind wir eins geworden. Zum Vorsitzer nun beim Trunk erwähle ich, bis ihr genug getrunken habt, mich selbst. Also laß Agathon einen tüchtigen Pokal herbringen, wenn einer da ist. Oder vielmehr auch das ist nicht nötig, sondern geh, Bursche, habe er gesagt, bringe jene Kühlschale; er sah nämlich eine, die ihre guten acht Mäßchen hielt. Diese habe er füllen lassen und zuerst selbst ausgetrunken, dann aber geheißen sie dem Sokrates vollschenken und dabei gesagt: Gegen den Sokrates, ihr Männer, hilft mir das Kunststück nichts; denn wieviel einer nur will, trinkt er aus und wird deshalb doch nicht berauscht. Sokrates nun habe, wie der Knabe eingeschenkt, getrunken. Eryximachos aber habe gesagt: Wie doch, o Alkibiades, wollen wir es halten? Wollen wir so gar nichts zum Becher weder reden noch singen, sondern recht wie durstige Leute hinuntertrinken? – Da habe Alkibiades gesagt: O Eryximachos, du bester Sohn des besten und wackersten Vaters, laß dich begrüßen! – Auch du, habe jener erwidert, aber wie halten wir es? – Wie du befiehlst, dir muß man ja folgen; »denn ein heilender Mann ist wert wie viele zu achten.« Ordne also an, was du willst. – Höre dann, habe Eryximachos gesagt, wir hatten, ehe du hereinkamst, ausgemacht, daß rechtsherum der Reihe nach jeder eine Rede über den Eros halten sollte, so schön er nur könnte, um ihn zu preisen. Wir andern alle nun haben sie gesprochen; da du sie aber nicht gesprochen und doch angetrunken hast, so mußt du sie nun sprechen, und wenn du es getan, dem Sokrates aufgeben, was du willst, und dieser seinem Nachbar rechts, und so die andern weiter. – Das wäre wohl ganz gut, o Eryximachos, habe Alkibiades gesagt; aber daß ein trunkener Mann seine Rede neben der Nüchternen ihre stellen soll, wenn das nur nicht allzu ungleich ist! Und dann, läßt du dir denn vom Sokrates das einreden, was er vorhin sagte! Oder weißt du, daß es sich ganz entgegengesetzt, wie er sagte, verhält? Er nämlich, wenn ich in seiner Gegenwart irgendeinen Gott oder Menschen lobe anders als ihn, wird er sich nicht halten können, Hand an mich zu legen. – Wirst du wohl nicht freveln? habe Sokrates gesagt. – Alkibiades aber: Beim Poseidon, rede mir nichts dagegen! Denn ich werde niemand anders loben in deiner Gegenwart. – So tue das, habe Eryximachos gesagt, wenn du willst, lobe den Sokrates. – Wie meinst du, habe Alkibiades gesagt, dünkt dich, o Eryximachos, ich soll mich über den Mann hermachen und ihn vor euch zur Strafe ziehn? – Du da, habe Sokrates gesagt, was hast du im Sinn? Willst du mich spöttischerweise loben, oder was gedenkst du zu tun? – Die Wahrheit will ich reden; also sieh zu, ob du das gestattest! – Allerdings, habe jener erwidert, die Wahrheit gestatte und heiße dir, sie zu sagen. – Warum fange ich also nicht an habe Alkibiades gesagt. Und du tue so. Wenn ich etwas Unwahres sage, so falle mir gleich zwischenein, wenn du willst, und sage, daß ich lüge. Denn wissentlich werde ich nichts lügen. Wenn ich jedoch, wie es mir in den Sinn kommt, bald dies, bald jenes vorbringe, das laß dich nicht wundern. Denn gar nicht leicht ist es, deine Wunderlichkeiten, so wie ich mich jetzt befinde, fertig und ordentlich hintereinander aufzuzählen.

Also den Sokrates zu loben, ihr Männer, will ich so versuchen, durch Bilder, er wird nun wohl vielleicht glauben, spöttischerweise, aber gerade zur Wahrheit soll mir das Bild dienen und gar nicht zum Spott. Ich behaupte nämlich, er sei äußerst ähnlich jenen Silenen in den Werkstätten der Bildhauer, welcher die Künstler mit Pfeifen oder Flöten vorstellen, in denen man aber, wenn man die eine Hälfte wegnimmt, Bildsäulen von Göttern erblickt, und so behaupte ich, daß er vorzüglich dem Satyr Marsyas gleiche. Daß du nun dem Ansehn nach diesem ähnlich bist, o Sokrates, wirst du wohl selbst nicht bestreiten, wie du ihnen aber auch übrigens gleichst, das höre demnächst. Bist du übermütig oder nicht? Denn wenn du das nicht eingestehst, will ich Zeugen beibringen. Oder etwa kein Flötenspieler? Wohl ein weit bewundernswürdigerer als jener! Jener nämlich bezauberte vermittelst des Instrumentes die Menschen durch die Gewalt seines Mundes und so noch jetzt, wer seine Werke vorträgt. Denn was Olympos auf der Flöte geleistet, schreibe ich dem Marsyas, seinem Lehrer, zu. Seine Werke also, es mag sie nun ein trefflicher Flötenspieler vortragen oder eine schlechte Flötenspielerin, sind allein hinreißend und offenbaren, wer der Götter und ihrer Weihungen bedürftig ist, weil sie göttlich sind. Du aber zeichnest dich um soviel vor jenem aus, als du ohne Instrument durch bloße Worte dasselbe ausrichtest. Von uns wenigstens, wenn wir von einem andern auch noch so trefflichen Redner andere Reden hören, macht sich keiner, daß ich es gerade heraus sage, sonderlich etwas daraus. Hört aber einer dich selbst oder von einem andern deine Reden vorgetragen, wenn auch der Vortragende wenig bedeutet, sei es nun Weib oder Mann, wer sie hört, oder Knabe, alle sind wir wie außer uns und ganz davon hingerissen. Ich wenigstens, ihr Männer, wenn ihr dann nur nicht glauben wollet, daß ich ganz und gar betrunken wäre, wollte es euch auch mit Schwüren bekräftigen, was mir selbst dieses Mannes Reden angetan haben und noch jetzt antun. Denn weit heftiger als den vom Korybantentanz Ergriffenen pocht mir, wenn ich ihn höre, das Herz, und Tränen werden mir ausgepreßt von seinen Reden; auch sehe ich, daß es vielen andern ebenso ergeht. Wenn ich dagegen den Perikles hörte oder andere gute Redner, dachte ich wohl, daß sie gut sprächen, dergleichen begegnete mir aber nichts, noch geriet meine Seele in Unruhe darüber und in Unwillen, daß ich mich in einem knechtischen Zustande befände. Von diesem Marsyas aber bin ich oft so bewegt worden, daß ich glaubte, es lohnte nicht, zu leben wenn ich so bliebe, wie ich wäre. Und du wirst nicht sagen können, Sokrates, daß das nicht wahr wäre. Ja, auch jetzt noch bin ich mir sehr wohl bewußt, daß, wenn ich nur meine Ohren hergeben wollte, ich mich nicht würde halten können, daß mir nicht dasselbe begegnete. Denn er nötigt mich, einzugestehn, daß mir selbst noch gar vieles mangelt und ich doch, mich vernachlässigend, der Athener Angelegenheiten besorge. Mit Gewalt also, wie vor den Sirenen die Ohren verstopfend, fliehe ich aufs eiligste, um nur nicht immer sitzenzubleiben und neben diesem veralten. Und mit diesem allein unter allen Menschen ist mir begegnet, was einer nicht in mir suchen sollte, daß ich mich vor irgend jemand schämen könnte; indes vor diesem allein schäme ich mich doch. Denn ich bin mir sehr gut bewußt, daß ich nicht imstande bin, ihm zu widersprechen, als ob man das nicht tun müßte, was er anrät, sondern daß ich nur, wenn ich von ihm gegangen bin, durch die Ehrenbezeugungen des Volkes wieder überwunden werde. Also laufe ich ihm davon und fliehe, und wenn ich ihn wiedersehe, schäme ich mich wegen des Eingestandenen und wollte oft lieber sehen, er lebte gar nicht; geschähe es aber etwa, so weiß ich gewiß, daß mir das noch bei weitem schmerzlicher sein würde, so daß ich gar nicht weiß, wie ich es halten soll mit dem Menschen. Durch sein Flötenspiel also ist mir und vielen anderen so mitgespielt worden von diesem Satyr. Höret aber noch weiter, wie ähnlich er dem ist, womit ich ihn verglichen habe, und wie wunderbare Eigenschaften er an sich hat. Denn das wißt nur, daß keiner von euch ihn kennt, sondern ich will ihn euch erst beschreiben, da ich einmal angefangen habe. Denn ihr seht doch, daß Sokrates verliebt ist in die Schönen und immer um sie her und außer sich über sie, und wiederum, daß er in allem unwissend ist und nichts weiß, wie er sich ja immer anstellt; ist nun das nicht recht silenenhaftig? Gewiß sehr. Denn das hat er nur so äußerlich umgetan, eben wie jene getriebenen Silenen, inwendig aber, wenn man ihn auftut, was meint ihr wohl, ihr Männer und Trinkgenossen, wie vieler Weisheit und Besonnenheit er voll ist? Wißt denn, daß es ihn nicht im mindesten kümmert, ob einer schön ist, sondern er achtet das so gering, als wohl niemand glauben möchte, noch ob einer reich ist oder irgend einen der von den Leuten am meisten gepriesenen Vorzüge hat. Er hält vielmehr alle diese Dinge für nichts wert und uns für nichts und verstellt sich nur gegen die Menschen und treibt Scherz mit ihnen sein Lebelang. Ob aber jemand, wenn er ernsthaft war und sich auftat, die Götterbilder gesehn hat, die er in sich trägt, das weiß ich nicht. Ich habe sie aber einmal gesehen, und so göttlich und golden und überaus schön und bewunderungswürdig kamen sie mir vor, daß ich glaubte auf der Stelle alles tun zu müssen, was nur Sokrates wünschte. Da ich nun glaubte, daß er sich ernstlich Mühe gäbe um meine Schönheit, hielt ich das für einen herrlichen Fund und für ein überaus glückliches Ereignis, weil es nun in meiner Gewalt stände, wenn ich mich dem Sokrates gefällig erwiese, alles zu hören, was er wüßte. Denn ich bildete mir wunder wieviel ein auf meine Schönheit. In diesen Gedanken nun, da ich vorher nicht pflegte ohne Diener mit ihm allein zu sein, schickte ich einst den Diener weg und blieb ganz allein mit ihm. Denn ich muß euch nun die ganze Wahrheit sagen, also gebt Achtung, und wenn ich lüge, Sokrates, so widersprich mir. Allein also, ihr Männer, waren wir zwei miteinander, und ich meinte, er sollte mir nun gleich solche Dinge sagen wie ein Liebhaber seinem Liebling in der Einsamkeit sagen würde, und freute mich. Hieraus aber wurde gar nichts, sondern wie er sonst mit mir zu sprechen pflegte, brachte er den ganzen Tag mit mir hin und ging fort. Nach diesem forderte ich ihn auf, Leibesübungen mit mir anzustellen, und übte mich mit ihm, um dadurch etwas zu erreichen. Er trieb also mit mir Leibesübungen und rang öfters mit mir ohne jemandes Beisein. Und was soll ich sagen? ich hatte nichts weiter davon. Da ich nun so auf keine Weise etwas gewann, nahm ich mir vor, dem Manne mit Gewalt zuzusetzen und nicht abzulassen, da ich es einmal unternommen, sondern endlich zu erfahren, woran ich wäre. Also lade ich ihn zur Mahlzeit, ordentlich wie ein Liebhaber seinem Liebling nachstellt. Auch das gewährte er mir nicht einmal gleich, doch mit der Zeit ließ er sich überreden. Als er nun zum ersten Mal da war, wollte er nach der Mahlzeit fortgehn, und damals schämte ich mich noch und ließ ihn. Ein andermal aber stellte ich es listiger an und sprach mit ihm, nachdem er abgespeist, bis tief in die Nacht hinein, und als er nun gehen wollte, nahm ich den Vorwand, daß es schon spät sei, und nötigte ihn zu bleiben. Also legte er sich nieder auf dem Polster neben dem meinigen, wo er auch bei der Mahlzeit gesessen hatte, und niemand sonst schlief in dem Gemach als wir. Bis hieher nun könnte man die Sache noch unbedenklich jedermann erzählen; das folgende aber würdet ihr wohl nicht von mir hören, wenn nicht zuerst nach dem Sprichwort der Wein mit oder ohne Kinder die Wahrheit redete, und dann auch eine herrliche Tat des Sokrates zu verbergen, wenn man es übernommen hat, ihn zu loben, mir unrecht schien. Auch geht es wie denen von der Natter Gebissenen gerade auch mir. Denn man sagt ja, wem dies begegnet sei, der wolle niemanden sagen, wie ihm gewesen, als den ebenfalls Gebissenen, weil diese allein verstehen und verzeihen könnten, was einer auch alles getan und geredet hat vor Schmerz. Also auch ich, der ich noch empfindlicher gebissen bin und am empfindlichsten Ort, wo nur einer kann gebissen werden, denn am Herzen oder an der Seele oder wie man es nennen soll, bin ich verwundet von den Reden der Weisheit, die sich an eine junge, nicht unedle Seele, wenn sie einmal ergriffen, heftiger als eine Natter ansaugen und sie in Wort und Tat zu allem bringen können, und da ich hier nur einen Phaidros und Agathon vor mir habe, einen Eryximachos und Pausanias, Aristodemos und Aristophanes, und was soll ich den Sokrates selbst erst nennen und die andern alle, denn ihr seid alle behaftet mit dieser Wut und Schwärmerei der Philosophie: so sollt ihr es auch alle hören; denn ihr werdet Nachsicht haben mit dem, was ich damals tat und jetzt erzähle. Die Diener aber und wer sonst ungeweiht und ungewandt ist, mögen sich den größten Riegel vor die Ohren schieben. Als nämlich, ihr Männer, das Licht nun ausgelöscht war und die Diener hinausgegangen, dachte ich, nun dürfte ich nicht länger Umschweife mit ihm machen, sondern gerade heraus sagen, wie ich es meinte. Ich stieß ihn also an und sagte: Sokrates, schläfst du? – Nicht recht, sagte er. – Weißt du wohl, was ich gesonnen bin? – Was doch? sprach er. – Du dünkst mich, sagte ich, der einzige unter meinen Liebhabern zu sein, der es wert ist, und mir scheint, als trügst du Bedenken, mit mir davon zu reden. Ich aber, wie ich gesinnt bin, würde es für ganz unvernünftig halten, wenn ich dir nicht auch hierin gefällig sein wollte, und in allem, was du irgend sonst von dem meinigen oder von meinen Freunden brauchst. Denn mir ist ja nichts wichtiger, als daß ich so trefflich werde als nur irgend möglich, und hiezu, glaube ich, kann niemand mir mehr beförderlich sein als du. Also würde ich einem solchen Manne dies nicht zu gewähren mich weit mehr vor den Vernünftigen schämen, als es zu gewähren vor dem großen Haufen der Unvernünftigen. – Als er dies gehört, sagt er ganz spöttisch und so recht, wie er pflegt: O guter Alkibiades, du scheinst wahrlich gar nicht dumm zu sein, wenn das wahr ist, was du von mir sagst, und es eine Eigenschaft in mir gibt, durch welche du besser werden könntest, und dann eine gar wunderbare Schönheit an mir erblicktest, die deine Wohlgestalt um gar vieles übertrifft. Wenn du also dieses sehend in Gemeinschaft mit mir treten und Schönheit gegen Schönheit austauschen willst: so gedenkst du ja mich nicht wenig zu übervorteilen und suchst für den bloßen Schein derselben das wahre Wesen der Schönheit zu gewinnen und denkst in Wahrheit Gold für Kupfer einzutauschen. Aber du Guter, überlege es nur besser, ob du dich nicht irrst und eigentlich nichts an mir ist. Das Auge des Geistes fängt erst an scharf zu sehen, wenn das leibliche von seiner Schärfe schon verlieren will, und davon bist du noch weit entfernt. – Darauf sagte ich: Von meiner Seite steht es so, und ich habe nichts anders gesagt, als ich es meine. Du aber überlege es nun selbst, wie du es für dich und mich am besten findest. – Ja, sagte er, das war wohl gesprochen, und wir wollen von nun an immer nach reiflicher Überlegung dasjenige tun, was hierin und in allem andern uns beiden das beste scheint. – Nach dieser Rede und Antwort nun, und nachdem ich meine Pfeile sozusagen abgeschossen, glaubte ich ihn doch getroffen zu haben, und ich stand auf, ohne daß ich ihn weiter zum Worte kommen ließ, warf dies mein Kleid über, denn es war Winter, und legte mich unter seinen Mantel, indem ich mit beiden Armen diesen göttlichen und in Wahrheit ganz wunderbaren Mann umfaßte, und so lag ich die ganze Nacht. Und auch das, Sokrates, wirst du nicht sagen können, daß ich lüge. Und ohnerachtet ich dies alles getan, siegte er so sehr und verachtete und verlachte meine Schönheit und trieb Übermut, wiewohl ich doch glaubte, es wäre etwas damit, ihr Richter – denn Richter seid ihr über des Sokrates Hochmut – wißt es nun, bei Göttern und Göttinnen, daß, nachdem ich so mit dem Sokrates geschlafen hatte, ich aufstand, ohne etwas weiteres, als wenn ich bei einem Vater oder älteren Bruder gelegen hätte. Hierauf also, wie meint ihr, daß mir zumute gewesen, der ich mich gekränkt glaubte und doch auch an des Mannes Natur und Besonnenheit und Tapferkeit mich erfreute, da ich einen solchen angetroffen, wie ich nie zu finden geglaubt an Weisheit und Beharrlichkeit, so daß ich weder wußte, wie ich ihm zürnen sollte und mich seinem Umgang entziehen, noch auch, wie ich ihn gewinnen könnte, Rat wußte. Denn das wußte ich wohl, daß er durch Gold noch viel weniger irgendwo verwundbar wäre als Aias durch Eisen, womit ich aber geglaubt hatte, daß er allein könne gefangen werden, dadurch war er mir doch auch entwischt. Ratlos also blieb ich und in der Gewalt des Menschen, wie nie einer in eines andern seiner gewesen ist. Dies nun war alles früher geschehen, hernach aber machten wir den Feldzug nach Potidaia zusammen und waren dort Tischgenossen. Da nun übertraf er zuerst in Ertragung aller Beschwerden nicht nur mich, sondern alle insgesamt. Denn wenn wir etwa irgendwo abgeschnitten waren und, wie es im Felde wohl geht, hungern mußten: so war das nichts gegen ihn, wie es die andern aushielten. Und auch, wenn hoch gelebt wurde, verstand er allein zu genießen, auch übrigens zumal aber im Trinken, wiewohl er es immer nicht wollte; wenn er einmal gezwungen wurde, übertraf er alle, und, was das Wunderbarste ist, niemals hat irgend jemand den Sokrates trunken gesehen. Hievon nun dünkt mich, wird sich auch jetzt gleich der Beweis finden. Im Ertragen der Witterung aber, die Winter sind aber dort furchtbar, trieb er es bewunderungswürdig weit, auch sonst immer besonders, aber einmal, als der Frost so heftig war, als man sich nur denken kann, und die andern entweder gar nicht hinausgingen, oder wer es etwa tat, wunderwieviel Anzug und Schuhe unterband und die Füße einhüllte in Filz und Pelz, da ging dieser hinaus in ebensolcher Kleidung, wie er sie immer zu tragen pflegt, und ging unbeschuht weit leichter über das Eis als die anderen in Schuhen. Die Kriegsmänner sahen ihn auch scheel an, als verachte er sie. Das wäre nun dieses. Doch wie er jenes vollbracht und bestand, der gewaltige Krieger, auch damals noch beim Heere, das lohnt wohl der Mühe zu hören. Es war ihm etwas eingefallen, und er stand nachsinnend darüber von des Morgens an auf einer Stelle, und da es ihm nicht vonstatten ging, ließ er nicht nach, sondern blieb immer forschend stehen. Nun wurde es Mittag, und die Leute merkten es und erzählten verwundert einer dem andern, daß Sokrates vom Morgen an über etwas nachsinnend dastände. Endlich, als es Abend war und man gespeist hatte, trugen einige Jonier, denn damals war es Sommer, ihre Schlafdecken hinaus, teils um im Kühlen zu schlafen, teils um auf ihn acht zu geben, ob er auch die Nacht über da stehen bleiben würde. Und er blieb stehen, bis es Morgen ward und die Sonne aufging; dann verrichtete er noch sein Gebet an die Sonne und ging fort. Wollt ihr ihn auch in der Schlacht sehen; denn es ist billig, ihm das auch nachzurühmen. Als nämlich das Gefecht vorfiel, bei welchem mir die Heerführer den Preis zuerkannten, hat mich kein anderer Mensch gerettet als dieser, der mich Verwundeten nicht verlassen wollte und so meine Waffen und mich selbst glücklich mit durchbrachte. Auch drang ich damals darauf, Sokrates, daß die Heerführer dir den Preis erteilen sollten, was du auch weder tadeln wirst, noch sagen, daß ich es lüge; allein wie die Heerführer auf meine Vornehmheit Rücksicht nahmen und mir ihn geben wollten, so warst du noch eifriger darauf als die Heerführer, daß ich ihn erhalten sollte und nicht du selbst. Besonders noch, ihr Männer, war es sehr viel wert, den Sokrates zu sehen, als sich das Heer von Delion fliehend zurückzog. Denn ich war zu Pferde dabei, er aber in schwerer Rüstung zu Fuß. Er zog sich also zurück erst, als das Volk schon ganz zerstreut war, er und Laches. Ich komme dazu und erkenne sie und redete ihnen sogleich zu, guten Mutes zu sein, und sagte, daß ich sie nicht verlassen würde. Da konnte ich nun den Sokrates noch schöner beobachten als bei Potidaia, denn ich selbst war weniger in Furcht, weil ich zu Pferde war, zuerst wieweit er den Laches an Fassung übertraf, und dann schien er mir nach deinem Ausdruck, Aristophanes, auch dort einherzugehn stolzierend und stier seitwärts hinwerfend die Augen, ruhig umschauend nach Freunden und Feinden; und jeder mußte es sehen schon ganz von ferne, daß wenn einer diesen Mann berührte, er sich aufs kräftigste verteidigen würde. Darum kamen sie auch unverletzt davon, er und der andere. Denn fast werden die, welche sich so zeigen, im Kriege gar nicht angetastet, sondern man verfolgt nur die, welche in voller Hast fliehen. Und viel anderes und Bewundernswürdiges könnte man gewiß noch vom Sokrates rühmen. Allein in andern Bestrebungen kann man wohl leicht auch von anderen dasselbe sagen; wie aber er durchaus keinem Menschen ähnlich ist weder von alten noch von jetzigen, das ist ganz bewundernswert. Denn wie Achilleus war, so könnte man wohl auch den Brasidas und andere darstellen, und wie Perikles, so den Nestor und Antenor, und so gibt es noch andere, und auf ähnliche Art könnte man Vergleichungen für andere finden; wie aber dieser Mensch in seiner Wunderlichkeit ist, er selbst und seine Reden, so würde einer auch von fern nichts Ähnliches finden, weder bei den jetzigen noch bei den Alten, wenn ihn nicht jemand, wie ich eben tue, mit keinem Menschen vergleichen will, sondern mit den Silenen und Satyrn ihn und seine Reden. Und dies habe ich gleich zuerst noch übergangen, daß auch seine Reden jenen aufzuschließenden Silenen äußerst ähnlich sind. Denn wenn einer des Sokrates Reden anhören will, so werden sie ihm anfangs ganz lächerlich vorkommen, in solche Worte und Redensarten sind sie äußerlich eingehüllt, wie in das Fell eines frechen Satyrs. Denn von Lasteseln spricht er, von Schmieden und Schustern und Gerbern, und scheint immer auf dieselbe Art nur dasselbige zu sagen, so daß jeder unerfahrene und unverständige Mensch über seine Reden spotten muß. Wenn sie aber einer geöffnet sieht und inwendig hineintritt: so wird er zuerst finden, daß diese Reden allein inwendig Vernunft haben, und dann, daß sie ganz göttlich sind und die schönsten Götterbilder von Tugend in sich enthalten und auf das meiste von dem oder vielmehr auf alles abzwecken, was dem, der gut und edel werden will, zu untersuchen gebührt. Dies ist es, ihr Männer, was ich am Sokrates lobe, und wiederum auch was ich tadle, habe ich mit eingemischt und euch gesagt, wie er mich gekränkt hat. Und nicht nur mir hat er solches angetan, sondern auch dem Charmides, dem Sohn des Glaukon, und dem Euthydemos, dem Sohn des

Diokles, und gar vielen andern, die er hintergeht, als wäre er ihr Liebhaber und dann vielmehr sich zum Liebling aufwirft statt Liebhaber. Was ich auch dir vornehmlich sage, Agathon, damit du dich nicht von ihm hintergehen lassest, sondern durch unsern Schaden klug gemacht dich hütest und nicht erst nach dem Sprichwort wie ein Kind durch Schaden klug werdest.

Nachdem Alkibiades also geredet, sei ein Gelächter entstanden über seine Offenherzigkeit, weil er noch schien verliebt zu sein in den Sokrates. Sokrates aber habe gesagt: Nüchtern scheinst du mir noch ganz zu sein, Alkibiades, sonst würdest du dich nicht so fein im Kreise herumdrehen können und das. weswegen du dies alles vorgebracht hast, zu verbergen suchen, indem du es nur so wie beiläufig ans Ende hinstellst, als ob du nicht alles nur deshalb vorgebracht hättest, um mich und den Agathon zu entzweien, weil du meinst, ich dürfe nur dich lieben und keinen andern, und Agathon nur von dir geliebt werden und auch nicht von einem andern sonst. Allein du hast dich damit doch nicht versteckt, sondern dieses dein silenisches und satirisches Schauspiel ist gar wohl verstanden worden. Also, lieber Agathon, laß ihn nichts dabei gewinnen, sondern gib acht, daß niemand mich und dich entzweien könne. – Darauf habe Agathon gesagt: Du magst wohl recht haben, Sokrates. Ich vermute aber auch, er hat sich nur deshalb zwischen dich und mich gelegt, um uns voneinander zu trennen. Er soll also auch davon nichts haben, sondern ich will zu dir kommen und mich dort niederlegen. – Freilich, habe Sokrates gesagt, komm nur und lege dich hier unterhalb von mir. – O Zeus, habe Alkibiades gesagt, was widerfährt mir schon wieder von dem Menschen? er denkt, daß er mir überall überlegen sein muß. Aber wenn es denn nicht anders geht, du Wundervoller, so laß doch wenigstens den Agathon zwischen uns liegen. – Das geht ja unmöglich, habe Sokrates gesagt, denn du hast mich gelobt und ich muß nun weiter den rechter Hand loben. Wenn nun Agathon unterhalb von dir sitzt: so soll er doch wohl mich nicht von neuem loben, ehe er vielmehr von mir ist gelobt worden. Laß also gut sein, und beneide es dem Jünglinge nicht von mir gelobt zu werden; denn ich habe auch gewaltige Lust, ihn recht zu preisen. – Juchhe, Alkibiades, habe Agathon gesagt, nun kann ich ja auf keine Weise hierbleiben, sondern muß vor allen Dingen den Platz wechseln, um von dem Sokrates gelobt zu werden. – Das sind eben die alten Sachen! habe Alkibiades gesagt, wenn Sokrates dabei ist, kann kein anderer etwas von einem Schönen haben. Auch jetzt, was für eine leichte und wahrscheinliche Ausrede hat er nun wieder gefunden, daß dieser nun neben ihm sitzen muß!

Agathon sei also aufgestanden, um sich neben den Sokrates zu setzen. Plötzlich aber sei eine große Menge Herumziehender an die Tür gekommen, und weil sie sie offen gefunden, indem einer hinausgegangen ihnen entgegen, wären sie eingedrungen und hätten sich niedergelassen. Alles sei nun voll Lärm geworden, und ohne alle Ordnung sei man genötigt worden, gewaltig viel Wein zu trinken. Eryximachos, Phaidros und einige andere, sagte Aristodemos, wären fortgegangen, seiner aber habe sich der Schlaf bemächtigt, und er habe viel geschlafen, wie denn die Nächte damals lang waren. Gegen Morgen aber sei er aufgewacht, als die Hähne schon krähten, und habe gesehen, daß die andern teils schliefen, teils fortgegangen wären, nur Agathon, Aristophanes und Sokrates hätten allein noch gewacht und aus einem großen Becher rechtsherum getrunken, und Sokrates habe mit ihnen Gespräch geführt. Des übrigen nun, sagte Aristodemos, erinnere er sich nicht mehr von den Reden, denn er wäre nicht von Anfang an dabei gewesen und sei auch dazwischen wieder eingeschlummert, die Hauptsache aber wäre gewesen, daß Sokrates sie nötigen wollte einzugestehen, es gehöre für einen und denselben, Komödien und Tragödien dichten zu können, und der künstlerische Tragödiendichter sei auch der Komödiendichter. Dies wäre ihnen abgenötigt worden, sie wären aber nicht recht gefolgt und schläfrig geworden. Und zuerst wäre Aristophanes eingeschlafen, und als es schon Tag geworden, auch Agathon. Sokrates nun, nachdem er diese in den Schlaf gebracht, wäre aufgestanden und weggegangen und er wie gewöhnlich ihm gefolgt. So sei er ins Lykeion gegangen und habe sich nach dem Bade wie sonst den ganzen Tag dort aufgehalten und erst abends nach Hause zur Ruhe begeben.

Phaidros

Sokrates • Phaidros

Sokrates. O lieber Phaidros, woher denn und wohin?

Phaidros. Vom Lysias, o Sokrates, dem Sohne des Kephalos, und ich gehe lustwandeln hinaus vor die Stadt; denn ich habe dort lange Zeit sitzend zugebracht von frühe an. Und deinem und meinem Freunde Akumenos folgend pflege ich draußen auf den Straßen umherzugehen; dieses nämlich, sagt er, sei weniger ermüdend als das in den Spaziergängen.

Sokrates. Und ganz recht hat er darin, lieber Freund. Also Lysias, war wie es scheint, in der Stadt.

Phaidros. Ja, bei dem Epikrates, in dem Hause hier unweit des Olympion, der Morychia.

Sokrates. Was habt ihr denn dort getrieben? Oder versteht es sich, daß euch Lysias aus seinen Reden bewirtet hat?

Phaidros. Du sollst es erfahren, wenn du Muße hast mitzugehn und zu hören.

Sokrates. Wie denn? Glaubst du nicht, daß es, nach dem Pindaros, auch dringendem Geschäft voran mir gehn soll, deine und des Lysias Unterhaltung anzuhören?

Phaidros. So gehe denn weiter.

Sokrates. Und du rede.

Phaidros. Gewiß, Sokrates, recht geziemt dir dies zu hören. Denn die Rede, mit der wir uns unterhielten, war, ich weiß nicht recht wie, eine Liebesrede. Nämlich Lysias hat sie geschrieben, als ob ein schöner Knabe gewonnen werden sollte, aber nicht von einem Liebhaber. Sondern dies ist eben die Feinheit darin, er behauptet, man müsse eher einem Nichtverliebten günstig sein als einem Verliebten.

Sokrates. O trefflicher Mann! hätte er doch geschrieben eher einem Armen als Reichen, einem Alten als Jungen, und was sonst mir zugut gekommen wäre, und den meisten von uns. Wahrlich, das wären artige und gemeinnützige Rede. Ich meinesteils bin nun so begierig geworden zu hören, daß, wenn du auch bis Megara lustwandeln gingst und wie Herodikos hart an der Mauer wieder umkehrtest, würde ich doch nicht von dir weichen.

Phaidros. Wie meinst du, bester Sokrates? Glaubst du, was Lysias in langer Zeit nach Muße ausgearbeitet hat, der größte Meister unter allen jetzt im Schreiben, das sollte ich Ungelehrter seiner würdig so aus dem Gedächtnis wiederholen können? Daran fehlt viel. Wiewohl viel Geld mir nicht so lieb sein sollte als dieses.

Sokrates. O Phaidros, wenn ich den Phaidros nicht kenne, muß ich ja mich selbst vergessen haben. Aber eines so wenig als das andere. Ich weiß gar wohl, hörte der eine Rede des Lysias, so hat er sie nicht nur einmal angehört, sondern dem Lysias immer wieder aufs neue oftmals reden lassen und der gehorchte ihm auch gern. Ihm aber ist auch das nicht genug gewesen, sondern zuletzt hat er das Buch genommen und selbst, was ihm am besten gefiel, nachgesehen. Und darüber von frühe an sitzend ist er endlich ermüdet und lustwandeln gegangen, jedoch beim Hunde! wie ich wenigstens glaube, schon vollkommen wissend die Rede, wenn sie nicht allzulang war. Und zur Stadt hinaus ging er, um sie recht einzulernen. Als er dann einem begegnete, der krank ist an der Sucht, Reden anzuhören, freute er sich schon, da er ihn kommen sah, daß er einen Genossen haben würde an seiner Entzückung und hieß ihn mitgehn. Wie nun der Liebhaber von Reden ihn bat, herzusagen, machte er den Spröden, als hätte er nicht Lust; am Ende aber würde er, auch wenn niemand mit Gutem zuhören wollte, mit Gewalt die Rede sagen. Du also Phaidros bitte ihn, was er doch bald auf alle Weise tun würde, lieber gleich zu tun.

Phaidros. Wahrlich bei weitem das Beste wird sein, dir so wie ich eben kann, die Rede zu geben. Denn du scheinst mir keineswegs ablassen zu wollen, bis ich irgendwie rede.

Sokrates. Ganz recht glaubst du das von mir.

Phaidros. So demnach will ich es machen. Denn in der Tat, Sokrates, die Worte habe ich unmöglich behalten, den Inhalt aber wohl von allem, worin er den Unterschied zwischen des Liebenden Sache und des Nichtliebenden auseinandergesetzt, will ich dir kürzlich nach der Ordnung vom ersten anhebend wiederholen.

Sokrates. Nachdem du jedoch gezeigt haben wirst, lieber Mensch, was du da hast in der linken Hand unter dem Mantel. Denn ich vermute, du hast die Rede selbst, und wenn das ist, so denke so von mir, daß ich dich zwar gar sehr liebe, wenn aber auch Lysias da ist, mich dir herzugeben, damit du dich an mir einlernst, keineswegs gesonnen bin. Komm also und zeige.

Phaidros. Ruhig nur! Du hast mir die Hoffnung vereitelt die ich hatte, mich an dir zu üben. Aber wo willst du nun, daß wir uns setzen, um zu lesen?

Sokrates. Hier laß uns ablenkend am Ilissos hinuntergehn und dann, wo es uns gefallen wird, uns einsam niedersetzen.

Phaidros. Zur rechten Zeit, wie es scheint, bin ich unbeschuht; denn du freilich bist es immer. So ist es am bequemsten, im Wässerchen selbst die Füße netzend zu gehn, und gar nicht unangenehm, zumal in dieser Jahreszeit um jetzige Stunde.

Sokrates. So gehe voran und sieh dich um, wo wir uns wohl setzen können.

Phaidros. Siehst du jene höchste Platane dort?

Sokrates. Wie sollte ich nicht?

Phaidros. Dort ist Schatten und mäßige Luft, auch Rasen drauf zu sitzen, oder wenn wir wollen, uns niederzulegen.

Sokrates. Gehe also.

Phaidros. Sage mir, Sokrates, soll nicht hier irgendwo am Ilissos Boreas die Oreithyia geraubt haben?

Sokrates. So soll er.

Phaidros. Etwa eben hier? Angenehm wenigstens, rein und durchsichtig ist hier das Wässerchen, recht gemacht für Mägdlein, daran zu spielen.

Sokrates. Nein, sondern unterhalb etwa um zwei oder drei Stadien, wo man durchgeht nach dem Tempel der Artemis. Auch ist dort irgendwo ein Altar des Boreas.

Phaidros. Ich wußte es nicht recht. Aber sage, um Zeus willen, Sokrates, glaubst auch du, daß diese Geschichte wahr ist.

Sokrates. Wenn ich es nun nicht glaubte, wie die Klugen, so wäre ich eben nicht ratlos. Ich würde dann weiterklügelnd sagen, der Wind

Boreas habe sie, als sie mit der Pharmakeia spielte, von den Felsen dort in der Nähe herabgeworfen, und dieser Todesart wegen habe man gesagt, sie sei durch den Gott Boreas geraubt worden, oder auch vom Areopagos, denn auch so wird es erzählt, daß sie von da geraubt worden. Ich aber, o Phaidros, finde dergleichen übrigens ganz artig, nur daß ein gar kunstreicher und mühsamer Mann dazu gehört, und der eben nicht zu beneiden ist, nicht etwa wegen sonst einer Ursache, sondern weil er dann notwendig auch die Kentauren ins Gerade bringen muß und hernach die Chimaira, und dann strömt ihm herzu ein ganzes Volk von dergleichen Gorgonen, Pegasen und andern unendlich vielen und unbegreiflichen wunderbaren Wesen, und wer die ungläubig einzeln auf etwas Wahrscheinliches bringen will, der wird mit einer wahrlich unzierlichen Weisheit viel Zeit verderben. Ich aber habe dazu ganz und gar keine, und die Ursache hievon, mein Lieber, ist diese, ich kann noch immer nicht nach dem delphischen Spruch mich selbst erkennen. Lächerlich also kommt es mir vor, solange ich hierin noch unwissend bin, an andere Dinge zu denken. Daher also lasse ich das alles gut sein; und annehmend, was darüber allgemein geglaubt wird, wie ich eben sagte, denke ich nicht an diese Dinge, sondern an mich selbst, ob ich etwa ein Ungeheuer bin, noch verschlungener gebildet und ungetümer als Typhon, oder ein milderes einfacheres Wesen, das sich seines göttlichen und edeln Teiles von Natur erfreut. – Doch, Freund, nicht zu vergessen, war dies nicht der Baum, zu dem du uns führen wolltest?

Phaidros. Ja ebendieser.

Sokrates. Bei der Here! dies ist ein schöner Aufenthalt. Denn die Platane selbst ist prächtig belaubt und hoch, und des Gesträuches Höhe und Umschattung gar schön, und so steht es in voller Blüte, daß es den Ort mit Wohlgeruch ganz erfüllt. Und unter der Platane fließt die lieblichste Quelle des kühlsten Wassers, wenn man seinen Füßen trauen darf. Auch scheint hier nach den Statuen und Figuren ein Heiligtum einiger Nymphen und des Acheloos zu sein. Und wenn du das suchst, auch die Luft weht hier willkommen und süß und säuselt sommerlich und lieblich in den Chor der Zikaden. Unter allen am herrlichsten aber ist das Gras am sanften Abhang in solcher Fülle, daß man hingestreckt das Haupt gemächlich kann ruhen lassen. Kurz, du hast vortrefflich den Führer gemacht, lieber Phaidros.

Phaidros. Du aber, wunderbarer Mann, zeigest dich ganz seltsam. Denn in der Tat, wie du auch sagst, einem Fremden gleichst du, der sich umherführen läßt, und nicht einem Einheimischen. So wenig wanderst du aus der Stadt über die Grenze, noch auch selbst zum Tore scheinst du mir herauszugehn.

Sokrates. Dies verzeihe mir schon, o Bester. Ich bin eben lernbegierig, und Felder und Bäume wollen mich nichts lehren, wohl aber die Menschen in der Stadt. Du indes, dünkt mich, hast, um mich herauszulocken, das rechte Mittel gefunden. Denn wie sie mittelst vorgehaltenen Laubes oder Körner hungriges Vieh führen, so könntest du gewiß, wenn du mir solche Rollen mit Reden vorzeigtest, mich durch ganz Attika herumführen und wohin du sonst wolltest. Nun wir aber an Ort und Stelle angekommen sind, werde ich mich wahrscheinlich hier niederlegen; du aber, in welcher Stellung du am besten lesen zu können glaubst, die wähle und lies.

Phaidros. So höre denn.

Von dem, was mich anbetrifft, bist du unterrichtet, und wie ich glaube, es werde uns zuträglich sein, daß dieses zustande komme, hast du gehört. Ich wünsche aber, nicht etwa deshalb zu verfehlen, was ich bitte, weil ich nicht zu deinen Liebhabern gehöre. Da eben jene dann zu gereuen pflegt, was sie Gutes erwiesen haben, sobald ihre Begierde gestillt ist; für andere aber es keine Zeit gibt, in der ihnen anderes Sinnes zu werden geziemte. Denn nicht notgedrungen, sondern freiwillig, wie jeder am besten über das seinige sich beraten mag, erweisen sie nach ihrem Vermögen Gutes. Ferner erwägen die Verliebten, was sie schlecht verwaltet haben, von dem ihrigen der Liebe wegen, und was Gutes erwiesen; und wenn sie dann die gehabte Beschwerde hinzurechnen, so glauben sie schon längst den gebührenden Dank ihren Geliebten entrichtet zu haben. Die aber in keiner Leidenschaft Begriffenen können auch weder die Vernachlässigung ihrer Angelegenheiten um jener willen zum Vorwande nehmen, noch die überstandenen Beschwerden in Rechnung bringen, noch aus der Zwietracht mit ihren Angehörigen einen Vorwurf machen, so, daß so vieler Übel überhoben, sie nicht anders können, als bereitwillig alles tun, wodurch sie glauben, ihnen gefällig zu werden. Ferner wenn um deswillen die Liebhaber wert geachtet zu werden verdienen sollen, weil sie behaupten, ihren Geliebten am meisten ergeben zu sein und weil sie immer bereit sind, sollten sie auch durch Wort und Tat sich andern verhaßt machen, ihnen gefällig zu werden: so ist leicht einzusehen, wiefern sie wahr reden, weil sie ebenso den, für welchen sie späterhin Leidenschaft haben werden, höher achten müssen als die vorigen und offenbar, wenn es jener wünscht, auch dem früher Geliebten Übles zufügen werden. Indessen, wie sollte es wohl billig sein, so Großes dem einzuräumen, der einem solchen Unfall unterworfen ist, welchem kein Kundiger nicht einmal abzuhelfen unternehmen würde. Denn auch selbst bekennen sie, daß sie mehr krank sind, als bei voller Besinnung, und daß sie zwar wissen, wie schlecht sie bei Verstande sind, aber nicht vermögen, sich selbst zu überwinden. Wie also könnten sie wohl, wenn sie wieder gut bei Verstande sind, dasjenige für wohlgetan halten, was sie in solcher Verfassung wollen? Überdies wenn du aus den Liebhabern dir den besten wähltest, hättest du immer nur unter wenigen die Wahl; wenn aber aus den übrigen den dir selbst angemessensten, dann unter vielen. So daß weit mehr Hoffnung ist, unter den vielen wirklich den anzutreffen, der deine Freundschaft verdient. Fürchtest du aber etwa die herrschende Meinung, und daß dir, wenn die Leute es erfahren, Schande daraus entstehen könnte: so ist wahrscheinlich, daß Liebhaber freilich, welche auch von den übrigen ebenso glauben beneidet zu werden, wie sie es untereinander tun, sich brüsten werden mit Erzählen und selbstgefällig sich gegen jedermann rühmen, daß sie nicht vergeblich sind bemüht gewesen, daß die nicht leidenschaftlichen aber, da sie über sich selbst Gewalt haben, das Bessere dem Ruhme bei den Menschen vorziehen werden. Überdies müssen wohl sehr viele die Liebhaber erfahren und sehen ihren Geliebten nachgehen und sich hieraus ein Geschäft machen, so daß, wo sie nur im Gespräch miteinander gesehen werden, man auch glaubt, sie kämen eben von der Befriedigung der Begierde oder gingen ihr entgegen; Nichtverliebten aber hat niemand auch nur den Gedanken ihres Umgangs wegen etwas vorzuwerfen, indem jeder es in der Ordnung findet, daß man sich unterrede, es geschehe nun aus Zuneigung oder eines andern Vergnügens wegen. Ja, wenn etwa dich Furcht anwandeln sollte, indem du bedenkst, wie schwer es halte, daß eine Freundschaft beständig bleibe und wie, wenn in andern Fällen Uneinigkeit entsteht, beide gemeinschaftlich das Unglück trifft, hier aber, wenn du das Höchste gewährt hättest, dir großer Nachteil entstehen könne: so hast du billig weit mehr die Verliebten zu fürchten. Denn vieles ist was sie betrübt und von allem glauben sie, daß es ihnen zum Nachteil geschehe. Daher sie auch den Umgang ihrer Geliebten mit andern verhindern, aus Furcht, Vermögende möchten sie an Reichtum übertreffen, Gebildete aber ihnen an Einsicht überlegen sein und was sonst jemand Gutes besitzt, vor dessen Wirkung hüten sie sich. Überreden sie dich nun, dich mit solchen zu verfeinden, so entblößen sie dich von Freunden; wenn du aber, dein Bestes erwägend, verständiger als sie urteilst, so kommst du in Zwistigkeit mit ihnen. Die aber nicht als Liebhaber erlangt, sondern durch ihre Tugend sich erworben haben, was sie wünschten, werden nicht deine Gesellschafter eifersüchtig beneiden, sondern eher hassen, die es nicht sein wollen, in der Meinung, von diesen geringschätzig übersehen zu werden, von den Gesellschaftern aber unterstützt; so daß weit mehr zu erwarten ist, ihnen werde Freundschaft aus dieser Verbindung entstehen als Feindschaft. Auch pflegen ja unter den Verliebten viele weit eher nach dem körperlichen Genuß zu verlangen, als sie die Gemütsart kennen gelernt und die übrigen Eigenheiten erkundet haben, so daß ungewiß ist, ob sie auch dann noch werden Freunde sein wollen, wenn ihr Verlangen gestillt ist; dagegen von den Nichtverliebten, welche dieses, erst nachdem sie schon lange Freunde waren, getan, gar nicht zu vermuten ist, daß eben das, was ihnen Gutes widerfahren ist, die Freundschaft verringern sollte, sondern es wird vielmehr dieses als Denkzeichen zurückbleiben für das, was in Zukunft geschehen wird. Ja es steht dir auch bevor, mehr im Guten zuzunehmen, wenn du mir, als wenn du einem Liebhaber Gehör gibst. Denn jene loben auch gegen das Bessere, was du redest und tust, einiges aus Furcht, sich unangenehm zu machen, anderes, weil sie es selbst ihrer Begierde wegen mit dem Schlechteren halten. Denn dergleichen hat die Liebe aufzuzeigen, sie macht, daß die Unglücklichen auch das, was andern gar keine Unlust verursacht, für quälend halten, die Glücklichen aber nötigt sie, auch an dem, was keiner Lust wert ist, ihr Lob zu verschwenden. So daß man die Geliebten weit mehr bedauern sollte als beneiden. Wenn du aber mir Gehör gibst, so werde ich zuerst nicht nur für das augenblickliche Vergnügen sorgen, sondern auch für den künftig zu erwartenden Nutzen in meinem Umgange, nicht von der Leidenschaft besiegt, sondern mich selbst besiegend, noch auch über Kleinigkeiten heftigen Zwiespalt erregend, sondern erst über wichtige Dinge langsam gelindem Unwillen Raum gebend, das Unvorsätzliche verzeihend, das Vorsätzliche versuchend abzuwenden. Denn dies sind die Kennzeichen einer für lange Dauer geeigneten Freundschaft. Wofern dir aber dieses einfällt, daß unmöglich eine Freundschaft stark sein könne, wenn nicht einer leidenschaftlich liebt: so mußt du bedenken, daß wir dann auch weder unsere Kinder sehr wert halten würden, noch unsere Eltern noch auch Freunde treu sein könnten, die es nicht aus einer solchen Begierde geworden sind, sondern aus irgendeinem andern Antriebe. Ferner wenn man den Bedürftigsten am meisten gefällig sein soll: so müßten ja auch andere nicht den Vortrefflichsten, sondern den Hilflosesten Gutes erweisen; denn von den größten Übeln befreit, werden sie ihnen auch den meisten Dank wissen. Ja, auch zu seinen besonderen Festen müßte dann jeder nicht die Freunde einladen, sondern die um Almosen bitten und die der Sättigung bedürfen. Denn diese werden dem Geber anhänglich sein und ihm aufwarten zu Hause und draußen, und am meisten erfreut sein, und nicht die wenigste Erkenntlichkeit empfinden, und ihm vieles Gute anwünschen. Sondern es ist gleicherweise ratsam, nicht den sehr Bedürftigen sich gefällig zu erzeigen, sondern denen, welche am meisten ihre Erkenntlichkeit beweisen können, und nicht den Leidenschaftlichen allein, sondern denen, welche der Sache würdig sind, noch allen, die wohl deiner Jugend genießen möchten, sondern welche auch dem älter gewordenen vom eigenen Guten mitteilen werden; nicht denen, die ihres Wunsches gewährt, gegen die übrigen prahlen, sondern denen, die verschämt gegen jedermann schweigen werden; nicht denen, welche nur kurze Zeit sich um dich beeifern, sondern denen, welche das ganze Leben hindurch auf gleiche Weise deine Freunde sein werden; noch auch denen, welche nach gestillter Lust nur Vorwand zur Zwietracht suchen, sondern welche, wenn die Jugend vergangen ist, ihre Tugend beweisen werden. Du also gedenke des Gesagten und erwäge auch noch dieses, daß Liebhaber von ihren Freunden gescholten werden, als über ein böses Unternehmen, daß aber den nicht leidenschaftlichen noch nie einer von den Angehörigen getadelt hat, als berate er sich deshalb schlechter. Vielleicht aber möchtest du mich fragen, ob ich dir anmute, allen Nichtverliebten gefällig zu sein; ich aber denke, auch ein Verliebter wird dich nicht heißen, gegen alle Verliebten diese Gesinnung zu haben. Denn weder würde es dem, der es sich recht überlegt, gleichen Dankes wert sein, noch wäre es dir, da du andern verborgen bleiben willst, ebensoleicht möglich. Schaden soll aber daraus gar nicht, sondern Vorteil für beide entstehen. Ich nun halte das Gesagte für hinreichend, wenn aber du noch etwas vermissest, was übergangen wäre, so frage.

Nun, Sokrates, was dünkt dich von der Rede? Nicht, daß sie wunderschön sowohl im übrigen als auch besonders im Ausdruck gearbeitet ist?

Sokrates. Ganz göttlich allerdings, Freund, so daß ich außer mir bin. Und dieses hast du mir angetan, o Phaidros, indem ich auf dich sah, und du mir schienst vor Freude zu glänzen über die Rede während des Lesens. Denn mit dem Gedanken, daß du mehr verstehst als ich von diesen Dingen, folgte ich dir, und so nachfolgend bin ich immer entzückt gewesen mit dir, herrlichen Seele.

Phaidros. Wohl! auf diese Art meinst du also zu scherzen?

Sokrates. Denkst du, ich scherze und meine es nicht ganz ernsthaft?

Phaidros. Freilich nicht, o Sokrates. Aber in Wahrheit sage mir beim Zeus der Freundschaft, glaubst du, daß irgend ein anderer Hellene etwas anderes größeres als dieses und mehreres sagen könnte über dieselbe Sache?

Sokrates. Wie denn? Auch hierüber soll von mir und dir die Rede gelobt werden, daß der Verfasser das Richtige gesagt habe, und nicht darüber nur, weil er alle Worte so rund und genau mit fester Hand abgedreht hat? Wenn es sein soll, muß ich es zugeben, dir zu gefallen. Denn mir ist es entgangen wegen meiner Unfähigkeit, weil ich nämlich nur auf das Rednerische darin Achtung gab, und dieses, dachte ich, würde Lysias selbst nicht für hinreichend halten. Ja, er schien mir gar, wenn du es nicht etwa anders meinst, Phaidros, zwei- oder dreimal dasselbe zu sagen, als wäre es ihm eben nicht gar leicht, vieles zu reden über dieselbe Sache, oder ihm vielleicht gar nichts gelegen hieran. Und daher ist er mir vorgekommen wie ein junger Mensch, der seine Freude daran hat, zu zeigen, daß er imstande ist, indem er diese Sache jetzt so, dann anders ausdrückt, beidemal vortrefflich zu reden.

Phaidros. Nichts ist dies gesagt, Sokrates. Denn eben dies findet sich ganz vorzüglich in der Rede. Denn was Schickliches zu sagen in der Sache lag, davon hat sie nichts übergangen, so daß etwas Anderes, Größeres und Besseres, als das von ihm angeführte, niemand jemals sagen kann.

Sokrates. Dieses werde ich nun nicht mehr imstande sein, dir zu glauben. Denn weise Männer und Frauen aus alter Zeit, die eben hierüber geredet und geschrieben haben, werden mich der Unwahrheit zeihen, wenn ich es dir zu gefallen einräume.

Phaidros. Wer sind diese? und wo hast du Besseres als dies gehört?

Sokrates. So jetzt gleich kann ich es nicht sagen; offenbar aber habe ich dergleichen von irgend jemand gehört, entweder von der schönen Sappho oder von dem weisen Anakreon, oder auch von Schriftstellern in ungebundener Rede. Woher ich dieses schließe? Voll ja, du Teurer, tragend die Brust fühle ich, daß ich ganz andere Dinge als jener zu sagen hätte, und nicht schlechtere. Daß ich nun aus mir selbst davon nichts ersonnen habe, weiß ich gewiß, da ich meines Unverstands mir bewußt bin. Also, denke ich, bleibt nur übrig, daß ich aus fremden Strömen durch Zuhören angefüllt worden bin, wie ein Gefäß; aus Albernheit aber habe ich auch das schon wieder vergessen, wie und von wem ich es gehört.

Phaidros. Wohl, du prächtiger Mann, dies war vortrefflich gesprochen. Du also sollst mir, von wem und wie du es gehört, gar auch wenn ich es verlange, nicht sagen. Nur eben das, was du sagst, tue mir. Versprich du mir, dessen, was in meinem Buche steht, dich enthaltend anderes Besseres und nicht weniger zu sagen. Dagegen verspreche ich dir, wie die neun Archonten eine goldne Statue in Lebensgröße nach Delphi zu verehren, und zwar nicht meine nur, sondern auch deine.

Sokrates. Ein gar lieber und wirklich goldner Mensch bist du mir, Phaidros, wenn du meinst, ich behaupte, daß Lysias die Sache ganz und gar verfehlt habe, und daß es möglich sei, lauter andere Dinge als er zu sagen. Dieses aber, denke ich, kann auch dem schlechtesten Schriftsteller nicht begegnen. Gleich hier, wovon die Rede ist, wer meinst du wohl, wenn er beweisen wollte, man müsse dem Nichtverliebten eher willfahren als dem Verliebten, überginge aber die Verständigkeit des einen zu loben und die Unverständigkeit des andern zu tadeln, welches ganz notwendig ist, würde dann irgend etwas anderes zu sagen imstande sein? Sondern dergleichen, glaube ich, muß man lassen und dem Redenden zugestehen; und in dergleichen ist auch nicht die Erfindung, sondern nur die Anordnung zu loben, an dem nicht notwendigen und schwerer zu findenden aber außer der Anordnung auch die Erfindung.

Phaidros. Ich räume ein, was du sagst; denn du dünkst mich ganz billig gesprochen zu haben. Also will ich es ebenso machen. Daß der Verliebte mehr als der Nichtverliebte krank sei, davon will ich dir verstatten auszugehen, und wenn du nur im übrigen anderes, mehr und besseres, vorträgst als Lysias, sollst du immer noch neben der Kypseliden Weihgeschenk aus gehämmerter Arbeit in Olympia stehen.

Sokrates. Du machst Ernst daraus, Phaidros, daß ich deinen Liebling angegriffen, um dich aufzuziehen, und meinst wohl, ich werde wirklich versuchen, über seine Kunst hinaus etwas anderes Schmuckeres zu sagen.

Phaidros. Was dies nun betrifft, Freund, so gibst du mir jetzt dieselbe Blöße. Denn reden mußt du jetzt auf jeden Fall, so wie du eben kannst. Damit wir aber nicht den ganzen lästigen Spaß der Komödie durchzumachen nötig haben, einer dem andern dasselbe zurückgebend: so sieh dich vor, und nötige mich nicht erst, dir jenes zu sagen: Wenn ich, o Sokrates, den Sokrates nicht kenne, muß ich auch mich selbst vergessen haben, und er hatte wohl Lust zu reden, machte aber den Spröden; sondern bedenke, daß wir von hinnen nicht gehen, ehe du das gesprochen hast, was du behauptetest in der Brust zu tragen. Wir sind hier ganz einsam, und ich bin der stärkere und jüngere. Aus dem allen nun vernimm, was ich meine, und wolle doch ja nicht gezwungen lieber als freiwillig reden.

Sokrates. Aber du himmlischer Phaidros, lächerlich werde ich mich machen, wenn nach einem trefflichen Künstler ich Ungelehrter unvorbereitet rede über dieselbe Sache.

Phaidros. Weißt du, wie es steht? Höre auf, dich gegen mich zu zieren; sonst weiß ich etwas zu sagen, womit ich dich gleich zwingen kann zu reden.

Sokrates. So sage es also ja nicht.

Phaidros. Mitnichten, sondern ich sage es gerade, und die Rede soll mir ein Schwur sein. Ich schwöre dir also, ja bei welchem Gotte doch? oder willst du bei dieser Platane? daß wahrlich, wenn du mir nicht die Rede hältst hier angesichts ihrer selbst, ich dir nie keine andere Rede von niemand weder hersagen noch anzeigen werde.

Sokrates. Weh! Du Böser! Wie gut hast du den Zwang ausgefunden für einen redeliebenden Mann, daß er tue, was du nur begehrst.

Phaidros. Was hast du also, daß du dich noch sträubst?

Sokrates. O gar nichts mehr, seit du dieses geschworen hast. Denn wie könnte ich wohl einer solchen Lockspeise widerstehen?

Phaidros. Rede also.

Sokrates. Weißt du wohl, wie ich es machen will?

Phaidros. Womit denn?

Sokrates. Verhüllt will ich sprechen, damit ich aufs schnellste die Rede durchjage, und nicht etwa, wenn ich dich ansehe, aus Scham in Verwirrung gerate.

Phaidros. Rede nur, und übrigens halte es, wie du willst.

Sokrates. Wohlan denn, o Musen! mögt ihr nun wegen einer Art des Gesanges die hochgekehlten heißen, oder nach dem langhalsigen

Geschlecht der tonreichen Schwäne diesen Namen führen, greift mit mir an das Werk der Rede, welches dieser Treffliche mich nötigt zu sprechen, damit nur sein Freund, der ihm schon immer kunstreich zu sein schien, ihm noch mehr so erscheine.

Es war also ein Knabe oder vielmehr ein halberwachsener Jüngling, zart und gar schön, der hatte der Liebhaber sehr viele. Unter diesen war einer sehr listig, welcher den Knaben, in den er nicht minder als einer verliebt war, dennoch überredet hatte, er sei es nicht; und einmal als er auch in ihn drang, überredete er ihn eben dieses, daß er den Nichtverliebten vor dem Verliebten begünstigen müsse. Er redete aber also:

In allen Dingen, mein Kind, gibt es nur einen Anfang für die, welche richtig ratschlagen wollen: sie müssen wissen, worüber sie Rat pflegen, oder werden notwendig das Ganze verfehlen. Die meisten nun merken nicht, daß sie das Wesen der Dinge nicht kennen. Als kennten sie es also, verständigen sie sich nicht darüber im Anfange der Untersuchung, und im Fortgange bezahlen sie dann die Gebühr, sie sind nämlich weder jeder mit sich selbst noch untereinander einig. Mich also und dich möge nicht treffen, was wir andern vorwerfen, sondern da dir und mir die Frage vorliegt, ob mit dem Verliebten oder Nichtverliebten besser sei Freundschaft zu stiften: so laß uns über die Liebe, was sie ist und welche Kraft ihr zukommt, eine Erklärung einstimmig festsetzend, in Hinsicht und Beziehung auf diese dann die Untersuchung anstellen, ob sie Vorteile oder Schaden hervorbringt, daß nun die Liebe eine Begierde ist, gesteht jeder; wiederum aber wissen wir, daß auch Nichtliebende ebenfalls der Schönen begehren. Woran also wollen wir den Liebenden und den andern unterscheiden? Wir müssen demnach bemerken, daß es in einem jeden von uns zwei herrschende und führende Triebe gibt, welchen wir folgen, wie sie eben führen, eine eingeborene Begierde nach dem Angenehmen und eine erworbene Gesinnung, welche nach dem Besten strebt. Diese beiden nun sind uns bald übereinstimmend, zuweilen auch wieder veruneinigt, da denn jetzt diese, dann wieder die andere siegt. Wenn nun die Gesinnung uns zum Besseren durch Vernunft führt und regiert, so heißt diese Regierung Besonnenheit; wenn aber die Begierde vernunftlos hinzieht zur Lust und in uns herrscht, wird diese Herrschaft Frevel genannt. Der Frevel aber ist vielnamig: denn er ist vielteilig und vielartig. Und die von diesen Arten zufällig den Vorzug gewonnen, trägt ihren eigenen Namen zur Benennung auf den, der sie besitzt, hinüber, einen weder schönen noch wünschenswerten. Denn eine auf den Wohlschmack der Speisen gerichtete, die Vernunft und die anderen Begierden besiegende Begierde heißt Schlemmerei, und wird auch dem sie hegenden dieselbe Bezeichnung zuziehen. Die aber auf den Trank, wenn sie beherrscht den, der sie hegt, und ihn dahinführt, ist klar, welchen Beinamen sie erhalten wird; und so auch die übrigen diesen verwandten Begierden zugehörigen Namen, wie jeder, wenn sie die Herrschaft führt, zu heißen zukommt, sind bekannt. Und um welcher willen das bisherige gesagt worden, ist wohl auch schon einleuchtend, auch dieses aber wird, ausdrücklich gesagt, deutlicher werden, als wenn es nicht gesagt würde. Nämlich die vernunftlose jene auf das Bessere bestrebte Gesinnung beherrschende Begierde, zur Lust an der Schönheit geführt, und wiederum von den ihr verwandten Begierden auf die Schönheit der Leiber hingeführt, wenn sie sich kräftig verstärkt und den Sieg errungen hat in der Leitung, erhält von ihrem Gegenstande, dem Leibe, den Namen, und wird Liebe genannt. – Jedoch, lieber Phaidros, scheint auch dir, wie mir selbst, daß etwas Göttliches mich angewandelt?

Phaidros. Allerdings, o Sokrates, hat ein ganz ungewöhnlicher Fluß der Rede dich ergriffen.

Sokrates. Still also höre mich weiter. Denn in Wahrheit göttlich scheint dieser Ort zu sein, so daß, wenn ich etwa gar im Verfolg der Rede von den Nymphen ergriffen werde, du dich nur nicht wundern mögest. Denn schon jetzt bin ich nicht mehr gar fern von Dithyramben.

Phaidros. Sehr richtig bemerkt.

Sokrates. Davon nun bist du Ursach. Doch höre das übrige, sonst möchte vielleicht verscheucht werden, was über mich gekommen. Dafür nun mag Gott sorgen, wir aber müssen mit unserer Rede uns wieder zu dem Knaben wenden.

Gut denn, mein Teurer, was dasjenige ist, worüber wir beratschlagen, ist nun gesagt und bestimmt. In Beziehung hierauf also laß uns das übrige erörtern, welcher Vorteil oder Schaden von dem Liebenden oder Nichtliebenden dem Willfährigen wahrscheinlich bevorstehe. Notwendig nun wird der von der Begierde Beherrschte und der Lust Dienende das Geliebte aufs angenehmste für sich zuzurichten suchen. Dem Kranken aber ist alles nicht widerstrebende angenehm, gleiches und stärkeres aber verhaßt. Weder besser also noch ihm selbst gleich wird ein Liebhaber gern seinen Liebling leiden mögen, sondern schwächer und unvollkommener wird er ihn immer machen. Schwächer aber ist der Unverständige als der Weise, der Feige als der Tapfere, der Unberedte als der Rednerische, der Langsame als der Schnelldenkende. Solche also und noch andere Übel, wenn sie dem Gemüt des Geliebten entstehen oder von Natur einwohnen, müssen den Liebhaber erfreuen, teils auch muß er sie selbst befördern oder sich des augenblicklich Angenehmen beraubt sehen. Neidisch also muß er sein, und schon indem er ihn abhält von andern auch nützlichen Verbindungen, durch welche am meisten ein Mann aus ihm werden könnte, ihm großen Schaden verursachen, den größten aber in Hinsicht derjenigen, welche ihn im eigentlichen Sinn weise machen würde. Dies nun ist die göttliche Weisheitsliebe, von der also der Liebhaber den Liebling gewiß, aus Furcht ihm verächtlich zu werden, weit entfernt halten und auch übrigens alles anwenden wird, damit er unwissend in allen Dingen und in allem auf den Liebhaber zu sehen genötigt, ein solcher sei, wie er ihm zwar am meisten zur Lust, sich selbst aber eben so sehr zum Schaden gereicht. Für die Seele also ist in keiner Hinsicht ein heilsamer Aufseher oder Gefährte der Mann, der Liebe hegt. Wie aber des Körpers, dessen er Herr geworden ist, Bildung und Pflege und was für eine derjenige besorgen wird, welcher dem Angenehmen statt des Guten gezwungen ist nachzustreben, das müssen wir hienächst sehen. Es wird sich aber zeigen, daß er einen weichlichen und nicht einen harten aufsucht, nicht der im reinen Sonnenschein aufgewachsen ist, sondern im dumpfigen Schatten, männlicher Arbeiten und anstrengender Leibesübungen ungewohnt, gewöhnt aber an eine zärtliche, unmännliche Lebensart, mit fremden Farben und Verzierungen aus Mangel an eigenen geziert, und was sonst hiemit zusammenhängt, des alles sich befleißigend. Welches bekannt ist und nicht nötig weiter hineinzugehen, sondern eins im allgemeinen aufgestellt, wollen wir uns zu anderem wenden. Mit einem solchen Körper nämlich wird einer im Kriege wie in andern dringenden Nöten den Feinden wohl Mut, den Freunden aber und den Liebhabern selbst Besorgnis einflößen. Dieses also wollen wir als bekannt vorbeigehen und das folgende dartun, welchen Vorteil oder Schaden für das Besitztum uns des Liebenden Umgang und Vormundschaft anrichten wird. Einleuchtend nun ist hier dies wohl jedem und am meisten dem Liebhaber, daß er eben von den liebsten, wohltuendsten und göttlichsten unter allen Besitztümern den Geliebten verwaiset zu sehen vor allen wünscht. Denn Vater und Mutter, Verwandte und Freunde sähe er ihm gern entrissen, da er sie für Störer und Tadler eben des angenehmsten Umganges mit ihm ansieht. Aber auch den Vermögenden an Gold oder anderem Eigentum kann er nicht für ebenso leicht zu erobern achten, noch wenn dies geschehen, für leicht zu handhaben. Weshalb denn notwendig der Liebhaber dem Liebling es mißgönnt, wenn er Vermögen besitzt, geht es aber verloren, sich erfreut. Ferner auch ehelos, kinderlos, herdlos muß so lange als möglich den Liebling der Liebhaber zu sehen wünschen, die ihm süße Frucht aufs längste zu genießen sich sehnend. Es gibt freilich noch anderes verderbliche, aber doch hat ein Dämon mit dem meisten eine unmittelbare Lust gemischt; wie dem Schmeichler, einem furchtbaren Tiere und großem Übel, hat doch die Natur ein nicht ungebildetes Vergnügen beigemischt. Auch eine Hetäre könnte einer als verderblich tadeln, und was man sich sonst dergleichen hegt und pflegt, wobei aber doch immer sich findet, daß es für den Augenblick sehr angenehm ist; dem Liebling aber ist der Liebhaber nächst dem verderblichen auch noch im täglichen Umgang höchst unerfreulich. Denn gleich und gleich an Jahren sagt schon der Spruch, erfreut einander, weil, glaube ich, die Gleichheit des Alters zu gleichen Vergnügungen hinführend durch diese Ähnlichkeit Freundschaft hervorbringt. Und dennoch gibt es Überdruß auch in dem Umgange von solchen. Aber das Gezwungene, sagt man, ist gewiß allen lästig, in allen Dingen, und dieses noch außer der Unähnlichkeit findet sich ganz besonders in dem Umgange des Liebhabers mit dem Liebling. Denn den so viel Jüngeren will der Ältere weder Tag noch Nacht gern verlassen, so wird er vom inneren Ungestüm und Stachel getrieben, welches ihm zwar immer Vergnügen gewährt, indem er den Geliebten sieht, hört und mit allen Sinnen genießt, so daß er ihm mit Lust unaufhörlich anklebend dient: welchen Trost aber und welche Lust gewährt es dem Geliebten, um zu verhindern, daß er nicht, wenn er jenen so lange Zeit um sich hat, den äußersten Widerwillen fasse, indem er eine alternde nicht mehr blühende Gestalt vor Augen hat, und was hiemit sonst zusammenhängt, was schon in der Erzählung zu hören dem Ohre nicht erfreulich ist, viel weniger in der Wirklichkeit, wenn man unaufhörlich gezwungen ist, sich damit selbst zu befassen; indem er ferner mit argwöhnischer Wachsamkeit bewacht wird überall und gegen alle, und unzeitiges, überschwengliches Lob anhören muß, und ebenso auch Tadel, schon von dem nüchternen unerträglichen, ganz unanständigen, aber noch überdies von dem berauschten, mit übersatter, unverhüllter Dreistigkeit Redenden. Indem er liebt also, ist er ihm verderblich sowohl als widerlich; hat aber die Liebe aufgehört, so ist er ihm für die künftige Zeit treulos, für welche er ebenso vieles mit vielen Schwüren und Bitten verheißend ihn vormals kaum festhielt, daß er den unangenehmen Umgang ertrug in Hoffnung des Vorteils. Dann also, wann er erfüllen soll, hat er schon einen andern Herrn und Führer in sich aufgenommen, Verstand und Besonnenheit anstatt der Liebe und des Wahnsinns, und ist ein anderer geworden, seinem Liebling unbemerkt. Dieser also fordert den Dank für das damalige, indem er ihm Wort und Tat in Erinnerung bringt, als ob er noch mit demselben Menschen redete. Jener aber will aus Scham nicht wagen, zu gestehen, daß er ein anderer geworden, noch auch weiß er, wie er die Schwüre und Versprechungen aus der damaligen unverständigen Zeit, nun er zu Verstande gekommen ist und sich besonnen hat, erfüllen kann, ohne, wenn er eben wie der ehemalige handelt, ihm auch ähnlich und wieder derselbe zu werden. Ein Ausreißer wird er also nun, und notgedrungen entsagend begibt sich der ehemalige Liebhaber, nun die Scherbe anders gefallen ist, seinerseits auf die Flucht. Der andere aber muß ihm nachsetzen, unwillig und in Verwünschungen ausbrechend, weil er die ganze Sache von Anbeginn nicht verstanden hat, daß er nämlich nie hätte gesollt dem Verliebten und also notwendig Unverständigen willfahren, sondern weit eher dem Nichtverliebten und Verständigen; wo aber nicht, er sich dann allemal einem treulosen hingäbe, einem neidischen, beschwerlichen, widerlichen, verderblichen für sein Vermögen, verderblichen auch für die Tüchtigkeit seines Körpers, am verderblichsten aber für die Ausbildung seiner Seele, über welche es doch weder für Menschen noch Götter in Wahrheit etwas Köstlicheres weder gibt noch jemals geben kann. Dieses also mußt du bedenken, o Knabe, und die Freundschaft des Liebhabers kennen lernen, daß sie nicht wohlwollender Natur ist, sondern daß sie nur nach Art der Speise, um der Sättigung willen, gleichwie Wölfe das Lamm, so lieben den Knaben Verliebte. Da hast du es ja, Phaidros! Nicht weiter sollst du mich auch nun reden hören, sondern hier soll die Rede ihr Ende haben.

Phaidros. Aber ich dachte ja, sie wäre erst in der Hälfte und würde nun noch gleiches von dem Nichtverliebten sagen, daß man dem lieber willfahren müsse, indem sie darstellte, was er Gutes an sich hat. Warum also, o Sokrates, hörst du schon jetzt auf?

Sokrates. Hast du denn nicht gemerkt, du Seliger, daß ich schon Verse spreche, nicht mehr nur Dithyramben, und das noch, indem ich tadle? Wenn ich nun erst anfinge, den andern zu loben, was meinst du, werde es dann werden? Weißt du wohl, daß ich von den Nymphen, denen du mich recht absichtlich vorgeworfen, ganz vollkommen werde begeistert werden? Ich sage also nur mit einem Worte, daß weshalb wir den einen geschmäht haben, davon dem andern das entgegenstehende Gut beiwohne. Was bedarf es einer langen Rede? Denn über beide ist genug gesagt, und so mag nun über das Märchen ergehen was recht ist, ich aber gehe über diesen Fluß zurück, ehe ich von dir zu etwas noch Ärgerem gezwungen werde.

Phaidros. Nur jetzt noch nicht, Sokrates, bis die Hitze vorübergeht. Oder siehst du nicht, daß die Sonne eben recht im Mittage steht?

Sondern laß uns hier bleiben und über das Gesprochene reden, bis wir, sobald es sich abgekühlt hat, gehen können.

Sokrates. Göttlich bist du, was Reden betrifft, Phaidros und recht zu bewundern. Denn ich glaube, von allen während deines Lebens gesprochenen Reden hat niemand mehrere als du ans Licht gebracht, teils selbst redend, teils andere auf irgend eine Art dazu nötigend. Simmias, den Thebaner, nehme ich aus, die übrigen übertriffst du bei weitem. Auch jetzt wieder scheinst du mir Ursach geworden zu sein, daß eine Rede muß gesprochen werden.

Phaidros. Keinen Krieg verkündigst du mir hiemit. Aber wie doch und was für eine Rede?

Sokrates. Als ich im Begriff war, du guter, durch den Fluß zu gehen, hat sich mir das göttliche und das gewohnte Zeichen gemeldet, das mich immer abhält, wenn ich etwas tun will, und eine Stimme glaubte ich von dorther zu hören, die mir wehrte, von dannen zu gehen, bevor ich mich gereinigt, als habe ich etwas gesündigt gegen die Gottheit. Nun bin ich auch ein Wahrsager, kein großer zwar, sondern nur wie die, welche schlecht schreiben, soviel ich für mich selbst brauche. Daher also kenne ich schon genau die Versündigung. Wie ein weissagendes Wesen, Freund, ist doch auch die Seele. Denn mich beunruhigte etwas schon lange, als ich noch die Rede sprach, und ich ängstigte mich nach dem Ibykos, ob ich nicht gegen Götter frevelnd eitlen Ruhm von den Menschen tauschte. Nun aber weiß ich die Versündigung.

Phaidros. Welche meinst du denn?

Sokrates. Eine arge Rede, Phaidros, eine sehr arge hast du selbst hergebracht und auch mich zu reden gezwungen

Phaidros. Wieso doch?

Sokrates. Eine einfältige und auch etwas ruchlose; und welche ärgere könnte es wohl geben?

Phaidros. Keine gewiß, wenn du recht hast.

Sokrates. Wie denn, hältst du den Eros nicht für der Aphrodite Sohn und einen Gott?

Phaidros. Das sagt man von ihm.

Sokrates. Nicht aber Lysias sagt es, noch auch deine Rede, welche durch meinen von dir bezauberten Mund ist gesprochen worden. Wenn also, wie es doch ist, Eros ein Gott und die Liebe etwas Göttliches ist, so kann sie ja nicht etwas Übles sein. Die vorigen Reden aber sprachen beide von ihr, als wäre die dieses. Hiedurch also sündigten sie gegen den Eros; nächstdem aber ist auch ihre Einfalt sehr artig, daß sie, ohne irgend etwas Gesundes oder Wahres gesagt zu haben, sich ein Ansehen geben, als wären sie etwas, wenn sie vielleicht einige Leutlein hintergehend sich geltend machen bei ihnen. Ich also, Freund, muß mich reinigen. Es gibt aber für die in Dichtungen über die Götter Sündigenden eine alte Reinigung, von welcher Homeros nichts wußte, Stesichoros aber. Denn als er der Augen beraubt ward wegen Schmähung der Helena, blieb ihm nicht wie dem Homeros die Ursach unbekannt, sondern als ein den Musen Vertrauter erkannte er sie und dichtete sogleich sein »Unwahr ist diese Rede, denn nie bestiegst du die zierlichen Schiffe, noch kamst du je zur Feste von Troja«, und nachdem er den ganzen sogenannten Widerruf gedichtet, ward er alsbald wieder sehend. Ich nun will eben hierin weiser sein als er. Denn ehe mir noch etwas Übles begegnet wegen Schmähungen des Eros, will ich versuchen, ihm den Widerruf zu entrichten mit entblößtem Haupt und nicht wie vorher mit verhülltem aus Scham.

Phaidros. Angenehmeres als dieses, Sokrates, konntest du mir gar nicht sagen.

Sokrates. Und du siehst es doch ein, mein guter Phaidros, wie schamlos die beiden Reden gesprochen haben, die letzte sowohl als die aus dem Buche gelesene? Denn hätte ein edler Mann von sanftem Gemüt und der einen ebensolchen liebt oder je zuvor geliebt hat, uns zugehört, als wir sagten, daß Liebhaber über Kleinigkeiten großen Zwist erregten, und den Lieblingen abgünstig wären und verderblich: meinst du nicht, er würde glauben, solche zu hören, die unter Bootsknechten aufgewachsen nie eine anständige Liebe gesehen? und daß viel fehlen würde, daß er uns beistimmen sollte in dem, worin wir die Liebe tadelten?

Phaidros. Vielleicht wohl beim Zeus, o Sokrates.

Sokrates. Aus Scham also vor diesem, und aus Furcht vor dem Eros selbst will ich mit einer trinkbaren Rede gleichsam den Seegeschmack des zuvor Gehörten hinunterspülen. Ich rate aber auch dem Lysias, aufs baldigste dafür zu schreiben, daß man dem Liebenden eher als dem Nichtliebenden, wenn sonst alles gleich ist, willfahren müsse.

Phaidros. Sei nur versichert, daß es gewiß so geschehen soll. Denn hast du des Liebhabers Lob gesprochen, so muß notwendig Lysias von mir genötigt werden, auch hierüber eine Rede zu schreiben.

Sokrates. Das glaube ich gern, so lange du bleibst, wer du bist.

Phaidros. Fasse dir also Mut und rede.

Sokrates. Wo ist mir aber der Knabe, zu dem ich sprach? Damit er auch dieses höre, und nicht etwa unbelehrt voreilig dem Nichtliebenden willfahre.

Phaidros. Dieser ist dir immer ganz nahe zugegen, so oft du willst.

Sokrates. So wisse denn, schöner Knabe, daß die vorige Rede von dem Myrrhinusier Phaidros herrührte, dem Sohne des Pythokles; die ich aber jetzt sprechen will, ist von dem Stesichoros aus Himera, dem Sohne des Euphemos. So aber muß sie gesprochen werden: Unwahr ist jene Rede, welche behauptet, daß, wenn ein Liebhaber da sei, man vielmehr dem Nichtliebenden willfahren müsse, weil nämlich jener wahnsinnig sei, dieser aber bei Sinnen. Denn wenn freilich ohne Einschränkung gälte, daß der Wahnsinn ein Übel ist, dann wäre dieses wohlgesprochen: nun aber entstehen uns die größten Güter aus einem Wahnsinn, der jedoch durch göttliche Gunst verliehen wird. Denn die Prophetin zu Delphi und die Priesterinnen zu Dodone haben im Wahnsinn vieles Gute in besonderen und öffentlichen Angelegenheiten unserer Hellas zugewendet, bei Verstande aber Kümmerliches oder gar nichts. Wollten wir auch noch die Sibylla anführen, und was für andere sonst noch durch begeistertes Wahrsagen vielen vieles für die Zukunft vorhersagen geholfen, so würden wir langweilen mit Erzählung allgemein bekannter Dinge. Dies aber ist wert, es anzuführen, daß auch unter den Alten die, welche die Namen festgesetzt, den Wahnsinn nicht für etwas Schändliches oder für einen Schimpf hielten, weil sie sonst nicht der edelsten Kunst, durch welche die Zukunft beurteilt wird, eben diesen Namen einflechtend die Wahnsagekunst benannt hätten; sondern dafürhaltend, er sei etwas Schönes, wenn er durch göttliche Schickung entsteht, in dieser Meinung haben sie den Namen eingeführt. Und denn die Neueren erst haben ungeschickterweise das R hineingesetzt statt des N, und sie Wahrsagekunst geheißen. Ebenso haben sie jene andere von Besonnenen vermittelst der Vögel und anderer Zeichen angestellte Erforschung der Zukunft, da diese mit Bewußtsein menschlichem Dafürhalten Einsicht und Wissenschaft verschaffen, das Wißsagen genannt, welches jetzt die Neueren mit dem breiten Doppellaut prunkend in Weissagen verwandelt haben. So viel heiliger und ehrenvoller nun jenes Wahrsagen ist als dieses Weissagen, dem Namen nach und der Sache nach, um so viel vortrefflicher ist auch nach dem Zeugnis der Alten ein göttlicher Wahnsinn als eine bloß menschliche Verständigkeit. Ebenso hat auch von Krankheiten und den schwersten Plagen, wie sie ja aus altem Zorn einigen Geschlechtern verhängt waren, ein Wahnsinn eingegeben und ausgesprochen, denen er Not war, Errettung gefunden, welcher zu Gebeten und Verehrungen der Götter fliehend und dadurch reinigende Gebräuche und Geheimnisse erlangend, jeden seiner Teilhaber für die gegenwärtige und künftige Zeit sicherte, dem auf rechte Art Wahnsinnigen und Besessenen die Lösung der obwaltenden Drangsale erfindende. Die dritte Eingeistung und Wahnsinnigkeit von den Musen ergreift eine zarte und heilig geschonte Seele aufregend und befeuernd, und in festlichen Gesängen und andern Werken der Dichtkunst tausend Taten der Urväter ausschmückend bildet sie die Nachkommen. Wer aber ohne diesen Wahnsinn der Musen in den Vorhallen der Dichtkunst sich einfindet, meinend, er könne durch Kunst allein genug ein Dichter werden, ein solcher ist selbst ungeweiht, und auch seine, des Verständigen Dichtung, wird von der des Wahnsinnigen verdunkelt. Soviel und noch mehreres kann ich rühmen von des Wahnsinnes, der von den Göttern kommt, herrlichen Taten. So daß wir eben dieses ja nicht scheuen wollen, noch uns irgendeine Rede irren lassen, die uns das einängstiget, daß wir vor dem Verzückten den Besonnenen vorziehen sollen als Freund; sondern erst wenn sie dieses noch zu jenem erwiesen, soll sie den Preis davontragen, daß nämlich nicht zum Heil die Liebe dem Liebenden wie dem Geliebten von den Göttern gesendet wird. Wir aber haben das Gegenteil zu erweisen, daß zur größten Glückseligkeit die Götter diesen Wahnsinn verleihen. Und dieser Beweis wird den Vernünftlern unglaublich sein, den Weisen aber glaubhaft. Zuerst nun muß über der Seele Natur, der göttlichen sowohl als menschlichen, durch Betrachtung ihres Tuns und Leidens richtige Einsicht vorangehn. Der Anfang des Erweises ist dieser. Jede Seele ist unsterblich. Denn das stets Bewegte ist unsterblich, was aber anderes bewegt, und selbst von anderem bewegt wird und also einen Abschnitt der Bewegung hat, hat auch einen Abschnitt des Lebens. Nur also das sich selbst Bewegende, weil es nie sich selbst verläßt, wird auch nie aufhören, bewegt zu sein, sondern auch allem, was sonst bewegt wird, ist dieses Quelle und Anfang der Bewegung. Der Anfang aber ist unentstanden. Denn aus dem Anfang muß alles Entstehende entstehen, er selbst aber aus nichts. Denn wenn der Anfang aus etwas entstände, so entstände nichts mehr aus dem Anfang. Da er aber unentstanden ist, muß er notwendig auch unvergänglich sein. Denn wenn der Anfang unterginge, könnte weder er jemals aus etwas anderem, noch etwas anderes aus ihm entstehen, da ja alles aus dem Anfange entstehen soll. Demnach also ist der Bewegung Anfang das sich selbst Bewegende; dies aber kann weder untergehen noch entstehen, oder der ganze Himmel und die gesamte Erzeugung müßten zusammenfallend stillstehen, und hätten nichts, woher bewegt sie wiederum könnten entstehen. Nachdem sich nun das sich von selbst Bewegende als unsterblich gezeigt hat, so darf man sich auch nicht schämen, ebendieses für das Wesen und den Begriff der Seele zu erklären. Denn jeder Körper, dem nur von außen das Bewegtwerden kommt, heißt unbeseelt, der es aber in sich hat aus sich selbst, beseelt, als sei dieses die Natur der Seele. Verhält sich aber dieses so, daß nichts anders das sich selbst Bewegende ist als die Seele, so ist notwendig auch die Seele unentstanden und unsterblich. Von ihrer Unsterblichkeit nun sei dieses genug; von ihrem Wesen aber müssen wir dieses sagen, daß, wie es an sich beschaffen sei, überall auf alle Weise eine göttliche und weitschichtige Untersuchung ist, womit es sich aber vergleichen läßt, dies eine menschliche und leichtere. Auf diese Art also müssen wir davon reden. Es gleiche daher der zusammengewachsenen Kraft eines befiederten Gespannes und seines Führers. Der Götter Rosse und Führer nun sind alle selbst gut und guter Abkunft, die anderen aber vermischt. Zuerst nun zügelt bei uns der Führer das Gespann, demnächst ist von den Rossen das eine gut und edel und solchen Ursprungs, das andere aber entgegengesetzter Abstammung und Beschaffenheit. Schwierig und mühsam ist daher natürlich bei uns die Lenkung. Woher ferner die Benennungen sterblicher und unsterblicher Tiere, müssen wir auch versuchen zu erklären. Alles, was Seele ist, waltet über alles Unbeseelte und durchzieht den ganzen Himmel verschiedentlich in verschiedenen Gestalten sich zeigend. Die vollkommene nun und befiederte schwebt in den höheren Gegenden und waltet durch die ganze Welt; die entfiederte aber schwebt umher bis sie auf ein Starres trifft, wo sie nun wohnhaft wird, einen erdigen Leib annimmt, der nun durch ihre Kraft sich selbst zu bewegen scheint, und dieses Ganze, Seele und Leib zusammengefügt, wird dann ein Tier genannt, und bekommt den Beinamen sterblich; unsterblich aber nicht aus irgend erwiesenen Gründen, sondern wir bilden uns, ohne Gott weder gesehen zu haben noch hinlänglich zu erkennen, ein unsterbliches Tier, als auch eine Seele habend und einen Leib habend, aber auf ewige Zeit beide zusammen vereinigt. Doch dieses verhalte sich, wie es Gott gefällt, und auch nur so sei hiemit davon geredet. Nun laßt uns die Ursache von dem Verlust des Gefieders, warum es der Seele ausfällt, betrachten. Es ist aber diese: Die Kraft des Gefieders besteht darin, das Schwere emporhebend hinaufzuführen, wo das Geschlecht der Götter wohnt. Auch teilt es vorzüglich der Seele mit von dem, was des göttlichen Leibes ist. Das Göttliche nämlich ist das Schöne, Weise, Gute und was dem ähnlich ist. Hiervon also nährt sich und wächst vornehmlich das Gefieder der Seele, durch das Mißgestaltete aber, das Böse und was sonst jenem entgegengesetzt ist, zehrt es ab und vergeht. Der große Herrscher im Himmel, Zeus, nun seinen geflügelten Wagen lenkend, zieht der erste aus, alles anordnend und versorgend, und ihm folgt die Schar der Götter und Geister, in elf Zügen geordnet. Denn Hestia bleibt in der Götter Hause allein. Alle andern aber, welche zu der Zahl der zwölf als herrschende Götter geordnet sind, führen an in der Ordnung, die jedem angewiesen ist. Viel Herrliches nun gibt es zu schauen und zu begehen innerhalb des Himmels, wozu der seligen Götter Geschlecht sich hinwendet, jeder das seinige verrichtend. Es folgt aber wer jedesmal will und kann: denn Mißgunst ist verbannt aus dem göttlichen Chor. Wenn sie aber zum Fest und zum Mahle gehen, und gegen die äußerste unterhimmlische Wölbung schon ganz steil aufsteigen: dann gehen zwar der Götter Wagen mit gleichem wohlgezügeltem Gespann immer leicht, die andern aber nur mit Mühe. Denn das vom Schlechten etwas an sich habende Roß, wenn es nicht sehr gut erzogen ist von seinem Führer, beugt sich zum Boden hinunter und drückt mit seiner ganzen Schwere, woraus viel Beschwerde und der äußerste Kampf der Seele entsteht. Denn die unsterblich genannten zwar, wenn sie an den äußersten Rand gekommen sind, wenden sich hinauswärts und stehen so auf dem Rücken des Himmels, und hier stehend reißt sie der Umschwung mit fort, und sie schauen, was außerhalb des Himmels ist. Den überhimmlischen Ort aber hat noch nie einer von den Dichtern hier besungen, noch wird ihn je einer nach Würden besingen. Er ist aber so beschaffen, denn ich muß es wagen, ihn nach der Wahrheit zu beschreiben, besonders auch da ich von der Wahrheit zu reden habe. Das farblose, gestaltlose, stofflose, wahrhaft seiende Wesen hat nur der Seele Führer, die Vernunft, zum Beschauer, um welches her das Geschlecht der wahrhaften Wissenschaft jenen Ort einnimmt. Da nun Gottes Verstand sich von unvermischter Vernunft und Wissenschaft nährt, wie auch jeder Seele, welche soll, was ihr gebührt, aufnehmen: so freuen sie sich, das wahrhaft Seiende wieder einmal zu erblicken, und nähren sich an Beschauung des Wahren, und lassen sich Wohlsein, bis der Umschwung sie wieder an die vorige Stelle zurückgebracht. In diesem Umlauf nun erblicken sie die Gerechtigkeit selbst, die Besonnenheit und die Wissenschaft, nicht die, welche eine Entstehung hat, noch welche wieder eine andere ist, für jedes andere von den Dingen, die wir wirkliche nennen, sondern die in dem, was wahrhaft ist, befindliche wahrhafte Wissenschaft, und so auch von dem andern das wahrhafte Seiende erblickt die Seele, und wenn sie sich daran erquickt hat, taucht sie wieder in das Innere des Himmels und kehrt nach Hause zurück. Ist sie dort angekommen: so stellt der Führer die Rosse zur Krippe, wirft ihnen Ambrosia vor und tränkt sie dazu mit Nektar. Dieses nun ist der Götter Lebensweise. Von den andern Seelen aber konnten einige, welche am besten dem Gotte folgten und nachahmten, das Haupt des Führers hinausstrecken in den äußeren Ort. und so den Umschwung mit vollenden, geängstet jedoch von den Rossen und kaum das Seiende erblickend; andere erhoben sich bisweilen und tauchten dann wieder unter, so daß sie im gewaltigen Sträuben der Rosse einiges sahen, anderes aber nicht. Die übrigen allesamt folgen zwar auch dem droben nachstrebend, unvermögend aber werden sie im unteren Raume mit herumgetrieben, nur einander tretend und stoßend, indem jede sucht, der andern zuvorzukommen. Getümmel entsteht nun, Streit und Angstschweiß, wobei durch Schuld schlechter Führer viele verstümmelt werden, vielen vieles Gefieder beschädigt; alle aber gehen nach viel erlittenen Beschwerden unteilhaft der Anschauung des Seienden davon, und so davongegangen halten sie sich an scheinbare Nahrung. Daher eben so großer Eifer, der Wahrheit Feld zu schauen, wo es ist: nämlich die dem Edelsten der Seele angemessene Weide stammt her aus jenen Wiesen, und des Gefieders Kraft, durch welches die Seele gehoben wird, nährt sich hievon und dieses ist das Gesetz der Adrasteia, daß, welche Seele, als des Gottes Begleiterin, etwas erblickt hat von dem Wahrhaften, diese bis zum nächsten Auszuge keinen Schaden erleide, und wenn sie dies immer bewirken kann, auch immer unverletzt bleibe. Wenn sie aber unvermögend, es zu erreichen, nichts sieht, sondern ihr ein Unfall begegnet, und sie dabei, von Vergessenheit und Trägheit übernommen, niedergedrückt wird, und so das Gefieder verliert und zur Erde fällt: dann ist ihr gesetzt, in der ersten Zeugung noch in keine tierische Natur eingepflanzt zu werden, sondern die am meisten geschaut habende in den Keim eines Mannes, der ein Freund der Weisheit und der Schönen werden wird, oder ein den Musen und der Liebe Dienender; die zweite in den eines verfassungsmäßigen Königs oder eines kriegerischen und herrschenden; die dritte eines Staatsmannes oder der ein Hauswesen regiert und ein gewerbetreibendes Leben führt; die vierte in einen Freund ausbildender Leibesübungen oder der sich mit der Heilung des Körpers beschäftigen wird; die fünfte wird ein wahrsagendes und den Geheimnissen gewidmetes Leben führen; der sechsten wird ein dichterisches oder sonst mit der Nachahmung sich beschäftigendes gemäß sein; der siebenten ein ländliches oder handarbeitendes; der achten ein sophistisches oder volksschmeichelndes; der neunten ein tyrannisches. Unter allen diesen nun erhält, wer gerecht gelebt, ein besseres Teil, wer ungerecht, ein schlechteres. Denn dorthin, woher jede Seele kommt, kehrt sie nicht zurück unter zehntausend Jahren, denn sie wird nicht befiedert eher als in solcher Zeit, ausgenommen die Seele dessen, der ohne Falsch philosophiert oder nicht unphilosophisch die Knaben geliebt hat. Diese können im dritten tausendjährigen Zeitraum, wenn sie dreimal nacheinander dasselbe Leben gewählt, also nach dreitausend Jahren befiedert heimkehren. Die übrigen aber, wenn sie ihr erstes Leben vollbracht, kommen vor Gericht. Und nach diesem Gericht gehen einige in die unterirdischen Zucht-Örter, wo sie ihr Unrecht büßen; andere aber, in einen Ort des Himmels enthoben durch das Recht, leben dort dem Leben gemäß, welches sie in menschlicher Gestalt geführt. Im tausendsten Jahre aber gelangen beiderlei Seelen zur Verlosung und Wahl des zweiten Lebens, welches jede wählt, wie sie will. Dann kann auch eine menschliche Seele in ein tierisches Leben übergehen, und ein Tier, das ehedem Mensch war, wieder zum Menschen. Denn eine, die niemals die Wahrheit erblickt hat, kann auch niemals die Gestalt annehmen, denn der Mensch muß nach Gattungen Ausgedrücktes begreifen, welches als eins hervorgeht aus vielen durch den Verstand zusammengefaßten Wahrnehmungen. Und dieses ist Erinnerung von jenem, was einst unsere Seele gesehen, Gott nachwandelnd und das übersehend, was wir jetzt für das Wirkliche halten, und zu dem wahrhaft Seienden das Haupt emporgerichtet. Daher auch wird mit Recht nur des Philosophen Seele befiedert: denn sie ist immer mit der Erinnerung soviel als möglich bei jenen Dingen, bei denen Gott sich befindend eben deshalb göttlich ist. Solche Erinnerungen also recht gebrauchend, mit vollkommener Weihung immer geweiht, kann ein Mann allein wahrhaft vollkommen werden. Indem er nun menschlicher Bestrebungen sich enthält, und mit dem Göttlichen umgeht, wird er von den Leuten wohl gescholten als ein Verwirrter, daß er aber begeistert ist, merken die Leute nicht. Und hier ist nun die ganze Rede angekommen von jener vierten Art des Wahnsinns, an welchem derjenige, der bei dem Anblick der hiesigen Schönheit jener wahren sich erinnernd, neubefiedert wird, und mit dem wachsenden Gefieder aufzufliegen zwar versucht, unvermögend aber und nur wie ein Vogel hinaufwärtsschauend, und was drunten ist, gering achtend, beschuldigt wird, seelenkrank zu sein, daß nämlich diese unter allen Begeisterungen als die edelste und des edelsten Ursprungs sich erweiset an dem sowohl, der sie hat, als auch an dem, dem sie sich mitteilt, und daß, wer dieses Wahnsinns teilhaftig wird, die Schönen liebt, ein Liebhaber genannt wird. Nämlich, wie bereits gesagt, jede Seele eines Menschen muß zwar ihrer Natur nach das Seiende geschaut haben, oder sie wäre in dieses Gebilde nicht gekommen; sich aber bei dem hiesigen an jenes zu erinnern, ist nicht jeder leicht, weder denen, die das dortige nur kümmerlich sahen, noch denen, welche, nachdem sie hierher gefallen, ein Unglück betroffen, daß sie irgendwie durch Umgang zum Unrecht verleitet, das ehedem geschaute Heilige in Vergessenheit gestellt; ja wenige bleiben übrig, denen die Erinnerung stark genug beiwohnt. Diese nun, wenn sie ein Ebenbild des dortigen sehen, werden sie entzückt, und sind nicht mehr ihrer selbst mächtig, was ihnen aber eigentlich begegnet, wissen sie nicht, weil sie es nicht genug durchschauen. Denn der Gerechtigkeit, Besonnenheit, und was sonst den Seelen köstlich ist, hiesige Abbilder haben keinen Glanz, sondern mit trüben Werkzeugen können auch nur wenige von ihnen mit Mühe, jenen Bildern sich nahend, des Abgebildeten Geschlecht erkennen. Die Schönheit aber war damals glänzend zu schauen, als mit dem seligen Chore wir dem Jupiter, andere einem andern Gotte folgend, des herrlichsten Anblicks und Schauspiels genossen und in ein Geheimnis geweiht waren, welches man wohl das allerseligste nennen kann, und welches wir feierten, untadelig selbst und unbetroffen von den Übeln, die unserer für die künftige Zeit warteten, und so auch zu untadeligen, unverfälschten, unwandelbaren, seligen

Gesichten vorbereitet und geweiht in reinem Glanze, rein und unbelastet von diesem unserm Leibe, wie wir ihn nennen, den wir jetzt eingekerkert wie ein Schaltier mit uns herumtragen. Dieses möge der Erinnerung geschenkt sein, kraft welcher es aus Sehnsucht nach dem damaligen jetzt ausführlicher ist geredet worden. Was nun die Schönheit betrifft, so glänzte sie, wie gesagt, schon unter jenen wandelnd, und auch nun wir hieherversetzt, haben wir sie aufgefaßt durch den hellsten unserer Sinne, aufs hellste uns entgegenschimmernd. Denn das Gesicht ist der schärfste aller körperlichen Sinne, vermittelst dessen aber die Weisheit nicht geschaut wird, denn zu heftige Liebe würde entstehen, wenn uns von ihr ein so helles Ebenbild dargeboten würde durch das Gesicht, noch auch das andere lebenswürdige; nur der Schönheit aber ist dieses zuteil geworden, daß sie uns das hervorleuchtendste ist und das liebreizendste. Wer nun nicht noch frischen Andenkens ist, oder schon verderbt, der wird auch nicht heftig von hier dorthin gezogen zu der Schönheit selbst, indem er, was hier ihren Namen trägt, erblickt; so daß er es auch nicht anschauend verehrt, sondern, der Lust ergeben, gedenkt er sich auf tierische Art zu vermischen und roher Weise sich ihm nahend, fürchtet er sich nicht, noch scheut er sich, widernatürlich der Lust nachzugehen. Wer aber noch frische Weihung an sich hat und das damalige vielfältig geschaut, wenn der ein gottähnliches Angesicht erblickt oder eine Gestalt des Körpers, welche die Schönheit vollkommen darstellen: so schaudert er zuerst, und es wandelt ihn etwas an von den damaligen Ängsten, hernach aber betet er sie anschauend an wie einen Gott, und fürchtete er nicht den Ruf eines übertriebenen Wahnsinns, so opferte er auch, wie einem heiligen Bilde oder einem Gotte, dem Liebling. Und hat er hingesehen, so überfällt ihn, wie nach dem Schauder des Fiebers, Umwandlung und Schweiß und ungewohnte Hitze. Durchwärmt nämlich wird er, indem er durch die Augen den Ausfluß der Schönheit aufnimmt, durch welchen sein Gefieder gleichsam begossen wird. Ist er nun durchwärmt, so schmilzt um die Keime des Gefieders hinweg, was schon seit langem verhärtet sie verschloß und hinderte sie hervorzutreiben. Fließt aber Nahrung zu, so schwillt der Kiel des Gefieders und treibt, hervorzutreten aus der Wurzel überall an der Seele, denn sie war ehedem ganz befiedert. Hiebei also gärt alles an ihr und sprudelt auf, und was die Zahnendenan ihren Zähnen empfinden, wenn sie eben ausbrechen, Jucken und Reiz im Zahnfleisch, ebendas empfindet auch die Seele dessen, dem das Gefieder hervorzubrechen anfängt, es gärt in ihr, und juckt und kitzelt sie, wenn sie das Gefieder heraustreibt. Wenn sie also auch die Schönheit des Knaben sehend und die davon ausströmenden und sich losreißenden Teile, die deshalb Reize heißen, in sich aufnehmend den Reiz befruchtet und erwärmt wird: so hat sie Linderung der Schmerzen und ist froh. Ist sie aber getrennt von ihm und wird trocken: so hemmen wieder die Mündungen jener Auswege, wo das Gefieder durchbricht, indem sie sich zusammenschrumpfend schließen, den Trieb des Gefieders. Dieser also mit dem Reiz eingeschlossen hüpft wie die schlagenden Adern, und sticht überall gegen die ihm bestimmten Öffnungen, so daß die ganze Seele von allen Seiten gestachelt umherwütet und sich abängstet; hat sie aber wieder Erinnerung des Schönen, so frohlockt sie. Da nun beides so miteinander vermischt ist, bangt sie sich über einen so widersinnigen Zustand, und aus dieser Unruhe gerät sie in Geistesverwirrung, und bei diesem Wahnsinn kann sie weder des Nachts schlafen, noch bei Tage irgendwo ausdauern, sondern sehnsüchtig eilt sie immer dahin, wo sie den, der die Schönheit besitzt, zu erblicken hofft. Hat sie ihn nun gesehen, und sich neuen Reiz zugeführt: so löst sich wieder auf, was vorher verstopft war; sie erholt sich, indem Stiche und Schmerzen aufhören, und kostet wieder für den Augenblick jene süßeste Lust. Daher sie auch gutwillig den Schönen nicht verläßt, noch irgend jemand besser achtet als ihn, sondern Mutter, Brüder und Freunde sämtlich vergißt, den fahrlässigerweise zerrütteten Wohlstand für nichts achtet, und selbst das Anständige und Sittliche, womit sie es sonst am genauesten nahm, gänzlich hintenansetzend, ist sie bereit, wie nahe es nur sein kann, dem Gegenstande ihres Verlangens zu dienen und bei ihm zu ruhen. Denn nächst ihrer Verehrung hat sie auch in dem Besitzer der Schönheit den einzigen Arzt gefunden für die unerträglichsten Schmerzen. Diesen Zustand nun, o schöner Knabe, zu dem ich rede, nennen die Menschen Liebe, wie er aber bei den Göttern heißt, dieses hörend wirst du vielleicht der Neuheit wegen lächeln. Es haben nämlich einige Homeriden, wie ich glaube, unter ihren unbekannten Gedichten zwei Verse auf die Liebe, von denen der eine sehr leichtfertig und gar nicht eben wohllautend ist. Sie singen nämlich so »Sterblichen nun heißt dieser der Gott der geflügelten Liebe: Göttern der Flügler, dieweil er mit Macht das Gefieder heraustreibt.« Dies nun steht dir frei, zu glauben oder auch nicht; dennoch aber ist eben jenes in Wahrheit der Zustand der Liebenden und seine Ursache. Wer nun aus des Zeus Begleitern davon ergriffen wird, kann stärker die Schmerzen des Flügelbenannten ertragen. Wenn aber die, die des Ares Diener waren und mit diesem wandelten, von der Liebe gefangen werden, und in etwas glauben beleidigt zu sein von dem Geliebten, diese sind blutdürstig und bereit, sich selbst und den Liebling hinzuopfern. Und ebenso nach Art jedes andern Gottes, zu dessen Zeuge jemand gehörte, diesen nämlich nach Vermögen ehrend und nachahmend lebt jeder, solange er noch unverdorben ist, und lebt das hiesige erste Dasein durch, und in diesem Sinne geht er auch um mit seinen Geliebten und den übrigen und verhält sich gegen sie. So erwählt auch jeder sich nach seiner Gemütsart eine Liebe zu einem Schönen, und als wäre nun jener sein Gott selbst, bildet er ihn aus und schmückt ihn wie ein heiliges Bild, um ihn zu verehren und ihm begeisterte Feste zu feiern. Die also dem Zeus angehören, suchen, daß ihr Geliebter ein der Seele nach dem Zeus ähnlicher sei. Daher sehen sie zu, wo einer philosophisch und anführend ist von Natur; und wenn sie einen gefunden und liebgewonnen, so tun sie alles, damit er ein solcher, auch wirklich werde. Wenn sie also sich nie zuvor dieser Sache befleißigt: so werden sie nun kräftig darin arbeitend lernen, woher sie nur können, und auch selbst nachforschen. Und indem sie bei sich selbst nachspüren, gelingt es ihnen die Natur ihres Gottes aufzufinden, weil sie genötigt sind, angestrengt auf den Gott zu schauen, und indem sie ihn in der Erinnerung auffassen, nehmen sie begeistert von ihm Sitten und Bestrebungen an, soweit einem Menschen von einem Gotte etwas zu überkommen möglich ist, und dieses dem Geliebten zuschreibend, hängen sie ihm noch mehr an; und wenn sie vom Zeus schöpfen wie die Bacchantinnen, so gießen sie es auf des Geliebten Seele und machen ihn, wie sehr es nur möglich ist, ähnlich ihrem Gotte. Welche aber der Here folgten, die suchen einen königlichen, und wenn sie ihn gefunden, tun sie mit ihm in allen Stücken ebenso. So auch die Verehrer des Apollon und jedes Gottes suchen sich ihren Knaben dem Gotte ähnlich geartet, und wenn sie ihn gefunden haben, dann leiten sie ihn zu desselben Gottes Lebensweise und Gemütsart, indem sie selbst ihm nachahmen und auch den Liebling überreden und in das Maß fügen, jeder wie sehr er vermag, ohne dem Neide oder unedler Mißgunst Raum zu geben gegen den Geliebten, sondern aufs beste und auf alle Weise zu jeder Ähnlichkeit mit ihnen selbst und dem Gott ihn hinzuleiten versuchend, tun sie es. Eifer also der wahrhaft Liebenden und Weihung, wenn sie erlangt haben, wonach sie sich beeifern, wird, wie ich sie beschrieben, so schön und beglückend, durch den aus Liebe wahnsinnigen Freund dem Geliebten zuteil, wenn er ihn erobert hat. Erobert aber wird er, wenn er gefunden ist, auf diese Art. Wie ich im Anfang dieser Erzählung dreifach jede Seele zerteilt habe, in zwei roßgestaltige Teile und drittens in den dem Führer ähnlichen, so bleibe es uns auch jetzt noch angenommen. Von den beiden Rossen sagten wir weiter, sei eins gut, eins aber nicht. Welches aber die Vortrefflichkeit des guten und des schlechten Schlechtigkeit ist, haben wir nicht erklärt, jetzt aber müssen wir es sagen. Das nun von beiden, welches die bessere Stelle einnimmt, von geradem Wuchse, leicht gegliedert, hochhalsig, mit gebogener Nase, weiß von Haar, schwarzäugig, ehrliebend mit Besonnenheit und Scham wahrhafter Meinung Freund, wird ohne Schläge nur durch Befehl und Worte gelenkt; das andere aber ist senkrückig, plump, schlecht gebaut, hartmäulig, kurzhalsig, mit aufgeworfener Nase, schwarz von Haut, glasäugig und rot unterlaufen, aller Wildheit und Starrsinnigkeit Freund, rauh um die Ohren, taub, der Peitsche und dem Stachel kaum gehorchend. Wenn nun der Führer beim Anblick der liebreizenden Gestalt, die ganze Seele von Empfindung durchglüht, bald überall den Stachel des Kitzels und Verlangens spürt: so hält das dem Führer leicht gehorchende Roß, der Scham, wie immer, so auch dann nachgebend, sich selbst zurück, den Geliebten nicht anzuspringen; das andere aber scheut nun nicht länger Stachel noch Peitsche des Führers, sondern springend strebt es mit Gewalt vorwärts, und auf alle Weise dem Spanngenossen und dem Führer zusetzend, nötigt es sie, hinzugehen zu dem Liebling und der Gaben der Lust gegen ihn zu gedenken. Jene beiden widerstreben zwar anfangs unwillig als einer argen und ruchlosen Zunötigung, zuletzt aber, wenn des Ungemachs kein Ende ist, gehen sie dann, von jenem fortgerissen, nachgebend und versprechend das Gebotene zu tun, und so nahen sie sich ihm und schauen des Lieblings glänzende Gestalt. Indem nun der Führer sie erblickt, wird seine Erinnerung hingetragen zum Wesen der Schönheit, und wiederum sieht er sie mit der Besonnenheit auf heiligem Boden stehen. Dieses erblickend fürchtet er sich, und von Ehrfurcht durchdrungen beugt er sich zurück, und kann sogleich nicht anders als so gewaltig die Zügel rückwärtsziehen, daß beide Rosse, sich auf die Hüften setzen, das eine gutwillig, weil es nie widerstrebt, das wilde aber höchst ungern. Indem sie nun weiter zurückgehn, benetzt das eine vor Scham und Bewunderung die ganze Seele mit Schweiß, das andere aber, ist nur erst der Schmerz vom Gebiß und dem Falle vorüber, hat sich kaum erholt, so bricht es zornig in Schmähungen aus, vielfach beide, den Führer und den Spanngenossen beschimpfend, daß sie aus Feigheit und Unmännlichkeit Pflicht und Versprechen verlassen hätten; und aufs neue sie wider ihren Willen vorwärtszugehen zwingend, gibt es kaum nach, wenn sie bitten, es bis weiterhin aufzuschieben. Kommt nun die festgesetzte Zeit, so erinnert es jene, die daran nicht zu gedenken sich anstellen, braucht Gewalt, wiehert, zieht sie mit sich fort, und zwingt sie wieder in derselben Absicht dem Geliebten zu nahen. Und wenn sie nicht mehr fern sind, beugt es sich vornüber, streckt den Schweif in die Höhe, beißt in den Zügel und zieht sie schamlos weiter. Dem Führer aber begegnet nur noch mehr dasselbe wie zuvor, und wie sie an den Schranken zu tun pflegen, beugt er sich hinterwärts, zieht noch gewaltsamer dem wilden Rosse das Gebiß aus den Zähnen, daß ihm die schmähsüchtige Zunge und die Backen bluten, und Schenkel und Hüften am Boden festhalten, läßt er es büßen. Hat nun das böse Roß mehrmals dasselbe erlitten, und die Wildheit abgelegt, so folgt es gedemütigt des Führers Überlegung, und ist beim Anblick des Schönen von Furcht übermannt. Daher es dann endlich dahin kommt, daß des Liebhabers Seele dem Liebling verschämt und schüchtern nachgeht. Da nun dieser einem Gotte gleich mit jeder Art von Verehrung geehrt wird von einem nicht etwa nur sich so anstellenden Verliebten, sondern der sich wahrhaft in diesem Zustande befindet, und er auch selbst von Natur zur Freundschaft geneigt ist, so leitet er seine Zuneigung zusammen mit der seines Verehrers, wenn er auch ehedem von einigen Spielgefährten oder andern fälschlich wäre überredet worden, welche sagten, es wäre schändlich, sich einem Liebenden zu nahen, und er deshalb den Liebenden abgewiesen, so hat doch nun im Verlauf der Zeit die Jugend und das Unvermeidliche herbeigeführt, ihn zuzulassen zu seinem Umgange. Denn niemals ist dies bestimmt, daß ein Böser einem Bösen Freund, oder ein Guter einem Guten nicht Freund werde. Läßt er ihn aber zu und verstattet ihm Gespräch und Umgang, so wird das nahe erscheinende Wohlwollen des Liebenden dem Geliebten entzücken, der bald inne wird, daß seine andern Freunde und Angehörigen auch allzumal ihm so gut als nichts von Freundschaft erweisen im Vergleich des begeisterten Freundes. Läßt er ihn nun so eine Zeitlang gewähren und ist ihm nahe, dann ergießt sich bei den Berührungen in den Übungsplätzen, und wo sie sonst zusammenkommen, die Quelle jenes Stromes, den Zeus, als er den Ganymedes liebte, Liebreiz nannte, reichlich gegen den Liebhaber, und teils strömt sie in ihn ein, teils von ihm dem Angefüllten wieder heraus; und wie ein Wind oder ein Schall von glatten und starren Körpern abprallend wieder dahin, woher er kam, zurückgetrieben wird, so geht auch die Ausströmung der Schönheit wieder in den Schönen durch die Augen, wo der Weg in die Seele geht, zurück, und wenn sie dort angekommen, befeuchtet sie reichlich die dem Gefieder bestimmten Ausgänge, treibt so dessen Wachstum, und erfüllt auch des Geliebten Seele mit Liebe. Er liebt also, wen aber weiß er nicht, ja überhaupt nicht, was ihm begegnet, weiß er oder kann es sagen, sondern wie Einer, der sich von einem Anderen Augenschmerzen geholt, hat er keine Ursache anzugeben; denn daß er wie in einem Spiegel in dem Liebenden sich selbst beschaut, weiß er nicht. Und wenn nun jener gegenwärtig ist, so hat auch er gleichwie jener Befreiung von den Schmerzen, ist er aber abwesend, so schmachtet auch er wie nach ihm geschmachtet wird, mit der Liebe Schattenbilde, der Gegenliebe, behaftet. Er nennt es aber und glaubt es auch nicht Liebe, sondern Freundschaft, wünscht aber doch eben, wie jener nur minder heftig, ihn zu sehen, zu berühren, zu umarmen, neben ihm zu liegen, und also, wie zu erwarten, tut er hierauf bald alles dieses. Bei diesem Zusammenliegen nun hat das unbändige Roß des Liebhabers vieles dem Führer zu sagen und fordert für die vielen Mühseligkeiten einen kleinen Genuß; das des Lieblings hat zwar nichts zu sagen, aber voll brünstigen unbekannten Verlangens umarmt es den Liebhaber, und küßt ihn, und liebkoset ihn als den besten Freund, und wenn sie zusammenliegen, wäre es wohl geneigt, sich nicht zu weigern, ihm an seinem Teile gefällig zu sein, wenn er es zu erlangen wünschte. Der Spanngenoß hingegen mit dem Führer sträuben sich hiegegen mit Scham und Vernunft. Wenn nun die besseren Teile der Seele, welche zu einem wohlgeordneten Leben und zur Liebe der Weisheit hinleiten, den Sieg erlangen: so führen sie hier schon ein seliges und einträchtiges Leben, sich selbst beherrschend und sittsam dasjenige besiegt habend in ihrer Seele, dem Schlechtes, und das befreit, dem Vortreffliches einwohnt; sterben sie aber, so haben sie, fast schon befiedert und leichtgeworden, von den drei wahrhaft olympischen Kampfgängen schon in einem gesiegt, über welches Gut ein noch größeres weder menschliche Besonnenheit dem Menschen verschaffen kann, noch göttlicher Wahnsinn. Wenn sie aber ein minder edles nicht philosophisches, doch aber ehrliebendes Leben führen: so finden wohl leicht einmal beim Trunk oder in einem anderen unbesorgten Augenblick die beiden unbändigen Rosse die Seelen unbewacht und führen sie zusammen, daß sie das, was die Menge für das seligste hält, wählen und vollbringen, und haben sie es einmal vollbracht, so werden sie es nun auch in der Folge genießen, aber selten, weil nicht des ganzen Gemütes Zustimmung hat, was sie tun. Als Freunde also werden auch diese, obgleich nicht ganz so wie jene, miteinander, während ihrer Liebe und auch wenn sie darüber hinaus sind, leben, überzeugt, daß sie die größten Pfänder einander gegeben und angenommen haben, welche frevelhaft wäre jemals wieder ungültig zu machen und in Feindschaft zu geraten. Am Ende aber gehen sie unbefiedert zwar, doch schon mit dem Triebe sich zu befiedern, aus dem Körper, so daß auch sie nicht geringen Lohn für den Wahnsinn der Liebe davontragen. Denn in die Finsternis und den unterirdischen Pfad ist denen nicht bestimmt zu geraten, welche schon eingeschritten waren in den himmlischen Pfad, sondern ein lichtes Leben führend miteinander wandelnd glücklich zu sein, und wenn sie wieder befiedert werden, es der Liebe wegen zu gleicher Zeit zu werden. Diese so großen und so göttlichen Vorzüge, o Knabe, wird dir des Liebhabers Freundschaft erwerben. Die Vertraulichkeit aber mit dem Nichtliebenden, welche durch sterbliche Besonnenheit verdünnt auch nur Sterbliches und Sparsames austeilt, erzeugt in der geliebten Seele jene von der Menge als Tugend gelobte Gemeinheit, und wird ihr Ursach, neuntausend Jahre auf der Erde sich umherzutreiben, und vernunftlos unter der Erde.

Dieses, sei dir, geliebter Eros, nach unsern Kräften aufs beste und schönste als Widerruf dargebracht und entrichtet, der übrigens sowohl als auch im Ausdruck des Phaidros wegen etwas dichterisch mußte gefaßt werden. Und möchtest du, dem vorigen Verzeihung, diesem aber Beifall schenkend, günstig und gnädig mir die Kunst der Liebe, welche du mir verliehen, im Zorn weder nehmen noch schmälern. Verleihe mir vielmehr noch mehr als jetzt, von den Schönen geehrt zu sein. Haben wir aber in der vorigen Rede etwas dir Widerwärtiges gesprochen, Phaidros und ich: so rechne es dem Lysias als Vater dieser Rede zu, und laß ihn solcher Reden sich enthaltend zur Philosophie, zu welcher sich sein Bruder Polemarchos schon gewendet hat, sich hinwenden, damit auch dieser, sein Verehrer, nicht länger wie jetzt auf beiden Schultern trage, sondern lediglich der Liebe mit philosophischen Reden sein Leben widme.

Phaidros. Ich bete mit dir, Sokrates, daß, wofern dies besser für uns ist, es so geschehen möge. Deine Rede aber habe ich schon lange bewundert, um wieviel schöner als die erste du sie ausgearbeitet. So daß ich zweifle, ob mir nicht Lysias immer nur gering erscheinen würde, wenn er es auch unternehmen wollte, dieser eine andere gegenüberzustellen. Auch hat ihm erst neulich einer von unseren Staatsmännern dieses zum Schimpf vorgeworfen und ihn die ganze Schmährede hindurch immer den Redenschreiber genannt. Vielleicht also, daß er sich schon aus Empfindlichkeit des Schreibens enthalten wird.

Sokrates. Gar lächerliche Meinungen, junger Mann, bringst du vor, und sehr weit verfehlst du deinen Freund, wenn du ihn für so schreckhaft hältst. Vielleicht aber glaubst du gar, der, welcher ihm dies als einen Schimpf vorwarf, habe, was er sagte, auch so gemeint, wie er es sagte?

Phaidros. Das war wohl offenbar genug, Sokrates. Auch weißt du ja selbst so gut als ich, daß überall die im Staate Vermögendsten und Geachtetsten sich schämen, Reden zu schreiben und Schriften von sich zu hinterlassen, aus Furcht, in der Folgezeit den Namen zu bekommen, als wären sie Sophisten gewesen.

Sokrates. Du weißt nur nicht, wie dies zusammenhängt, Phaidros, und außerdem weißt du auch nicht, daß gerade die sich am meisten dünkenden Staatsmänner auch am meisten verliebt sind in das Redenschreiben und Schriftenhinterlassen, da sie ja, wenn sie eine Rede geschrieben, dermaßen ihren Lobern zugetan sind, daß sie gleich vorne namentlich hinschreiben, wer sie jedesmal gelobt.

Phaidros. Wie meinst du dieses? denn ich verstehe es nicht.

Sokrates. Du verstehst nicht, daß anfangs in der Schrift eines Staatsmannes zuerst sein Lober aufgeführt wird?

Phaidros. Wieso?

Sokrates. Es hat gefallen, sagt er, dem Rate oder dem Volke, oder beiden, und der und der hat vorgeschlagen, womit dann der Schriftsteller sein Ich sehr ehrenvoll erwähnt und belobt. Hierauf erst redet er weiter, seine Weisheit den Lobern vortragend, und verfaßt bisweilen eine gar lange Schrift. Oder scheint dir so etwas eine ganze andere Sache als eine Rede in Schrift verfaßt?

Phaidros. Mir eben nicht.

Sokrates. Nicht wahr, wenn eine solche stehenbleibt, so geht der Dichter fröhlich aus dem Schauspiel, wenn sie aber ausgelöscht wird, und er also leer ausgeht beim Redenschreiben und nicht würdig gehalten wird, eine Schrift zu hinterlassen, dann trauert er mit seinen Freunden?

Phaidros. Und gar sehr.

Sokrates. Offenbar also doch nicht als Verächter des Geschäftes, sondern als große Bewunderer.

Phaidros. Ganz gewiß.

Sokrates. Wie aber, wenn ein Redner oder König es dahinbringt, mit dem Ansehen des Lykurgos, oder Solon, oder Dareios ausgerüstet, ein unsterblicher Redenschreiber in seinem Staate zu werden, hält er selbst sich nicht noch lebend für göttergleich, und denken nicht die nach ihm Kommenden ebenso von ihm, wenn sie seine Schriften betrachten?

Phaidros. Gar sehr.

Sokrates. Glaubst du also, daß einer von diesen, wie sehr er auch dem Lysias abgeneigt sei, ihm dieses zum Schimpf rechne, daß er Reden verfaßt?

Phaidros. Es ist wohl nicht zu glauben nach dem, was du sagst, denn er müßte ja seine eigene Neigung beschimpfen.

Sokrates. Das also ist wohl jedem klar, daß das Redenschreiben an sich nichts häßliches ist.

Phaidros. Wie sollte es?

Sokrates. Aber das, glaube ich, wird schon schlecht sein. wenn jemand nicht schön redet und schreibt, sondern häßlich und schlecht.

Phaidros. Offenbar.

Sokrates. Welches ist nun aber die Art und Weise, gut zu schreiben oder nicht? Sollen wir hierauf, o Phaidros, den Lysias prüfen und wer sonst jemals etwas geschrieben hat oder schreiben wird, es sei nun eine Staatsschrift oder eine andere, und in Versen, wie ein Dichter, oder ohne Silbenmaß als ein Undichterischer?

Phaidros. Du fragst, ob wir sollen? Weshalb, sozusagen, lebte einer denn, wenn nicht für solche Lust? Doch wohl nicht um jener willen, vor welchen man erst Unlust empfinden muß, oder auch hernach keine Lust empfindet, welches fast alle die körperlichen Vergnügungen an sich haben, und deshalb mit Recht niedrige genannt werden.

Sokrates. Muße haben wir ja, wie es scheint. Auch dünken mir die Cicaden, wie sie in der Hitze pflegen, über unseren Häuptern singend und sich untereinander besprechend, herabzuschauen. Wenn sie nun auch uns nichts besser als andere in der Mittagsstunde nicht uns unterredend sähen, sondern aus Trägheit der Seele von ihnen eingesungen schlummernd: so möchten sie mit Recht über uns spotten und denken, ein paar Knechte wären in ihrem Aufenthalt eingekehrt, um wie Schafe, die bei der Quelle Mittag machen, des Schlafes zu pflegen. Wenn sie uns aber sähen im Gespräch begriffen, uneingesungen bei ihnen als Sirenen vorbeischiffen, dann dürften sie uns die Gabe, welche ihnen von den Göttern für die Menschen verliehen ist, mitteilen, zum Beweis ihrer Zufriedenheit.

Phaidros. Was doch für eine haben sie? Denn nie muß ich davon gehört haben.

Sokrates. Nicht fein steht es für einen Musenfreund, dergleichen nicht gehört zu haben. Man sagt nämlich, diese wären Menschen gewesen von denen vor der Zeit der Musen. Als aber diese erzeugt worden und der Gesang erschienen, wären einige von den damaligen so entzückt worden von dieser Lust, daß sie singend Speise und Trank vergessen und so unvermerkt gestorben wären. Aus welchen nun seitdem das Geschlecht der Cicaden entsteht, mit dieser Gabe von den Musen ausgestattet, daß sie von der Geburt an keiner Nahrung bedürfen, sondern ohne Speise und Trank sogleich singen, bis sie sterben, dann aber zu den Musen kommen und ihnen verkündigen, wer hier jede von ihnen verehrt. Der Terpsichore melden und empfehlen sie die, welche sie in Chören verehren, der Erato, die sie durch Liebesgesänge feiern, und so den übrigen, jeder nach der ihr eigentümlichen Verehrung. Der ältesten aber, Kalliope, und ihrer nächstfolgenden Schwester Urania, als welche vornehmlich unter den Musen über den Himmel und über göttliche und menschliche Reden gesetzt, die schönsten Töne von sich geben, verkündigen sie die, welche philosophisch leben und ihre Art der Musik ehren. Aus vielen Ursachen also müssen wir etwas reden und nicht schlafen am Mittage.

Phaidros. Reden also wollen wir.

Sokrates. Wollen wir nun, was wir uns eben vorgesetzt hatten, zu untersuchen, wie nämlich man gut und recht schreibe und wie nicht, dieses besprechen?

Phaidros. Gewiß.

Sokrates. Muß nun nicht, wo gut und schön soll geredet werden, des Redenden Verstand die wahre Beschaffenheit dessen erkennen, worüber er reden will?

Phaidros. So vielmehr habe ich immer gehört, lieber Sokrates, wer ein Redner werden wolle, habe nicht nötig, was wahrhaft gerecht sei, zu lernen, sondern nur was der Volksmenge, welche zu entscheiden hat, so scheint, ebenso auch nicht, was wahrhaft gut sei oder schön, sondern nur was so scheinen werde; denn hierauf gründe sich das Überreden, nicht auf der Sache wahre Beschaffenheit.

Sokrates. Nicht zu verwerfen ja soll ein Wort sein, o Phaidros, was die Weisen geredet haben, sondern zu untersuchen, ob nicht etwas Wahres damit gesagt ist. So wollen wir also auch das nun Gesagte nicht loslassen.

Phaidros. Ganz recht.

Sokrates. Betrachten wir es demnach so.

Phaidros. Wie denn?

Sokrates. Wenn ich dich überredete, du solltest, um gegen die Feinde zu ziehen, dir ein Pferd anschaffen, wir kennten aber beide kein Pferd, sondern nur so viel wüßte ich von dir, daß Phaidros glaubt, das Pferd sei dasjenige unter den zahmen Tieren, welches die längsten Ohren hat.

Phaidros. Lächerlich, o Sokrates, wäre das.

Sokrates. Das noch nicht, aber wenn ich rechten Fleiß auf die Überredung wendend eine Rede abfaßte, ein Lob auf den Esel, den ich Pferd nannte, und darin ausführte, wieviel wert das Tier wäre zu Hause und im Felde, brauchbar, um von ihm herab zu fechten, geschickt das Gepäck zu tragen und zu vielen andern Dingen nützlich?

Phaidros. Über alle Maße lächerlich wäre dann dieses.

Sokrates. Aber ist es nicht besser, ein lächerlicher als ein gewaltiger und feindseliger Freund zu sein?

Phaidros. Offenbar.

Sokrates. Wenn also der Redekünstler, unwissend über das Gute und Böse, einen ebenso beschaffenen Staat sich vornimmt und ihn zu überreden sucht, nicht etwa einen Esel als ein Pferd anpreisend, sondern ein Übel als ein Gut, und nachdem er die Meinungen des Volkes kennen gelernt, ihn nun überredet, Übles zu tun statt des Guten, was für eine Frucht, glaubst du, werde die Redekunst dann ernten von dem, was sie gesäet?

Phaidros. Eben keine sonderliche.

Sokrates. Haben wir aber auch nicht, mein Guter, gröber als sich ziemen will, die Kunst der Reden gelästert? Sie aber würde vielleicht sagen, was schwatzt ihr Wunderlichen doch durcheinander? Denn ich zwinge ja keinen der Wahrheit noch Unkundigen, das Reden zu lernen, sondern gilt mein Rat, so nimmt, wer jene erworben, dann auch mich dazu. Das aber behaupte ich, daß ohne mich auch der das Wahre weiß, nicht verstehen wird, kunstmäßig zu überreden. Hätte sie nun nicht ganz recht, wenn sie dieses spräche?

Phaidros. Ich gestehe es.

Sokrates. Wenn nur die gegen sie auftretenden Reden ihr werden gelten lassen, daß sie eine Kunst ist. Denn ich glaube, einige herbeikommen und behaupten zu hören, daß sie lügt, und daß sie keine Kunst ist, sondern ein ganz kunstloses Handwerk.

Phaidros. Diese Reden brauchen wir, o Sokrates. Bringe sie denn zur Stelle und frage sie aus, was doch und wie sie es meinen.

Sokrates. Kommt also her, ihr hübschen Kinderchen, und überredet den Vater schöner Kinder, Phaidros, daß, wenn er nicht gründlich philosophiert, er auch niemals gründlich über irgend etwas reden wird. Phaidros also soll antworten.

Phaidros. Fragt denn.

Sokrates. Ist also nicht überhaupt die Redekunst eine Seelenleitung durch Reden, nicht nur in Gerichtshöfen und was sonst für öffentlichen Versammlungen, sondern dieselbe auch im gemeinen Leben und in kleinen sowohl als großen Dingen, und um nichts vortrefflicher das richtige, ob es große oder geringfügige Dinge betrifft? Oder was hast du hierüber gehört?

Phaidros. Beim Zeus dieses gar nicht; sondern eigentlich wird nur in Rechtsverhandlungen nach der Kunst gesprochen und geschrieben, dann spricht man auch so in Volksreden, weiteres habe ich nicht gehört.

Sokrates. Hast du denn nur von des Nestor und Odysseus Anweisungen zur Redekunst gehört, die sie vor Ilion müßigerweilen ausgearbeitet, von der des Palamedes aber hast du nichts gehört?

Phaidros. Ja, beim Zeus, ich auch nicht von Nestors, wenn du uns nicht den Gorgias als einen Nestor zurichten willst, oder einen Thrasymachos und Theodoros als Odysseus.

Sokrates. Vielleicht; doch diese wollen wir lassen. Du aber sage mir, was tun denn in der Gerichtsstätte die Parteien? Reden sie nicht doch gegeneinander? oder wie sollen wir es nennen?

Phaidros. Geradeso.

Sokrates. Über das, was recht ist und unrecht?

Phaidros. Ja.

Sokrates. Wer nun dieses durch Kunst tut, wird der nicht machen, daß dieselbe Sache denselben Menschen jetzt als recht erscheine, und wenn er will, auch wieder als unrecht?

Phaidros. Wie anders?

Sokrates. Und so auch in den Volksversammlungen, daß dem Staat dasselbe jetzt gut dünke, jetzt wieder das Gegenteil?

Phaidros. So freilich.

Sokrates. Und wissen wir nicht vom Eleatischen Palamedes, daß er durch Kunst so redet, das den Hörenden dasselbe ähnlich und unähnlich erscheint, eins und vieles, ruhig und bewegt?

Phaidros. Allerdings.

Sokrates. Nicht also nur auf die Gerichtsstätten erstreckt sich die Kunst des Gegenredens und auf die Volksversammlung, sondern wie es scheint für alles, was geredet wird, gäbe es. wenn es eine gibt, nur diese eine Kunst, wenn jemand imstande ist, jedes Ding jedem, dem es nur möglich ist, allem möglichen ähnlich darzustellen, und was ein anderer so verähnlichend verbirgt, ans Licht zu bringen.

Phaidros. Wie eigentlich meinst du dieses?

Sokrates. Also den Forschenden, glaube ich, erscheint es. Entsteht Täuschung eher zwischen dem, was viel voneinander unterschieden ist oder wenig?

Phaidros. In dem was wenig.

Sokrates. Aber du wirst doch, wenn du immer nur um ein weniges übergehst, leichter anderen unvermerkt zum Gegenteil gelangen, als wenn um vieles.

Phaidros. Wie sollte ich nicht!

Sokrates. Es muß also, wer andere zwar täuschen will, selbst aber nicht getäuscht werden, die Ähnlichkeit der Dinge und ihre Unähnlichkeit genau kennen.

Phaidros. Notwendig.

Sokrates. Wird er aber imstande sein, wenn er die wahre Beschaffenheit eines jeden Dinges nicht kennt, die größere oder geringere Ähnlichkeit mit diesem Unbekannten in anderen Dingen zu unterscheiden?

Phaidros. Unmöglich.

Sokrates. Und nicht wahr, denen, welche sich etwas anderes vorstellen, als es ist, und sich täuschen, hat sich dies offenbar durch irgendeine Ähnlichkeit eingeschlichen?

Phaidros. So geht es wohl zu damit.

Sokrates. Kann also wohl diese Kunst, immer bei wenigem durch Ähnlichkeiten von dem, was jedesmal wahr ist. abzuleiten und so zum Gegenteil hinzuführen oder sich selbst davor zu hüten, derjenige besitzen, der nicht erkannt hat, was jedes in Wahrheit ist?

Phaidros. Niemals.

Sokrates. Wer also die Wahrheit nicht weiß und nur Meinungen nachgejagt hat, der, lieber Freund, wird, wie es scheint, eine gar lächerliche und unkünstliche Redekunst zusammenbringen.

Phaidros. So wird es wohl sein.

Sokrates. Willst du nun, daß wir in des Lysias Rede, die du bei dir hast, und in dem von uns Gesprochenen etwas sehen von dem, was wir als kunstlos setzen und was als kunstmäßig?

Phaidros. Sehr gern; zumal wir jetzt so trocken hingeredet haben ohne hinreichende Beispiele.

Sokrates. Und recht durch gutes Glück, wie es scheint, sind diese zwei Reden gesprochen worden, welche ein Beispiel enthalten, wie der, welcher das Richtige weiß, spielend in Reden die Zuhörer verleiten kann. Und ich, o Phaidros, schreibe dieses den hier wohnenden Göttern zu. Vielleicht auch, daß die Dienerinnen der Musen, die Sänger über unseren Häuptern uns diese Gabe eingehaucht haben. Denn ich habe doch an keiner Kunst des Redens irgend Anteil.

Phaidros. Dies sei, wie du sagst; nur mache stets deutlich, was du meinst.

Sokrates. So komm denn und lies mir von des Lysias Rede den Anfang.

Phaidros. Von dem, was mich anbetrifft, bist du unterrichtet und, wie ich glaube, werde es uns zuträglich sein, daß dieses zustande komme, hast du gehört. Ich wünsche aber, nicht etwa deshalb zu verfehlen, was ich bitte, weil ich nicht zu deinen Liebhabern gehöre. Da eben jene zu gereuen pflegt.

Sokrates. Halt inne! Worin also fehlt dieser und verfährt kunstlos? Das sollen wir sagen, nicht wahr?

Phaidros. Ja.

Sokrates. Ist nun nicht dieses jedem einleuchtend, daß über einige solche Dinge wir einstimmig sind, über andere uneinig?

Phaidros. Ich glaube zwar zu verstehen, was du meinst, doch aber sage es noch deutlicher.

Sokrates. Wenn jemand das Wort Eisen oder Silber ausspricht, denken wir dabei nicht alle dasselbige?

Phaidros. Gewiß.

Sokrates. Wie aber, wenn gerecht oder gut? Wendet sich da nicht der eine hier-, der andere dorthin, und sind wir nicht uneinig untereinander und mit uns selbst?

Phaidros. Allerdings.

Sokrates. In einigem also stimmen wir überein, in anderem nicht.

Phaidros. So ist es.

Sokrates. In welchen aber von beiden werden wir täuschbarer sein, und in welchen also die Redekunst am meisten vermögen?

Phaidros. Offenbar, wo wir unstet sind.

Sokrates. Wer uns also eine Redekunst bringen soll, muß diese beiden zuerst rein und gehörig voneinander getrennt haben und sich eines Kennzeichens beider Gattungen bemächtigen, der, worin die Menge unstet sein muß, und der, worin nicht.

Phaidros. Einen schönen Begriff, o Sokrates, hätte der aufgefaßt, der sich dieses bemächtigt hätte.

Sokrates. Dann, glaube ich, muß er sich, wenn ihm ein bestimmter Fall vorliegt, nicht irren, sondern das genau erkennen, worüber er reden will, zu welcher von beiden Gattungen es gehört.

Phaidros. Wie anders?

Sokrates. Wie also die Liebe, wollen wir sagen, sie gehöre zu den zweifelhaften oder zu den anderen?

Phaidros. Zu den zweifelhaften ohne weiteres.

Sokrates. Oder würde sie dir sonst wohl zugelassen haben zu sagen, was du eben von ihr sagtest, erst, daß sie ein Verderben wäre für den Geliebten und den Liebenden und dann wieder, daß sie das größte wäre unter allen Gütern?

Phaidros. Sehr richtig gesprochen.

Sokrates. Aber sage mir auch dieses, denn ich kann mich der Begeisterung wegen dessen nicht mehr recht erinnern, ob ich die Liebe erklärt habe im Anfange der Rede?

Phaidros. Beim Zeus, und nicht zu sagen, wie gut.

Sokrates. Sieh da! wieviel kunstreicher in Reden sind nach dem, was du sagst, die Nymphen des Acheloos, und Pan. der Sohn des Hermes, als Lysias, der Sohn des Kephalos! Oder sage ich nichts, sondern hat auch Lysias im Anfange seiner Liebesrede uns genötigt, die Liebe für ein Bestimmtes, welches er selbst wollte, anzunehmen, und hiernach den ganzen Verfolg seiner Rede angeordnet? Willst du, daß wir seinen Anfang noch einmal lesen?

Phaidros. Wenn du es meinst. Was du jedoch suchst, steht nicht da.

Sokrates. Lies nur, damit ich ihn selbst höre.

Phaidros. Von dem, was mich anbetrifft, bist du unterrichtet, und wie ich glaube, es werde uns zuträglich sein, daß dieses zustande komme, hast du gehört. Ich wünsche aber, nicht etwa deshalb zu verfehlen, was ich bitte, weil ich nicht zu deinen Liebhabern gehöre. Da eben jene dann zu gereuen pflegt, was sie Gutes erwiesen haben, sobald ihre Begierde gestillt ist.

Sokrates. Ja, viel scheint freilich zu fehlen, daß dieser das tun sollte, was wir verlangen, der nicht einmal vom Anfang, sondern vom Ende an rückwärts die Rede durchschwimmen will und da anfängt, wo der Liebhaber schon könnte aufgehört haben, zu seinem Liebling zu reden. Oder war dies wieder nichts gesagt, Phaidros, edelster Freund?

Phaidros. Freilich wohl ist das nur das Ende, Sokrates, worüber er redet.

Sokrates. Und wie? alles übrige in der Rede, scheint es nicht unordentlich durcheinander geworfen? oder ist deutlich, daß das zweite aus irgendeinem Grunde habe das zweite sein müssen? oder irgendeines von den folgenden Stücken? Mir wenigstens scheint der Schreiber, als wüßte er eigentlich nichts, ganz vornehm gesagt zu haben, was ihm eben einfiel. Hast du aber vielleicht irgendeine rednerische Notwendigkeit aufzuzeigen, warum der Mann dieses so in der Ordnung nacheinander gestellt hat?

Phaidros. Du bist sehr gut, daß du mir zutraust, jenes Arbeit so genau zu beurteilen.

Sokrates. Aber dieses, glaube ich, wirst du doch auch behaupten, daß eine Rede wie ein lebendes Wesen müsse gebaut sein und ihren eigentümlichen Körper haben, so daß sie weder ohne Kopf ist, noch ohne Fuß, sondern eine Mitte hat und Enden, die gegeneinander und gegen das Ganze in einem schicklichen Verhältnis gearbeitet sind.

Phaidros. Wie sollte ich nicht?

Sokrates. Betrachte also deines Freundes Rede, ob sie sich so oder anders verhält, und du wirst sie gewiß nichtverschieden finden von jener Aufschrift, welche auf Midas den Phrygier soll gemacht worden sein.

Phaidros. Was für eine Aufschrift, und was hat sie besonderes an sich?

Sokrates. Es ist diese: »Eherne Jungfrau bin ich und lieg an dem Grabe des Midas. Bis nicht Wasser mehr fließt, noch erblühen hochstämmige Bäume, Muß ich verweilen allhier an dem vielbetränеten Denkmal, Daß auch der Wanderer wisse, wo Midas liege begraben.« Daß es nun bei diesem keinen Unterschied macht, was zuerst gelesen wird oder zuletzt, dies merkst du doch, glaub ich.

Phaidros. Du verspottest ja unsere Rede, Sokrates.

Sokrates. So wollen wir, damit du nicht verdrießlich wirst, diese ganz lesen, wiewohl sie noch vielerlei zu enthalten scheint, worauf jemand achtend den großen Nutzen haben kann, daß er es nachzuahmen ja nicht unternehmen wird, und wollen zu den anderen Reden gehn. Denn es war etwas in ihnen, was denen wohl zu beachten ziemt, welche über die Redekunst nachdenken wollen.

Phaidros. Welche meinst du denn?

Sokrates. Sie waren doch einander entgegen. Denn sie behaupteten, eine, man müsse dem Verliebten, die andere, man müsse dem Nichtverliebten willfahren.

Phaidros. Und ganz tapfer beide.

Sokrates. Ich glaubte du würdest der Wahrheit gemäß sagen, ganz wahnsinnig. Was sie jedoch suchten, ist eben dieses. Wir behaupteten ja, die Liebe sei eine Art von Wahnsinn, nicht wahr?

Phaidros. Ja.

Sokrates. Und vom Wahnsinn gebe es zwei Arten, die eine aus menschlicher Krankheit, die andere aus göttlicher Aufhebung des gewöhnlichen ordentlichen Zustandes.

Phaidros. So war es.

Sokrates. Den göttlichen teilten wir wiederum in vier Teile nach vier Göttern, indem wir den weissagenden Wahnsinn dem Apollon zuschrieben, dem Dionysos den der Einweihungen, den Musen den dichterischen, den vierten aber der Aphrodite und dem Eros, den Wahnsinn der Liebe nämlich, welchen wir für den besten erklärten, und ich weiß nicht mehr wie den Zustand der Liebe abbildend, wobei wir vielleicht etwas Richtiges getroffen haben, vielleicht auch anderwärts hin abgeschweift sind, vermischten wir mit einer nicht gar unglaublichen Rede einen mythischen Hymnos, und besangen so gar züchtig und fromm deinen und meinen Herrn, den Eros, den Beschützer schöner Knaben.

Phaidros. Ja, wie es mir gar nicht unerfreulich war zu hören.

Sokrates. Dies laß uns denn daraus nehmen, wie von dem Tadel die Rede herüberkam zum Loben.

Phaidros. Wie meinst du es also?

Sokrates. Mir erscheint alles übrige in der Tat nur im Scherze gesprochen; nur dies beides, was jene Reden durch einen glücklichen Zufall gehabt haben, wenn sich dessen Kraft einer gründlich durch Kunst aneignen könnte, wäre es eine schöne Sache.

Phaidros. Was doch für welches?

Sokrates. Das überall Zerstreute anschauend zusammenzufassen in eine Gestalt, um jedes genau zu bestimmen und deutlich zu machen, worüber er jedesmal Belehrung erteilen will, so wie wir jetzt eben von der Liebe erst nach gegebener Erklärung, was sie sei, vielleicht gut, vielleicht auch schlecht geredet haben, wenigstens das Bestimmte und mit sich selbst Übereinstimmende hatte unsere Rede von daher.

Phaidros. Und welches zweite meinst du, Sokrates?

Sokrates. Ebenso auch wieder nach Begriffen zerteilen zu können, gliedermäßig wie jedes gewachsen ist, ohne etwa wie ein schlechter Koch verfahrend, irgendeinen Teil zu zerbrechen. Sondern so wie eben unsere beiden Reden das Unverständige der Seele als einen Begriff insgesamt auffaßten: und so wie aus unserm Leibe, als einem, zweifache und gleichnamige Teile herauswachsen, welche als rechte und linke bezeichnet werden, ebenso den Aberwitz in uns gleichsam gewachsen glaubend nahmen die Reden, die eine sich den links abgeschnittenen Teil und ließ nicht nach, ihn weiter zu zerschneiden, bis sie, daß ich so sage, eine linke Liebe darin auffand, welche sie sehr mit Recht schmähen konnte; die andere führte uns zu dem Wahnsinn rechts, und eine jener zwar gleichnamige, aber göttliche Liebe darin auffindend und vorzeigend, lobte sie diese als Ursache unserer großen Güter.

Phaidros. Vollkommen richtig.

Sokrates. Hievon also bin ich selbst ein großer Freund, Phaidros, von diesen Einteilungen und Zusammenfassungen, um doch auch reden und denken zu können, und wenn ich einen andern fähig halte zu sehen, was in eins gewachsen ist und in vieles, dem folg ich wie eines Unsterblichen Fußtritt. Ob ich jedoch diejenigen, welche dieses imstande sind zu tun, recht oder unrecht bename, mag Gott wissen, ich nenne sie aber bis jetzt Dialektiker. Nun aber sage mir auch, wie man die von dir und Lysias gelernt haben, nennen soll? Oder ist eben jenes die Redekunst, deren Thrasymachos und die andern sich bedienend selbst Künstler im Reden sind und auch andere dazu machen, die ihnen Geschenke wie Königen bringen wollen?

Phaidros. Königliche Männer zwar sind sie, nicht aber dessen kundig, wonach du fragst. Daher dünkst du mich jenes ganz recht zu benennen, indem du es Dialektik nennst, die Rhetorik aber dünkt mich uns bis jetzt noch entgangen zu sein.

Sokrates. Wie sagst du? Das muß etwas Schönes sein, was von jener verlassen doch durch Kunst soll erlangt werden. Indes wollen wir es auf keine Weise verschmähen, du und ich. sondern sagen, was doch nur ist das noch übrigbleibende an der Redekunst.

Phaidros. Mancherlei Dinge, Sokrates, die du ja findest in den über die Redekunst geschriebenen Büchern.

Sokrates. Gar gut erinnerst du mich. Den Eingang zuerst, wie der am Anfang der Rede muß gesprochen werden, dieses meinst du? nicht wahr, diese Herrlichkeiten der Kunst?

Phaidros. Ja.

Sokrates. Dann kommt zweitens die Erzählung, wie sie es nennen, und die Zeugnisse dabei, drittens die Beweise, viertens die Wahrscheinlichkeiten, und noch von einer Beglaubigung und Nebenbeglaubigung, denke ich, redet der vortreffliche byzantinische Daidalos im Reden.

Phaidros. Den wackern Theodoros meinst du?

Sokrates. Wen sonst? Und daß man eine Widerlegung und Nebenwiderlegung führen müsse in der Anklage sowohl als Verteidigung. Und auch den schönsten Parier Euenos holen wir nicht dabei, der die Vorandeutung zuerst erfunden hat, und das Nebenlob? Ja einige sagen, er habe sich allerlei Nebenschimpf in Verse gebracht dem Gedächtnis zuliebe. Denn er ist ein kluger Mann. Den Tisias aber und Gorgias wollen wir ganz ruhen lassen, welche zuerst das Scheinbare entdeckt haben, daß es über das Wahre gehe und mehr zu ehren sei, und welche machen, daß das Kleine groß und das Große klein erscheint durch die Kraft der Rede, und vom Neuen auf alte, vom Alten aber auf neue Art sprechen, und welche die Gedrängtheit der Rede und auch die unendliche Länge über jeden Gegenstand erfunden haben. Als dieses einmal Prodikos von mir hörte, lachte er und sagte, er allein habe gefunden, was für Sätze die Kunst brauche, nämlich weder lange noch kurze, sondern mäßige.

Phaidros. Sehr weise, o Prodikos!

Sokrates. Und vom Hippias wollen wir nicht reden? ich glaube, dieser Fremdling aus Elis stimmte ihm auch bei.

Phaidros. Warum auch nicht?

Sokrates. Wie aber sollen wir vortragen des Polos Sammlung von Worten, wie die Doppelrederei, die Spruchrederei, die Bildrederei und den Erwerb des Wohlklang der Lykimnischen Wörter, die er jenem geschenkt hat?

Phaidros. Hatte nicht vieles dergleichen auch Protagoras?

Sokrates. Ein gewisses Geradesprechen, mein Sohn, und noch vieles und schönes anderes. Aber in jammertönender von Alter und Armut hergenommener Reden Kunst hat doch offenbar gesiegt des Chalkedoniers Kraft. Auch im Erzürnen der Menge ist dieser Mann gewaltig, und wiederum die Erzürnten bezaubernd zu kirren, wie er sagt; und im Verleumden und auch Verleumdungen abwälzen, woher es irgend gehe, ist er der erste. Über das Ende der Rede aber sind sie alle nur einer Meinung, was nämlich einige die Übersicht, andere wieder anders nennen.

Phaidros. Daß man am Ende noch in kurzem die Zuhörer an alles erinnern soll, was gesagt worden, das meinst du?

Sokrates. Das meine ich, und was du noch sonst etwa zu sagen hast über die Kunst der Reden.

Phaidros. Kleinigkeiten, nicht der Rede wert.

Sokrates. Lassen wir also die Kleinigkeiten; diese Dinge aber laß uns noch einmal besser beim Lichte besehen, was für eine Kunstgewalt, und wann, sie eigentlich haben?

Phaidros. Eine sehr starke doch, o Sokrates, in den Versammlungen des Volks.

Sokrates. Die haben sie freilich. Aber du Wunderlicher, sieh doch auch zu, ob dir das ganze Gewebe so lose erscheint als mir.

Phaidros. Zeige es nur.

Sokrates. Wenn jemand zu deinem Freunde Eryximachos oder dessen Vater Akumenos käme, sagend, ich verstehe solche Dinge dem Körper beizubringen, daß ich ihn erhitze, wenn ich will, und auch abkühle, und daß ich ihn, wenn es mir gut dünkt, speien mache oder auch abführe, und noch vielerlei dergleichen, und weil ich dieses verstehe, behaupte ich, ein Arzt zu sein, auch jeden andern dazu zu machen, dem ich nur diese Kenntnis mitteile; was meinst du, werden sie erwidern, wenn sie dieses angehört?

Phaidros. Was sonst, als ihn fragen, ob er auch noch verstände, wem und wann er dies alles antun müsse und in welchem Grade?

Sokrates. Wenn er nun sagte, keineswegs, sondern ich verlange, wer jenes von mir lernt, müsse dieses schon selbst verstehen, wonach du fragst.

Phaidros. Dann, glaube ich, würde er sagen, der Mensch ist toll und glaubt, weil er in Büchern oder sonstwo einige Mittelchen gefunden hat, ein Arzt geworden zu sein, da er doch nichts von der Kunst versteht.

Sokrates. Und wie wenn jemand zum Sophokles oder Euripides käme, sagend, er verstände über geringes ganz lange Reden zu dichten, und auch über wichtiges ganz kurze, auch klägliche, wenn er wollte, und im Gegenteil wieder furchtbare und drohende und was mehr dergleichen, und sich nun einbildete, indem er dies lehre, die tragische Dichtkunst zu lehren?

Phaidros. Auch diese, o Sokrates, würden, glaube ich, jeden auslachen, welcher glaubte, die Tragödie wäre etwas anderes als eine solche Zusammenstellung dieser einzelnen Stücke, wie sie einander und dem Ganzen angemessen sind.

Sokrates. Aber nicht unartig, glaube ich, würden sie ihn herunterreißen, sondern wie ein Tonkünstler, wenn er mit einem zusammenträfe, der sich einbildet, ein Harmonieverständiger zu sein, weil er verstände, eine Saite so hoch und so tief als möglich anzuschlagen, nicht mit Heftigkeit sagen würde: »Du erbärmlicher Wicht, du bist verrückt«; sondern wie es einem Künstler geziemt, sanfter so: »Bester Mann, freilich muß auch das wissen, wer ein Tonkünstler werden will, aber dies hindert nicht, daß dennoch einer, der deine Fertigkeit hat, auch nicht das mindeste von der Harmonie verstehen kann, denn du besitzest nur die Vorkenntnisse, welche zur Harmonie notwendig gehören, aber nicht die Harmonie selbst.«

Phaidros. Sehr richtig.

Sokrates. So auch würde Sophokles jenem, der sich gegen ihn rühmte, sagen, er habe die Vorkenntnisse zur tragischen Kunst, nicht diese Kunst selbst, und Akumenos die Vorkenntnisse der Heilkunde, nicht die Heilkunde selbst.

Phaidros. Allerdings freilich.

Sokrates. Wie aber? sollen wir glauben, der süßredende Adrastos oder Perikles, wenn sie etwas hörten von den schönen Kunststücken, die wir jetzt durchgegangen sind, dem Kurzreden und Bilderreden und was wir sonst noch näher gegen das Licht untersuchen wollten, würden etwa unwillig wie ich und du unfeiner Weise ein ungesittetes Wort ausstoßen gegen die, welche dieses geschrieben haben und lehren, als wäre es die Redekunst, oder würden sie, die soviel Weiseren als wir, dies auch uns verweisen und sagen: O Phaidros und Sokrates, nicht unwillig muß man werden, sondern Nachsicht haben, wenn solche, die überhaupt nicht verstehen mit Begriffen umzugehen, auch nicht vermögend gewesen sind, zu bestimmen, was eigentlich die Redekunst ist, und dieses Umstandes wegen, wenngleich sie nur die notwendigen Vorkenntnisse dieser Kunst besitzen, dennoch glaubten die Redekunst selbst erfunden, und so auch wenn sie jenes jemanden lehrten, ihn vollkommen in der Redekunst unterrichtet zu haben; und wenn sie hingegen daß dies alles auf überredende Art gebraucht und ein Ganzes daraus zusammengesetzt werde, diese Vollkommenheit in die Reden hineinzubringen ihren Schülern, als wäre es eine Kleinigkeit, selbst überlassen?

Phaidros. Allerdings, o Sokrates, scheint es so ungefähr zu stehen mit der Kunst, welche diese Männer als die Redekunst lehren und in Schriften vortragen, und mir scheinst du ganz wahr gesprochen zu haben. Aber nun die Kunst des wahren und überzeugenden Redners, wie und woher kann sich diese jemand zu eigen machen?

Sokrates. Mit dem Können, so daß einer ein vollkommener Kämpfer wird, wird es wahrscheinlich, ja vielleicht notwendig eben die Bewandtnis haben, wie in andern Dingen. Nämlich wenn du von Natur rednerische Anlagen hast, so wirst du ein berühmter Redner werden, sofern du noch Wissenschaft und Übung hinzufügst; an welcher aber von diesen es dir fehlt, von der Seite wirst du unvollkommen sein. Was aber an der Sache Kunst ist, dazu scheint mir die Anleitung nicht auf dem Wege herauszukommen, den Lysias und Thrasymachos gehen.

Phaidros. Aber auf welchem dann?

Sokrates. Perikles, o Bester, mag doch wohl eigentlich unter allen der Eingeweihteste gewesen sein in die Redekunst.

Phaidros. Wieso?

Sokrates. Alle größeren Künste bedürfen doch etwas von spitzfindigem und hochfliegendem Geschwätz über die Natur. Denn nur hieraus kann jene Würde und Zuversichtlichkeit im Erfolg entstehen, welche Perikles außer seinen Naturgaben sich in so hohem Grade erworben hatte. So denke ich wenigstens, weil er mit dem Anaxagoras, der ja wohl ein solcher war, zusammentraf und jener hohen Kenntnisse voll ward, und zur Natur des Verstandes und Unverstandes gelangte, wovon ja Anaxagoras soviel Reden machte, hat er von dorther, was ihr nützlich war, in die Redekunst herübergebracht.

Phaidros. Wie meinst du dieses?

Sokrates. Es hat dieselbe Bewandtnis mit der Redekunst wie mit der Heilkunst.

Phaidros. Wieso?

Sokrates. In beiden mußt du, die Natur des Leibes in der einen, der Seele in der andern einteilen, wenn du nicht nur hergebrachterweise und erfahrungsmäßig, sondern nach der Kunst jenem durch Anwendung von Arznei und Nahrung Gesundheit und Stärke verschaffen, dieser durch angeordnete Belehrungen und Sitten, welche Überzeugung und Tugend du willst, mitzuteilen begehrst.

Phaidros. Allem Ansehen nach, o Sokrates, ist es so.

Sokrates. Und glaubst du die Natur der Seele richtig begreifen zu können, ohne des Ganzen Natur?

Phaidros. Wenn man dem Asklepiaden Hippokrates glauben soll, auch nicht einmal die des Körpers ohne ein solches Verfahren.

Sokrates. Sehr schön, o Freund, daß er dieses sagt. Wir müssen aber doch außer dem Hippokrates auch noch die Vernunft fragend untersuchen, ob sie einstimmt.

Phaidros. Das gebe ich zu.

Sokrates. So sieh nun zu, was über die Natur Hippokrates sagt und die richtige Vernunft. Muß man nicht so nachdenken über eines jeden Dinges Natur, zuerst ob das einerlei ist oder vielgestaltig, was wir selbst als Künstler behandeln und auch andere dazu wollen geschickt machen. Dann daß man, wenn es einerlei ist, seine Kraft untersuche, was für eine es hat von Natur, um auf was für Dinge zu wirken, und was für eine, um Einwirkungen und von was für welchen aufzunehmen; wenn es aber mehrere Gestalten hat, diese erst aufzähle und so von jeder wie vorher von dem einem sehe, was sie ihrer Natur nach ausrichten und was sie von welchem andern erleiden kann.

Phaidros. So wird es geschehen müssen.

Sokrates. Jedes Verfahren ohne dieses wäre nur wie eines Blinden Wanderung. Aber keineswegs muß, wer irgendeiner Sache kunstmäßig nachstrebt, einem Blinden oder Tauben können verglichen werden, sondern offenbar ist, daß wenn jemand kunstmäßig Reden mitteilt, er auch das Wesen der Natur dessen genau muß zeigen können, dem er seine Reden anbringen will; dieses aber wird doch die Seele sein.

Phaidros. Was sonst?

Sokrates. Gegen diese also ist sein ganzer Kampf gerichtet; denn in ihr will er Überzeugung hervorbringen, nicht wahr?

Phaidros. Freilich.

Sokrates. Offenbar also muß Thrasymachos und wer sonst mit Fleiß eine rhetorische Kunstlehre geben will, zuerst mit aller Genauigkeit lehren und anschaulich machen, ob die Seele eins ist und sich überall ähnlich oder auch nach der Gestalt des Leibes vielartig. Denn dieses behaupten wir, hieße die Natur eines Dinges zeigen.

Phaidros. Allerdings.

Sokrates. Zum anderen worauf sie ihrer Natur nach wirkt, und was und wovon sie und was für Wirkungen erfährt.

Phaidros. Dieses freilich auch.

Sokrates. Drittens nachdem er der Reden wie auch der Seele Arten und ihr verschiedenes Verhalten ordentlich auseinandergesetzt, wird er alle verschiedenen Ursachen durchgehen, jedes mit jedem zusammenhaltend und lehrend, was für eine Seele, durch was für

Reden, aus welcher Ursache überredet werden, oder unüberredet bleiben wird.

Phaidros. Am vortrefflichsten wie es scheint, wäre es freilich so.

Sokrates. Nie wenigstens, o Freund, wird, was auf andere Art gelehrt oder gesprochen wird, kunstmäßig geschrieben und gesprochen sein, weder über einen anderen noch über diesen Gegenstand. Aber die du gehört hast und die jetzt rednerische Kunstlehren schreiben, sind listig und verheimlichen, daß sie sich gar trefflich auf die Seele verstehen. Ehe sie also nicht auf diese Art reden und schreiben, wollen wir ihnen nicht glauben, daß sie kunstmäßig schreiben.

Phaidros. Auf welche Art denn?

Sokrates. Dieses mit bestimmten Worten wirklich auszuführen ist nicht leicht getan; indes will ich, wie man schreiben müsse, wenn es kunstmäßig beschaffen sein soll, soweit es sich tun läßt, erklären.

Phaidros. So erkläre es denn.

Sokrates. Da die Kraft der Rede eine Seelenleitung ist, so muß, wer ein Redner werden will, notwendig wissen, wieviel Arten die Seele hat. Diese also sind so viele, und eine solche ist jede, wonach denn auch die Menschen einige solche werden und andere wieder solche. Ist nun dieses eingeteilt, so gibt es wiederum so und so viele Arten von Reden, und so und so ist jede beschaffen. Solche Menschen nun sind durch solche Reden aus der und der Ursache zu solchen Dingen leicht zu überreden, solche andere aber aus jener Ursache schwer. Hat er nun dieses gehörig begriffen, so muß er ferner, wenn er nun die Sache selbst im Leben ansichtig wird und sie behandelt werden soll, ihr genau mit seiner Wahrnehmung nachgehen können, oder er wird eben nichts weiter wissen, als die Regeln, die er damals gehört hat. Wenn er aber richtig anzugeben weiß, was für ein Mensch wodurch überredet wird, und auch imstande ist, wenn er ihn antrifft, ihn zu erkennen und sich selbst zu zeigen, dies ist nun ein solcher, und eine solche Natur, von der damals die Rede war, steht nun in der Tat vor dir, bei der du also hier diese Art von Reden anwenden mußt, um sie zu dieser Sache zu überreden, wenn er dies alles innehat, und dann noch die Zeiten zu beurteilen weiß, wann er reden und innehalten soll, und von den gedrängten Stellen, und den beweglichen Stellen, und was sonst für vorhandene Arten von Verstärkungen der Rede er gelernt hat, von denen er weiß, wo sie an ihrer Stelle sind, und wo nicht; dann ist seine Kunst schön und ganz vollendet, eher aber nicht, sondern an welchem auch von diesen Stücken es jemand ermangeln läßt, wenn er redet oder lehrt oder schreibt, doch aber behauptet nach der Kunst zu reden, dem wer es nicht glaubt ist klüger. Wie nun, wird vielleicht unser Schriftsteller sagen, o Phaidros und Sokrates, scheint euch nun eine so oder eine anders abgehandelte Redekunst annehmungswürdig?

Phaidros. Unmöglich, o Sokrates, eine andere, wiewohl sie auf diese Art als keine geringe Arbeit erscheint.

Sokrates. Wohl wahr. Eben deshalb nun solltest du alles Gesagte noch einmal nach allen Seiten umwendend nachsehen, ob sich vielleicht wo ein leichterer oder kürzerer Weg zu ihr zeigt, damit nicht vergeblich einen langen und beschwerlichen einschlage, wem doch ein kurzer und ebener offen steht. Hast du also etwas hiezu Dienliches vom Lysias oder irgend jemand anderen Abgehörtes, so rufe es dir ins Gedächtnis und versuche es vorzutragen.

Phaidros. Der Nachfrage wegen müßte ich wohl etwas haben, aber jetzt habe ich es nicht so bei der Hand.

Sokrates. Willst du also, daß ich dir sage, was ich von einigen, die sich hiemit abgeben, gehört?

Phaidros. Warum nicht?

Sokrates. Sagt man doch, o Phaidros, es sei recht auch des Wolfes Sache zu verteidigen.

Phaidros. So tue du denn auch so.

Sokrates. Sie behaupten also, man dürfe dieses gar nicht so ernsthaft behandeln, noch von so weitem ausholend ableiten, denn überall, welches wir auch gleich anfänglich gesagt haben, dürfe sich um richtige Einsichten davon, was gerecht und gut sei in den Angelegenheiten, oder wer so sei unter den Menschen von Natur oder durch Erziehung, der künftige auch große Redner gar nicht bemühen. Denn ganz und gar kümmere sich vor den Gerichtsstätten niemand das mindeste um die Wahrheit in diesen Dingen, sondern nur um das

Glaubliche, und dieses sei das Scheinbare, worauf also derjenige seine Aufmerksamkeit zu wenden habe, der kunstgerecht reden wolle. Denn bisweilen dürfe er das Geschehene gar nicht einmal sagen, wenn es nicht zugleich auch den Schein für sich hat, sondern nur das Scheinbare in der Anklage sowohl als Verteidigung, und auf alle Weise müsse wer redet nur dem Scheinbaren nachjagen, dem Wahren immerhin Lebewohl sagend; denn jenes überall in der Rede für sich zu haben, das mache die ganze Kunst aus.

Phaidros. Grade dieses, o Sokrates, wie du es vorgetragen hast, sagen diejenigen, welche sich für Kunstverständige in Reden ausgeben. Ich erinnere mich wohl, daß wir im vorigen ganz kürzlich auch dieses berührt haben; es dünkt aber denen die sich hiermit abgeben, etwas sehr Großes zu sein.

Sokrates. Du hast ja den Tisias selbst fleißig getrieben, so mag uns nun auch Tisias sagen, ob er etwas anderes meint unter dem Scheinbaren, als das, was die Menge leicht glaubt?

Phaidros. Was könnte es anderes sein?

Sokrates. Dieses also ist, wie es scheint, sehr weise und kunstreich ausgedacht, was er schreibt: daß nämlich, wenn ein Schwacher aber Mutiger einen Starken aber Feigen niederwirft, ihm den Mantel oder sonst etwas wegnimmt, und dann vor Gericht geführt wird, keiner von beiden die Wahrheit sagen müsse; sondern der Feige müsse sich hüten, zu gestehen, daß er von jenem Mutigen allein bezwungen worden, dieser aber müsse dies freilich behaupten, daß sie allein waren, jene aber vorzüglich gebrauchen: wie sollte also ich ein solcher mich wohl an einen solchen gewagt haben? Dann würde jener doch seine Feigheit nicht bekennen, und indem er auf eine neue Lüge sonne, vielleicht auch seinem Gegner einen neuen Beweis an die Hand geben. Und ebenso beschaffen ist auch in anderen Fällen das nach der Kunst Gesprochene. Nicht so Phaidros?

Phaidros. Wie anders?

Sokrates. Weh! gar eine verborgene Kunst hat uns offenbar dieser Tisias aufgefunden, oder wer es sonst eigentlich ist und woher am liebsten benannt. Aber, Freund, wollen wir so zu ihm sprechen oder nicht?

Phaidros. Wie denn?

Sokrates. Etwa: O Tisias, schon lange ehe du noch hergekommen bist, haben wir gesagt, daß dieses Scheinbare den Leuten aus einer Ähnlichkeit mit dem Wahren entsteht; die Ähnlichkeiten aber, haben wir eben gezeigt, wird überall der, welcher die Wahrheit in der Sache erkannt hat, am besten zu finden wissen. So daß, wenn du etwas anderes über die Kunst der Reden zu sagen hast, wir es gern anhören wollen; wo nicht, so müssen wir dem jetzt eben abgehandelten glauben, daß wenn nicht jemand sowohl der Zuhörer verschiedene Naturen aufzuzählen als auch die Gegenstände nach ihren Arten einzuteilen und die einzelnen unter einen Begriff zusammenzufassen imstande ist, er niemals in Reden so kunstreich sein wird, als es dem Menschen möglich ist: daß aber dieses niemals einer erlangen kann ohne vielfältige Anstrengung, welcher sich der Vernünftige nicht um mit den Menschen zu reden und zu verhandeln unterziehen soll, sondern nur um den Göttern wohlgefälliges reden zu können und ihnen wohlgefällig alles nach Vermögen auszurichten. Denn nicht seinen Mitknechten, o Tisias, so sagen Weisere als wir, muß gefällig zu werden wer Vernunft hat sich bestreben, als nur nebenbei, sondern seinen guten und hohen Gebietern. Darum, wenn der Weg lang ist, so wundere dich nicht: denn großer Dinge wegen wird er uns angemutet, nicht dessen was du denkst. Es wird aber, wie die Rede zeigt, auch dieses, wenn es jemand will, durch jenes am besten erlangt.

Phaidros. Ganz trefflich dünkt mich dieses gesagt zu sein, o Sokrates, wenn es nur jemand imstande wäre.

Sokrates. Aber strebt man nach Schönem, so ist auch schön über sich ergehen lassen, was eben erfolgt.

Phaidros. Jawohl.

Sokrates. Darüber nun was Kunst ist und Kunstlosigkeit im Reden möchte dieses genug sein.

Phaidros. Vollkommen.

Sokrates. Von der Anständigkeit und Unanständigkeit des Schreibens aber, wo angewendet es gut ist, und wo unschicklich, davon wäre noch übrig zu reden. Nicht wahr?

Phaidros. Ja.

Sokrates. Weißt du wohl, wie du eigentlich Gott wohlgefällig das Reden behandeln und davon sprechen mußt?

Phaidros. Keineswegs, du aber?

Sokrates. Eine Sage wenigstens habe ich darüber zu erzählen von den Alten, das Wahre aber wissen nur jene selbst. Könnten wir aber dieses finden, würden wir uns dann noch irgend um menschliche Urteile kümmern?

Phaidros. Lächerliches fragst du! Aber erzähle, was du gehört zu haben behauptest.

Sokrates. Ich habe also gehört, zu Naukratis in Ägypten sei einer von den dortigen alten Göttern gewesen, dem auch der Vogel, welcher Ibis heißt, geheiligt war, er selbst aber, der Gott, habe Theuth geheißen. Dieser habe zuerst Zahl und Rechnung erfunden, dann die Meßkunst und die Sternkunde, ferner das Brett- und Würfelspiel, und so auch die Buchstaben. Als König von ganz Ägypten habe damals Thamus geherrscht in der großen Stadt des oberen Landes, welche die Hellenen das ägyptische Theben nennen, den Gott selbst aber Ammon. Zu dem sei Theuth gegangen, habe ihm seine Künste gewiesen, und begehrt, sie möchten den anderen Ägyptern mitgeteilt werden. Jener fragte, was doch eine jede für Nutzen gewähre, und je nachdem ihm, was Theuth darüber vorbrachte, richtig oder unrichtig dünkte, tadelte er oder lobte. Vieles nun soll Thamus dem Theuth über jede Kunst dafür und dawider gesagt haben, welches weitläufig wäre alles anzuführen. Als er aber an die Buchstaben gekommen, habe Theuth gesagt: Diese Kunst, o König, wird die Ägypter weiser machen und gedächtnisreicher denn als ein Mittel für den Verstand und das, Gedächtnis ist sie erfunden. Jener aber habe erwidert: O kunstreichster Theuth, einer weiß, was zu den Künsten gehört, ans Licht zu gebären; ein anderer zu beurteilen, wieviel Schaden und Vorteil sie denen bringen, die sie gebrauchen werden. So hast auch du jetzt als Vater der Buchstaben aus Liebe das Gegenteil dessen gesagt, was sie bewirken. Denn diese Erfindung wird der Lernenden Seelen vielmehr Vergessenheit einflößen aus Vernachlässigung des Gedächtnisses, weil sie im Vertrauen auf die Schrift sich nur von außen vermittels fremder Zeichen, nicht aber innerlich sich selbst und unmittelbar erinnern werden. Nicht also für das Gedächtnis, sondern nur für die Erinnerung hast du ein Mittel erfunden, und von der Weisheit bringst du deinen Lehrlingen nur den Schein bei, nicht die Sache selbst. Denn indem sie nun vieles gehört haben ohne Unterricht, werden sie sich auch vielwissend zu sein dünken, da sie doch unwissend größtenteils sind, und schwer zu behandeln, nachdem sie dünkelweise geworden statt weise.

Phaidros. O Sokrates, leicht erdichtest du uns ägyptische und was sonst für ausländische Reden du willst.

Sokrates. Sollen doch, o Freund, in des Zeus dodonäischem Tempel einer Eiche Reden die ersten prophetischen gewesen sein. Den damaligen nun, weil sie eben nicht so weise waren als ihr Jüngeren, genügte es in ihrer Einfalt auch der Eiche und dem Stein zuzuhören, wenn sie nur wahr redeten. Dir aber macht es vielleicht einen Unterschied, wer der Redende ist und von wannen. Denn nicht darauf allein siehst du, ob sich so oder anders die Sache verhält.

Phaidros. Mit Recht hast du mich gescholten. Auch dünkt mich mit den Buchstaben es sich so zu verhalten, wie der Thebäer sagt.

Sokrates. Wer also eine Kunst in Schriften hinterläßt, und auch wer sie aufnimmt, in der Meinung, daß etwas Deutliches und Sicheres durch die Buchstaben kommen könne, der ist einfältig genug und weiß in Wahrheit nichts von der Weissagung des Ammon, wenn er glaubt, geschriebene Reden wären noch sonst etwas als nur demjenigen zur Erinnerung, der schon das weiß, worüber sie geschrieben sind.

Phaidros. Sehr richtig.

Sokrates. Denn dieses Schlimme hat doch die Schrift, Phaidros, und ist darin ganz eigentlich der Malerei ähnlich; denn auch diese stellt ihre Ausgeburten hin als lebend, wenn man sie aber etwas fragt, so schweigen sie gar ehrwürdig still. Ebenso auch die Schriften. Du könntest glauben, sie sprächen, als verständen sie etwas, fragst du sie aber lernbegierig über das Gesagte, so enthalten sie doch nur ein und dasselbe stets. Ist sie aber einmal geschrieben, so schweift auch überall jede Rede gleichermaßen unter denen umher, die sie verstehen, und unter denen, für die sie nicht gehört, und versteht nicht, zu wem sie reden soll, und zu wem nicht. Und wird sie beleidigt oder unverdienterweise beschimpft, »so bedarf sie immer ihres Vaters Hilfe; denn selbst ist sie weder sich zu schützen noch zu helfen imstande.

Phaidros. Auch hierin hast du ganz recht gesprochen.

Sokrates. Wie aber? wollen wir nicht nach einer anderen Rede sehen, der Schwester von dieser, wie die echte entsteht, und wieviel besser und kräftiger als jene sie gedeiht?

Phaidros. Welche doch meinst du, und wie soll sie entstehen?

Sokrates. Welche mit Einsicht geschrieben wird in des Lernenden Seele, wohl imstande sich selbst zu helfen, und wohl wissend zu reden und zu schweigen, gegen wen sie beides soll.

Phaidros. Du meinst die lebende und beseelte Rede des wahrhaft Wissenden, von der man die geschriebene mit Recht wie ein Schattenbild ansehn könnte.

Sokrates. Allerdings eben sie. Sage mir aber dieses, ob ein verständiger Landmann den Samen, den er vor andern pflegen und Früchte von ihm haben möchte, recht eigens im heißen Sommer in einem Adonisgärtchen bauen und sich freuen wird, ihn in acht Tagen schön in die Höhe geschossen zu sehen? oder ob er dieses nur als ein Spiel und bei festlichen Gelegenheiten tun wird, wenn er es ja tut; jenen aber, womit es ihm Ernst ist, nach den Vorschriften der Kunst des Landbaues in den gehörigen Boden säen und zufrieden sein, wenn was er gesäet im achten Monat seine Vollkommenheit erlangt?

Phaidros. Gewiß so, o Sokrates, würde er dieses im Ernst, jenes, wie du sagtest, nur anders tun.

Sokrates. Und sollen wir sagen, daß wer vom Gerechten, Schönen und Guten Erkenntnis besitzt, weniger verständig als der Landmann verfahren werde mit seinem Samen?

Phaidros. Keineswegs wohl.

Sokrates. Nicht zum Ernst also wird er sie ins Wasser schreiben, mit Tinte sie durch das Rohr aussäend, mit Worten, die doch unvermögend sind sich selbst durch Rede zu helfen, unvermögend aber auch, die Wahrheit hinreichend zu lehren?

Phaidros. Wohl nicht, wie zu vermuten.

Sokrates. Freilich nicht; sondern die Schriftgärtchen wird er nur Spieles wegen, wie es scheint, besäen und beschreiben. Wenn er aber schreibt, um für sich selbst einen Vorrat von Erinnerungen zu sammeln auf das vergeßliche Alter, wenn er es etwa erreicht, und für jeden, welcher derselben Spur nachgeht: so wird er sich freuen, wenn er sie zart und schön gedeihen sieht; und wenn andere sich mit andern Spielen ergötzen, bei Gastmahlen sich benetzend und was dem verwandt ist, dann wird jener statt dessen seine Reden spielend durchnehmen.

Phaidros. Ein gar herrliches, o Sokrates, nennst du neben den geringeren Spielen: das Spiel dessen, der von der Gerechtigkeit, und was du sonst erwähntest, dichtend mit Reden zu spielen weiß.

Sokrates. So ist es allerdings, Phaidros. Weit herrlicher aber denke ich ist der Ernst mit diesen Dingen, wenn jemand nach den Vorschriften der dialektischen Kunst, eine gehörige Seele dazu wählend, mit Einsicht Reden säet und pflanzt, welche sich selbst und dem, der sie gepflanzt, zu helfen imstande, und nicht unfruchtbar sind, sondern einen Samen tragen, vermittelst dessen einige in diesen, andere in anderen Seelen gedeihend, eben dieses unsterblich zu erhalten vermögen und den, der sie besitzt, so glücklich machen, als einem Menschen nur möglich ist.

Phaidros. Allerdings ist etwas noch weit Herrlicheres, was du hier sagst.

Sokrates. Jetzt erst, Phaidros, können wir auch jenes entscheiden, nachdem wir uns hierüber vereinigt.

Phaidros. Was doch?

Sokrates. Das was wir eigentlich sehen wollten, und nur dabei hierauf gekommen sind, ob wir nämlich nicht finden könnten, wie wohl dem Lysias das Redenschreiben zur Schande gereiche, und auch wegen der Reden selbst, welche mit Kunst und welche ohne Kunst geschrieben wären. Was nun kunstmäßig ist oder nicht, dünkt mich schon ziemlich deutlich gemacht worden zu sein.

Phaidros. Es dünkte mich auch, erinnere mich aber doch noch einmal.

Sokrates. Nämlich ehe nicht jemand die wahre Beschaffenheit eines jeden Dinges kennt, worüber er redet und schreibt, es an sich vollständig zu erklären imstande ist, und nachdem er es erklärt, es auch wieder in seine Unterarten bis zum Unteilbaren zu teilen, und ebenso auch mit der Seele Natur bekannt, die einer jeden angemessene Art der Rede herauszufinden versteht, und sie dann so ordnet und ausschmückt, daß er bunten Seelen auch bunte und wohllautreiche Reden gibt, einfachen aber einfache, eher werde er noch nicht vermögend sein, soweit es die Sache erlaubt, mit Kunst das Geschlecht der Reden zu behandeln, weder um zu lehren, noch um zu überreden, wie unsere ganze vorherige Rede gezeigt hat.

Phaidros. Allerdings so ungefähr war uns dieses erschienen.

Sokrates. Wie aber jenes, ob es etwas Schönes ist oder Verächtliches, Reden zu sprechen und zu schreiben, und wie betrieben es mit Recht könnte zum Schimpf gerechnet werden oder nicht, hat uns nicht auch dieses schon das eben zuvor Besprochene deutlich gezeigt?

Phaidros. Welches denn?

Sokrates. Daß wenn, es sei nun Lysias oder ein anderer, jemals etwas geschrieben hat oder schreiben wird, in besonderen Angelegenheiten oder in öffentlichen, indem er Gesetze vorschlägt, also eine Staatsschrift verfaßt, in der Meinung, es sei große Gründlichkeit und Klarheit darin, das gereicht dem Schreibenden zu Schimpf, es mag es ihm nun einer vorrücken oder nicht. Denn Tag und Nacht nicht unterscheiden zu können im Gerechten und Ungerechten, Bösen und Guten, das ist in der Tat unabwendlich das Allerschimpflichste, und wenn auch das ganze Volk es lobte.

Phaidros. Gewiß.

Sokrates. Wer aber weiß, daß in einer geschriebenen Rede über jeden Gegenstand vieles notwendig nur Spiel sein muß und daß keine Rede, sei sie nun in gemessenen oder ungemessenen Silben gesprochen oder geschrieben, sehr ernsthaft zu nehmen sei, unter allen, welche ohne tiefere Untersuchung und Belehrung nur des Überredens wegen zusammengearbeitet und gesprochen worden, sondern in der Tat auch die besten unter ihnen nur zur Erinnerung gedient haben für den schon Unterrichteten; in denen hingegen, welche gelehrt und des Lernens wegen gesprochen oder wirklich in die Seele hineingeschrieben worden, vom Gerechten, Schönen und Guten, in diesen allein weiß, daß etwas Wirksames sei und Vollkommenes und der Anstrengung Würdiges, und daher auch nur solche Reden verdienten, gleichsam seine echten Kinder genannt zu werden, zuerst die ihm selbsterfunden einwohnt, hernach was etwa für Kinder und Brüder von dieser zugleich in andern Seelen anderer nach Verhältnis eingewachsen sind, und deshalb alle andern gehen läßt, dieser mag dann wohl ein solcher sein, Phaidros, als ich und du wünschten, daß ich und du sein möchten.

Phaidros. Auf alle Weise will und wünsche auch ich mit dir, was du sagst.

Sokrates. Also sei nun unter uns genug gescherzt über das Reden; und du gehe hin und verkündige dem Lysias, daß wir beide zu der Nymphen Quelle und Ruhesitz hinabgestiegen dort Reden gehört, welche uns befahlen, zuerst dem Lysias und wer sonst Reden abfaßt, dann dem Homeros und wer sonst Gedichte, für sich bestehende oder von Gesang begleitete, verfertigt hat, drittens auch dem Solon und wer sonst in bürgerlichen Versammlungen Schriften, die er Gesetze nennt, geschrieben hat. zu sagen, daß wenn er dergleichen abgefaßt, wohl wissend wie sich die Sache in Wahrheit verhält, und imstande in Erörterung über das Geschriebene eingehend, demselben Hilfe zu leisten, und redend selbst sein Geschriebenes nur als etwas Schlechtes darzustellen, er dann auch nicht mit dem Namen genannt werden müsse, der nur hievon hergenommen ist, sondern mit einem auf jenes sich beziehenden woran er ernstlichen Fleiß gewendet.

Phaidros. Was für Namen also willst du ihm erteilen?

Sokrates. Jemand einen Weisen zu nennen, o Phaidros, dünkt mich etwas Großes zu sein und Gott allein zu gebühren; aber einen Freund der Weisheit oder dergleichen etwas möchte ihm selbst angemessener sein, und auch an sich schicklicher.

Phaidros. Und nicht fern von der Sache.

Sokrates. Also wer nichts Besseres hat, als was er nach langem Hin- und Herwenden, Aneinanderfügen und Ausstreichen abgefaßt oder geschrieben hat, den wirst du mit Recht einen Dichter oder Redenschreiber oder Gesetzverfasser nennen.

Phaidros. Wie anders?

Sokrates. Dieses also verkündige deinem Freunde.

Phaidros. Wie aber du? was wirst du tun? denn wir dürfen doch auch an deinem Freund nicht vorbeigehen.

Sokrates. An welchem doch?

Phaidros. An Isokrates dem Schönen; was wirst du dem verkündigen, o Sokrates? Was sollen wir sagen, daß er sei?

Sokrates. Jung ist Isokrates noch; was mir aber von ihm ahndet, will ich sagen.

Phaidros. Was also?

Sokrates. Er dünkt mich zu gut, um ihn mit des Lysias Reden zu vergleichen, was seine Naturgabe betrifft, auch von edlerer Mischung des Gemütes, so daß es nichts Wunderbares wäre, wenn er bei reiferem Alter teils in den Reden, auf die er jetzt seinen Fleiß wendet, alle die sich je mit Reden abgegeben, weiter als Kinder hinter sich zurückließe, teils auch wenn ihm dieses nicht mehr genügte, ihn zu etwas Größerem ein göttlicher Trieb hinführte. Denn von Natur schon, Phaidros, ist etwas Philosophisches in der Seele des Mannes. Dieses also will ich im Namen dieser Götter dem Isokrates als meinem Lieblinge verkündigen; du aber jenes als dem deinigen dem Lysias.

Phaidros. Das soll geschehen. Aber laß uns nun gehen, da auch die Hitze gelinder geworden.

Sokrates. Ziemt es sich nicht erst zu diesen zu beten und dann zu gehen?

Phaidros. Warum nicht?

Sokrates. O lieber Pan und ihre Götter, die ihr sonst hier zugegen seid, verleihet mir schön zu sein im Innern, und daß, was ich Äußeres habe, dem Innern befreundet sei. Für reich möge ich den Weisen halten, und solche Menge Goldes besitzen als ein anderer als der Mäßige gar nicht tragen und führen könnte. Bedürfen wir noch etwas anderes, o Phaidros? Ich für mich habe hinreichend gebetet.

Phaidros. Auch für mich bete dieses mit: denn Freunden ist alles gemein.

Sokrates. Laß uns denn gehen.

Protagoras

Ein Freund • Sokrates

Freund. Woher erscheinst du uns, Sokrates? oder handelt es sich um die Jagd auf des Alkibiades Schönheit? Wahrlich, auch ich fand den Mann erst neulich, als ich ihn sah, noch recht schön; aber ein Mann ist er doch, Sokrates, unter uns gesagt, und dem der Bart schon überall hervorwächst.

Sokrates. Nun und was ist das mehr? Lobst du nicht den Homeros, welcher das die holdesten Reize der Jugend nennt, wenn nun der Bart aufkeimt? und dieser eben erfreut sich jetzt Alkibiades.

Freund. Aber was nun? Kommst du von ihm, und wie zeigt sich der Jüngling gegen dich?

Sokrates. Sehr gut, dünkt es mir, und zumal heute. Denn gar vieles hat er zu meiner Verteidigung geredet; auch komme ich gerade von ihm. Etwas Wunderbares aber muß ich dir sagen; nämlich, obgleich er zugegen war, habe ich doch wenig auf ihn geachtet, ja, ihn nicht selten ganz vergessen.

Freund. Was kann doch so Großes zwischen dir und ihm gewesen sein? Denn einen Anderen, Schöneren hast du doch hier in der Stadt wohl nicht angetroffen.

Sokrates. Und zwar einen weit Schöneren.

Freund. Was sagst du? einen Einheimischen oder Fremden?

Sokrates. Einen Fremden.

Freund. Und von wannen?

Sokrates. Von Abdera.

Freund. Und so schön dünkte dir der Fremde, daß er dir schöner erschien, als der Sohn des Kleinias?

Sokrates. Wie sollte denn nicht, du kluger Freund, das Weisere immer als das Schönere erscheinen?

Freund. So bist du wohl eben mit einem Weisen zusammengewesen und kommst uns von daher?

Sokrates. Und zwar mit dem Weisesten unter denen wenigstens, die jetzt leben, wenn du den Protagoras für den Weisesten hältst.

Freund. O, was du sagst, Protagoras ist bei uns eingewandert?

Sokrates. Seit drei Tagen schon.

Freund. Und eben aus seiner Gesellschaft kommst du?

Sokrates. Nachdem ich gar vieles mit ihm gesprochen und von ihm gehört.

Freund. Warum also läßt du nicht den Knaben dort aufstehen und setzest dich hieher, um uns eure Verhandlungen zu erzählen, wenn dich nichts hindert?

Sokrates. Sehr gern sogleich und werde euch noch Dank wissen, wenn ihr zuhört.

Freund. Wahrlich, auch wir dir, wenn du erzählst.

Sokrates. Beiden geschieht also Erwünschtes. So höret denn.

Diese vergangene Nacht, noch am ersten grauen Morgen, pochte Hippokrates, der Sohn des Apollodoros, des Phason Bruder, gewaltig mit dem Stock bei mir an die Tür, und als ihm einer geöffnet hatte, stürmte er sogleich herein und rief mich mit lauter Stimme: Sokrates, wachst oder schläfst du? Ich, ihn an der Stimme erkennend, entgegnete: Das ist ja Hippokrates! Du bringst doch nichts Neues? – Nichts wenigstens, sagte er, wie Gutes. – Das möge wahr sein, sprach ich, was gibt es aber und weshalb bist du so frühe schon hier? – Protagoras ist hier, sagte er, indem er zu mir herantrat. – Seit vorgestern, sprach ich, und du hast es jetzt erst erfahren? – Bei den Göttern, sagte er, gestern Abend. Zugleich tappte er nach dem Bette, setzte sich mir zu Füßen und fuhr fort. Gestern Abend also ganz spät, als ich aus Oinoe zurückkam. Satyros, der Bursche, war mir entlaufen; ich wollte dir auch sagen, daß ich ihm nachsetzen würde, über etwas anderem aber entfiel es mir wieder. Als ich nun zurück war, nach der Mahlzeit erst, da wir uns eben zur Ruhe legen wollten, sagte mir der Bruder, Protagoras ist da. Zuerst wollte ich sogleich zu dir gehen, hernach aber dünkte es mir doch schon zu spät in der Nacht zu sein. Nun aber bin ich, sobald nur nach solcher Ermüdung der Schlaf mich verlassen wollte, aufgestanden und hieher gegangen. – Ich nun, der ich sein mutiges und eifriges Wesen kenne, fragte: Was hast du denn aber? Tat dir Protagoras etwas zuleide? –

Da sagte er lachend: Ja, bei den Göttern, Sokrates, daß er allein weise ist und mich nicht dazu macht. – Nun, beim Zeus, sprach ich, wenn du ihm nur Geld gibst und ihn überredest, wird er dich wohl auch weise machen. – Wollte doch Zeus und alle Götter, rief er aus, es beruhte nur hierauf, so ließ ich es weder an dem meinigen ermangeln, noch an der Freunde Beistand. Aber eben deshalb komme ich jetzt zu dir, damit du meinetwegen mit ihm redest. Denn ich selbst bin nicht nur zu jung, sondern habe auch den Protagoras noch niemals weder gesehen noch gesprochen, denn ich war noch ein Kind, als er das erstemal hieher kam. Aber alle, o Sokrates, loben ja den Mann und sagen, er wäre der kunstreichste im Reden. Warum aber gehen wir nicht gleich zu ihm, damit wir ihn noch zu Hause treffen? Er wohnt, wie ich gehört habe, bei dem Kallias, dem Sohne des Hipponikos. Laß uns doch gehen. – Da sagte ich: Jetzt gleich, mein Guter, laß uns noch nicht dorthin gehen, denn es ist noch zu früh; sondern laß uns aufstehen und komm in den Hof hinaus, da wollen wir auf- und abgehend verweilen, bis es Tag wird und dann gehen. Ohnedies hält sich Protagoras viel zu Hause, darum sei guten Mutes, wir wollen ihn wohl finden. Somit standen wir auf und gingen im Hofe umher. Ich nun wollte gern des Hippokrates Stärke versuchen, betrachtete mir ihn daher recht und fragte ihn: Sage mir, Hippokrates, zum Protagoras willst du jetzt, um ihm Geld für dich zu entrichten, hingehen; aber als zu wem willst du doch hingehen und um was doch zu werden? Wie wenn du zu deinen Namensverwandten, dem Hippokrates von Kos, dem Asklepiaden, gehen wolltest, dem Lehrgeld für dich zu bezahlen, und es fragte dich jemand: Sage mir, Hippokrates, dem Hippokrates willst du Lehrgeld entrichten: als wem doch? Was würdest du antworten? – Ich würde sagen, sprach er, als einem Arzte. – Und um was doch zu werden? – Ein Arzt, sagte er. – Oder wenn du zum Polykleitos von Argos oder zum Pheidias hier aus Athen zu gehen im Sinne hättest, um ihnen Lehrgeld für dich zu entrichten, und es fragte dich jemand: Als wem gedenkst du denn dem Polykleitos oder dem Pheidias dieses Geld zu entrichten? Was würdest du antworten – Ich würde sagen: als Bildhauer. – Und um was doch selbst zu werden? – Offenbar ein Bildhauer. – Gut, sprach ich. Nun aber gehen wir zum Protagoras, ich und du, und sind bereit, ihm Lehrgeld für dich zu bezahlen, wenn das unsrige dazu hinreicht und wir ihn um diesen Preis überreden können, wo nicht, auch noch das unserer Freunde daran zu wenden. Wenn uns nun jemand in solchem Eifer über diese Sache sehend fragte: Sagt mir doch, Sokrates und Hippokrates, als wem gedenkt ihr dem Protagoras dieses Geld zu geben? Was würden wir antworten? Mit was für einen anderen Namen hören wir den Protagoras noch genannt, wie den Pheidias einen Bildhauer und den Homeros einen Dichter? Was hören wir ähnliches vom Protagoras? – Einen Sophisten, o Sokrates, sagt er, nennen sie den Mann. – Also, als einem Sophisten wollen wir ihm das Geld entrichten gehen? – Freilich. – Wenn dich nun jemand auch das noch fragte: Und um was doch selbst zu werden, gehst du zum Protagoras? – Da sagte er errötend, denn der Tag schimmerte schon etwas, so daß ich es deutlich sehen konnte: Wenn es sich damit wie mit dem vorigen verhält, so ist es offenbar, um ein Sophist zu werden. – Und du, sprach ich, um der Götter willen, würdest du dich nicht schämen, den Hellenen dich als einen Sophisten darzustellen? – Beim Zeus, Sokrates, sagte er, wenn ich reden soll, wie ich denke, ja. – Vielleicht aber, Hippokrates, ist gar nicht deine Meinung, daß dein Unterricht bei dem Protagoras ein solcher sein solle, sondern so wie der war bei deinem Sprachlehrer, deinem Musiklehrer und deinem Lehrer in den Leibesübungen. Denn in dem allen nahmst du Unterricht, nicht als Kunst, um ein Gewerbe daraus zu machen, sondern als Übung, wie es einem von freier Herkunft, der sich selbst leben will, geziemt. – Allerdings, sagte er, dünkt mir der Unterricht beim Protagoras mehr von dieser Art zu sein. – Weißt du also wohl, was du jetzt zu tun im Begriff bist, oder merkst du es nicht? sagte ich. – Was meinst du denn? – Daß du im Begriff stehst, deine Seele einem Sophisten, wie du sagst, zur Bearbeitung zu übergeben; was aber ein Sophist eigentlich ist, sollte mich wundern, wenn du es wüßtest. Und doch, wenn dir dieses unbekannt ist, weißt du auch nicht, wem du deine Seele übergibst, ob einem guten oder einem schlechten Dinge. – Ich glaube wenigstens, sagte er, es zu wissen. – So sage denn, was glaubst du, ist ein Sophist? – Ich meinesteils, sagte er, wie auch schon der Name besagt, der, welcher sich auf Kluges versteht. – Aber, sprach ich, dieses kann man auch von Malern und Zimmerleuten sagen, daß sie die sind, welche sich auf Kluges verstehen. Wenn uns aber jemand weiter fragte, auf was für Kluges verstehen sich denn die Maler, so würden wir ihm sagen, auf das zur Verfertigung von Bildern gehörige, und so auch im übrigen. Wenn uns aber jemand fragte: Und der Sophist, auf was für Kluges denn der? Was würden wir ihm antworten, was zu verfertigen er verstehe? was würden wir sagen, das er sei? – O Sokrates, er verstehe gewaltig zu machen im Reden. –Vielleicht, sprach ich, sagten wir dann etwas Richtiges, aber hinreichend doch nicht. Denn die Antwort bedarf uns noch einer Frage, nämlich im Reden, worüber denn der Sophist gewaltig macht? So wie der Musikmeister doch auch wohl seinen Schüler gewaltig macht im Reden, darüber nämlich, worin er ihn auch sachverständig macht, über die Musik. Nicht wahr? – Ja. – Gut, also der Sophist, im Reden worüber macht denn der gewaltig? Offenbar über das, worauf er sich auch versteht? – So sollte man denken. – Was ist also dasjenige, worin er selbst, der Sophist, sachverständig ist und auch seinen Schüler dazu macht? – Beim Zeus, sagte er, weiter weiß ich dir nun nichts zu sagen. – Darauf sprach ich: Wie nun? weißt du also, welche Gefahr du gehst, deine Seele preiszugeben? Oder würdest du, wenn du deinen Körper einem anvertrauen solltest auf die Gefahr, ob er gestärkt werden würde oder verdorben, dann wohl erst vielfach überlegen, ob du ihn ihm anvertrauen wollest oder nicht, und zur Beratung deine Freunde herbeirufen und deine Verwandte, mehrere Tage lang der Sache nachdenkend: Was du aber weit höher als deinen Körper achtest, und demgemäß alle deine Angelegenheiten gut oder schlecht gehen müssen, je nachdem es gestärkt wird oder verdorben, die Seele, hierüber hast du dich weder deinem Vater, noch deinem Bruder mitgeteilt, noch irgendeinem von uns, deinen Freunden, ob du diesem eben angekommenen Fremdling deine Seele anvertrauen sollst oder nicht; sondern nachdem du gestern Abend von ihm gehört, wie du sagst, kommst du heute mit dem frühesten Morgen, nicht etwa um noch darüber irgendwie Gespräch und Beratung zu pflegen, ob du dich selbst ihm hingeben sollst oder nicht, sondern ganz bereit schon, dein und deiner Freunde Vermögen daran zu wenden, also, als wäre dieses schon fest beschlossen, daß du auf alle Weise dich mit dem Protagoras einlassen mußt, welchen du doch weder kennst, wie du sagst, noch auch jemals gesprochen hast; sondern du nennst ihn nur einen Sophisten, was aber ein solcher Sophist eigentlich ist, dem du dich selbst übergeben willst, darin zeigst du dich ganz unwissend. – Als er dieses angehört, sagte er: So hat es freilich das Ansehen, o Sokrates, nach dem, was du sagst. – Ist etwa, Hippokrates, der Sophist ein Kaufmann oder Kleinkrämer in solchen Waren, von welchen die Seele sich nährt? mir wenigstens scheint er ein solcher. – Aber wovon nährt sich die Seele, Sokrates? – Von Kenntnissen doch wohl, sprach ich. Daß also nur nicht der Sophist uns betrüge, Freund, was er verkauft uns anpreisend, wie Kaufleute und Krämer mit den Nahrungsmitteln für den Körper tun. Denn auch diese verstehen selbst nicht, was wohl von den Waren, welche sie führen, dem Körper heilsam oder schädlich ist, loben aber alles, wenn sie es feil haben; noch auch verstehen es die, welche von ihnen kaufen, wenn nicht einer etwa ein Arzt ist oder ein Vorsteher der Leibesübungen. Ebenso auch die, welche mit Kenntnissen in den Städten umherziehen und jedem, der Lust hat, davon verkaufen und verhökern, loben freilich alles, was sie feil haben; vielleicht aber, mein Bester, mag auch unter ihnen so mancher nicht wissen, was wohl von seinen Waren heilsam oder schädlich ist für die Seele, und ebensowenig wissen es die, welche von ihnen kaufen, wenn nicht etwa einer darunter in Beziehung auf die Seele ein Heilkundiger ist. Verstehst du dich nun darauf, was hievon heilsam oder schädlich ist, so kannst du unbedenklich Kenntnisse kaufen vom Protagoras sowohl als von jedem anderen; wo aber nicht, so sieh wohl zu, du Guter, daß du nicht um dein Teuerstes würfelnd ein gefährliches Spiel machst. Denn überdies ist noch weit größere Gefahr beim Einkauf der Kenntnisse als bei dem der Speisen. Denn Speisen und Getränke, die du vom Kaufmann oder Krämer eingehandelt hast, kannst du in anderen Gefäßen davontragen und, ehe du sie essend oder trinkend in deinen Leib aufnimmst, sie zu Hause hinstellen, und auch dann noch, einen Sachverständigen herbeirufend, beratschlagen, was davon du essen und trinken sollst und was nicht und wieviel und wann; so daß es bei dem Einkauf nicht viel bedeutet mit der Gefahr. Kenntnisse aber kannst du nicht in einem anderen Gefäße davontragen, sondern hast du den Preis bezahlt, so mußt du sie in deine Seele selbst aufnehmend lernen und hast deinen Schaden oder Vorteil schon weg, wenn du gehst. Dies also laß uns wohl überlegen, und zwar mit älteren, als wir sind. Denn wir sind noch zu jung, um eine so wichtige Angelegenheit zu entscheiden. Jetzt indes, wie wir einmal unseren Sinn darauf gesetzt haben, laß uns immer hingehen und den Mann hören; haben wir ihn aber gehört, dann auch mit anderen uns besprechen. Denn Protagoras ist auch nicht allein dort, sondern auch Hippias von Elis, und, ich glaube, auch Prodikos von Keos und viele andere gar weise Männer. Dies beschlossen gingen wir. Und als wir in den Vorhof kamen, standen wir still und sprachen noch über eine Sache, die uns unterwegs eingefallen war. Um nun diese nicht abzubrechen, sondern zu Ende zu bringen, ehe wir hineingingen, blieben wir im Vorhofe stehen und sprachen, bis wir einig waren untereinander. Dies, dünkt mir, mochte der Türsteher, ein Verschnittener, etwa gehört haben, und er scheint wohl wegen der Menge der Sophisten allen, die das Haus besuchen, sehr unhold zu sein. Als wir daher anpochten und er aufmachte und unser ansichtig ward, rief er aus: »Ha, schon wieder Sophisten! Er hat nicht Muße«; und somit schlug er die Tür ohne Umstände mit beiden Händen recht tüchtig wieder zu, und wir pochten eben aufs neue. Darauf gab er uns durch die verschlossene Tür zur Antwort: Leute, habt ihr denn nicht gehört, daß er nicht Muße hat? – Aber, guter Mann, sprach ich, weder kommen wir zum Kallias, noch sind wir Sophisten. Gib dich also zufrieden, wir sind nur gekommen, um den Protagoras zu besuchen, und so melde uns hinein. Darauf öffnete uns der Mensch endlich mit genauer Not die Tür.

Als wir nun hineintraten, fanden wir den Protagoras im bedeckten Gange herumwandelnd. Mit ihm wandelten hintereinander auf der einen Seite Kallias, der Sohn des Hipponikos, und sein Halbbruder von mütterlicher Seite, Paralos, der Sohn des Perikles, und Charmides, der Sohn des Glaukon; auf der andern Seite aber der andere Sohn des Perikles, Xanthippos, und Philippides, der Sohn des Philomelos, und Antimoiros von Mende, der gepriesenste unter allen Schülern des Protagoras, der auch ordentlich auf die Kunst bei ihm lernt, um selbst ein Sophist zu werden. Die übrigen hinter diesen folgenden, Zuhörer nur des Gesprochenen, waren größtenteils Fremde, deren Protagoras aus allen Städten, die er durchzieht, mitbringt, kirrend sie mittelst der Töne Gewalt, wie Orpheus, und sie folgen ihm auf den Ton, die Gekirrten; indes befanden sich doch auch einige Einheimische unter dem Chor. Diesen Chor nun betrachtend, ergötzte ich mich besonders daran, wie artig sie sich in acht nahmen, niemals dem Protagoras vorn im Wege zu sein, sondern wenn er mit seinen Begleitern umwendete wie ordentlich und geschickt diese Hörer zu beiden Seiten sich teilten und sich dann im Kreise herumschwenkten, um fein artig immer hinten zu sein. »Jenem zunächst erblickte ich«, spricht Homeros, den Hippias von Elis in dem bedeckten Gange gegenüber auf einem Sessel sitzend. Um ihn herum saßen auf Bänken: Eryximachos, der Sohn des Akumenos, und Phaidros, der Myrrhinusier, und Andron, der Sohn des Androtion, und einige Fremde, teils Landsleute von ihm, teils andere. Sie schienen über die Natur und die Himmelserscheinungen allerlei Fragen aus der Sternkunde dem Hippias vorzulegen, und er auf seinem Throne sitzend, ging mit jedem seine Frage durch und gab seine Entscheidung. Auch den Tantalos schaut ich; Prodikos nämlich, der Keier, war auch angekommen und befand sich in einem Gemach, welches Hipponikos ehedem als Vorratskammer gebraucht hatte; jetzt aber hatte Kallias, wegen der Menge der Einkehrenden auch dieses ausgeleert und zum Gastzimmer gemacht. Prodikos nun lag noch dort eingehüllt in Dekken und Felle, und zwar in sehr viele, wie man sah. Auf den nächsten Polstern um ihn her saßen Pausanias, der Kerameer, und neben ihm ein noch kaum halb erwachsener Jüngling schöner und edler Natur, wie ich glaube, von Gestalt aber gewiß sehr schön; mir dünkt, gehört zu haben, daß man ihn Agathon nannte, und es sollte mich nicht wundern, wenn er der Liebling des Pausanias wäre. Dieser Jüngling also und die beiden Adeimante, der Sohn des Kepis und der des Leukolophides, nebst einigen andern zeigten sich da. Wovon sie aber sprachen, konnte ich von draußen nicht vernehmen, wiewohl sehr begierig den Prodikos zu hören, denn gar weise und göttlich dünkt mir der Mann zu sein. Allein die Tiefe seiner Stimme verursachte in dem Gemach ein dumpfes Getöse, das alles Gesprochene unvernehmlich machte. Und wir waren nur eben eingetreten, als hinter uns noch hereinkamen: Alkibiades, der Schöne, wie du sagst und auch ich glaube, und Kritias, der

Sohn des Kallaischros. Wir nun verweilten nach unserm Eintritt ein wenig, um dies alles zu beschauen; dann gingen wir zum Protagoras heran, und ich sagte: Protagoras, zu dir kommen wir um etwas, ich und hier Hippokrates. – Wollt ihr etwa, fragte er, allein mit mir sprechen oder hier mit den übrigen? – Uns, sprach ich, macht es keinen Unterschied, höre aber, weshalb wir kommen, und überlege es dann selbst. – Was ist es denn also, fragte er, weshalb ihr hergekommen seid? – Dieser Hippokrates, sagte ich, ist hier einheimisch, der Sohn des Apollodoros, von einem großen und glänzenden Geschlecht, und auch er selbst dünkt mir, was seine natürlichen Anlagen betrifft, es mit seinen Altersgenossen wohl aufnehmen zu können und Lust zu haben, ein ausgezeichneter Mann zu werden; und eben dieses glaubt er am besten zu erreichen, wenn er mit dir sein könnte. Ob du nun meinst, hierüber mit uns allein sprechen zu müssen oder vor andern, das überlege dir selbst. – Sehr mit Recht, Sokrates, sprach er, bist du besorglich um mich. Denn ein Fremdling, der die großen Städte durchreist und dort die vorzüglichsten Jünglinge überredet, dem Umgang mit andern Verwandten und Mitbürgern, alten und jungen, entsagend, sich zu ihm zu halten, weil sie durch den Umgang mit ihm besser werden würden, ein solcher muß freilich auf seiner Hut sein. Denn nicht wenig Mißgunst entsteht hieraus und Übelwollen und Nachstellungen aller Art. Daher behaupte ich, daß die sophistische Kunst zwar schon sehr alt ist, daß aber diejenigen unter den alten, welche sie ausübten, aus Furcht vor dem Gehässigen derselben einen Vorwand genommen und sie versteckt haben, einige hinter der Poesie, wie Homeros, Hesiodos und Simonides, andere hinter Mysterien und Orakelsprüchen, wie Orpheus und Musaios, ja einige, habe ich bemerkt, bedienten sich dazu sogar der Kunst der Leibesübungen, wie Ikkos der Tarentiner, und auch jetzt noch einer, der ein Sophist ist als irgendeiner, Herodikos der Selymbrianer, ursprünglich aber aus Megara. Die Musik hat Agathokles, euer Landsmann, zum Vorwande genommen, der ein großer Sophist ist, so auch Pythokleides von Keos und viele andere. Alle diese, wie gesagt, haben aus Furcht des Neides sich jener Künste zum Deckmantel bedient. Ich aber will mich hierin ihnen allen nicht gleichstellen, glaube auch, daß sie das nicht ausgerichtet haben, was sie wollten, diejenigen nämlich nicht getäuscht, welche in einem Staate mächtig sind, um derentwillen eben solche Vorwände gesucht werden; denn der große Haufe, daß ich es kurz heraus sage, merkt überall nichts und singt nach, was jene ihm vorsagen. Wenn nun jemand heimlich davonlaufen will und nicht kann, sondern entdeckt wird, so ist schon das Unternehmen sehr töricht und muß die Menschen notwendig noch mehr aufbringen; denn neben allem andern halten sie dann einen solchen auch noch für einen Ränkemacher. Daher habe ich den ganz entgegengesetzten Weg eingeschlagen und sage gerade heraus, daß ich ein Sophist bin und die Menschen erziehen will; und ich halte diese Vorsicht für besser als jene, sich dazu zu bekennen, anstatt es zu leugnen. Und noch einige andere beobachtete ich, so daß mir, es sei mit Gott gesprochen, noch nicht Übles um deswillen widerfahren ist, daß ich mich für einen Sophisten ausgebe, obgleich ich diese Kunst schon viele Jahre lang treibe; wie ich denn überhaupt schon hoch in Jahren bin und es keinen unter euch gibt, dessen Vater ich nicht dem Alter nach sein könnte. So daß es mir weit lieber ist, wenn ihr etwas wünscht, daß ihr vor allen, die hier zugegen sind, eure Sache anbringt. – Darauf sprach ich, denn ich merkte wohl, er wollte den Prodikos und den Hippias sehen lassen und damit groß gegen sie tun, daß wir als seine Verehrer hingekommen wären. Warum rufen wir also nicht gleich auch den Prodikos und Hippias und die bei ihnen sind, damit sie uns auch hören? – O ja, sagte Protagoras. – Wollt ihr also, sprach Kallias, so wollen wir eine Sitzung veranstalten, damit ihr euch niederlassen und miteinander verhandeln könnt. – Das waren wir sehr zufrieden; und hoch erfreut, daß wir die weisen Männer sollten reden hören, legten wir selbst Hand an und machten Bänke und Polster da zurecht, wo Hippias saß, denn da standen schon die Bänke. Darüber kamen auch Kallias und Alkibiades, den Prodikos, den sie aus seinem Lager aufgestört hatten, und seine Gesellschaft herbeiführend.

Als wir uns nun alle gesetzt hatten, hob Protagoras an. Nun also, Sokrates, da auch diese Männer alle hier sind, so trage jetzt vor, wessen du vorher erwähntest gegen mich wegen dieses Jünglings. – Ich sagte also: Mein Anfang, o Protagoras, ist derselbe wie vorher, wegen dessen, warum ich gekommen bin. Hier dieser Hippokrates nämlich trägt großes Verlangen nach deinem näheren Umgange; was ihm aber eigentlich daraus herkommen wird, wenn er sich zu dir hält, dies möchte er, wie er sagt, gern vorher vernehmen. Das ist unsere Rede. – Darauf nahm Protagoras das Wort und sprach: Junger Mann, es wird dir also geschehen, wenn du dich zu mir hältst, daß du schon an dem ersten Tage, den du bei mir zubringst, besser geworden nach Hause gehen wirst, und an dem folgenden ebenfalls, und so alle Tage zum Besseren fortschreitest. – Als ich das gehört hatte, sprach ich: Dieses ist nichts Wunderbares gesagt, Protagoras, sondern ganz natürlich. Denn auch du, wiewohl so alt und so weise, wenn dich jemand lehrte, was du noch nicht wüßtest, würdest besser werden. Aber nicht also; sondern so wie wenn Hippokrates, sein Verlangen plötzlich ändernd, nun verlangte, sich zu dem kürzlich hier angekommenen jungen Manne zu begeben, zu dem Zeuxippos von Herakleia, und er nun zu diesem käme und von ihm dasselbe hörte, was du jetzt sagst, daß er an jedem bei ihm zugebrachten Tage besser werden und Fortschritte machen würde, und ihn weiter fragte, inwiefern, sagst du, daß ich besser werden und worin Fortschritte machen werde? ihm Zeuxippos gewiß antworten würde: in der Malerei; oder wie wenn er zum Orthagoras von Theben sich begebend, von diesem dasselbe hörte wie von dir, und er ihn dann weiter fragte, worin er denn besser werden würde durch seinen Umgang, dieser ihm gewiß sagen würde: im Flötenspielen; ebenso sage doch auch du dem jungen Manne und mir, der ich an seiner Stelle frage, Hippokrates soll, wenn er sich zum Protagoras hält, schon an dem ersten Tage, den er bei ihm zubringt, besser nach Hause gehen und so täglich Fortschritte machen, inwiefern, Protagoras, und worin? – Und nachdem Protagoras mich ausgehört hatte, sagte er: Du fragst sehr gut, Sokrates, und mir macht es Freude, denen, die gut fragen, zu antworten. Wenn also Hippokrates zu mir kommt, wird ihm das nicht begegnen, was ihm bei einem andern Sophisten begegnen würde. Die andern nämlich mißhandeln die Jünglinge offenbar. Denn nachdem diese den Schulkünsten eben glücklich entkommen sind, führen jene sie wider ihren Willen wiederum zu Künsten und lehren sie Rechnen und Sternkunde und Meßkunde, und Musik (wobei er den Hippias ansah), bei mir aber soll er nichts lernen als das, weshalb er eigentlich kommt. Diese Kenntnis aber ist die Klugheit in seinen eignen Angelegenheiten, wie er sein Hauswesen am besten verwalten, und dann auch in den Angelegenheiten des Staats, wie er am geschicktesten sein wird, diese sowohl zu führen als auch darüber zu reden. – Folge ich wohl, sagte ich darauf, deiner Rede? Du scheinst mir nämlich die Staatskunst zu bezeichnen und zu verheißen, du wollest zu tüchtigen Männern für den Staat die Männer bilden? – Eben dieses, sagte er, ist das Anerbieten, wozu ich mich erbiete. – Gewiß eine schöne Kunst, sprach ich, besitzest du, wenn du sie besitzest, denn zu dir soll nichts anderes geredet werden, als ich denke. Ich nämlich, Protagoras, meinte, dieses wäre nicht lehrbar; dir aber, da du es sagst, weiß ich nicht, wie ich nicht glauben sollte. Weshalb ich aber denke, dies sei nicht lehrbar, noch könne ein Mensch es dem andern verschaffen, das muß ich billig sagen. Ich halte nämlich, wie auch wohl alle Hellenen tun, die Athener für weise, und nun sehe ich, wenn wir in der Gemeinde versammelt sind und es soll im Bauwesen der Stadt etwas geschehen, so holen sie die Baumeister zur Beratung über die Gebäude; wenn im Schiffswesen, dann die Schiffbauer, und in allen andern Dingen ebenso, welche sie für lehrbar und lernbar halten. Will sich aber ein anderer unterfangen, ihnen Rat zu geben, von dem sie glauben, daß er kein Kunstverwandter in dieser Sache ist, sei er auch noch so schön und reich und vornehm: so nehmen sie ihn doch nicht an, sondern lachen ihn aus und betreiben Lärm, bis er entweder heruntergelärmt von selbst wieder abtritt, oder die Gerichtsdiener ihn herunterziehen oder herausschaffen auf Geheiß der Prytanen. Und in allem, wovon sie glauben, daß es auf Kunst beruhe, verfahren sie so. Wenn aber über die Verwaltung der Stadt etwas zu ratschlagen ist, so steht jeder auf und erteilt ihnen seinen Rat: Zimmermann, Schmied, Schuster, Krämer, Schiffsherr, Reiche, Arme, Vornehme, Geringe, einer wie der andere, und niemand macht einem Vorwürfe darüber, wie im vorigen Falle, daß er, ohne dies irgendwo gelernt zu haben, oder seinen Meister darin aufzeigen zu können, sich nun doch unterfangen wolle, Rat zu geben. Offenbar also glauben sie, dies sei nicht lehrbar. Und nicht nur das versammelte Volk denkt so, sondern auch zu Hause für sich sind unsre verständigen und vortrefflichsten Mitbürger nicht imstande, diese Tugend, welche sie besitzen, andern mitzuteilen. Perikles zum Beispiel, der Vater dieser beiden jungen Männer, hat sie in allem, was von Lehrern abhing, vortrefflich unterrichten lassen; aber in dieser Sache, worin er selbst weise ist, unterrichtet er sie weder selbst, noch hat er sie einem andern übergeben, sondern sie laufen ganz frei herum und weiden allein, ob sie irgendwo von selbst etwas von dieser Tugend antreffen möchten. Wenn du noch mehr willst, derselbe Perikles ist Vormund von Kleinias, dem jüngern Bruder dieses Alkibiades hier, und aus Besorgnis, daß er von dem Alkibiades möchte verdorben werden, trennte er ihn von diesem und gab ihn in das Haus des Ariphron, um ihn dort erziehen zu lassen, der aber gab ihn ihm zurück, ehe sechs Monate um waren, weil er nicht wußte, was er mit ihm anstellen sollte. Und so kann ich dir sehr viele andere nennen, welche selbst treffliche Männer, dennoch niemals irgendeinen besser gemacht haben, weder von ihren Angehörigen noch sonst. Ich meinesteils also, Protagoras, halte hierauf Rücksicht nehmend nicht dafür, die Tugend sei lehrbar. Nun aber ich dich dieses behaupten höre, lenke ich um und denke, du werdest wohl recht haben, weil ich von dir halte, du habest vieles in der Welt erfahren, vieles gelernt und manches auch selbst erfunden. Kannst du uns also deutlicher zeigen, daß die Tugend lehrbar ist, so wolle es nicht vorenthalten, sondern zeige es. – Gut, Sokrates, sagt er, ich will es auch nicht vorenthalten. Aber wie soll ich es euch zeigen, indem ich ein Märchen erzähle, wie ältere wohl jüngeren zu tun pflegen, oder indem ich eine Abhandlung vortrage? – Viele nun der Umhersitzenden sagten, er möchte es vortragen, auf welche Weise er selbst am liebsten es wollte. – So dünkt es mir denn anmutiger, sagte er, euch ein Märchen zu erzählen.

Es war einst eine Zeit, wo es Götter zwar gab, sterbliche Geschlechter aber gab es noch nicht; nachdem aber auch für diese die vorherbestimmte Zeit ihrer Erzeugung gekommen war, bildeten die Götter sie innerhalb der Erde aus Erde und Feuer, auch das hinzumengend, was von Erde und Feuer gemengt ist. Und als sie sie nun ans Licht bringen sollten, übertrugen sie dem Prometheus und Epimetheus, sie auszustatten und die Kräfte unter sie, wie es jedem zukomme, zu verteilen. Vom Prometheus aber erbat sich Epimetheus, er wolle verteilen, und, sagte er, wenn ich ausgeteilt, so komme du es zu besichtigen. Und so, nachdem er ihn beredet, verteilte er. Bei der Verteilung nun verlieh er einigen Stärke ohne Schnelligkeit, die Schwächeren aber begabte er mit Schnelligkeit; einige bewaffnete er, anderen, denen er eine wehrlose Natur gegeben, ersann er eine andere Kraft zur Rettung. Welche er nämlich in Kleinheit gehüllt hatte, denen verlieh er geflügelte Flucht oder unterirdische Behausung, welche aber zu bedeutender Größe ausgedehnt, die rettete er eben dadurch, und so auch verteilte er alles übrige ausgleichend. Dies aber ersann er so aus Vorsorge, daß nicht eine Gattung gänzlich verschwände. Als er ihnen nun des Wechselverderbens Entfliehungen zustande gebracht, begann er ihnen auch gegen die Zeiten vom Zeus leichte Gewöhnung zu ersinnen durch Bekleidung mit dichten Haaren und starken Fellen, hinreichend um die Kälte, aber auch vermögend die Hitze abzuhalten, und außerdem zugleich jedem, wenn es zur Ruhe ging, zur eigentümlichen und angewachsenen Lagerbedeckung dienend. Und unter den Füßen versah er einige mit Hufen und Klauen, andere mit Haaren und starken blutlosen Häuten. Hiernächst wies er dem einen diese, dem anderen jene Nahrung an, dem einen aus der Erde die Kräuter, dem anderen von den Bäumen die Früchte, einigen auch verordnete er zur Nahrung anderer Tiere Fraß. Und diesen letzteren verlieh er dürftige Zeugung, dagegen den von ihnen verzehrten eine vielerzeugende Kraft dem Geschlecht zur Erhaltung. Wie aber Epimetheus doch nicht ganz weise war, hatte er unvermerkt schon alle Kräfte aufgewendet (für die unvernünftigen Tiere); übrig also war ihm noch unbegabt das Geschlecht der Menschen, und er war wieder ratlos, was er diesem tun sollte. In dieser Ratlosigkeit nun kommt ihm Prometheus die Verteilung zu beschauen und sieht die übrigen Tiere zwar in allen Stücken weislich bedacht, den Menschen aber nackt, unbeschuht, unbedeckt, unbewaffnet und schon war der bestimmte Tag vorhanden, an welchem auch der Mensch hervorgehen sollte aus der Erde an das Licht. Gleichermaßen also der Verlegenheit unterliegend, welcherlei Rettung er dem Menschen noch ausfände, stiehlt Prometheus die kunstreiche Weisheit des Hephaistos und der Athene, nebst dem Feuer, denn unmöglich war, daß sie einem ohne Feuer hätte können angehörig sein oder nützlich, und so schenkt er sie dem Menschen. Die zum Leben nötige Wissenschaft also erhielt der

Mensch auf diese Weise, die bürgerliche aber hatte er nicht. Denn diese war beim Zeus, und dem Prometheus stand in die Feste, die Behausung des Zeus, einzugehen nicht mehr frei, auch waren furchtbar die Wachen des Zeus. Aber in das dem Hephaistos und der Athene gemeinschaftliche Gemach, wo sie ihre Kunst übten, geht er heimlich hinein, und nachdem er so die feurige Kunst des Hephaistos und die andere der Athene gestohlen, gibt er sie dem Menschen. Und von da an genießt nun der Mensch Behaglichkeit des Lebens; den Prometheus aber hat hernach, so wie erzählt wird, die Strafe für diesen Diebstahl um des Epimetheus willen ergriffen. Da nun aber der Mensch göttlicher Vorzüge teilhaftig geworden, hat er auch zuerst, wegen seiner Verwandtschaft mit Gott, das einzige unter allen Tieren, an Götter geglaubt, auch Altäre und Bildnisse der Götter aufzurichten versucht, dann bald darauf Töne und Worte mit Kunst zusammengeordnet, dann Wohnungen und Kleider und Beschuhungen und Lagerdecken und die Nahrungsmittel aus der Erde erfunden. So ausgerüstet wohnten die Menschen anfänglich zerstreut, Städte aber gab es nicht. Daher wurden sie von den wilden Tieren ausgerottet, weil sie in jeder Art schwächer waren als diese, und die verarbeitende Kunst war ihnen zwar zur Ernährung hinreichende Hilfe, aber zum Kriege gegen die Tiere unwirksam; denn die bürgerliche Kunst hatten sie noch nicht, von welcher die kriegerische ein Teil ist. Sie versuchten also sich zu sammeln und sich zu erretten durch Erbauung der Städte; wenn sie sich aber gesammelt hatten, so beleidigten sie einander, weil sie eben die bürgerliche Kunst nicht hatten, so daß sie, wiederum sich zerstreuend, auch bald wieder aufgerieben wurden. Zeus also für unser Geschlecht, daß es nicht etwa gar untergehen möchte, besorgt, schickt den Hermes ab, um den Menschen Scham und Recht zu bringen, damit diese der Städte Ordnungen und Bande würden der Zuneigung Vermittler. Hermes fragt nun den Zeus, auf welche Art er doch den Menschen das Recht und die Scham geben solle. Soll ich, so wie die Künste verteilt sind, auch diese verteilen? Jene nämlich sind so verteilt: Einer, welcher die Heilkunst innehat, ist genug für viele Unkundige, und so auch die anderen Künstler. Soll ich nun auch Recht und Scham ebenso unter den Menschen aufstellen, oder soll ich sie unter alle verteilen? Unter alle, sagte Zeus, und alle sollen teil daran haben, denn es könnten keine Staaten bestehen, wenn auch hieran nur wenige Anteil hätten, wie an anderen Künsten. Und gib auch ein Gesetz von meinetwegen, daß man den, der Scham und Recht sich anzueignen unfähig ist, töte wie einen bösen Schaden des Staates. Auf diese Art also, Sokrates, und aus dieser Ursache glauben alle anderen und auch die Athener, daß wenn von der Tugend eines Baumeisters die Rede ist oder eines anderen Künstlers, alsdann nur wenigen Anteil zustehe an der Beratung; und wenn jemand außer diesen wenigen dennoch Rat geben will, so dulden sie es nicht, wie du sagst, und zwar ganz mit Recht, wie ich sage. Wenn sie aber zur Beratung über die bürgerliche Tugend gehen, wohin alles auf Gerechtigkeit und Besonnenheit ankommt, so dulden sie mit Recht einen jeden, weil es jedem gebührt, an dieser Tugend doch Anteil zu haben, oder es könnte keine Staaten geben. Dieses, Sokrates, ist hievon die Ursache. Nimm aber auch noch diesen Beweis hinzu, damit du nicht etwa glaubest, nur damit überlistet zu werden, daß wirklich alle Menschen annehmen, ein jeder habe Anteil an der Gerechtigkeit und der übrigen bürgerlichen Tugend. In anderen Dingen nämlich, wie du selbst sagst, wenn jemand behauptet, im Flötenspiel vortrefflich zu sein, oder in irgendeiner anderen Kunst, worin er es nicht ist, verlachen ihn die Leute entweder oder werden unwillig, und seine Angehörigen gehen hin und stellen ihn zur Rede als einen Verwirrten. In Sachen der Gerechtigkeit aber und der übrigen bürgerlichen Tugend, wenn sie auch sehr wohl wissen, daß einer ungerecht ist, er selbst aber wollte hierüber gegen sich selbst die Wahrheit reden vor vielen Menschen: so würden sie ebendieses, was sie in jenem Falle für vernünftig hielten, nämlich die Wahrheit zu sagen, in diesem für eine Verrücktheit erklären und behaupten, ein jeder müsse wenigstens behaupten, er sei gerecht, möge er es nun sein oder nicht, oder er wäre verrückt, wenn er sich die Gerechtigkeit nicht zuschriebe; als ob notwendig ein jeder Mensch auf irgendeine Art Anteil an ihr haben müsse, oder gar nicht unter Menschen leben. Daß sie also mit Recht einen jeden als Ratgeber in Sachen dieser Tugend annehmen, weil sie nämlich glauben, daß ein jeder Anteil an ihr habe, das habe ich hiedurch gezeigt. Daß sie aber dennoch nicht glauben, man habe sie von Natur, oder sie komme ganz von selbst, sondern sie sei allerdings lehrbar, und durch Fleiß habe sie jeder erlangt, der sie erlangt habe, das will ich dir demnächst zu beweisen suchen. Nämlich über ein Übel, wovon jeder glaubt, wer es hat, er habe es von Natur oder durch ein Unglück, erzürnt sich niemand, oder schilt oder belehrt oder bestraft, die mit dergleichen behaftet sind, damit sie etwa aufhören möchten, so zu sein, sondern man bemitleidet sie; wie die Häßlichen, die Kleinen, die Schwächlichen, wer wäre wohl so unverständig, gegen solche etwas dergleichen zu tun? Weil man nämlich weiß, glaube ich, daß in diesen Dingen das Gute und das Entgegengesetzte den Menschen von Natur oder durch Zufall kommt. Von was für Gutem sie aber glauben, daß es der Mensch durch Fleiß, Übung und Unterricht erlange, wenn jemand das nicht hat, sondern das entgegengesetzte Böse, darüber entstehen dann die Erzürnungen und die Bestrafungen und die Ermahnungen. Wovon eins nun auch die Ungerechtigkeit ist und die Gottlosigkeit, und überhaupt alles der bürgerlichen Tugend Entgegengesetzte. Hier also schilt und zürnt einer auf den anderen, offenbar als werde diese allerdings durch Achtsamkeit und Unterricht erworben. Denn wenn du bedenken willst das Bestrafen der Unrechttuenden, was damit wohl gemeint ist, so wird schon dieses dich lehren, daß alle Menschen glauben, die Tugend sei zu erwerben. Denn niemand bestraft die, welche unrecht getan haben, darauf seinen Sinn richtend und deshalb, weil einer eben unrecht getan hat, außer wer sich ganz vernunftlos wie ein Tier eigentlich nur rächen will. Wer aber mit Vernunft sich vornimmt, einen zu strafen, der bestraft nicht um des begangenen Unrechts willen, denn er kann ja doch das Geschehene nicht ungeschehen machen, sondern des Zukünftigen wegen, damit nicht auf ein andermal wieder, weder derselbe, noch einer, der diesen bestraft gesehen hat, dasselbe Unrecht begehe. Und indem er dieses beabsichtigt, denkt er doch wohl, daß die Tugend kann angebildet werden; denn der Ablenkung wegen straft er ja. Dieser Meinung sind also alle zugetan, welche Strafen verhängen von Volks wegen und zu Hause. Es strafen und züchtigen ja aber sowohl die übrigen Menschen den, von welchem sie glauben, er habe unrecht getan, als auch nicht minder die Athener, deine Mitbürger; so daß, hieraus zu schließen, auch die Athener zu denen gehören, welche annehmen, die Tugend könne gelehrt werden und durch allerlei Anstalten hervorgebracht. Daß also ganz mit Recht deine Mitbürger es annehmen, wenn auch ein Schmied und Schuster ihnen Rat erteilen in bürgerlichen Dingen, und daß sie dennoch glauben, die Tugend könne gelehrt und erworben werden, dieses, Sokrates, ist dir nun hinlänglich erwiesen, wie es mir scheint. Jetzt ist noch der Zweifel übrig, den du vorher hegtest von wegen der vortrefflichen Männer, warum nämlich wohl diese ihre Söhne in allem, was von Lehrern abhängt, unterrichten und weise machen, in der Tugend aber, worin sie selbst sich auszeichnen, sie nicht besser machen als andere. Hierüber nun, Sokrates, will ich dir nicht mehr eine Erzählung vorlegen, sondern die Gründe. Erwäge die Sache so. Gibt es oder gibt es nicht etwas Gewisses, was notwendig alle Bürger an sich haben müssen, wenn es einen Staat geben soll? Denn hierdurch wird dieser Zweifel gelöst, den du hegst, oder sonst durch nichts. Denn wenn es so etwas gibt, und wenn dieses Etwas nicht die Zimmerkunst ist noch die Schmiedekunst noch die Töpferkunst, sondern die Gerechtigkeit und die Besonnenheit und das Frommsein, und was ich alles in Eins zusammengefaßt die Tugend eines Mannes nennen möchte, wenn diese das ist, was alle an sich haben müssen, und mit dieser ein jeder, der sonst etwas lernen und verrichten will, alles verrichten muß, ohne sie aber nichts; oder wer sie nicht an sich hat, sei es Mann oder Kind oder Weib, wird belehrt und gezüchtigt, bis er durch die Züchtigung besser geworden ist, wer aber auf die Züchtigung und Belehrung nicht merkt, als ein Unheilbarer aus dem Staate herausgetrieben oder getötet; wenn es sich so verhält, und wenn bei so bewandten Sachen deine vortrefflichen Männer ihre Söhne in allem andern unterrichten lassen, hierin aber nicht: so sieh doch zu, wie wunderlich diese trefflichen Männer sein müssen. Denn daß sie glauben, es sei lehrbar zu Hause und öffentlich im Staate, das haben wir gezeigt. Und obgleich es gelehrt und angebildet werden kann, sollten sie ihren Söhnen wohl alles andere lehren lassen, worauf nicht der Tod oder eine andere Strafe gesetzt ist, wenn sie es nicht wissen; weshalb aber ihren Söhnen der Tod als Strafe bevorsteht oder die Verweisung, wenn sie es nicht gelernt haben, noch zur Tugend gebildet worden sind, und außer dem Tode die Einziehung der Güter, und daß ich es kurz sage, das Verderben des ganzen Hauses, dieses sollten sie ihnen nicht lehren lassen und nicht alle Sorgfalt daran wenden? Man muß ja wenigstens glauben, Sokrates. daß sie es tun. Schon von der zartesten Kindheit anfangend, solange sie leben, belehren und ermahnen sie ein Kind, sobald es nur versteht, was zu ihm geredet wird, sowohl die Wärterin als die Mutter, der Knabenführer und der Vater selbst beeifern sich darauf, daß der Knabe aufs beste gedeihe, indem sie ihn bei jeder Handlung und Rede belehren und ihm zeigen, dies ist recht, jenes ist unrecht, dies gut, jenes schlecht, dies fromm, jenes gottlos, dies tue, jenes tue nicht; und wenn er gutwillig gehorcht, gut; wo nicht, so suchen sie ihn wie ein Holz, das sich geworfen und verbogen hat, wieder gerade zu machen durch Drohungen und Schläge. Hernach, wenn sie ihn in die Schule schicken, schärfen sie dem Lehrer weit dringender ein, für die Sittsamkeit der Kinder zu sorgen, als für ihr Lesen und ihr Spiel auf der Lyra. Die Lehrer also haben hierauf acht, und auch wenn die Kinder nun lesen gelernt haben, und auch das Geschriebene schon verstehen, wie vorher nur den Ton: so geben sie ihnen auf den Bänkchen die Gedichte der trefflichsten Dichter zu lesen, und lassen sie sie einlernen, in denen viele Zurechtweisungen enthalten sind und Erläuterungen, auch Lob und Verherrlichung alter trefflicher Männer, damit der Knabe sie bewundernd nachahme und sich bestrebe, auch ein solcher zu werden. Die Musikmeister ebenso sehen auf Sittsamkeit, und daß die Knaben nicht Unfug treiben. Überdies, wenn sie nun die Lyra spielen gelernt haben, lehren diese ihnen wiederum anderer vortrefflichen Dichter, nämlich der liederdichtenden, Gedichte, welche sie den Gesangsweisen unterlegen, und arbeiten dahin, Zeitmaß und Wohlklang den Seelen der Kinder geläufig zu machen, damit sie milder werden, und indem sie Maß und Ton halten, auch geschickter zum Reden und Handeln. Denn überall bedarf das Leben der Menschen richtiges Zeitmaß und Zusammenstimmung. Über das alles schicken sie sie noch zum Meister der Leibesübungen, damit sie dem Körper nach besser ausgebildet auch der richtigen Gesinnung dienen können, und nicht nötig haben, sich feigherzig zurückzuziehen wegen des Körpers Untüchtigkeit, es sei nun im Kriege oder bei anderen Geschäften. Und dieses nun führt am besten aus, wer es am besten vermag; am besten aber vermögen es die Reichsten, deren Kinder auch am frühesten in ihrer Jugend anfangen, die Lehre zu suchen, und am spätesten damit aufhören. Wenn sie dann aber ihre Lehrer verlassen, so nötigt wiederum die Stadt sie, die Gesetze zu lernen und nach diesen zu leben, wie nach einer Vorschrift, damit sie nicht eignem Gutdünken folgend etwas Ungeschicktes beginnen; sondern recht eigentlich wie der Sprachlehrer den Kindern, die noch nicht schreiben können, die Buchstaben mit dem Griffel vorschreibt, und ihnen dann die Tafel hingibt und ihnen befiehlt, diese Züge, wie er sie ihnen vorgeschrieben hat, nachzuziehen, ebenso schreibt die Stadt die Gesetze vor von trefflichen alten Gesetzgebern ausgedacht, und befiehlt ihnen nach diesen zu regieren und sich regieren zu lassen. Wer aber hievon abweicht, den züchtigt sie, und diese Züchtigung heißt bei euch und an vielen andern Orten, gleichsam weil die Strafe den Menschen wieder weise macht, eine Weisung. Da nun sowohl zu Hause als von Staats wegen so viele Sorgfalt auf die Tugend gewendet wird, wie kannst du dich noch wundern, Sokrates, und Zweifel hegen, ob sie lehrbar sei? Darüber ist sich nicht zu wundern, sondern vielmehr wenn sie nicht lehrbar wäre. Weshalb aber mißraten viele Söhne vortrefflicher Männer? Das erfahre nun auch. Dies nämlich ist nichts Wunderbares, wenn ich anders im vorigen richtig gesagt habe, daß in dieser Sache, nämlich der Tugend, wenn es Staaten geben soll, niemand unwissend sein darf. Wenn dieses sich so wie ich sage verhält, es verhält sich aber allerdings und auf alle Weise so: so erwäge einmal die Sache an irgendeiner andern Kunst und Geschicklichkeit, an welcher du am liebsten willst. Wenn es keinen Staat geben könnte, wofern wir nicht alle Flötenspieler wären, wie gut eben jeder könnte, und wenn hierin jeder den andern unterrichtete zu Hause und im öffentlichen Leben, und den Schlechtspielenden tadelte, und ihm dies nicht neidisch vorenthielte, so wie jetzt keiner dem andern das Gerechte und Gesetzmäßige vorenthält oder verbirgt, wie es wohl in andern Künsten geschieht; denn jedem von uns, glaube ich, nützt die Gerechtigkeit und Tugend der andern, deshalb lehrt jeder so gern den andern das Gerechte und Gesetzmäßige; wenn nun ebenso im Flötenspielen jeder dem andern alle Bereitwilligkeit und Dienstfertigkeit erzeigte, ihn zu unterrichten: glaubst du, Sokrates, sagte er, daß dann mehr die Söhne guter Flötenspieler gute Flötenspieler werden würden als die Söhne der schlechten? Ich glaube es nicht, sondern wessen Sohn die besten Anlagen zum Flötenspieler hätte, der würde zu einem ausgezeichneten gedeihen, wessen es aber daran fehlte, der würde unberühmt bleiben, und oft würde der Sohn eines guten Flötenspielers ein schlechter werden, und der eines schlechten ein guter; aber alle würden doch ordentliche Flötenspieler sein in Vergleich mit den Ununterrichteten, die gar nichts vom Flötenspiel verstehen. So glaube nun auch jetzt, daß selbst derjenige, welcher sich dir als der Ungerechteste zeigt von allen, die unter Gesetzen und mit Menschen auferzogen sind, dennoch gerecht ist, und wirklich ein ausübender Künstler in dieser Sache, wenn du ihn mit solchen Menschen vergleichen solltest, die gar keine Erziehung haben, keine Gerichtshöfe, keine Gesetze, und überall keinen Zwang, der sie zwingt sich in allen Stükken der Tugend zu befleißigen, sondern die solche Wilden wären, wie sie uns im vorigen Jahre der Dichter Pherekrates am Bacchosfest aufgestellt hat. Wahrlich, wenn du dich unter solchen Menschen befändest, wie die Menschenfeinde in jenem Chore, würdest du sehr zufrieden sein, wenn du auch nur einen Eurybatos oder Phrynondas anträfest, und würdest jammern aus Sehnsucht nach der Schlechtigkeit der hiesigen Menschen. Nun aber bist du verwöhnt, Sokrates, weil eben alle Lehrer der Tugend sind, jeder so gut er kann, und siehst deshalb nirgends einen. Eben als wenn du nachfragtest, wo es wohl einen Lehrer im Hellenischsprechen gäbe, würdest du auch keinen einzigen finden. Ja, ich glaube nicht einmal, wenn du nachfragtest, wer wohl die Söhne unserer Handwerker in der Kunst unterrichtete, die sie bereits von ihrem Vater, soweit er es imstande war, und von seinen kunstverwandten Freunden gelernt haben. Wer unterrichtet diese wohl noch besonders? Ich glaube, es würde nicht leicht sein, Sokrates, ihren Lehrer aufzuzeigen, dagegen der noch ganz Unkundigen sehr leicht. So ist es in der Tugend und in allen andern Dingen. Also wenn einer auch nur um ein weniges besser als wir versteht, sie in der Tugend weiter zu bringen, muß man es gern annehmen. Von welchen nun auch ich glaube, einer zu sein, und besser als andere Menschen mancherlei zu verstehen, wodurch einer gut und trefflich wird, wohl wert der Belohnung, die ich dafür fordere, und noch größerer, nach dessen Meinung selbst, der gelernt hat. Daher ich auch diese Art meine Belohnung zu bestimmen eingerichtet habe. Wenn nämlich jemand bei mir gelernt hat und er will, so gibt er mir den Preis, den ich fordre, wo nicht, so geht er in den Tempel und schwört dort, wie hoch er die erworbenen Kenntnisse schätze, und so viel gibt er dann. Somit, Sokrates, sagte er, habe ich dir durch Geschichte und Gründe erwiesen, daß die Tugend allerdings lehrbar ist und daß auch die Athener sie dafür halten, und daß es dennoch nicht zu verwundern ist, wenn die Söhne guter Väter schlecht und schlechter gut werden. Denn auch die Söhne des Polykleitos von gleichem Alter mit dem Paralos und Xanthippos hier sind nichts in Vergleich mit ihrem Vater und so auch andere anderer Künstler. Diesen aber darf man hieraus noch keinen Vorwurf machen, sondern man muß Gutes von ihnen hoffen, denn sie sind jung.

Protagoras nun, nachdem er sich so und so ausführlich vor uns gezeigt hatte, hörte auf zu reden: ich aber, auf lange Zeit bezaubert, sah noch immer auf ihn, als würde er weiter reden, lüstern zu hören. Da ich aber merkte, daß er wirklich aufgehört hatte, sammelte ich mich sozusagen endlich mit Mühe, wendete mich zu dem Hippokrates und sagte: Wie danke ich dir, Sohn des Apollodoros, daß du mich aufgefordert hast, hieher zu gehen! Denn gar viel ist es mir wert, das gehört zu haben vom Protagoras, was ich gehört habe. Bis jetzt nämlich glaubte ich, es wären nicht menschliche Bemühungen, wodurch die Guten gut werden; nun aber bin ich davon überzeugt. Ausgenommen eine Kleinigkeit ist mir im Wege, was offenbar Protagoras leicht noch dazu lehren wird, da er ja dieses viele gelehrt hat. Denn wenn sich jemand über eben dieses mit einem von unseren Volksrednern bespräche, könnte er solche Reden vom Perikles oder einem von den anderen Meistern im Reden auch wohl hören; aber wenn einer etwas weiter fragt, so wissen sie wie die Bücher nichts weiter weder zu antworten noch selbst zu fragen; aber wenn einer auch nur ein weniges von dem Gesagten fragt, denn wie Metall, worauf einer geschlagen, lange forttönt, wenn es nicht einer anrührt, ebenso auch diese Redner, um weniges gefragt, dehnen eine meilenlange Rede. Unser Protagoras aber versteht zwar ebenfalls lange und schöne Reden zu halten, wie eben die Tat gezeigt, er versteht aber auch sowohl gefragt im kurzen zu antworten, als auch selbst fragend die Antwort abzuwarten und aufzunehmen, und hierauf sind nur wenige ausgerüstet. Jetzt also, Protagoras, fehlt mir noch ein weniges, um alles zu haben, wenn du mir dieses beantworten möchtest. Du sagst, die Tugend sei lehrbar und ich, wenn ich irgend einem Menschen glaube, glaube ich gewiß dir. Was mir aber aufgefallen ist, als du sprachst, das ergänze mir noch in meiner Seele. Du sagtest nämlich, Zeus habe den Menschen die Gerechtigkeit geschickt und die Scham, und wiederum erwähntest du vielfältig in deiner Rede der Gerechtigkeit und Besonnenheit und Frömmigkeit, und dieses alles, als ob es zusammengenommen Eins wäre, die Tugend. Eben dieses also setze mir doch genauer auseinander, ob die Tugend Eins zwar ist, doch aber Teile von ihr sind die Gerechtigkeit und die Besonnenheit und die Frömmigkeit, oder ob alles, was ich jetzt genannt habe, nur verschiedene Namen sind für eine und dieselbe Sache. Das ist es, was ich noch vermisse. – Sehr leicht, sagte er, ist dies ja zu beantworten, Sokrates, daß von der Tugend, die Eins ist, dieses Teile sind, wonach du fragst. – Ob wohl auf die Art, sprach ich, wie die Teile des Gesichtes Teile sind, Mund, Nase, Augen und Ohren? Oder so wie die Teile des Goldes gar nicht unterschieden sind eins vom anderen und vom Ganzen als durch Größe und Kleinheit? – Auf jene Art scheint es mir, Sokrates, wie die Teile des Gesichts sich zum ganzen Gesicht verhalten. – Besitzen denn auch die Menschen, fragte ich, von diesen Teilen der Tugend der eine den, der andere jenen, oder muß notwendig wer einen hat auch alle haben? – Keineswegs, sprach er, denn viele sind ja tapfer, aber ungerecht, und gerecht, weise aber nicht. – Also, dies sind auch Teile der Tugend, fragte ich, Weisheit und Tapferkeit? – Freilich; vor allen Dingen, sprach er, und der größte sogar ist die Weisheit unter diesen Teilen. – Und jeder von ihnen, sagte ich, ist etwas anderes als der andere? – Ja. – Hat auch jeder seine eigene Verrichtung, wie im Gesicht das Auge nicht ist wie die Ohren noch seine Verrichtung dieselbe, und überhaupt kein Teil wie der andere ist, weder der Verrichtung nach, noch sonst, ist nun ebenso auch von den Teilen der Tugend keiner wie der andere, weder an sich selbst, noch auch seine Verrichtung? Oder muß nicht offenbar die Sache sich so verhalten, wenn sie doch unserem Beispiel ähnlich sein soll? – Sie verhält sich auch so, Sokrates, sagte er. – Darauf sprach ich: Also ist keiner von den anderen Teilen der Tugend wie die Erkenntnis, oder wie die Gerechtigkeit, oder wie die Besonnenheit, oder wie die Frömmigkeit? – Nein, sagte er. – Wohlan also, sprach er, laß uns zusammen sehen, welcherlei doch jedes von ihnen ist. Zuerst so. Ist die Gerechtigkeit etwas Bestimmtes, oder ist sie nicht etwas Bestimmtes? Mir scheint sie so etwas zu sein, wie denn dir? – Auch mir, sagte er. – Wie nun, wenn einer mich und dich fragte: Sagt mir doch, Protagoras und Sokrates, dieses, was ihr jetzt eben genannt habt, die Gerechtigkeit, ist sie eben dieses gerecht oder ungerecht? würde ich ihm freilich antworten, gerecht; du aber, was für eine Stimme würdest du geben, dieselbe mit mir oder eine andere? – Dieselbe, sagte er. – Die Gerechtigkeit also ist eben das, wie gerecht sein, würde ich sagen dem Fragenden zur Antwort. Du auch? – Ja, sagte er. – Wenn er uns nun nach diesem fragte: Sagt ihr nicht auch, daß es eine Frömmigkeit gibt? würden wir es doch bejahen, glaube ich? – Freilich, sagte er. – Sagt ihr auch, daß diese etwas Bestimmtes ist? Sollen wir es zugeben oder nicht? – Auch dies bejahte er. – Sagt ihr nun, daß diese von Natur eben das ist, wie gottlos sein, oder fromm? Ich, sprach ich, würde unwillig werden über die Frage und sagen: Rede nicht dergleichen, lieber Mensch! Wie wollte denn irgend etwas anderes fromm sein, wenn die Frömmigkeit nicht selbst fromm wäre! Und wie du? würdest du nicht so antworten? – Allerdings, sagte er. – Wenn er nun hierauf fragend spräche: Wie habt ihr doch vor kurzem gesagt? habe ich euch etwa nicht recht vernommen? Mich dünkt, ihr sagtet, die Teile der Tugend verhielten sich so gegeneinander, daß keiner von ihnen wäre wie der andere? so würde ich ihm sagen: Übrigens hast du wohl recht gehört, daß du aber glaubst, ich hätte dieses auch gesagt, das hast du verhört. Denn Protagoras hat dies geantwortet, ich habe nur gefragt. Wenn er nun fragte: Spricht dieser wahr, Protagoras? Du also sagst, kein Teil der Tugend sei wie der andere? Deine Rede ist dies? Was würdest du ihm antworten? – Natürlich mich dazu bekennen, sagte er. – Was also, Protagoras, werden wir, dieses eingestanden, ihm antworten, wenn er uns weiter fragt: Also ist die Frömmigkeit nicht wie gerecht sein, und die Gerechtigkeit nicht wie fromm, sondern wie nicht fromm und die

Frömmigkeit wie nicht gerecht, also ungerecht und jene gottlos? – Was werden wir ihm antworten? Ich meinesteils für mich wenigstens würde sagen, daß die Gerechtigkeit allerdings fromm sei und die Frömmigkeit gerecht; und auch für dich, wenn du es mir zuließest, würde ich das nämliche antworten, daß die Gerechtigkeit entweder dasselbe ist mit der Frömmigkeit oder ihr doch so ähnlich, als nur irgend möglich, und also auf alle Weise die Gerechtigkeit wie die Frömmigkeit, und die Frömmigkeit wie die Gerechtigkeit. Sieh also zu, ob du mir verbietest, so zu antworten oder ob es dich ebenso dünkt? – Keineswegs, sprach er, dünkt mich dieses unbedingt so zu sein, daß man zugeben müsse, die Gerechtigkeit sei Frommes und die Frömmigkeit Gerechtes, sondern mich dünkt wohl noch etwas Verschiedenes darin zu sein. Doch was liegt daran? sprach er. Wenn du willst, soll uns auch die Gerechtigkeit fromm und auch die Frömmigkeit gerecht sein. – Das ja nicht! sagte ich. Ich begehre gar nicht, daß ein solches Wenn du willst und Wie du meinst untersucht werde, sondern Ich und Du. Das Ich und Du sage ich aber in der Meinung, der Satz selbst werde am besten geprüft werden, wenn man dieses Wenn ganz herausläßt. – Aber doch, sprach er, ist ja die Gerechtigkeit der Frömmigkeit ähnlich; denn auch jedes Ding ist jedem Dinge gewissermaßen ähnlich. Sogar ist auf eine Art das Weiße dem Schwarzen ähnlich, und das Harte dem Weichen und was sonst einander am meisten entgegengesetzt zu sein scheint, und auch das, wovon wir vorher sagten, jedes habe eine eigene Verrichtung und eines sei nicht wie das andere, die Teile des Gesichtes sind einander doch auch gewissermaßen ähnlich und eins ist wie das andere, so daß du auf diese Art auch das beweisen könntest, wenn du wolltest, daß alles einander ähnlich ist. Aber es ist nicht recht, Dinge, die etwas Ähnliches haben, gleich ähnlich zu nennen, und die etwas Unähnliches haben, unähnlich, auch wenn sie gar wenig Ähnliches und Unähnliches haben. – Darüber verwundert, sagte ich zu ihm: Verhält sich denn bei dir das Gerechte und das Fromme so gegeneinander, daß es nur ein wenig Ähnliches miteinander hat? – Nicht ganz so, sprach er, aber doch auch nicht so, wie du zu glauben scheinst. – Ei nun. sprach ich, weil dir dieses ungelegen zu sein scheint, wollen wir dieses nur lassen, und dies andere von dem, was du sagtest, in Betrachtung ziehen.

Du nennst doch Etwas Unsinnigkeit? – Er sagte ja. – Ist nicht davon ganz das Gegenteil die Weisheit? – Mich dünkt es so, sagte er. – Und wenn die Menschen richtig und, wie es heilsam ist, handeln, scheinen sie dir dann besonnen zu sein, wenn sie so handeln oder wenn entgegengesetzt? – Alsdann sind sie besonnen, sagte er. – Nicht wahr, durch die Besonnenheit sind sie besonnen? – Natürlich. – Und nicht wahr, die nicht richtig Handelnden handeln unsinnig und sind nicht besonnen, indem sie so handeln? – Das dünkt mich ebenso, sagte er. – Das Gegenteil ist also das unsinnig Handeln vom besonnenen? – Er gab es zu. – Nicht wahr, was unsinnig getan wird, wird durch Unsinnigkeit, und was besonnen, durch Besonnenheit getan? – Das räumte er ein. – Nicht wahr, wenn etwas mit Stärke getan wird, das wird stark getan, und wenn mit Schwäche, schwach? – So schien es ihm. – Und was mit Schnelligkeit schnell, was mit Langsamkeit langsam. – Er bejahte. – Und also, wenn etwas ebenso getan wird, wird es auch von demselben getan, wenn aber entgegengesetzt, dann auch von dem Entgegengesetzten. – Er stimmte bei. – Wohlan, sagte ich, gibt es etwas Schönes? – Er räumte es ein. – Und ist diesem noch irgend etwas entgegengesetzt außer dem Häßlichen? – Nichts weiter. – Und wie, gibt es etwas Gutes? – Es gibt. – Ist diesem etwas entgegengesetzt außer dem Bösen? – Nichts weiter. – Und wie, gibt es etwas Hohes in der Stimme? – Er bejahte es. – Ist diesem nichts anderes entgegengesetzt außer dem Tiefen? – Nein, sagte er. – Also, sprach ich, jedem einzelnen von diesen Entgegengesetzten ist auch nur eins entgegengesetzt und nicht viele? – Dazu bekannte er sich. – Komm denn, sprach ich, laß uns zusammenrechnen, was wir eingestanden. Haben wir eingestanden, daß einem nur eins entgegengesetzt ist, mehreres aber nicht? – Das haben wir eingestanden. – Und daß, was auf entgegengesetzte Art getan wird, auch durch Entgegengesetztes getan wird? – Er bejahte. – Und haben wir eingestanden, daß, was unsinnig getan wird, auf entgegengesetzte Art getan wird, als was besonnen? – Er bejahte es. – Und daß, was besonnen getan wird, durch Besonnenheit verrichtet wird, was aber unsinnig, durch Unsinnigkeit? – Er räumte es ein. – Also, da es auf entgegengesetzte Art getan wird, muß es auch durch Entgegengesetztes verrichtet werden? – Ja. – Es wird aber das eine durch Besonnenheit und das andere durch Unsinnigkeit verrichtet? – Ja. – Auf entgegengesetzte Art? – Freilich. – Also auch durch Entgegengesetztes? – Ja. – Entgegengesetzt also ist die Unsinnigkeit der Besonnenheit? – Das ist klar. – Erinnerst du dich wohl, daß im vorigen von uns eingestanden war, die Unsinnigkeit sei der Weisheit entgegengesetzt? – Das gestand er. – Und daß Einem nur Eins entgegengesetzt sei? – Das behaupte ich. – Welche von unseren beiden Behauptungen wollen wir nun aufgeben, Protagoras? Die, daß Einem nur Eins entgegengesetzt ist oder jene, als wir sagten, die Besonnenheit wäre etwas anderes als die Weisheit, und beide wären Teile der Tugend, und außerdem, daß jede etwas anderes wäre, wären sie auch einander unähnlich, sie selbst und ihre Verrichtungen, wie die Teile des Gesichts? Welche von beiden wollen wir nun aufgeben? Denn zugleich können diese beiden Behauptungen nicht sehr musikalisch vorgetragen werden, denn sie stimmen nicht und klingen nicht zusammen. Wie können sie auch zusammenklingen, wenn notwendig Eins nur Einem entgegengesetzt ist, mehreren aber nicht, der Unsinnigkeit aber, welche Eins ist, sich sowohl die Weisheit als die Besonnenheit entgegengesetzt zeigt? Ist es so, Protagoras, fragte ich, oder anders, wie? – Er gestand es sehr ungern. – So wären diese also wohl Eins, die Besonnenheit und die Weisheit? Vorher aber zeigten sich uns die Gerechtigkeit und die Frömmigkeit fast als dasselbe? Komm also, Protagoras, sprach ich, laß uns nicht müde werden, sondern nun das übrige auch noch durchnehmen. Scheint dir ein Mensch, welcher unrecht tut, wohl darin besonnen zu sein, daß er Unrecht tut? – Ich würde mich ja schämen, o Sokrates, sagte er, dieses zuzugeben, obgleich die meisten Menschen es wohl sagen. – Soll ich also an jene meine Rede richten oder an dich? – Wenn du willst, sagte er, so rede zuerst gegen jenen Satz der meisten. – Gut, sprach ich, mir verschlägt es nichts, wenn du nur antwortest, ob übrigens du selbst dieses annimmst oder nicht. Denn ich will eigentlich nur den Satz prüfen, aber es ereignet sich dann wohl, daß dabei auch ich, der Fragende und der Antwortende, geprüft werden. – Zuerst nun zierte sich Protagoras und klagte, es wäre ein gar beschwerlicher Satz; endlich aber bequemte er sich doch zu antworten. – Komm also, sprach ich, antworte mir von Anfang an. Dünken dir einige Menschen, indem sie unrecht tun, besonnen zu sein? – Es soll so sein, sagte er. – Unter dem Besonnensein aber meinst du, daß sie sich wohl besinnen? – Er bejahte es. – Und sich recht besinnen heißt, daß sie sich wohl beraten in dem, was sie unrecht tun? – Das soll gelten, sagte er. – Ob wohl, fragte ich, wenn sie sich wohl befinden beim Unrechttun oder wenn übel? – Wenn sie sich wohl befinden. – Nimmst du nun an, daß einiges gut ist? – Das sage ich. – Ist etwa, sprach ich, dasjenige gut, was den Menschen nützlich ist? – Ja, auch beim Zeus, sagte er, manches, was den Menschen nicht nützlich ist, nenne ich wenigstens doch gut. – Und mir dünkte Protagoras schon ganz verdrießlich zu sein und sich zu ängstigen und zu sträuben gegen das Antworten; und da ich ihn in dieser Verfassung sah, nahm ich mich in acht und fragte nur ganz bedächtig weiter. Meinst du nur, sprach ich, was keinem Menschen nützlich ist, oder auch was ganz und gar nicht nützlich ist, und nennst du auch solche Dinge gut? – Keineswegs, sagte er, aber ich kenne sehr viele Dinge, welche zwar dem Menschen völlig unnütz sind, Speisen, Getränke, Arzneien und sonst tausenderlei; andere sind ihm nützlich; wiederum andere sind dem Menschen zwar keines von beiden, wohl aber den Pferden, andere wieder nur den Ochsen, andere den Hunden, noch andere keinem von allen diesen, wohl aber den Bäumen; ja einiges ist wiederum für die Wurzeln der Bäume gut, für die Zweige aber schädlich, wie zum Beispiel der Mist, um die Wurzeln gelegt, allen Pflanzen heilsam ist, wolltest du ihn aber auf die Triebe oder auf die jungen Zweige legen, so würde alles verderben. So ist auch das Öl allen Pflanzen sehr schädlich, und auch den Haaren der anderen Tiere sehr verderblich, nur denen des Menschen nicht, denn diesen ist es zum Wachstum beförderlich und so auch seinem übrigen Körper. Und so schillert das Gute und verwandelt sich immer wieder, daß auch dieses hier für die äußeren Teile des Körpers zwar sehr gut ist, dasselbige aber den inneren sehr übel. Daher verbieten auch alle Ärzte den Kranken das Öl, bis auf etwas Weniges an dem, was sie genießen, nur soviel eben hinreicht, um das Widrige zu dämpfen, was verschiedene Speisen sonst für die Empfindungen, die wir durch die Geruchswerkzeuge bekommen, an sich haben würden.

Als er dies gesagt, erhoben die Anwesenden ein Geräusch von Beifallsbezeugungen, wie schön er spräche. Ich aber sagte: O Protagoras, ich bin ein sehr vergeßlicher Mensch, und wenn jemand so lange spricht, vergesse ich ganz, wovon eigentlich die Rede ist. So wie nun, wenn ich etwas taub wäre, du glauben würdest, wenn du anders mit mir reden wolltest, lauter sprechen zu müssen als mit anderen, so auch jetzt, da du mit einem Vergeßlichen zu tun hast, beschneide mir die Antworten und mache sie etwas kürzer, wenn ich dir anders folgen soll. – Wie heißest du mich denn kurz antworten? etwa kürzer soll ich dir antworten, als nötig ist? – Keineswegs, sprach ich. – Also so viel als nötig ist? – O ja, sagte ich. – Soll ich dir also so viel antworten, wie ich für nötig halte, oder so viel wie du?– Ich habe doch gehört, sprach ich, du besäßest die Geschicklichkeit und teiltest sie auch andern mit, über dieselbe Sache sowohl lange zu reden, wenn du willst, so daß dir die Rede niemals abreißt, als auch wiederum so kurz, daß sich niemand kürzer fassen kann als du. Willst du nun mit mir ein Gespräch führen, so bediene dich gegen mich der andern Art zu reden, der Kurzrednerei. – O Sokrates, sagte er, schon mit vielen Menschen habe ich den Kampf des Redens bestanden, hätte ich aber das getan, was du von mir verlangst, nämlich immer auf die Art das Gespräch geführt, wie mein Gegner es mich führen hieß, so würde ich gewiß keinen einzigen überwunden haben, und Protagoras würde keinen Namen haben unter den Hellenen. – Ich aber, denn ich merkte wohl, daß er sich in seinen vorigen Antworten gar nicht gefallen hatte, und daß er gutwillig nicht würde der Antwortende sein wollen im Gespräch, glaubte, daß für mich in dieser Zusammenkunft nichts zu tun wäre, und sagte: Aber Protagoras, auch ich bin ja nicht erpicht darauf, daß unsere Unterhaltung anders, als es dir recht ist, geführt werde; sondern wenn es dir gelegen sein wird, so Gespräch zu führen, wie ich dir folgen kann, dann will ich mit dir reden. Denn du, wie man von dir rühmt und du auch selbst sagst, verstehst beides, sowohl in langen Reden als in kurzen die Unterhaltung zu führen; denn du bist eben ein weiser Mann; ich aber weiß nun einmal mit diesen langen Reden gar nicht umzugehn, wiewohl ich sehr wünschte, auch das zu verstehen. Also solltest du, der du beides kannst, uns nachgeben, damit eine Unterhaltung zustande käme. Nun aber du nicht willst, und auch ich nicht länger Zeit habe und es nicht abwarten könnte, wenn du deine Reden so in die Länge zögest, denn ich muß anderswohin: so gehe ich; wiewohl auch dieses hörte ich gewiß gern von dir. Und mit diesen Worten stand ich auf, um fortzugehen; aber so wie ich aufstand, ergriff mich Kallias mit einer Hand bei der Rechten, und mit der andern hielt er mich hier beim Mantel und sagte: Wir werden dich nicht loslassen, Sokrates, denn wenn du uns fortgehst, wird es mit unsern Gesprächen gar nicht mehr dasselbe sein. Ich bitte dich also, bei uns zu bleiben; denn ich weiß keinen, den ich lieber hören möchte als dich und den Protagoras miteinander reden. Sei also uns allen gefällig. – Ich erwiderte, ich war aber schon aufgestanden, um zu gehen: Immer, Kallias, habe ich an deiner Liebe zur Wissenschaft meine Freude gehabt, und so lobe und liebe ich sie auch jetzt. So daß ich dir gern willfahren würde, wenn du etwas Mögliches bätest; nun aber ist es, wie wenn du mich bätest, mit dem Krison aus Himera, unserm stärksten Wettläufer, oder mit irgend einem andern Wettläufer oder Eilboten zu laufen und gleichen Schritt mit ihnen zu halten, ich dir dann sagen würde, mir wäre es noch weit lieber als dir, wenn ich diesen nachkommen könnte im Laufen; aber ich kann doch nicht. Ist es dir also lieb, mich und den Krison zusammenlaufen zu sehen, so bitte diesen, daß er nachlasse; denn ich kann nicht geschwind laufen, er aber kann langsam. Wünschest du also mich und den Protagoras zusammen zu hören, so bitte diesen, wie er mir vorher geantwortet hat in kurzen Worten und auf das, was ich fragte, so auch jetzt noch mir zu antworten; wo aber nicht, welches soll denn die Weise der Gespräche sein? Denn ich wenigstens habe immer geglaubt, dies wären zwei ganz verschiedene Dinge, Gespräch miteinander führen und Reden halten. – Aber sieh nur, Sokrates, sagte er, Protagoras scheint doch recht zu haben, wenn er verlangt, ihm solle erlaubt sein, zu sprechen, wie er will, und dir, wie du willst. – Darauf nahm Alkibiades das Wort und sagte: Du hast unrecht, Kallias! Denn Sokrates gesteht ja, mit der Langrednerei nicht Bescheid zu wissen, und räumt darin dem Protagoras den Vorzug ein: aber ein ordentliches Gespräch recht zu führen, dem andern Rede zu stehen und ihn denn auch wieder auszufragen, darin sollte es mich sehr Wunder nehmen, wenn er irgend jemand den Vorzug einräumte. Gesteht nun Protagoras seinerseits, daß er schlechter ist im Gesprächführen als Sokrates, so ist Sokrates zufrieden; will er sich ihm aber gegenüberstellen, wohl, so mag er auch ordentlich in Frage und Antwort mit ihm sprechen, nicht aber nach jeder Frage eine lange Rede ausspinnen, der Frage ausweichen, und, anstatt den andern zum Worte zu lassen, immer weiter reden, bis die mehrsten unter den Zuhörern vergessen haben, was die Frage eigentlich betraf. Denn für den Sokrates verbürge ich mich, daß er es nicht vergessen wird, ob er gleich scherzt und sagt, er sei vergeßlich. Mir also scheint, was Sokrates sagt, billiger; denn jeder muß seine Meinung kundgeben. – Nach dem Alkibiades war es, glaube ich, Kritias. welcher sagte: O Prodikos und Hippias, Kallias freilich dünkt mir sehr für den Protagoras zu sein, Alkibiades aber ist auch immer rechthaberisch, wenn er worauf seinen Sinn gesetzt hat. Uns aber ziemt es für keinen von beiden Partei zu nehmen, weder den Sokrates noch den Protagoras, sondern nur insgemein beide zu bitten, uns die Unterhaltung in der Mitte nicht abzubrechen. – Als er dies gesagt, sprach Prodikos: Sehr richtig dünkst du mir zu sprechen, Kritias. Denn die bei einer solchen Unterredung Gegenwärtigen müssen zwar beide Unterredner insgemein anhören, nicht aber beide gleich, denn das ist nicht einerlei. Nämlich sie müssen zwar beide insgemein anhören, nicht aber beiden gleiches gewähren, sondern dem Weiseren mehr, dem Unweiseren weniger. Auch ich, o Protagoras und Sokrates, bitte euch beide nachzugeben und über eure Sätze zu streiten, aber nicht zu zanken, denn streiten können auch Freunde mit Freunden in allem Wohlmeinen, aber zanken nur die, welche uneinig und auch feindselig gegeneinander sind. Und auf diese Art wird unsere Unterhaltung am schönsten fortgehen. Denn ihr, die Sprechenden, werdet so am meisten von uns, den Hörenden, geachtet werden, nicht gelobt; geachtet nämlich wird man in den Seelen der Hörenden ohne Betrug, gelobt aber mit Worten von solchen, die oft gegen ihre Überzeugung Unwahres reden; wir aber, die Hörenden, werden so am meisten Vergnügen davon haben, nicht Genuß, denn Vergnügen hat auch, wer etwas erlernt und Gedanken auffaßt mit der Seele selbst, Genuß aber nur, wer etwas ißt oder sonst eine angenehme Empfindung durch den

Körper selbst empfängt. – Mit dieser Rede fand Prodikos bei den mehrsten Anwesenden großen Beifall. Nach dem Prodikos aber sprach Hippias der Weise. Ich denke, sagte er, ihr versammelten Männer, daß wir Verwandte und Befreundete und Mitbürger von Natur sind nicht durch das Gesetz. Denn das Ähnliche ist dem Ähnlichen von Natur verwandt, das Gesetz aber, welches ein Tyrann der Menschen ist, erzwingt vieles gegen die Natur. Für uns also wäre es schändlich, die Natur der Sache zwar zu kennen, uns aber dennoch, obgleich die Weisesten unter den Hellenen, und eben deshalb in dieser Stadt als dem Hauptsitz hellenischer Weisheit und in diesem Hause als dem angesehensten und glänzendsten dieser Stadt versammelt, dieser Würde nicht würdig zu zeigen, sondern wie die gemeinsten Menschen untereinander uns zu veruneinigen. Ich bitte und rate euch daher, o Protagoras und Sokrates, von uns als euern Schiedsrichtern in der Mitte zusammengeführt euch zu vereinigen, so daß weder du diese strengste Art des Gespräches forderst, die allzugedrungene Kürze, wenn sie dem Protagoras nicht angenehm ist, sondern den Reden ein wenig die Zügel nachlassest, damit sie sich mutiger und in schöneren Bewegungen zeigen können, noch auch Protagoras alle Segel beisetze, um mit vollem Winde das Land ganz aus dem Gesicht verlierend in die hohe See der Reden zu entfliehen, sondern daß ihr euch beide in einem mittleren Durchschnitt haltet. Folget mir daher und macht es so, daß ihr einen Kampfrichter und Aufseher und Vorsitzer erwählet, welcher darauf halte, daß jeder von euch das gehörige Maß in seinen Reden beobachte. – Das gefiel den Anwesenden, und sie lobten ihn alle, und Kallias versicherte, er würde mich nicht loslassen, und sie baten einen Aufseher zu erwählen. Ich sagte also, es würde schimpflich sein, einen Kampfrichter für unser Gespräch zu bestellen; denn wenn der Gewählte schlechter wäre als wir, so wäre es nicht richtig, daß der Schlechtere über Bessere die Aufsicht führe. Wenn er uns ähnlich wäre, wäre es auch so nicht richtig; denn der Ähnliche würde auch Ähnliches wie wir tun, so daß er ganz zum Überfluß würde gewählt sein. Aber ihr werdet freilich einen Besseren als wir sind erwählen. Einen in der Tat Weiseren als unser Protagoras, ist euch, glaube ich, unmöglich zu wählen. Werdet ihr aber einen wählen, der nichts besser ist, von dem ihr es aber behauptet, so ist auch das für diesen hier schimpflich, daß ihr ihm wie einem gemeinen Menschen einen Aufseher bestellt, denn für mein Teil gilt es gleich. Dies aber will ich tun, damit, wie ihr es wünscht, Unterhaltung und Gespräch zwischen uns zustande komme. Wenn Protagoras nicht antworten will, so mag er fragen, und ich will antworten und dabei versuchen, ihm zu zeigen, wie ich meine, daß der Antwortende antworten müsse. Nachdem aber ich geantwortet habe, wieviel nur er hat fragen gewollt, soll auch er wiederum gleichermaßen mir Rede stehen; und zeigt er sich nicht geneigt, auf das Gefragte selbst zu antworten, dann wollen ich und ihr ihn insgemein bitten, wie ihr jetzt mich, uns die Unterhaltung nicht zu zerstören. Und es braucht deshalb nicht einer Aufseher zu sein, sondern ihr alle könnt insgemein die Aufsicht führen. Alle waren der Meinung, so müßte es gehalten werden. Und Protagoras wollte zwar gar nicht recht, ward aber doch genötigt, zu versprechen, daß er fragen, und wenn er genug gefragt hätte, auch wiederum Rede stehen und in der Kürze antworten wollte. Er fing also an zu fragen, ungefähr so.

Ich glaube, sprach er, o Sokrates, daß es ein wichtiges Stück der Unterweisung ist für einen Mann, in Gedichten stark zu sein. Dies besteht aber darin, daß er imstande ist, das von den Dichtern Gesagte zu verstehen, was gut gedichtet ist und was nicht, auch es erklären und, wenn er gefragt wird, Rechenschaft geben zu können. So soll auch jetzt zwischen uns die Frage noch ferner von derselben Sache sein, worüber wir jetzt sprechen, ich und du, nämlich von der Tugend, nur zunächst in Beziehung auf ein Gedicht; dies soll der ganze Unterschied sein. Simonides sagt doch irgendwo zum Skopas, dem Sohne des Thessaliers Kreon:»Ein trefflicher Mann zu werden schon wahrhaftig ist schwer, ein kernfester von Hand und Fuß und Sinn und tadellos gebildeter.« Kennst du das Lied, oder soll ich es dir ganz hersagen? – Ich sagte, es ist nicht nötig, denn ich kenne es, und gar viel habe ich mich gemüht um das Lied. – Schön, sprach er. Glaubst du also, daß dies gut und richtig gedichtet ist oder nicht? – Sehr, sagte ich, gut und auch richtig. – Dünkt dir das denn gut gedichtet, wenn der Dichter sich selbst widerspricht? – Nicht gut, sagte ich. – Überlege es dir noch besser, sprach er. – Aber mein Guter, ich habe es hinlänglich bedacht. –

Weißt du also, sprach er, daß er weiterhin im Gedicht irgendwo sagt: »Auch ist mir nicht abgemessen genug das Pittakeische Wort, obwohl von einem weisen Manne gesprochen: schwer ist es, sagte er, tugendlich sein.« Bedenkst du wohl, daß er derselbige Mann dieses sagt und auch jenes vorige? – Ich weiß wohl, sagte ich. – Dünkt dir denn, sprach er, dieses mit jenem übereinzustimmen. – Mir scheint es, sagte ich. Zugleich aber ward mir bange, was er sagte, möchte doch etwas sein, und ich fragte: Also dir erscheint es nicht so? – Wie sollte auch wohl derjenige mit sich selbst übereinstimmend erscheinen, der dieses beides sagt, zuerst selbst annimmt, es sei schwer, in Wahrheit ein trefflicher Mann zu werden, nachdem er aber etwas weiter vorgerückt ist im Gedicht, dies wieder vergißt und den Pittakos, der ganz dasselbe sagt wie er, daß es schwer sei, tugendlich sein, darüber tadelt und ihm nicht beistimmen will, da er doch ganz das nämliche wie er selbst behauptet. Wenn er nun den tadelt, der dasselbe wie er sagt, so ist doch offenbar, daß er sich selbst auch tadelt. So daß entweder das erste oder das andere nicht richtig ist. Als er das gesagt, erregte er wieder Geräusch und Beifall von vielen der Zuhörer. Mir aber wurde zuerst, wie von einem guten Faustkämpfer tüchtig getroffen, ganz dunkel vor den Augen und schwindlig, als er das sagte und die andern das Geräusch des Beifalls erhoben. Hernach aber wendete ich mich, damit ich doch dir wenigstens die Wahrheit sage, um Zeit zu gewinnen zum Nachdenken, was der Dichter wohl meinte, zum Prodikos, rief ihn auf und sagte: Prodikos, dein Landsmann ist ja Simonides, du bist schuldig, dem Manne beizustehen. Ich werde dich also, dünkt mir, zu Hilfe rufen, wie Homeros erzählt, daß Skamandros, von Achilleus bedrängt, den Simoeis zu Hilfe gerufen und gesagt habe: »Bruder wohlan! die Gewalt des Mannes da müssen wir beid jetzt bändigen.« Dergestalt rufe auch ich dich herbei, damit Protagoras uns den Simonides nicht ganz werfe in den Staub. Überdies auch bedarf des Simonides Verteidigung deine Kunst, durch welche du das Wollen und Begehren unterscheidest, daß das nicht einerlei ist, und was du nur eben wieder Vieles und Schönes gesagt hast. Sieh doch also auch hier zu, ob du derselben Meinung bist wie ich. Mir nämlich scheint es nicht, als ob Simonides sich selbst widerspräche. Du aber, Prodikos, eröffne zuerst deine Meinung. Dünkt dir das Werden und das Sein einerlei oder zweierlei? – Zweierlei, beim Zeus, sagte Prodikos. – Hatte nun nicht, sprach ich, in der ersten Stelle Simonides seine eigene Meinung dahin geäußert, daß ein trefflicher Mann in Wahrheit zu werden schwer sei? – Du hast ganz recht, sagte Prodikos. – Und Pittakos, fuhr ich fort, den er tadelt, sagt gar nicht, wie Protagoras glaubt, dasselbe, sondern etwas anderes. Denn Pittakos erklärt gar nicht das für das schwere tugendlich Werden, wie Simonides, sondern das Sein. Und wie unser Prodikos sagt, o Protagoras, so ist Werden und Sein gar nicht das nämliche, ist aber Werden und Sein nicht dasselbe, so hat auch Simonides nicht sich selbst widersprochen. Vielleicht würde auch Prodikos und mancher andere sagen, nach dem Hesiodos sei gut zu werden zwar schwer, denn vor die Tugend hätten die Götter den Schweiß gestellt, wäre aber einer erst zum Gipfel gelangt, alsdann werde sie leicht, wie schwer sie zuvor auch gewesen zu erlangen. – Als Prodikos dies hörte, lobte er mich. Protagoras aber sagte: Deine Verteidigung. Sokrates, hat noch schlimmere Gebrechen, als was du verteidigst. – Dann, sprach ich, habe ich schlechte Arbeit gemacht und bin wohl ein lächerlicher Arzt, wenn ich durch meine Behandlung die Krankheit verschlimmere. – Aber so verhält es sich, sagte er. – Und wieso? fragte ich. – Großer Unverstand, sprach er, wäre ja das von dem Dichter, wenn er es so für etwas Geringes hielte, die Tugend zu besitzen, was unter allem das Schwierigste ist, wie alle Menschen glauben. – Darauf sprach ich: Beim Zeus, recht zur gelegenen Zeit ist Prodikos uns zugegen bei der Verhandlung. Denn es mag wohl, o Protagoras, des Prodikos Weisheit eine göttliche sein schon seit lange her, habe sie nun vom Simonides angefangen oder noch weit eher. Du aber, wiewohl so vieles anderen kundig, bist dieser offenbar unkundig, nicht wie ich kundig, weil ich ein Schüler des Prodikos bin. Auch jetzt dünkst du mir nicht zu merken, daß auch dieses Schwer Simonides vielleicht gar nicht so gemeint hat, wie du es meinst, sondern wie Prodikos mich immer schilt wegen des Furchtbaren, wenn ich dich oder einen anderen lobend sage, Protagoras ist doch gar ein weiser und furchtbarer Mann, fragt, ob ich mich denn nicht schäme, etwas Gutes furchtbar zu nennen, denn das Furchtbare, sagt er, ist böse; kein Mensch redet ja jemals von furchtbarem Reichtum oder furchtbarem Frieden oder furchtbarer Gesundheit, sondern von furchtbarer Krankheit, furchtbarem Kriege, furchtbarer Armut, so daß das Furchtbare Böses ist. Vielleicht verstehen nun ebenso die Keer und mit ihnen Simonides unter Schwer entweder das Böse oder sonst etwas, was du nicht weißt. Laß uns also den Prodikos fragen, denn es ist ja billig, über des Simonides Sprache ihn zu befragen, was doch, o Prodikos, hat Simonides mit dem Schwer gemeint? – Böses, sagte er. – Und deswegen, Prodikos, sprach ich, tadelt er auch wohl den Pittakos, welcher sagt: Schwer ist es, tugendlich sein, als ob er ihn hätte sagen gehört, böse ist es, tugendlich sein. – Was sonst, sagt er, glaubst du denn, habe Simonides sagen wollen wie ebendieses, und daß er dem Pittakos vorwerfen will, er wisse die Worte nicht zu unterscheiden, wie denn dieser auch ein Lesbier war, ein in barbarischer Mundart Auferzogener. – Du hörst doch, Protagoras, sprach ich, was Prodikos sagt: hast du etwas dagegen zu sagen? – Darauf sagte Protagoras: Weit gefehlt, Prodikos, daß es sich so verhalten sollte. Sondern das weiß ich ganz gewiß, daß Simonides unter Schwer ebendas verstanden hat, was wir anderen darunter verstehen, nämlich nicht das Böse, sondern das, was nicht leicht ist, sondern nur durch viele Mühe zu erlangen. – Auch ich glaube, sprach ich, daß Simonides dieses gemeint hat und daß auch Prodikos es recht gut weiß, er scherzt aber und scheint dich versuchen zu wollen, ob du imstande sein wirst, deinem Satz beizustehen. Denn daß Simonides unter dem Schweren nicht das Böse versteht, davon ist gleich das folgende ein deutlicher Beweis, wo er sagt: »Gott allein mag diese Ehre besitzen.« Denn hätte er gesagt, Böse ist es, tugendlich sein; so konnte er ja unmöglich hernach sagen, dies komme Gott allein zu, und Gott allein dies als Vorzug beilegen. Oder Prodikos müßte einen ganz ruchlosen Simonides meinen und gar nicht einen Keïschen. Aber was mir Simonides zu meinen scheint in diesem Liede, das will ich dir sagen, wenn du doch einen Versuch von mir sehen willst, ob ich, was du nennst, in Gedichten stark bin; wenn du aber willst, will ich es von dir hören. – Protagoras nun, als er mich dies sagen hörte, sagte: Wenn du willst, Sokrates. Prodikos und Hippias aber drangen sehr darauf und die anderen auch. – So will ich denn, sprach ich, was mich von diesem Liede dünkt, versuchen euch darzulegen. Nämlich die älteste und meiste Philosophie unter den Hellenen ist in Kreta und Lakedaimon. Auch die meisten Sophisten sind dort zu Lande, aber sie verleugnen es und stellen sich unwissend, damit sie nicht bekannt dafür werden, daß sie die übrigen Hellenen an Weisheit übertreffen, eben wie jene Sophisten, von welchen Protagoras vorher sagte, sondern damit sie das Ansehen haben, als überträfen sie sie nur im Fechten und in der Tapferkeit, weil sie glauben, wenn bekannt würde, worin ihre Stärke bestehe, würden sich eben darauf Alle befleißigen. Nun aber, indem sie das Wahre verborgen gehalten, haben sie die in anderen Städten Lakonisierenden getäuscht, daß diese, um ihnen nachzuahmen, sich die Ohren einschlagen, nicht anders als mit Kampfriemen gehen, sich ganz den Leibesübungen ergeben und kurze Mäntel tragen, als ob hiedurch die Lakedaimonier die Hellenen beherrschten. Die Lakedaimonier aber, wenn sie einmal in Ruhe ihren Sophisten zuhören wollen und es schon satt haben, sich nur heimlich bei ihnen zu versammeln, veranstalten sie eine Fremdenaustreibung jener Lakonisierenden sowohl, als wer sonst noch von Fremden sich bei ihnen aufhält, und besuchen dann ihre Sophisten den Fremden unvermerkt. Sie aber lassen von ihren Jünglingen keinen in andere Städte reisen, wie auch die Kreter nicht, damit sie nicht verlernen, was sie ihnen lehren. Und in diesen beiden Staaten gibt es nicht nur Männer, welche sich ihrer Kenntnisse rühmen, sondern auch Frauen. Daß ich aber dies alles mit Wahrheit sage, und die Lakedaimonier auch zur Philosophie und zum Reden am besten unterrichtet sind, das könnt ihr hieraus abnehmen. Wenn sich jemand auch mit dem schlechtesten Lakedaimonier einläßt, er wird finden, daß dieser sich lange Zeit in seinen Reden ganz schlecht zeigt, hernach aber, wo es sich trifft im Gespräch, schießt er auf ihn ein tüchtiges, ganz kurzes zusammengedrängtes Wort wie ein gewaltiger Bogenschütze, so daß, wer mit ihm spricht, nicht besser als ein Kind gegen ihn erscheint. Eben dieses nun haben sowohl von den Neueren einige eingesehen als auch von den Alten, daß das Lakonisieren weit mehr in der Liebe zur Weisheit besteht als in der Liebe zu den Leibesübungen, wohl wissend, daß solche Sprüche reden zu können nur dem vollkommen Unterrichteten gegeben ist. Unter diesen nun waren auch Thales von Miletos, Pittakos von Mytilene, Bias von Priene, unser Solon, Kleobulos von Lindos, Myson von Chenä, und als der siebente wurde zu diesen gezählt der Lakedaimonier Chilon. Alle diese waren Nacheiferer, Verehrer und Lehrlinge der Lakedaimonischen Künste. Denn jeder kann ihre Weisheit wissen, daß sie von dieser Art ist, kurze denkwürdige Sprüche, die ein jeder geredet hat. Diese haben auch gemeinschaftlich Musterstücke ihrer Weisheit dem Apollon und seinem delphischen Tempel gewidmet, darauf schreibend, was in aller Munde ist: das Kenne dich selbst und Nichts zuviel. Weshalb sage ich nun dieses? Weil das die Weise der Alten war in der Philosophie, solche lakonische Kurzrednerei. Und so ging auch dieser Spruch des Pittakos herum, von den Weisen vielgepriesen: Schwer ist es, tugendlich sein. Simonides nun, auch dem Ruhm der Weisheit nachtrachtend, gedachte, wenn er diesen Spruch niederwerfen könnte wie einen berühmten Fechter und überwinden, müßte auch er berühmt werden unter seinen Zeitgenossen. Gegen diesen Spruch also, und aus dieser Ursache diesem nachstellend, ihn zu unterdrücken, hat er das ganze Lied gedichtet, wie es mir scheint. Laßt es uns einmal betrachten, ob ich wohl recht habe. Denn gleich der Anfang des Liedes müßte als unsinnig erscheinen, wenn er überhaupt nur hätte sagen wollen, daß es schwer wäre, ein trefflicher Mann zu werden, und hätte doch dieses Schon hineingebracht. Denn dies muß ohne den mindesten Grund hineingeworfen zu sein scheinen, wenn man nicht annimmt, Simonides sage es wie im Streit gegen den Spruch des Pittakos. Was nämlich Pittakos sagt, schwer ist es, tugendlich sein, dieses bestreitend, sagt er: Nein, sondern schon ein trefflicher Mann zu werden ist schwer, o Pittakos, wahrhaftig. Nicht etwa ein in Wahrheit trefflicher; denn dieses Wahrhaftig sagt er nicht in der Beziehung, als ob es einige gäbe, die wahrhaft trefflich sind, und wieder andere, die zwar trefflich sind, aber nicht in Wahrheit trefflich, denn das wäre ja offenbar einfältig und nicht vom Simonides; sondern man muß annehmen, dieses wahrhaftig sei eine Wortversetzung in dem Liede, und so ungefähr der Spruch des Pittakos hinzuzudenken, als wenn wir den Fall setzten, Pittakos selbst redete und Simonides antwortete, und jener sagte: O ihr Leute, schwer ist es, tugendlich sein; und dieser antwortete: O Pittakos, du redest nicht richtig; denn nicht zu sein, sondern schon zu werden ein trefflicher Mann, kernfest an Hand und Fuß und Sinn und tadellos gebildet, ist wahrhaftig schwer. Auf diese Art ist das Schon vernünftig hineingebracht, und das Schwer steht hinten, wie es sich gebührt, und auch alles Folgende bestätigt, daß es so gemeint ist. Denn vielfältig könnte man von jedem einzelnen in diesem Liede Gesagten zeigen, wie schön es gedichtet ist, denn es ist alles sehr anmutig und bedeutsam; allein es wäre weitläuftig, es so durchzugehen; aber den ganzen Umriß desselben laßt uns durchgehen und die Absicht, daß sie auf alle Weise eine Widerlegung dieses Pittakeischen Spruches ist durch das ganze Lied. Denn er sagt hierauf, nachdem er noch einiges beigebracht, wie wenn er den Satz ausführte, daß schon ein trefflicher Mann zu werden wahrhaftig schwer ist, doch aber möglich, auf einige Zeit wenigstens; wenn man es aber geworden ist, auch in dieser Verfassung zu bleiben und ein trefflicher Mann fortdauernd zu sein, wie du sagst, Pittakos, das ist unmöglich und nicht dem Menschen angemessen, sondern Gott allein darf diese Ehre besitzen. »Dem Menschen aber ist nicht möglich, nicht schlecht sein, welchen ein ratloses Unglück niederwirft.« Wen wirft nun ein ratloses Unglück nieder bei der Regierung eines Schiffes? Offenbar doch nicht den Unkundigen, denn der ist schon immer niedergeworfen. So wie nun niemand den Liegenden niederreißen kann, sondern den Stehenden zwar kann man niederreißen, daß er ein Liegender wird, den Liegenden aber nicht: so kann auch nur den, der sich sonst wohl zu raten weiß, ein ratloses Unglück niederwerfen, den immer Ratlosen aber nicht. Und den Steuermann kann ein heftiger Sturm, der ihn überfällt, ratlos machen, den Landmann schlechte Witterung, die eintritt, und ähnliches auch den Arzt. Denn dem Vortrefflichen kann es begegnen, einmal schlecht geworden zu sein, wie auch ein anderer Dichter bezeugt, welcher sagt: »Auch wohl ein Trefflicher ist nun schlecht, dann wieder zu rühmen«; dem Schlechten aber begegnet nicht, es einmal gewesen zu sein, sondern ihm ist notwendig, es immer zu sein, so daß der Wohlberatene, Weise und Treffliche, wenn ihn ratloses Unglück niederwirft, nicht anders kann, als schlecht sein; du aber, Pittakos, sagst: Schwer ist es, tugendlich sein. Es ist aber tugendlich werden schon schwer, jedoch möglich; sein aber unmöglich. »Denn jeglicher Mann, wer gut gehandelt, ist gut, schlecht aber, wenn schlecht.« Was ist nun im Lesen das gute Handeln? und was macht einen Mann gut hierin? Offenbar die Erlernung davon. Und welches Guthandeln macht einen guten Arzt? Offenbar die Erlernung des Behandelns der Kranken. Schlecht aber, wer schlecht. Wer kann denn ein schlechter Arzt werden? Offenbar der, von welchem zuerst gesagt werden kann, daß er ein Arzt ist, und dann, daß er ein guter Arzt ist. Denn der kann auch ein schlechter werden. Wir aber, die der Arzneikunst Unkundigen, wir können niemals durch schlecht Handeln weder Ärzte werden, noch Zimmerleute, noch irgend etwas anderes, und wer kein Arzt werden kann, indem er schlecht handelt, der auch offenbar kein schlechter. So auch kann der treffliche Mann wohl auch einmal schlecht werden, es geschehe aus Schuld der Zeit, aus Ermüdung oder durch Krankheit oder irgendeinen anderen Zufall; denn dies ist ja das einzige Schlechthandeln, der Erkenntnis beraubt sein: der schlechte Mann aber kann nie schlecht werden, denn er ist es immer, sondern wenn er schlecht werden soll, muß er erst gut geworden sein. So daß auch diese Stelle des Liedes darauf abzweckt, zu zeigen, ein trefflicher Mann zu sein; es unausgesetzt immer bleibend, sei nicht möglich, trefflich aber werden könne einer und schlecht auch ebenderselbe; »am weitesten aber gedeihen und die Trefflichsten sind, welche die Götter lieben«. Dieses alles ist gegen den Pittakos gesagt, und auch das folgende im Liede macht dies noch deutlicher. E r sagt nämlich: »Darum will ich auch nie was nicht sein kann suchend, vergeblich unerfüllter Hoffnung ein Teil der Zeit hinwerfen, einen tadellosen Mann unter allen, die wir der weitbewohnten Erde Früchte brechen. Find ich ihn, dann verkünd ich es euch.« So heftig und durch das ganze Lied fällt er aus gegen den Spruch des Pittakos. »Alle daher lobe ich und liebe, wer nichts Schlechtes vollbringt, aus freier Wahl; der Notwendigkeit jedoch sträuben sich auch Götter nicht.« Auch dies ist wieder gegen ebendasselbe gesagt. Denn so unterrichtet war Simonides nicht, daß er gesagt hätte, er lobe diejenigen, die nichts Böses aus freier Wahl tun, als gäbe es welche, die aus freier Wahl Böses tun. Ich wenigstens glaube dieses, daß kein weiser Mann der Meinung ist, irgendein Mensch fehle aus freier Wahl, oder vollbringe irgend etwas Böses und Schlechtes aus freier Wahl, sondern sie wissen wohl, daß alle, welche Böses und Schlechtes tun, es unfreiwillig tun. Daher auch Simonides nicht dessen, der nicht aus freier Wahl Böses tut, Lobredner zu sein behauptet, sondern dieses aus freier Wahl bezieht sich auf ihn selbst. Er glaubte nämlich, ein guter und edler Mann zwinge oft sich selbst, jemandes Freund und Lobredner zu werden, wie ja manchem begegne, einen unliebenswürdigen Vater zu haben oder Mutter oder ein solches Vaterland oder sonst etwas dergleichen. Schlechte Menschen nun, die so etwas beträfe, sähen es fast gern und verbreiteten tadelnd und anklagend die Schlechtigkeit der Eltern oder des Vaterlandes, damit sie selbst von den Menschen nicht ihrer Vernachlässigung wegen möchten angeklagt, und ihnen dies zur Schande angerechnet werden, daß sie sie vernachlässigen. Weshalb sie sie auch wohl über die Gebühr tadeln und noch selbstgemachte Mißhelligkeiten zu allem Unvermeidlichen hinzufügen. Gute Menschen aber suchten dergleichen zu verbergen und zwängen sich noch zum Lobe, und wenn sie erzürnt wären gegen Eltern oder Vaterland wegen erlittenen Unrechtes, ermahnten sie sich selbst und versöhnten sich, indem sie sich noch nötigten, die Ihrigen zu lieben und zu loben. Und oft auch meine ich, hat Simonides selbst geglaubt, einen Tyrannen oder einen andern solchen zu loben und zu preisen nicht aus freier Wahl, sondern gezwungen. Dieses sagt er daher auch dem Pittakos: Ich, o Pittakos, tadle dich nicht etwa deshalb, weil ich tadelsüchtig wäre. »Denn mir genügt, wer nicht schlecht ist, noch gänzlich tatenlos, kundig des Staat fördernden Rechts, ein gesunder Mann. Nicht will ich ihn tadeln, denn nicht bin ich ein Gerntadler: unzählig sind ja die Geschlechter der Toren«, so daß, wenn einer liebt, zu tadeln, er genug haben kann, wenn er jene tadelt. »Alles ist schön, dem nichts Schlechtes ist beigemischt.« Dies meint er nicht so, als ob er sagte: alles ist weiß, dem nichts Schwarzes ist beigemischt, denn das wäre ja lächerlich auf alle Weise, sondern er will sagen, daß er selbst sich auch an dem Mittelmäßigen genügen läßt, so daß er es nicht tadle. Und ich suche nicht, sagt er, einen tadellosen Mann unter allen, die wir der weitbewohnten Erde Früchte brechen. Find ich ihn, dann verkünd ich es euch. So daß ich deshalb keinen loben will, sondern es genügt mir, wenn sich einer in der Mitte hält und nichts Schlechtes tut. Daher werde ich alle loben und lieben, und hier bedient er sich gar der Mundart der Mytilener, als sagte er ausdrücklich zum Pittakos dieses: Alle daher lobe ich und liebe, wer nichts Schlechtes vollbringt, und hier muß man innehalten bei dem vollbringt, aus freier Wahl, denn es gibt auch, die ich wider Willen lobe und liebe. Dich nun, wenn du auch nur mittelmäßig wahr und verständig gesprochen hättest, o Pittakos, hätte ich nimmer getadelt, nun aber täuschest du dich zu sehr und über die wichtigsten Dinge und glaubst doch Wahres gesagt zu haben, deshalb tadle ich dich.

In dieser Meinung, o Prodikos und Protagoras, sprach ich. dünkt mir Simonides dieses Lied gedichtet zu haben. – Darauf sagte Hippias: Sehr gut, Sokrates, dünkt mir, hast auch du dieses Lied erklärt; indes habe auch ich darüber eine ganz schöne Rede, welche ich euch vortragen will, wenn ihr wollt. – O ja, sprach Alkibiades, hernach nämlich. Jetzt aber muß erst noch, wie Protagoras und Sokrates übereingekommen sind, entweder wenn Protagoras noch etwas fragen will, Sokrates antworten, oder wenn jener dem Sokrates antworten will, dieser fragen. Ich sagte darauf: Für mein Teil überlasse ich dem Protagoras, welches ihm lieber ist; will er indes, so wollen wir Lieder und Gedichte beiseite lassen; worüber ich dich aber zuerst fragte, Protagoras, das möchte ich gern mit dir untersuchend zu Ende bringen. Denn mir dünkt, über Gedichte zu sprechen, habe allzuviel Ähnlichkeit mit den Gastmahlen ungebildeter und gemeiner Menschen. Denn auch diese, weil sie sich nicht selbst miteinander unterhalten können beim Becher, noch durch ihre eigne Stimme und Rede aus Unbildung, verteuern sie die Flötenspielerinnen und mieten für vieles Geld die fremde Stimme der Flöte und unterhalten sich durch deren Stimme. Wo aber edle und gute und unterrichtete Zecher zusammenkommen, da findest du keine Flötenspielerin noch Tänzerin noch Lautenschlägerin, sondern du findest sie sich untereinander genug zur Unterhaltung ohne diese Possen und Tändeleien, durch ihre eigne Stimme jeden an seinem Teile bald redend, bald hörend, ganz sittsam, und sollten sie auch sehr vielen Wein getrunken haben. So bedürfen auch solche Unterhaltungen, wie die gegenwärtige, wenn Männer darin begriffen sind, wie die meisten unter uns sich zu sein rühmen, keiner fremden Stimme und keiner Dichter, welche man nicht einmal befragen kann über das, was sie sagen, so daß auch die, welche ihrer in ihren Reden erwähnen, teils sagen, dies habe der Dichter gemeint, teils wieder etwas anderes, indem sie von einer Sache reden, welche sie nicht auszumitteln vermögen; sondern solcher Unterhaltung entschlagen sie sich und unterhalten sich selbst durch sich selbst, indem sie sich in eignen Reden einander versuchen und versuchen lassen. Solche, dünkt mir, sollten ich und du lieber nachahmen und, die Dichter beiseite setzend, aus uns selbst miteinander reden, um die Wahrheit und uns zu erforschen. Willst du mich also noch weiter fragen, so bin ich bereit, mich dir als Antwortender zu stellen; willst du aber, so stelle du dich mir, um den Gegenstand dessen Erörterung wir abgebrochen haben, zu Ende zu führen. – Hierauf und was ich weiter hinzufügte, erklärte sich Protagoras nicht, welches von beiden er tun wollte. Daher sagte Alkibiades zum Kallias sich wendend: Wie ist es, Kallias? Dünkt dir auch nun Protagoras recht zu tun, indem er nicht erklären will, ob er Rede stehen will oder nicht? Mir dünkt nicht, sondern entweder setze er die Unterredung fort oder er sage, daß er sie nicht fortsetzen will, damit wir wissen, woran wir mit diesem sind, und Sokrates sich dann mit einem andern unterreden könne, oder welcher andere sonst Lust hat mit einem andern. Hierauf, beschämt wie es mir schien, da Alkibiades so sprach und Kallias ihn bat und fast alle Anwesenden mit, bequemte sich Protagoras endlich wieder zum Gespräch und hieß mich ihn fragen, indem er antworten wollte.

Ich fing also an und sagte: Glaube nur nicht, Protagoras. daß ich irgend etwas anderes wollend mich mit dir unterrede, als nur das, worüber ich eben Zweifel habe, erforschen. Denn ich glaube, daß Homeros gar recht hat, wenn er sagt: »Wo zwei wandeln zugleich, da bemerkt der ein und der andere«; denn so sind alle Menschen besser gerüstet zu jeder Handlung und Rede und Untersuchung. Doch der einzelne, ob er bemerket, geht er dennoch sogleich umher und suchet, bis er einen findet, dem er es vorzeige und mit dem er es sich recht begründe. So wie auch ich eben deshalb so gern mit dir rede, lieber als mit einem andern; weil ich glaube, daß du am besten sowohl alles andere, worüber ein rechtlicher Mann wohl nachdenken mag, auseinandersetzen kannst, als auch besonders das, was die Tugend betrifft. Denn wer auch anders als du, der du nicht nur selber glaubst, gut und edel zu sein, wie andere, die selbst zwar ganz rechtliche Männer sind, aber keinen andern dazu machen können; sondern du bist sowohl selbst ein trefflicher Mann, als auch imstande, andere zu trefflichen Männern zu machen, und vertrauest so sehr dir selbst, daß, da auch andere diese Kunst verbergen, du dich selbst öffentlich dazu ausrufend vor allen Hellenen unter dem Namen eines Sophisten dich zum Lehrer in der Tugend und Vollkommenheit anbietest, als der erste, der dafür Bezahlung zu erhalten begehrt. Wie sollte man also nicht dich herbeirufen zu solcher Dinge Untersuchung und dich befragen und sich mit dir beraten? Gewiß man kann auf keine Weise anders. Und so wünsche ich auch jetzt, daß du das, worüber ich dich zuerst befragte, teils mir von Anfang wieder in Erinnerung bringen, teils es weiter mit mir untersuchen wollest. Es war aber, wie ich glaube, die Frage diese, ob Weisheit und Besonnenheit und Tapferkeit und Gerechtigkeit und Frömmigkeit, ob dies nur fünf verschiedene Namen für eine Sache sind, oder ob jedem dieser Namen auch ein eigener Begriff unterliegt und eine eigene Sache, die jede ihre besondere Verrichtung haben, so daß die eine nicht ist wie die andere. Du nun hattest gesagt, es wären nicht nur verschiedene Namen für eines, sondern jeder dieser Namen sei einer besonderen Sache untergelegt, und diese alle wären Teile der Tugend, nicht wie die Teile des Goldes einander und dem Ganzen ähnlich sind, dessen Teile sie sind, sondern wie die Teile des Gesichts dem Ganzen, dessen Teile sie sind, und auch sich untereinander unähnlich, und jeder seine besondere Verrichtung habend. Dünkt dir nun dieses noch ebenso wie vorher, so sage es; wo aber anders, so erkläre dieses. Denn ich will dich nicht verantwortlich machen, wenn du jetzt etwas anderes behauptest, indem es mich gar nicht wundern sollte, wenn du damals, um mich zu versuchen, jenes gesagt hättest. – So sage ich dir denn, Sokrates, sprach er, dies alles sind freilich Teile der Tugend, und die vier anderen sind einander auch sehr nahe, die Tapferkeit aber ist von ihnen allen gar sehr unterschieden. Daß ich aber richtig rede, kannst du hieraus erkennen. Du wirst nämlich viele Menschen finden, welche sehr ungerecht sind und sehr ruchlos, sehr unbändig und sehr unverständig, tapfer aber ganz ausgezeichnet. – Halt doch, sagte ich, denn was du da sagst, ist wohl wert, daß wir es betrachten. Nennst du die Tapferen dreist oder etwas anderes? – Und auch keck zufahrend, worauf die meisten sich fürchten zu gehen. – So komm denn! sagst du, die Tugend sei etwas Schönes? und als in etwas Schönem erbietest du dich in ihr zum Lehrer? – Und zwar das Schönste allerdings, sagte er, wenn ich anders nicht von Sinnen bin. – Ob etwa, sprach ich, einiges an ihr schlecht ist und anderes schön, oder alles schön? – Alles durchaus schön, so sehr als immer möglich. – Weißt du auch wohl, welche dreist ins Wasser springen? – O ja, die Schwimmer. – Weil sie es verstehen, oder aus einer anderen Ursache? – Weil sie es verstehen. – Und wer ficht im Kriege dreist zu Pferde? die Reiter oder die Unberittenen? – Die Reiter. – Und wer mit kurzen Schilden? die Leichtbewaffneten oder andere? – Jene, sagte er, und überhaupt sind auch in allen andern Dingen, wenn du darauf hinaus willst, die Kundigen dreister als die Unkundigen, und nachdem sie es gelernt haben, dreister als sie selbst waren, ehe sie es gelernt hatten. – Hast du auch schon solche gesehen, fragte ich, die aller dieser Dinge unkundig waren, und doch zu allem dreist? – O ja, sagte er. und sehr dreist. – Sind wohl diese Dreisten auch tapfer? – Dann wäre ja, sagte er, die Tapferkeit etwas sehr Schlechtes, denn diese sind toll. – Was sagst du denn von den Tapfern? sprach ich, nicht, daß sie die Dreisten sind? – Auch jetzt noch, sagte er. – Also diese, sprach ich, die auf solche Art dreist sind, scheinen nicht tapfer zu sein, sondern toll? Und vorher dort waren welche die Weisesten auch die Dreistesten, und wenn die Dreistesten, auch die Tapfersten? Und so wäre ja nach dieser Rede die Weisheit die Tapferkeit? – Nicht richtig, sagte er, trägst du vor, o Sokrates, was ich gesagt und dir geantwortet habe. Gefragt von dir, ob die Tapfern dreist wären, habe ich dies bejaht; ob aber die Dreisten auch tapfer sind, das wurde ich gar nicht gefragt. Denn wenn du mich das gefragt hättest, würde ich gesagt haben, nicht alle. Daß aber die Tapfern nicht dreist wären, und ich diese meine Behauptung mit Unrecht behauptet hätte, hast du nirgends erwiesen. Nachher zeigst du von den einer Sache Kundigen, daß sie dreister darin sind, als sie selbst vorher waren, und so auch dreister als andere Unkundige, und deshalb meinst du nun, sei Weisheit und Tapferkeit dasselbe. Wenn du es so herumholen willst, kannst du auch glauben, Stärke sei Weisheit. Denn zuerst, wenn du mich mit einer solchen Wendung fragtest, ob nicht die Starken kraftvoll sind, so würde ich ja sagen, und dann, ob nicht die des Fechtens Kundigen kraftvoller sind als die Unkundigen, und auch, nachdem sie es gelernt, kraftvoller als sie selbst waren, ehe sie es lernten, so würde ich es ebenfalls bejahen. Nachdem ich nun dieses zugegeben, könntest du dann eben diesen Beweis anwendend sagen, daß nach meinem Geständnis Weisheit Stärke wäre. Aber ich gebe ja keineswegs weder in diesem Falle zu, daß die Kraftvollen stark, jedoch daß die Starken kraftvoll sind, nämlich nicht, daß Kraft und Stärke einerlei ist; denn jene, die Kraft, entsteht auch aus Kenntnis, ja auch aus Wahnsinn oder Gemütsbewegung, die Stärke aber aus der guten Natur und der Wohlgenährtheit des Körpers. Noch auch in unserem Falle, daß Dreistigkeit und Tapferkeit einerlei ist, so daß zwar folgt, die Tapfern sind dreist, jedoch nicht, daß die Dreisten auch alle tapfer sind. Denn Dreistigkeit entsteht dem Menschen auch aus Kunst oder aus Tollheit oder aus Gemütsbewegung, wie die Kraft; die Tapferkeit aber entsteht aus der Gutartigkeit und Wohlgenährtheit der Seele. – Sagst du wohl, Protagoras, sprach ich, daß einige Menschen gut leben und andere schlecht? – Er sagte: ja. – Dünkt dir nun wohl ein Mensch gut zu leben, wenn er gequält und gepeinigt lebt? – Nein. – Wie aber, wenn er nach einem vergnügten Leben seinen Lauf beschließt, dünkt dir dieser nicht gut gelebt zu haben? – Dann wohl, sagte er. – Also vergnügt leben ist gut, unangenehm leben aber böse? – Wenn man nämlich, sagte er, am Schönen Vergnügen findend lebt. – Wie doch, Protagoras? Nennst auch du, wie die meisten, einiges Angenehme böse und Peinliches gut? Ich meine nämlich, inwiefern es angenehm ist, ob es insofern nicht gut ist; nicht wenn etwa anderes daraus entsteht? und auf der andern Seite wiederum das Peinliche, ob es nicht insofern peinlich auch böse ist? – Ich weiß nicht, Sokrates, sagte er, so unbedingt, wie du fragst, ob ich antworten soll, daß alles Angenehme gut ist und Peinliche böse. Vielmehr dünkt es mich, nicht nur in Beziehung auf die gegenwärtige Antwort sicherer, sondern auch für mein ganzes übriges Leben, wenn ich antworte, daß es einiges gibt unter dem Angenehmen, was nicht gut, und wiederum unter dem Unangenehmen einiges, was nicht böse ist, anderes, was so ist, und drittens noch anderes, was keins von beiden ist, weder gut noch böse. – Angenehm aber, sprach ich, nennst du doch, womit Lust verbunden ist oder was Lust macht? – Allerdings, sagte er. – Dieses nun meine ich, ob es nicht inwiefern angenehm auch gut ist, nach der Lust selbst fragend, ob die nicht gut ist? – Darauf sagte er: Laß uns zusehn, Sokrates, wie du ja immer sagst, und wenn die Untersuchung zur Sache zu gehören scheint und sich zeigt, daß das Gute und Angenehme einerlei ist, so wollen wir es einräumen, wo aber nicht, so wollen wir es dann schon bestreiten. – Willst nun, sprach ich, du die Untersuchung führen? oder soll ich sie führen? – Es ist billig, antwortete er, daß du sie führst, denn du leitest ja das Gespräch. – Vielleicht also, sagte ich, wird es uns auf diese Art offenbar werden. So wie nämlich jemand, der einen Menschen aus der Gestalt in Absicht auf seine Gesundheit oder sonst eine körperliche Beschaffenheit untersuchen sollte, wenn er nichts von ihm sähe, wie das Gesicht und die Hände, gewiß zu ihm sagen würde, komm her, entblöße mir auch die Brust und den Rücken und zeige sie mir, damit ich dich genauer betrachten kann: so ungefähr vermisse auch ich etwas bei unserer Untersuchung und möchte, nachdem ich gesehen, wie du über das Angenehme und Gute denkst, dir ebenso sagen: Komm her. Protagoras! enthülle mir von deiner Gesinnung auch noch dieses, was du von der Erkenntnis hältst, ob du auch hierüber so denkst, wie die meisten Menschen oder anders? Die meisten nämlich denken von der Erkenntnis so ungefähr, daß sie nichts Starkes, Leitendes und Beherrschendes ist, und achten sie auch gar nicht als ein solches, sondern daß gar oft, wenn auch Erkenntnis im Menschen ist, sie ihn doch nicht beherrscht, sondern irgend sonst etwas, bald der Zorn, bald die Lust, bald die Unlust, manchmal die Liebe, oft auch die Furcht, so daß sie offenbar von der Erkenntnis denken wie von einem elenden Wicht, daß sie sich von allem andern herumzerren läßt. Dünkt nun dir so etwas von ihr, oder vielmehr, sie sei etwas Schönes, das wohl den Menschen regiere? und wenn einer Gutes und Böses erkannt habe, werde er von nichts anderem mehr gezwungen werden, irgend etwas anderes zu tun, als was seine Erkenntnis ihm befiehlt, sondern die richtige Einsicht sei stark genug, dem Menschen durchzuhelfen? – So dünkt es mich, antwortete er, wie du jetzt sagst, Sokrates, und zudem wäre es, wenn für irgendeinen anderen, gewiß auch für mich unziemlich, zu behaupten, daß Weisheit und Erkenntnis nicht das Mächtigste wäre unter allem Menschlichen. Wohlgesprochen von dir, sagte ich, und sehr wahr. Du weißt aber doch, daß die meisten Menschen mir und dir nicht glauben, sondern sie sagen. daß viele, welche das Bessere sehr gut erkennen, es doch nicht tun wollen, obgleich sie könnten, sondern etwas anderes tun. Und so viele ich gefragt, was doch die Ursache wäre hievon, haben mir alle gesagt, von der Lust überwunden oder der Unlust oder von irgendeinem unter den Dingen, deren ich vorhin erwähnte, bezwungen, täten die das, die es tun. – Sagen doch wohl, sprach er, die Leute, o Sokrates, noch viel anderes Unrichtiges. – So komm denn, und versuche mit mir die Leute zu überreden, und zu belehren, was für ein Zustand das ist, was sie nennen von der Lust überwunden werden und um deswillen das Bessere nicht tun, denn erkannt habe man es ja. Vielleicht nämlich, wenn wir ihnen nur sagten: Ihr habt unrecht, Leute, und ihr irrt euch, möchten sie uns fragen: O Sokrates und Protagoras, wenn dieser Zustand nicht darin besteht, von der Lust überwunden zu werden, was ist er denn, und wie erklärt ihr ihn? sagt es uns doch! – Aber, o Sokrates, sagte Protagoras, was sollen wir denn die Meinung der Leute in Betrachtung ziehen, welche sagen, was ihnen einfällt? – Ich glaube nur, sprach ich, daß uns dies etwas helfen wird, um zu entdecken, wie sich die Tapferkeit eigentlich zu den übrigen Teilen der Tugend verhalte. Bleibst du also noch bei dem eben Beschlossenen, daß ich führen soll, so folge mir auch dahin, wo ich glaube, daß sich uns die Sache am deutlichsten darstellen wird. Willst du aber nicht, so will ich es gut sein lassen, wenn dir das lieber ist. – Nein, sagte er, du hast recht, bringe es nur zu Ende, wie du es angefangen hast. – Noch einmal also, sprach ich, wenn sie uns fragten: Wie erklärt ihr also das, was wir nannten zu schwach sein gegen die Lust? so würde ich zu ihnen sagen: Hört denn! Protagoras und ich, wir wollen versuchen, es euch zu erklären. Ihr meint doch darunter nichts anderes, als was euch in solchen Dingen begegnet, wie daß ihr oft von Speise und Trank und Wollust als dem Angenehmen bezwungen, wiewohl ihr wißt, daß es schlecht ist, es dennoch tut? – Das würden sie bejahen. – Nicht wahr, dann würden wir sie wieder fragen, ich und du: Aber inwiefern sagt ihr, daß diese Dinge schlecht sind? etwa eben deshalb, weil sie diese Lust für den Augenblick gewähren und also jedes für sich angenehm sind? oder weil sie in der folgenden Zeit Krankheit und Mangel herbeiführen und viel anderes derart bewirken? Oder sollten sie auch, wenn sie nichts dergleichen in der Folge bewirken, sondern nur Vergnügen machen, dennoch etwas Böses sein, weil sie, was einer auch treibe, ihn vergnügt machen und auf welche Art es auch sei? Sollen wir glauben, Protagoras, daß sie uns etwas anderes antworten werden, als diese Dinge wären nicht wegen der Lust, welche sie für den Augenblick gewähren, böse, sondern allerdings wegen der hernach entstehenden Krankheiten und des Übrigen? – Ich glaube, sagte Protagoras, daß die Leute so antworten werden. – Und was Krankheit bringt, bringt Unlust, was Armut bringt, bringt Unlust? Das würden sie zugeben, denke ich? – Protagoras war auch der Meinung. – Also scheinen euch, ihr Leute, wie ich und Protagoras behaupten, diese Dinge aus keiner andern Ursache böse zu sein, als weil sie selbst in Pein endigen und euch anderer Lust berauben? Das würden sie doch zugeben? So schien es uns beiden. Wenn wir sie nun auch nach dem Entgegengesetzten fragten: Ihr Leute, die ihr wiederum sagt, daß manches Peinliche gut ist, meint ihr damit nicht dergleichen wie die. anstrengenden Leibesübungen, die Feldzüge, die Behandlungen der Ärzte mit Brennen und Schneiden, Arzneinehmen und Fasten, daß dergleichen gut ist, aber peinlich? so würden sie das bejahen? – So schien es ihm auch. – Ob ihr sie nun wohl deshalb gut nennt, weil sie für den Augenblick die heftigsten Qualen und Schmerzen verursachen? oder weil in der Folge Gesundheit daraus entsteht und Wohlbefinden des Körpers und Rettung der Staaten und sonst Herrschaft und Reichtum? Sie würden das letztere bejahen, wie ich glaube. – Er glaubte es ebenfalls. – Sind also diese Dinge aus einer andern Ursache gut, als weil sie in Lust endigen und in der Unlust Abwendung und Vertreibung? oder habt ihr ein anderes Ziel anzugeben, in Beziehung auf welches ihr sie gut nennt, als nur Lust oder Unlust? Ich glaube, sie werden kein anderes angeben. – Auch ich glaube nicht, sagte Protagoras. – Also jaget ihr doch der Lust nach als dem Guten, und die Unlust flieht ihr als das

Böse? Das würden sie zugeben? – So dünkte es ihm auch. – Dies also haltet ihr eigentlich für böse, die Unlust, und die Lust für gut; wenn ihr doch behauptet, das Wohlbefinden selbst sei in dem Fall böse, wenn es größere Lust raubt, als es selbst enthält, oder größere Unlust herbeiführt, als seine eigene Lust nicht war. Denn wenn ihr in einer andern Hinsicht das Wohlbefinden für böse hieltet und in Beziehung auf ein anderes Ziel, so würdet ihr uns das auch wohl sagen können, aber ihr werdet es nicht können. – Ich glaube auch nicht, daß sie es können, sagte Protagoras. – Ist es nun nicht wiederum mit dem Übelbefinden selbst die nämliche Sache? Alsdann nennt ihr selbst das Übelbefinden gut, wenn es entweder noch größere Unlust, als die es selbst in sich hat, entfernt, oder größere Lust, als die Unlust war, bereitet? Denn wenn ihr auf etwas anderes sähet, indem ihr das Übelbefinden gut nennt, als was ich sage, so würdet ihr es uns wohl sagen können, aber ihr werdet es nicht können. – Ganz recht, sagte Protagoras. – Weiter also, sprach ich, wenn ihr mich fragtet, ihr Leute: Warum sagst du hierüber soviel und von allen Seiten? so würde ich antworten: Habt schon Nachsicht mit mir; denn erstlich ist es überhaupt nicht leicht zu zeigen, was das eigentlich sei, was ihr nennt: von der Lust überwunden werden, und dann beruht gerade hierauf der ganze Beweis. Es steht euch aber auch jetzt noch frei zu widerrufen, falls ihr etwa zu sagen wißt, das Gute sei noch etwas anderes als die Lust, und das Böse noch etwas anderes als die Unlust. Oder ist euch das genug, euer Leben angenehm hinzubringen ohne Unlust? Wenn euch nun das genug ist und ihr nichts anderes zu sagen wißt, was gut oder böse wäre, was sich nicht hierin endigte, so hört nun das weitere. Nämlich ich sage euch, wenn sich dies so verhält, wird das nun eine lächerliche Rede, wenn ihr sagt, daß oftmals der Mensch, obgleich das Böse erkennend, daß es böse ist, es dennoch tut, unerachtet ihm freistände, es nicht zu tun, weil er von der Lust getrieben wird und betäubt; und ihr dann auch wieder sagt, daß der Mensch, das Gute erkennend, es dennoch nicht zu tun pflegt, der augenblicklichen Lust wegen und von dieser überwunden. Daß dies lächerlich ist, wird euch ganz klar werden, sobald wir uns nur nicht mehr der vielerlei Namen zugleich bedienen wollen: des Angenehmen und Peinlichen und des Guten und Bösen, sondern da sich gezeigt hat, daß dieses nur zweierlei ist, es auch nur mit zwei Worten bezeichnen wollen, zuerst überall durch gut und böse und dann wieder überall durch angenehm und peinlich. Dieses also festgestellt, sagen wir, daß der Mensch das Böse erkennend, daß es böse ist, es dennoch tut. Wenn uns nun jemand fragt: Warum denn? so werden wir sagen, weil er überwunden ist. Wovon denn? wird uns jener fragen; wir aber dürfen nicht mehr sagen: Von der Lust, denn die Sache hat nun einen andern Namen bekommen, und statt Lust heißt sie Gutes. Wir antworten also jenem und sagen: Weil er überwunden ist. Wovon denn? fragt er. Von dem Guten, werden wir beim Zeus sagen müssen. Ist nun der, welcher uns fragt, ein Spötter, so wird er lachen und sagen, das ist doch wahrhaftig eine lächerliche Sache, was ihr da sagt, daß ein Mensch das Böse, indem er erkennt, daß es böse ist, und da er es nicht tun muß, dennoch tut, weil er vom Guten überwunden ist! Von einem Guten, wird er fragen, welches wert oder welches nicht wert war, jenes Böse zu überwinden? Offenbar werden wir zur Antwort sagen müssen: Von einem, welches dessen nicht wert war; denn sonst hätte der nicht gefehlt, von dem wir sagen, daß er zu schwach war gegen die Lust. Und weshalb, wird er vielleicht sprechen, ist denn das Böse des Guten, oder das Gute des Bösen unwert? etwa wegen etwas anderem als weil das eine größer und das andere kleiner ist? oder das eine mehr und das andere weniger ist? Wir werden nichts anderes angeben können. Offenbar also, wird er sagen, meint ihr unter diesem überwunden werden, daß jemand für geringeres Gute mehr Böses erhält. So demnach auf diese Art. Nun laßt uns für dieselben Dinge wieder jene Namen zurückrufen, das Angenehme und Unangenehme, und laßt uns sagen: Der Mensch tut, vorher sagten wir das Böse, nun aber wollen wir sagen, das Unangenehme, erkennend, daß es unangenehm ist, überwunden aber von dem Angenehmen: offenbar nämlich von einem solchen, welches nicht wert war, zu siegen. Und welche andere Schätzung gibt es denn für Lust gegen Unlust als den Überschuß oder das Untermaß der einen gegen die andere, das heißt, je nachdem eine größer ist oder kleiner als die andere, mehr oder weniger, stärker oder schwächer? Denn wenn jemand sagen wollte: Aber, Sokrates, ein großer Unterschied ist doch auch zwischen dem augenblicklich Angenehmen und dem erst für die künftige Zeit Angenehmen und Unangenehmen, so werde ich ihn fragen: Liegt er in etwas anderem als in Lust und Unlust? Auf keine Weise ja in etwas anderem. Sondern wie ein des Abwägens Kundiger lege das Angenehme zusammen und das Unangenehme zusammen, und auf der Wage das Entfernte und das Nahe abschätzend sage dann, welches das größere ist. Denn wenn du Angenehmes gegen Angenehmes wägst, mußt du immer das Mehrere und Größere nehmen, wenn Unangenehmes gegen Unangenehmes, das Kleinere und Geringere; wenn aber Angenehmes gegen Unangenehmes mußt du, wenn das Unangenehme vom Angenehmen übertroffen wird, es sei nun das Nähere von Entfernterem oder das Entferntere von Näherem, die Handlung verrichten, darin sich dieses Verhältnis findet; wird aber in einer das Angenehme vom Unangenehmen übertroffen, die mußt du nicht verrichten. Verhält es sich etwa anders hiemit, ihr Leute? würde ich sagen; ich weiß, sie würden nichts anderes zu sagen wissen. – So dünkte es ihm auch. – Wenn sich nun dies so verhält, so beantwortet mir doch folgendes, werde ich sagen. Erscheint eurem Gesicht dieselbe Größe von nahem größer, von weitem aber kleiner, oder nicht? – Das werden sie bejahen. – Und die Dicke und die Menge ebenso? Und derselbe Ton von nahem stärker, von weitem aber schwächer? – Sie werden ja sagen. – Wenn nun unser Wohlbefinden darauf beruhte, daß wir große Linien zögen und zu erlangen suchten, kleine aber vermieden und nicht zögen: was würde sich dann zeigen als das Heil unseres Lebens? Die Kunst zu messen oder die Gewalt des Scheins? Oder würde nicht die letzte uns gewiß irre führen und machen, daß wir oft das unterste wieder zu oberst kehren müßten in derselben Sache und wieder andere Entschließungen fassen in unserer Hervorbringung und Auswahl des Großen und Kleinen? die Meßkunst hingegen dieses Trugbild unwirksam machen, und durch deutliche Bezeichnung des Wahren der Seele, welche dann bei der Wahrheit bliebe, Ruhe verschaffen und auf diese Art unserm Leben Heil bringen? Würden die Leute bekennen, daß in diesem Falle die Meßkunst uns Heil bringen müßte, oder würden sie eine andere nennen? – Die Meßkunst, gestand er. – Wie aber, wenn das Heil unseres Lebens auf der Wahl gerader und ungerader Zahlen beruhte, von beiden, wann es recht wäre, das größere zu wählen, und wann das kleinere im Vergleich jeder Art mit sich selbst sowohl als mit der andern, sie möchten nun nahe sein oder fern, was würde dann das Heil unseres Lebens sein? Nicht auch eine Erkenntnis? Und wäre sie nicht, da sie ja auf Überschuß und Untermaß geht, eine messende Kunst? und da auf Gerades oder Ungerades, kann sie wohl eine andere sein als die Rechenkunst? Würden uns das die Leute eingestehen oder nicht? – Auch Protagoras glaubte, sie würden es eingestehen. – Gut, ihr Leute. Da sich nun aber gezeigt hat, daß das Heil unseres Lebens auf der richtigen Auswahl von Lust und Unlust beruht, der mehreren oder wenigeren, größeren oder kleineren sowohl nahen als fernen: zeigt sich zuerst nicht auch diese als ein Messen, da sie Überschuß, Untermaß und Gleichheit gegenseitig zu untersuchen hat? – Notwendig ja. – Und wenn sie ein Messen ist, so ist sie notwendig eine Kunst und Erkenntnis? – Dem werden sie beistimmen. – Was für eine Kunst und Erkenntnis sie nun sein wird, wollen wir hernach sehen; daß es aber eine Erkenntnis ist, soviel ist jetzt hinreichend zu dem Beweise, den ich und Protagoras zu führen haben über das, wonach ihr uns gefragt habt. Ihr fragtet uns nämlich, wenn ihr euch dessen erinnert, damals als wir beide miteinander einverstanden waren, es gebe nichts Stärkeres als die Erkenntnis, und wo sie nur wäre, herrschte sie auch überall über die Lust und alles andere, ihr aber behaupten wollt, die Lust herrsche oftmals auch über den erkennenden Menschen, wir aber euch dies nicht zugeben wollten, damals fragtet ihr uns: O Protagoras und Sokrates, wenn dieser Zustand das nicht ist, daß man von der Lust überwunden wird, so sagt uns doch, was er denn ist, und wie ihr ihn erklärt? Wenn wir euch nun damals gleich gesagt hätten, er wäre eben Unverstand, so würdet ihr uns ausgelacht haben; jetzt aber wenn ihr uns auslachen wollt, müßt ihr euch selbst mit auslachen, denn ihr habt selbst eingestanden, wer bei der Wahl der Lust und Unlust, das heißt des Guten und Bösen fehle, der fehle aus Mangel an Erkenntnis, und nicht nur an Erkenntnis, sondern noch weiter habt ihr ja zugegeben, daß es eine messende sei. Eine ohne Erkenntnis verfehlte Handlung aber, wißt ihr wohl selbst, wird aus Unverstand so verrichtet, so daß also dieses zu schwach sein gegen die Lust der größte Unverstand ist; für welchen ebendieser Protagoras ein Arzt zu sein behauptet, so auch Prodikos und Hippias. Weil ihr aber meint, es sei etwas anderes als Unverstand, so geht ihr weder selbst zu diesen Lehrern hierin, den Sophisten, noch schickt ihr eure Söhne zu ihnen, als ob es nicht lehrbar wäre; sondern euer Geld so hegend und es diesen nicht gebend, handelt ihr schlecht als Hausväter und als Staatsbürger. Dieses also würden wir den Leuten geantwortet haben.

Nun aber frage ich nächst dem Protagoras auch euch beide, Hippias und Prodikos, denn gemeinschaftlich soll eure Rede sein, ob ihr glaubt, daß ich wahr rede oder unwahr? – Alle hielten das Gesagte für über die Maßen richtig. – Ihr gebt also zu, sprach ich, daß das Angenehme gut ist und das Peinliche böse. Aber hier des Prodikos Unterscheidung der Worte verbitte ich. Du magst nun das, was ich meine, angenehm nennen oder erfreulich oder vergnügend oder wie und woher du sonst dieses zu benennen vorziehst, bester Prodikos, beantworte mir nur dieses in Beziehung auf das, was ich will. – Lachend gab es nun Prodikos zu und die andern auch. – Wie aber, ihr Männer, sprach ich, ist es hiemit: die hierauf sich beziehenden Handlungen auf das schmerzlos und angenehm leben, sind die nicht alle auch schön? und ist nicht jede schöne Tat gut und nützlich? – Das schien ihnen ebenso. – Wenn nun, sprach ich, das Angenehme gut ist, so wird ja niemand, er wisse nun oder glaube nur, daß es etwas Besseres, als er tut, und auch ihm Mögliches gibt, noch jenes tun, da das Bessere in seiner Macht steht; und dieses zu schwach sein gegen sich selbst ist also nichts anderes als Unverstand, und das sich selbst beherrschen nichts anderes als Weisheit. – Dem gaben alle Beifall. – Wie nun? nennt ihr das Unverstand falsche Meinungen zu haben und sich zu täuschen über wichtige Dinge? – Auch dem stimmten alle bei. – Ist es nicht auch so, daß niemand aus freier Wahl dem Bösen nachgeht oder dem, was er für böse hält? und daß das, wie es scheint, gar nicht in der Natur des Menschen liegt, dem nachgehn zu wollen, was er für böse hält anstatt des Guten, wenn er aber gezwungen wird, von zwei Übeln eins zu wählen, niemand das größere nehmen wird, wenn er das kleinere nehmen darf? – Dieses alles kommt uns allen einem vor wie dem andern. – Wie nun, sprach ich, nennt ihr etwas Angst und Furcht? und zwar dasselbe was ich? Deinetwegen sage ich das, Prodikos; ich verstehe nämlich darunter die Erwartung eines Übels, ihr mögt das nun Angst nennen oder Furcht. – Protagoras und Hippias sagten, das wäre Angst und Furcht; Prodikos hingegen, Angst wäre es, Furcht aber nicht. – Es ist daran nichts gelegen, Prodikos, sprach ich; sondern nur hieran, wenn das Vorhergesagte seine Richtigkeit hat, ob dann irgendein Mensch dem wird nachgehen wollen, wovor er sich ängstigt, wenn er auch nach etwas anderem kann; oder ob dies dem Eingestandenen zufolge unmöglich ist. Denn wovor sich jemand ängstigt, das ist eingestanden, halte er für böse; und was er für böse hält, dem will niemand weder nachgehen noch es auch mit seinem guten Willen hinnehmen. – Auch das bejahten alle. – Ist nun dieses so festgestellt, sagte ich, o Prodikos und Hippias, so mag sich doch hier unser Protagoras verteidigen über das, was er zuerst geantwortet hat, wie es wohl richtig sein kann. Nicht was er ganz zuerst sagte, denn damals behauptete er, von fünf Teilen der Tugend, die es gäbe, sei keiner wie der andere, und jeder habe seine eigene Verrichtung; dies meine ich nicht, sondern was er hernach behauptet hat. Denn hernach sagte er wieder, die vier wären einander zwar sehr nahe, der eine aber, nämlich die Tapferkeit, unterschiede sich gar sehr von den übrigen. Und erkennen, sprach er, könnte ich dies hieraus. Du wirst nämlich Menschen finden, Sokrates, die sehr ruchlos sind und sehr ungerecht und sehr unbändig und unverständig, tapfer aber ganz ausgezeichnet, woraus du denn schließen kannst, daß die Tapferkeit von den übrigen Teilen der Tugend sehr weit unterschieden ist. Und ich verwunderte mich gleich damals höchlich über diese Antwort, noch mehr aber hernach, seitdem ich dieses mit euch abgehandelt habe. Ich fragte ihn also, ob er sagte, die Tapfern wären dreist, und er sagte: Und auch keck zufahrend. Erinnerst du dich, sprach ich, Protagoras, daß du dies geantwortet hast? Er gestand es ein. So komm denn, sprach ich, und sage uns, worauf meinst du denn, daß die Tapfern so keck zufahren? etwa auf das nämliche, worauf auch die Feigen? – Nein, sagte er. – Also auf etwas anderes? – Ja, sagte er. – Gehen etwa die Feigen auf das Unbedenkliche los, die Tapfern aber auf das Furchtbare? – So sagen die Leute, Sokrates, antwortete er. – Schon recht, sprach ich, aber darnach frage ich nicht, sondern du, worauf du sagst, daß die Tapfern keck zufahren, ob sie auf das Furchtbare zufahren, indem sie es selbst für furchtbar halten, oder auf das nicht Furchtbare? – Aber dies, sagte er, ist ja in dem, was du gesprochen, soeben als unmöglich erwiesen worden. – Auch darin hast du ganz recht, sagte ich; so daß, wenn dieses richtig erwiesen ist, niemand dem nachgeht, was er für furchtbar hält, da ja das sich selbst nicht beherrschen können als ein Unverstand erfunden wurde. – Das gab er zu. – Aber auf das, wozu man guten Mut hat, geht wieder ein jeder los, die Feigen wie die Tapferen, und auf diese Art gehen also beide auf dasselbe los, die Feigen und die Tapferen. – Aber dennoch, sagte er. sind das ganz entgegengesetzte Dinge, Sokrates, worauf die Feigen und worauf die Tapferen losgehen. Gleich zum Beispiel in den Krieg wollen die einen sehr leicht gehen, die anderen wollen nicht. – Indem es, sagte ich, schön ist, hinzugehen oder schlecht? – Schön, sagte er. – Wenn also schön, sprach ich, dann auch gut, haben wir schon vorher eingestanden; denn wir gestanden, daß alle schönen Handlungen auch gut wären. – Das ist richtig, und immer habe auch ich so gedacht. – Sehr wohl, sprach ich. Aber welche von beiden behauptest du, wollen nicht zu Felde gehen, wenn es schön und gut ist? – Die Feigen, sagte er. – Und, sprach ich, wenn es schön und gut ist, wird es auch angenehm sein? – Das ist wenigstens eingeräumt worden, sagte er. – Wissentlich also wollen die Feigen doch nicht hingehen nach dem Schöneren, Besseren und Angenehmeren? – Aber auch hiedurch, wenn wir es eingeständen, sagte er, zerstörten wir unsere vorigen Eingeständnisse. – Und wie der Tapfere, fragte ich, geht der nicht nach dem Schöneren, Besseren und Angenehmeren? – Notwendig, sagte er, ist das anzunehmen. – Also überhaupt, wenn die Tapferen sich fürchten, ist das keine schlechte Furcht, und wenn sie dreist sind, ist das keine schlechte Dreistigkeit? – Ganz recht, sagte er. – Und wenn nicht schlecht, ist dann beides nicht schön? – Das gab er zu. – Und wenn schön, auch gut? – Ja. – Werden also nicht im Gegenteil die Feigen und Verwegenen und Tollkühnen sich mit einer schlechten Furcht fürchten und mit einer schlechten Dreistigkeit dreist sein? – Das gab er zu. – Und können sie wohl zu dem Schlechten und Bösen aus einer anderen Ursache dreist sein als aus Unkenntnis und Unverstand? – So muß es sich verhalten, sagte er. – Und wie? dasjenige, wodurch die Feigen feig sind, nennst du das Feigheit oder Tapferkeit? –

Erkenntnis, wie Protagoras zu behaupten unternahm, so wäre sie sicherlich nicht lehrbar. Jetzt aber, wenn sie sich als Erkenntnis offenbaren wird, worauf du dringst, Sokrates, wäre es ganz wunderbar, wenn sie nicht sollte lehrbar sein. Protagoras wiederum, der damals annahm, sie sei lehrbar, scheint jetzt das Gegenteil zu betreiben, daß sie eher fast alles andere sein soll, nur nicht Erkenntnis, und so wäre sie doch am wenigsten lehrbar. Ich nun, Protagoras, indem ich zusehe, wie schrecklich uns dieses alles durcheinander geschüttelt wird, das unterste zu oberst, bin voll Eifers, die Sache zur Klarheit zu bringen, und ich wünschte, nachdem wir dies durchgegangen, könnten wir auch weiter zurückgehen auf die Tugend selbst, was sie wohl ist, und dann wieder diese Untersuchung aufs neue anfangen, ob sie lehrbar ist oder nicht, damit nicht etwa jener Epimetheus, der Hintennachdenker, uns auch in unsern Untersuchungen hinterlistig betrüge, wie er uns schon in der Verteilung schlecht behandelt hat, wie du sagst. Auch in jener Geschichte hat mir Prometheus, der Vorausdenker, besser gefallen, und eben weil ich es mit ihm halte und auf mein ganzes Leben im voraus Bedacht nehmen möchte, beschäftigte ich mich mit diesen Dingen, und wenn du nur wolltest, möchte ich sie, wie ich auch gleich anfangs sagte, am liebsten mit dir gemeinschaftlich untersuchen. – Darauf sagte Protagoras: Ich meinesteils, Sokrates, lobe gar sehr deinen Eifer sowohl als deine Art, das Gespräch durchzuführen; denn auch im übrigen denke ich kein übler Mensch zu sein, neidisch aber zumal am wenigsten unter allen Menschen. Wie ich denn auch von dir schon zu mehreren gesagt, daß unter allen, mit denen ich zusammentreffe, ich dich ganz vorzüglich schätze, von allen deines Alters zumal; und ich füge hinzu, es wird mich gar nicht wundern, wenn du einst unter die Berühmten wegen ihrer Weisheit gehören wirst. Hierüber nun wollen wir, wenn du willst, ein andermal weiter sprechen; jetzt ist es Zeit, auch zu etwas anderem zu schreiten. – Gut, sagte ich, so wollen wir es halten, wenn du meinst. Denn auch für mich ist es schon lange Zeit, dorthin zu gehen, wovon ich schon sagte, und nur um Kallias dem Schönen gefällig zu sein, habe ich bis jetzt hier verweilt. Diese Reden wurden gewechselt, und so gingen wir.

Feigheit, versteht sich, sagte er. – Und haben wir nicht gesehen, daß sie eben durch die Unkenntnis dessen, was furchtbar ist, feige sind? – Allerdings, sprach er. – Also durch diese Unkenntnis sind sie feige? – Er gab es zu. – Und wodurch sie feige sind, das räumst du ein, ist die Feigheit? – Er sagte ja. – Also wäre ja wohl die Unkenntnis dessen, was furchtbar ist, und was nicht, die Feigheit? – Er winkte zu. – Aber der Feigheit, sagte ich, ist doch die Tapferkeit entgegengesetzt? – Er bejahte es. – Ist nun nicht die Kenntnis von dem, was furchtbar ist und was nicht, der Unkenntnis darin entgegengesetzt? – Auch hier winkte er noch zu. – Und die Unkenntnis davon war die Feigheit? – Hier winkte er nur mit großer Mühe noch zu. – So ist demnach die Weisheit in dem, was furchtbar ist und was nicht, die Tapferkeit, weil sie der Unkenntnis davon entgegengesetzt ist. – Darauf wollte er mir nun nicht einmal mehr zuwinken und schwieg ganz still. – So, Protagoras? sprach ich. Du bejahst weder noch verneinest, was ich dich frage? – Bringe es nur allein zu Ende, sagte er. – Nur eins, sprach ich, will ich dich noch fragen, ob dir auch jetzt noch, wie vorher, einige Menschen sehr unverständig dünken, zugleich aber ausgezeichnet tapfer? – Du scheinst, sagte er, etwas Besonderes darein zu setzen, Sokrates, daß ich dir antworten soll. So will ich dir denn gefällig sein und sagen, daß nach dem, was wir miteinander festgestellt haben, dieses unmöglich zu sein scheint. – Keineswegs, sprach ich, frage ich alles dieses aus irgendeiner anderen Absicht, als um zu ergründen, wie es sich wohl eigentlich verhält mit der Tugend, und was sie wohl selbst ist, die Tugend. Denn soviel weiß ich, wäre dies nur erst ausgemacht, so würde auch jenes bald entschieden sein, worüber ich und du jeder eine lange Rede gehalten haben, ich behauptend, die Tugend sei nicht lehrbar, du, sie sei lehrbar. Und der jetzige Ausgang unseres Gesprächs scheint mir ordentlich wie ein Mensch uns anzuklagen und auszulachen und, wenn er reden könnte, sagen zu wollen: Ihr seid wunderliche Leute, Sokrates und Protagoras! Du, der du im vorigen behauptest, die Tugend sei nicht lehrbar, dringst jetzt auf das, was dir zuwider ist, indem du zu zeigen suchst, daß alles Erkenntnis ist, die Gerechtigkeit, die Besonnenheit und die Tapferkeit, auf welche Weise denn die Tugend am sichersten als lehrbar erscheinen würde. Denn wenn die Tugend etwas anderes wäre als die